"三合一"电子公路技术及应用

国网江苏省电力有限公司　东南大学　著

东南大学出版社
SOUTHEAST UNIVERSITY PRESS
·南京·

图书在版编目(CIP)数据

"三合一"电子公路技术及应用／国网江苏省电力有限公司，东南大学著．—南京：东南大学出版社，2020.9
　ISBN 978-7-5641-9120-7

　Ⅰ.①三… Ⅱ.①国… ②东… Ⅲ.①电子公路-研究 Ⅳ.①U412.36

　中国版本图书馆 CIP 数据核字(2020)第 178044 号

"三合一"电子公路技术及应用

著　　者	国网江苏省电力有限公司　东南大学
出版发行	东南大学出版社
地　　址	南京市四牌楼 2 号　邮编：210096
出 版 人	江建中
责任编辑	黄　惠　杨　光
网　　址	http://www.seupress.com
经　　销	全国各地新华书店
印　　刷	广东虎彩云印刷有限公司
开　　本	700 mm×1000 mm　1/16
印　　张	19.75
字　　数	380 千字
版　　次	2020 年 9 月第 1 版
印　　次	2020 年 9 月第 1 次印刷
书　　号	ISBN 978-7-5641-9120-7
定　　价	68.00 元

本社图书若有印装质量问题，请直接与营销部联系。电话(传真)：025-83791830。

撰写人员名单

撰写组组长：潘志新
撰写组副组长：王金虎　黄学良
撰写组成员：杨晓梅　仇新宇　张天培　吴洪振　翟学锋
　　　　　　　王成亮　郑海雁　费益军　杨庆胜　许庆强
　　　　　　　官国飞　徐　妍　陈志明　谭林林　黄　郑
　　　　　　　胡　鹏　彭　涛　殷　勇　王　灿　吕　佳
　　　　　　　陈　宵　余　磊　徐　钢　高　远　孟　嘉
　　　　　　　李　军

目录

CONTENTS

第一章 绪论 ... 1
1.1 "三合一"电子公路简介 ... 1
  1.1.1 "三合一"电子公路概况 ... 1
  1.1.2 "三合一"电子公路建设背景及意义 ... 2
  1.1.3 无线充电的研究背景和意义 ... 2
  1.1.4 光伏路面的研究背景和意义 ... 4
  1.1.5 无人驾驶的研究背景和意义 ... 5
1.2 "三合一"电子公路关键技术研究现状 ... 7
  1.2.1 无线充电研究现状 ... 7
  1.2.2 无人驾驶研究现状 ... 17
  1.2.3 光伏路面研究现状 ... 27
  1.2.4 "三合一"电子公路发展趋势 ... 36
本章参考文献 ... 42

第二章 电动汽车无线充电技术 ... 47
2.1 电动汽车无线充电系统概述 ... 47
  2.1.1 电动汽车静态无线充电系统 ... 48
  2.1.2 电动汽车动态无线充电系统 ... 49
2.2 电动汽车无线充电系统基本电能变换拓扑 ... 50
  2.2.1 电动汽车无线充电系统整流技术 ... 50
  2.2.2 电动汽车无线充电系统逆变技术 ... 56
  2.2.3 电动汽车无线充电系统稳压与功率校正技术 ... 62

2.2.4　电动汽车无线充电系统谐振补偿拓扑 …………………………… 67
2.3　电动汽车无线充电系统磁耦合机构 ………………………………………… 77
　　2.3.1　磁耦合机构分类及特点 ……………………………………………… 78
　　2.3.2　磁耦合机构类型分析 ………………………………………………… 80
　　2.3.3　动态磁耦合机构导轨类型分析 ……………………………………… 85
　　2.3.4　磁耦合机构综合性能评价机制 ……………………………………… 88
2.4　电动汽车无线充电过程中的电磁屏蔽技术 ………………………………… 93
　　2.4.1　电动汽车无线充电过程中的电磁问题 ……………………………… 93
　　2.4.2　系统的环境适应性分析与等效模型 ………………………………… 99
　　2.4.3　系统的电磁环境分析与电磁屏蔽技术 ……………………………… 115
　　2.4.4　结论与建议 …………………………………………………………… 124
2.5　电动汽车动态无线充电关键技术 …………………………………………… 126
　　2.5.1　电动汽车动态无线充电系统充电实现方案 ………………………… 126
　　2.5.2　动态无线充电系统功率控制策略 …………………………………… 136
　　2.5.3　动态无线充电系统功率稳定策略 …………………………………… 138
　　2.5.4　动态无线充电系统多目标优化 ……………………………………… 146
2.6　电动汽车车辆改装技术 ……………………………………………………… 156
　　2.6.1　车辆改装的必要性 …………………………………………………… 156
　　2.6.2　车辆改装的依据和原则 ……………………………………………… 156
　　2.6.3　车辆改造的方案实施过程 …………………………………………… 157
本章参考文献 ………………………………………………………………………… 159

第三章　无人驾驶技术　　164

3.1　自动驾驶系统概论 …………………………………………………………… 164
　　3.1.1　自动驾驶的概念 ……………………………………………………… 164
　　3.1.2　自动驾驶系统概述 …………………………………………………… 164
　　3.1.3　自动驾驶的等级划分 ………………………………………………… 167
　　3.1.4　L4级无人驾驶技术在"三合一"电子公路中的应用 ……………… 169
3.2　自动驾驶涉及的关键技术 …………………………………………………… 170
　　3.2.1　环境感知技术 ………………………………………………………… 170
　　3.2.2　自动驾驶定位技术 …………………………………………………… 183

3.2.3　路径规划和行为预测技术 …………………………………… 190
　　3.2.4　自动驾驶决策系统 …………………………………………… 196
　　3.2.5　自动驾驶控制技术 …………………………………………… 204
　　3.2.6　自动驾驶人机交互技术 ……………………………………… 212
3.3　应用探索 ……………………………………………………………… 218
本章参考文献 ……………………………………………………………… 223

第四章　光伏路面技术　226

4.1　光能发电技术 ………………………………………………………… 226
　　4.1.1　光伏效应 ……………………………………………………… 227
　　4.1.2　太阳能电池板 ………………………………………………… 228
　　4.1.3　太阳能控制器 ………………………………………………… 231
　　4.1.4　蓄电池（组） …………………………………………………… 232
　　4.1.5　电压变换器 …………………………………………………… 235
　　4.1.6　太阳能光伏发电系统结构及设计 …………………………… 237
4.2　光能智慧路面发电材料 ……………………………………………… 239
　　4.2.1　无机太阳能光伏发电材料 …………………………………… 239
　　4.2.2　Ⅲ～Ⅴ族化合物半导体光伏发电材料 ……………………… 241
　　4.2.3　有机太阳能光伏发电材料 …………………………………… 242
　　4.2.4　新一代太阳能光伏发电材料 ………………………………… 243
　　4.2.5　各类型光伏发电材料优缺点对比 …………………………… 244
4.3　透明沥青 ……………………………………………………………… 245
　　4.3.1　制作透明沥青的材料 ………………………………………… 246
　　4.3.2　制备工艺 ……………………………………………………… 247
　　4.3.3　各种功能的透明沥青 ………………………………………… 250
　　4.3.4　透明沥青基 LED 阵列技术 …………………………………… 251
4.4　融雪化冰技术 ………………………………………………………… 253
　　4.4.1　路面融雪方法分类 …………………………………………… 254
　　4.4.2　太阳能光伏融雪系统 ………………………………………… 257
　　4.4.3　融雪化冰路面结构及运行方式 ……………………………… 258
　　4.4.4　路面板融雪化冰过程简述 …………………………………… 260

4.4.5　光伏路面融雪优缺点 ·· 261
4.5　光伏路面结构 ·· 262
　　4.5.1　光伏路面材料结构 ·· 262
　　4.5.2　光伏矩阵设计 ·· 264
4.6　路面封装技术及融合影响分析 ···································· 266
　　4.6.1　路面封装技术 ·· 266
　　4.6.2　光能路面受动态无线供电技术影响的关联关系 ·············· 268
4.7　本章小结 ·· 268
本章参考文献 ·· 269

第五章　"三合一"电子公路示范应用　272

5.1　整体系统架构 ·· 272
5.2　工程建设方案 ·· 273
　　5.2.1　配电方案设计 ·· 273
　　5.2.2　土建施工方案设计 ·· 274
　　5.2.3　通信方案设计 ·· 277
　　5.2.4　保护配置方案设计 ·· 280
　　5.2.5　水工及消防设计 ·· 281
5.3　融合无线充电的智慧光能路面实施方案 ···························· 281
5.4　融合无线充电的无人驾驶车辆设计 ································ 283
5.5　电子公路智能管控及调度系统 ···································· 286
　　5.5.1　智能管控及调度系统概述 ···································· 286
　　5.5.2　技术方案 ·· 287
　　5.5.3　系统网络方案 ·· 294
　　5.5.4　系统建设方案 ·· 301

第一章 绪论

1.1 "三合一"电子公路简介

1.1.1 "三合一"电子公路概况

2018年,"一带一路"能源部长会议和国际能源变革论坛在苏州市召开,"三合一"电子公路在论坛上精彩亮相,该公路为全世界首条也是唯一一条"三合一"电子公路,实现了电力流、交通流、信息流的智慧交融。

"三合一"电子公路(图1-1)在国际上首创光伏发电、无线充电和无人驾驶三项技术的融合应用,建成了世界最长的动态无线充电道路,实现了电力流、交通流、信息流的智慧交融,为建设新能源利用综合体和新型智慧城市做了前瞻研究和有益探索。

图1-1 "三合一"电子公路

"三合一"电子公路总长约500 m,宽3.5 m,应用新型透明沥青混凝土柔性路面材料,承压和耐磨能力不低于二级公路水平;路面光伏发电容量为178 kW,采取磁耦合谐振传输技术实现电能无线传输,动态无线充电效率达到85%;引入智慧交通理念,集成LED路面标识、电子斑马线、多功能路灯等智能路面、路侧设施,建有融雪化冰功能示范路段;无人驾驶汽车智能程度达到目前国际最高级别——L4级,具备自动泊车、APP叫车等功能。车辆经改装后配置有车载线圈等设备,通过高精度定位行驶,实现了高效动态无线电能传输。系统采用充电线圈无缝切换和电磁屏蔽等技术,实现了车内外电磁辐射量远低于国际标准限值。

该公路相较于传统光伏发电工程及电动汽车充电设施工程建设而言,无额外占地、无污染排放,充分利用了公路路面空间资源,贴近用电需求,缩短了输电距离,不仅解决了新能源发电与就地消纳的能源结构优化问题,还进一步提高了电动汽车能量补给的灵活性与便利性,实现了电动汽车高效、非插电式即停即充与边开边充的新型能量供给模式,极大地提升了电动汽车的续航能力,必将进一步推动我国能源产业变革及电动汽车产业规模化发展。无人驾驶汽车从根本上改变了传统的"人-车-路"闭环控制方式,将驾驶员这一不可控因素从该闭环系统中清出,大大提高了交通系统的效率和安全性。此外,将无人驾驶技术与无线充电技术相结合,能够优化加速、刹车和速度调整,在智能引导控制下,减小了车辆的偏移度,提高了车辆动态无线充电效率。

1.1.2 "三合一"电子公路建设背景及意义

2018年,苏州市人民政府筹划建设国际能源变革发展典范城市,重点聚焦城市能源变革,探索一条能源变革驱动城市全面发展,城市能源变革引领世界和中国能源发展转型的创新道路。目前,苏州城市发展过度依赖化石能源,环境污染严重,能源使用效率偏低,要构建满足绿色低碳要求的全社会用能模式,传播清洁高效用能理念,需要大力推动以电代煤、以电代油,引导全社会能源消费方式的转变,提高电能占终端能源消费比重,提升能效水平,支撑环境友好型城市建设,推动能源消费电气化。

为推动能源消费电气化,苏州市人民政府提出建设同里综合能源服务中心示范区,以同里古镇及国际能源变革论坛永久会址为核心区,构筑多元能源供应新格局,展现未来配网新形态,打造"结构清晰、可靠灵活"的配电单元,建立配网运营管理新体系,形成综合能源服务新模式,建成"多能协同、电为核心、电网为平台"的新能源小镇智慧能源体系,辐射整个同里地区,使安全优质、清洁高效指标达到国际领先水平。通过创新示范世界首条"太阳能+无线充电"公路、国际领先的无人驾驶电动观光专线——"三合一"电子公路,创造能源即时生产、消费以及电能替代的新模式,开启光伏发电、电动汽车、无人驾驶、人工智能等产业转型发展的新方向,为新技术研发、新材料研制、新标准研究提供新路径,也让公众切身感受到无人驾驶、智慧交通给生活方式带来的巨大变革。"三合一"电子公路项目由江苏省电力公司营销部牵头,江苏方天电力技术有限公司负责组织实施。

1.1.3 无线充电的研究背景和意义

随着全球石油资源的日益紧缺和自然环境的不断恶化,寻找解决能源环境问题的高效节能环保方法和技术成为了当今世界最热门的研究课题之一。发展新能源汽车是我国重大产业发展战略,我国"十三五"关于新能源汽车的发展规划中明确规定"在2020年我国将实现新能源汽车保有量超过500万辆,年增长量不低于

200万辆"。2015年国务院办公厅发布73号文件《关于加快电动汽车充电基础设施建设的指导意见》，明确指出"到2020年，基本建成适度超前、车桩相随、智能高效的充电基础设施体系，满足超过500万辆电动汽车的充电需求"。因此，电动车充电基础设施的不断完善是我国的既定方针，充电智能化也将成为充电基础设施发展的主要趋势。

电动汽车以高功率密度电池组为驱动，具有零排放、无尾气污染的特点，在不久的将来将逐渐取代油耗型电动汽车，作为人们出行的主要交通工具。然而，电动汽车续航里程有限，需要对电池组进行频繁充电。目前的充电方式为接触式充电，即利用接插件连接电网与电动汽车实现能量的传输，这种充电方式存在以下缺点：①充电电流大（尤其是在快充模式下），接插

图1-2 电动汽车动态无线充电

件笨重且影响美观；②充电时需先停车，再将充电电缆连接至电动汽车充电接口，操作烦琐，费时费力；③由于插座和插头之间存在机械摩擦，长时间使用后可靠性将变差，影响充电效果；④在某些情况下（如电缆出现老化、雨雪天气、充完电后忘记拔除接插件和不小心拉扯到连接电缆等），容易引起漏电，引发安全事故。

无线电能传输（Wireless Power Transfer，WPT）技术能够有效克服有线充电方式存在的不足，实现电动汽车充电的自动化，并且能够较好地与电动汽车自动泊车、无人驾驶及网联化汽车等技术契合，符合未来电动汽车自动化、智能化充电的发展趋势。因此，WPT技术在电动汽车应用领域受到国内外诸多研究机构及企业的重点关注。在电动汽车（Electrical Vehicle，EV）无线充电应用领域，MF-WPT技术分为静态无线充电和动态无线供电（图1-2）两种模式。当EV处于静止（驻车）状态时称为电动汽车静态无线充电（Electrical Vehicle Stationary Wireless Power Transfer，EV-SWPT），当其处于行驶状态时称为电动汽车动态无线供电（Electrical Vehicle Dynamic Wireless Power Transfer，EV-DWPT）。目前，EV-SWPT产业化技术路线较为明确，技术体系也相对成熟，这也为EV-DWPT工程化应用技术研究提供了参考。

相对于EV-SWPT系统，EV-DWPT系统的技术路线及系统框架更为复杂，且存在较多的技术瓶颈问题尚未解决，在系统电路拓扑、控制策略、能量传输鲁棒性、参数敏感性与优化、系统能效特性等诸多理论与技术研究方面仍具有较多亟待解决的问题。然而，EV-DWPT技术能够解决EV普及过程中的两个关键问题，即续航里程短和电池成本高的问题，无需占用额外的专用充电土地资源，可利用现有路

权实现 EV 的在线能量补给,为 EV 智能化充电提供了一类契合度较高的技术方案。图 1-3 为 EV-DWPT 系统结构框架图,MF-WPT 系统通过高频(一般为几万赫兹)、大电流产生的高频交变电磁场实现电能的无线传输。

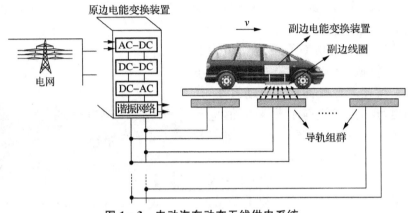

图 1-3 电动汽车动态无线供电系统

如图 1-3 所示,该系统主要由原边电能变换装置、导轨组群、副边线圈及副边电能变换装置四部分组成,从电网输出的工频交流电依次经过整流电路(Rectifier)、直流变换器(DC-DC Converter)、高频逆变电路(DC-AC Inverter)转换为高频交流电,然后将该高频交流电注入原边谐振网络,并在原边导轨周围的一定空间范围内产生高频交变磁场(耦合磁场);受电端的接收线圈会捕获到部分高频交变磁场,并产生高频感应电压,副边功率变换装置对该高频交流电压进行变换调节,使其最终满足负载的电压要求。

近年来,关于电动汽车动态无线供电技术的研究已经成为无线电能传输领域的一个热点,而磁耦合机构是实现电动汽车无线供电的关键环节,因此对其结构、能效特性以及参数优化方法的研究是必要的。目前,针对磁耦合机构设计方法及参数优化策略的研究不够系统和深入,导致电动汽车无线供电系统在实现过程中通常使用人为经验方法进行,这在一定程度上限制了其实用化及产业化的进程。对于电动汽车无线供电技术,电磁耦合机构的能效特性、空间特性以及功率密度三个特性是制约该技术发展的重要因素。"三合一"电子公路的研究为电动汽车无线供电磁耦合机构的设计及系统优化提供了理论支撑,对电动汽车动态无线供电技术的实现及之后的产业化推广具有较高的价值。

1.1.4 光伏路面的研究背景和意义

由于我国幅员辽阔,气候、日照分布差异大,道路交通情况特殊,同时考虑到对于新能源汽车充电续航要求的问题,对光能智慧道路结构的稳定性、耐磨性、耐候性和承重能力等需要提出更高的要求。

在公路基础设施建设领域,生态环境保护、资源再生利用与可持续发展已经成为我国公路建设亟待解决的重点和难点问题。因此需要围绕构建绿色交通运输体系,开展节能减排、生态环保等方面新技术、新材料、新装备、新能源的研发与示范应用,提高资源集约节约利用水平,通过技术进步推动绿色公路建设与发展。

为促进经济发展,近30年中国的基础建设工程发展迅速,公路建设更是突飞猛进。一方面,公路快速发展为我们的交通运输带来了巨大便捷,但另一方面,在公路建设过程中,公路建设成本如土地资源、物料、建设费用和环境保护费用等约占公路建设总投资的90%。根据有关预测和估算,2007—2020年,中国规划建设二级以

图1-4 光伏路面

上公路15.5万km,需新增用地170万hm^2,其中耕地面积为73万hm^2;沥青路面结构的高速公路每公里沥青用量达23 t;每立方米路面基层需消耗约2 t石料和80~160 kg水泥或石灰;公路建设中土石方爆破、材料加工、材料储运和拌和等也会造成生态破坏和环境污染。因此,在资源短缺、生态环境恶化的情况下,推进资源循环利用与环境保护的工作刻不容缓。基于此,交通运输部制定了2020年以资源节约型、环境友好型为公路水利交通发展的主要指标,要求2020年基本建成安全、便捷、高效、绿色的现代综合交通运输体系。因此,如何实现资源优化利用和环境友好也成为目前公路建设中急需解决的重要问题。

光伏路面(图1-4)是一种具备能源收集与转换功能的新型路面结构,可以将太阳能转化成电能,最上面一层是类似毛玻璃的半透明新型材料,摩擦系数高于传统沥青路面,在保证轮胎不打滑的同时,还拥有较高的透光率,就好像一个巨大的充电宝,通过透明材料下的太阳能电池把光能转换成电能,实时输送至电网。这种新型路面既能满足道路上的电能需求,又能保障道路安全,是一项挑战性很强的技术探索,旨在将光伏发电工程与道路工程相结合,实现路面承载与发电功能的融合,进而以此为平台实现车路之间的能量与信息交互。

1.1.5 无人驾驶的研究背景和意义

随着我国汽车保有量的持续增长,由汽车所引起的道路安全、交通拥堵、能源短缺及环境污染等问题日益严峻。据中国汽车工业协会统计显示,2016年,我国汽车产销量均超过2 800万辆,连续8年蝉联全球第一,截至2016年底,我国汽车保有量已达到1.94亿辆,汽车驾驶人数已超过3.1亿,与此同时,交通事故死亡

人数连续多年位居世界前列,每年直接经济损失达 10 亿元,远超欧美发达国家。为此,未来汽车产业需着眼于优先发展安全、节能、环保的新型车辆技术和提供多层次高效率的交通出行方式。

另外,随着移动互联网、大数据、云计算、物联网等新技术的发展,传统制造业逐渐向"智能制造"转型升级,欧美发达国家相继制订了产业升级计划,如德国工业 4.0、美国制造业创新网络计划等。我国政府也提出了"中国制造 2025"及"互联网+"发展战略,大力推动产业转型升级和结构优化调整。汽车产业作为国民经济的支柱,其自身规模大、带动效应强、国际化程度高、资金技术人才密集,已经成为新一轮科技革命以及中国制造业转型升级的重要产业。

目前,汽车智能化、网联化以及自动驾驶业已成为下一个改变人类生活方式的技术蓝海,被认为是人工智能技术可以最先落地的产业化领域,其技术涉及认知科学、人工智能、控制工程、机械工程、信息工程、无线传感等多个学科,是各种新兴技术的最佳验证平台。智能驾驶技术不仅能够提供更安全、更舒适、更节能、更环保的驾驶方式,有效缓解交通拥堵,同时还能够将驾驶员从紧张的驾驶工作中解脱出来,是智慧城市建设和智能交通系统建设的重要环节,是构建绿色汽车社会的核心要素,其意义不仅在于汽车产品与技术的升级,更有可能带来汽车及相关产业全业态和价值链体系的重塑。

麦肯锡在 2013 年报告《展望 2025,决定未来经济的 12 大颠覆技术》中预测,自动驾驶汽车在 2025 年将创造 1.9 万亿美元的产值。据招商证券预计,2020 年国内泛智能驾驶市场空间可达 2 300 亿元,年复合增长率有望超过 35%。因此,智能驾驶技术受到了传统汽车行业和互联网企业的大力支持,并取得了快速发展,代表性的公司有 Waymo、百度、特斯拉、Mobileye 等。同时,众多智能驾驶创业公司如雨后春笋般出现,比较知名的有 Drive.ai、智行者、驭势科技等。目前大多数企业在环境感知层面采用多传感器融合为主,深度学习技术为辅的方式,一方面基于廉价单目相机的深度学习感知技术主要被 Mobileye 等国外公司垄断;另一方面实时处理激光雷达的不规则点云数据的深度学习方法还不成熟。同时,在决策控制层面采用的是传统的基于场景划分和规则的行为决策控制方法,然而由于交通法规不尽相同,驾驶环境复杂多变,行为决策问题往往很难用一个单纯的数学模型描述,同时我们永远无法穷举出所有可能的场景,这为智能驾驶的安全性带来了极大的隐患,也是智能驾驶技术产业化推进面临的难题。

2016 年,Google 基于深度强化学习和蒙特卡洛树搜索算法开发的 AlphaGo 及其改进版 Master 在围棋界大获全胜,成为人工智能史上的新里程碑,进而引发了学术界、工业界等不同领域对人工智能基础研究及产业化应用的热潮。2017 年 7 月,我国国务院印发了《新一代人工智能发展规划》,强调人工智能是引领未来的战略性技术,其中指出基于人工智能的自主智能无人系统的协同控制与优化决策方法是有待重点突破的研究内容。"三合一"电子公路"高度自动驾驶(L4级)电动汽车关键技术研发"旨在利用新兴人工智能技术,突破高度自动驾驶(L4级)电动汽车实时、鲁棒、高效环境感知与定位、智能决策与协同控制等关键技术。对于提高低速的半封闭式园区、高速路等行驶环境下电动汽车的智能化水平、提高车辆安全性等方面具有重要的理论和应用价值。

1.2 "三合一"电子公路关键技术研究现状

1.2.1 无线充电研究现状

目前满足电动汽车无线充放电需求的无线电能传输技术主要有三种:① 电磁感应式无线电能传输技术;② 磁耦合谐振式无线电能传输技术;③ 微波式无线电能传输技术,不同实现方式所对应的系统结构图如图1-5~图1-7所示。在工作性能方面,三种无线电能传输技术实现方式的性能对比情况具体如表1-1所示。考虑到微波无线电能传输技术的安全性等问题突出,实际研究应用于电动汽车与电网能量双向馈动的无线电能传输技术主要为电磁感应式无线电能传输技术和磁耦合谐振式无线电能传输技术。电磁感应式的特点是传输效率较高、传输距离较短(厘米级)、周围金属会产生涡流和发热现象、磁路需进行特殊设计等,多用于近距离非接触的无线充放电系统;磁耦合谐振式的特点是辐射小、距离传输较远(米级)、传输效率较高、方向性要求较低、能量传输不受空间障碍物(非磁性)影响、效率及功率对频率和距离相对敏感等。"三合一"电子公路基于磁耦合谐振式无线能量传输技术,开展电动汽车的无线双向能量馈送技术的研究。

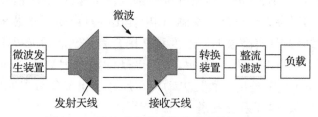

图1-5 微波式无线电能传输系统示意图

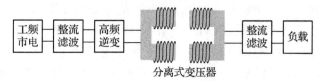

图1-6 电磁感应式无线电能传输系统示意图

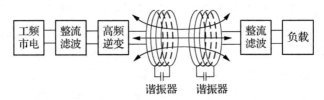

图1-7 磁耦合谐振式无线电能传输系统示意图

表1-1 三种无线电能传输技术实现方式的性能对比情况

传输方式	传输功率	传输距离	特点
微波	千瓦级及以上	米级及以上	传输距离远,频率越高,传播的能量越大,易对通信造成干扰,对生物体影响大,能量束难以集中,能量散射损耗大,定向性差,能量利用率低
电磁感应	千瓦级	厘米级	传输效率较高,传输距离较短,次级线圈与接收电路间须进行屏蔽,周围金属会产生涡流、发热现象,磁路需进行特殊设计
磁耦合谐振	千瓦级	米级	辐射小,安全性高,方向性要求较低,中等距离传输,传输效率高,能量传输不受空间障碍物(非磁性)影响,效率及功率对频率、传输距离、位置偏移相对敏感

　　从国外的研究状况来看,新西兰、美国、日本、德国和韩国等国家都相继开展了电动汽车无线充电的研究工作,很多高校与企业已经成功研制出了可实现无线充电的电动汽车样机,与此同时该技术的市场化应用也在推广过程中。

　　新西兰奥克兰大学的研究团队从20世纪90年代就开始研究电动汽车无线充电,先后提出了多种能量线圈结构(图1-8),并在系统的工作原理、工作过程、变压器设计、频率稳定控制、多负载转换等方面都进行了深入的研究,使该技术在理论和应用上均获得了突破性进展。文献[1]中提出一种由矩形铁芯板和垂直线圈构成的双面线圈结构,具有高横向容忍度和高耦合因数。此后又提出一种由在铁芯片上水平绕制而成的单面极化线圈,具有更高的耦合因数和横向纵向偏移容忍度[2-5]。在文献[6]中提出一种比电动汽车尺寸小得多的分段充电板,以避免不必要的激励和负载,提高系统效率。

　　美国是无线充电技术发展较早的国家,在学术界和产业界都占据了重要位置。2007年6月,麻省理工学院的Marin Soljacic基于磁耦合谐振原理实现2 m距离60 W功率传输,其研究成果在 *Science* 杂志上发表,在世界范围内引发了轰动。该技术团队随后创建的Witricity公司引领了无线电能传输技术发展与应用的新一轮热潮,该公司已经研制出3.7 kW、7.7 kW和11 kW无线电能传输系统,为汽车制造商提供适用于各种车型的解决方案。2011年8月Evatran公司展示了新一

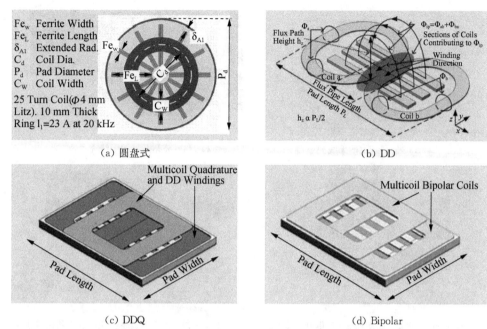

图 1-8 奥克兰大学研究团队提出的不同线圈结构

代无线感应充电装置,该技术将充电效率提高到了 97%,如果将输电线路的损耗考虑在内,整体的充电效率仍然可以达到 90% 左右。在 2015 年举行的第二届电动方程式锦标赛上,高通公司展示了全新的 Halo 汽车无线充电技术,能够达到 90% 的传输效率和 7.2 kW 的充电功率。美国橡树岭国家实验室(ORNL)在电动汽车无线充电系统拓扑结构设计方面开展了大量的工作,采用很多圆形供电和拾取线圈[7],实现了较高的功率和效率,但是由于圆形线圈几何特征的限制,导致其横线偏移容忍度很小。同时橡树岭国家实验室还研究了不同条件下系统最大功率传输的频率控制策略和方法,研究了一种基于两线圈检测的电动汽车动态无线供电定位方法,该方法适合于不同速度、不同接受高度下电动汽车的定位[8],在 2016 年成功测试了 20 kW 无线充电系统,效率达到 90%。美国电动汽车无线供电技术的进展情况如图 1-9 所示。

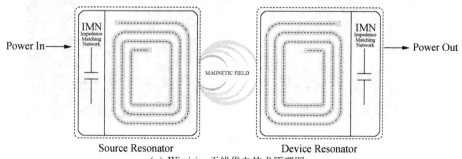

(a) Witricity 无线供电技术原理图

(b) Evatran 公司开发的无线充电器　　　　(c) Halo 公司开发的无线充电汽车

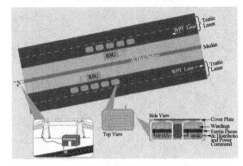

(d) 橡树岭国家实验室电动汽车无线供电实验平台　　(e) 橡树岭国家实验室提出的移动供电技术

图 1-9　美国电动汽车无线供电技术的进展情况

日本的众多汽车公司已经开发出多款可实现无线充电的电动汽车产品(图 1-10)。2014 年 2 月,丰田公司开始对普锐斯等多款 EV 汽车及插电式混合动力车进行无线充电的测试。2014 年 2 月,日本奈良先端科学技术大学院大学信息科学研究

(a) 普锐斯 EV 汽车及插电式混合动力车　　(b) 丰田研发试验的无线充电系统

(c) "WEB-3 Advanced"无线充电公交

图 1-10　日本电动汽车无线供电技术的进展情况

系教授冈田实的研究室与电力设备及工业机器人制造商大阪变压器公司合作,开发出了"使用平行双线的无线电力传输方式",可用于为行驶中的纯电动车等移动物体充电。2016 年 2 月,早稻田大学与东芝的研发小组宣布开发出了高级电动公交车"WEB-3 Advanced",配备了无需连接电源线等即可远程供电的无线充电装置和锂电池,该系统的实验验证已经在川崎市殿町 King Sky Front 地区和羽田机场周边地区完成。日本东京大学针对长导轨线圈漏磁大、效率低等缺点,提出了双发射线圈同时工作的策略。该策略不仅避免了长导轨线圈供电带来的缺点,还发挥了长导轨线圈运行时拾取功率稳定的优点[9-10]。

德国在无线电能传输技术领域的发展也比较迅速,并且取得了一定研究成果。1997 年,德国 Wampfler 公司与新西兰奥克兰大学联合在 Rotorua 地热公园首次成功地在定轨观光车辆上采用了 WPT 技术,迈出了 WPT 技术在轨道交通领域应用的第一步。此后,该技术被应用到多家公司的自动导引运输车(AGV)。同时期该公司还研制了长约 400 m 的 150 kW 载人轨道车,是当时世界上最大的电磁感应式无线电能传输系统。德国庞巴迪公司从 2010 年开始研发无线充电系统 PRIMOVE,并于 2013 年将该系统成功应用在纯电动巴士无线充电中,截至 2015 年底已在德国

(a) Wampfler 无线供电技术应用在 AGV 中(BMW,Audi)

(b) PRIMOVE 无线充电技术原理　　　　(c) PRIMOVE 电动汽车产品

图 1-11　德国电动汽车无线供电技术的进展情况

多个城市开通了商业运行线路,累计运行里程已超过12.5万km,最高充电功率可达400 kW。2016年,庞巴迪有限公司与青岛西海岸新区中德生态园签署协议,共同建立庞巴迪无线充电实验线项目,这也是目前亚洲首条功率高达200 kW的无线充电巴士公交线路。德国电动汽车无线供电技术的进展情况如图1-11所示。

相比较而言,韩国的无线充电技术研究起步较晚,但发展十分迅速,其中以韩国科学技术院(KAIST)取得的研究成果最为显著。KAIST的研究主要集中在电动车辆动力和电动车辆电源方面,在On-Line Electric Vehicle(OLEV)领域处于世界领先地位,已经发展了5代结构(图1-12)。其中,第一代采用E型结构,气隙1 cm,输出3 kW时,效率80%。第二代采用所谓超窄U型单轨结构,该装置用于在线巴士,功率6 kW,效率72%,气隙17 cm。第三代采用W型导轨结构,气隙17 cm,功率15 kW,效率达71%。第四代采用了I型磁芯结构,轨道宽度为

	1 G(Car)	2 G(Bus)	3 G(SUV)	3⁺ G(Bus)	3⁺ G(Train)	3 G(Bus)
Date	Feb. 27, 2009	July. 14, 2009	Aug. 14, 2009	Jan. 31, 2009	Mar. 9, 2010	2010~(under devclopment)
Vehicle						
System Spec.	air-gap=1 cm efficiency=80%	air-gap=17 cm efficiency=72%	air-gap=17 cm efficiency=71%	air-gap=20 cm efficiency=83%	air-gap=12 cm efficiency=73%	air-gap=20 cm efficiency=80%
	All the efficiencies are measured by AC grid voltage to on-board battery terminals					
EMF	10 mG	51 mG	50 mG	50 mG	50 mG	< 10 mG
Power Rail (width)	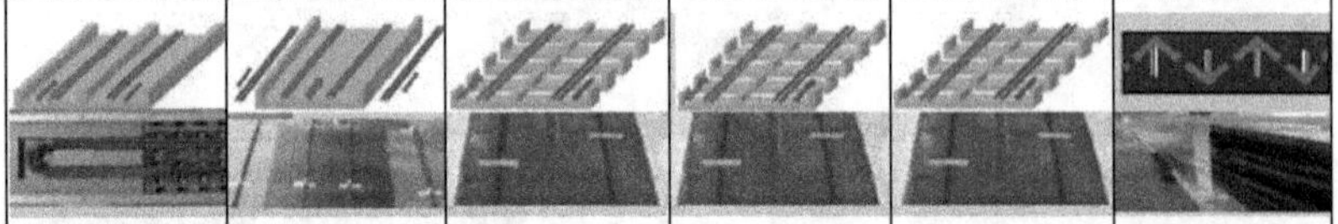 20 cm	140 cm	80 cm	80 cm	80 cm	10 cm
Pick-up						
Power	3 kW/pick-up	6 kW/pick-up	15 kW/pick-up	15 kW/pick-up	15 kW/pick-up	25 kW/pick-up
Weight (Pick-up)	20 kg	80 kg	110 kg	110 kg	110 kg	80 kg
Size	55 cm×18 cm ×4 cm	160 cm×60 cm ×11 cm	170 cm×80 cm ×8 cm	170 cm×80 cm ×8 cm	170 cm×80 cm ×8 cm	80 cm×100 cm ×8 cm

图1-12 韩国科学技术院(KAIST)电动汽车在线供电(OLEV)

10 cm,气隙距离达到20 cm,最大功率可达 15 kW。第五代采用了 S 型磁芯结构,轨道宽度降低至 4 cm,大大减少了施工费用。实际应用方面,从 2010 年 3 月开始在首尔市南部的主题公园"首尔大公园"试运行 OLEV 有轨电车,在 2.2 km 的路线中合计设置了 372.5 m 的供电区,线圈间隙为 130 mm 时的效率为 74%,可以实现 60 kW 的功率输出。2015 年,在韩国南部龟尾市建立了一条 12 km 长的电动汽车动态供电示范工程,以 20 kHz 的工作频率、100 kW/200 kW 的充电功率为路上正在行驶的电动巴士供电,整体效率最高可达 85%。为了提高了系统的功率、效率以及横向偏移的容忍度,KAIST 提出一种新型的线圈设计与路面结构,研究了一种成本相对较低的路面供电系统[11-12]。此外,KAIST 到目前为止已开发出 4 代电动汽车动态无线供电系统,针对每一代电动汽车动态无线供电系统均研制了不同的发射线圈结构以提高系统的传输功率和效率[13-14],还探讨了电动汽车动态无线供电的电磁辐射问题,提出了有效地抑制电磁辐射的方法[15]。在通信方面,KAIST 研究了动态无线供电过程中收发端无线通信的特征以及系统结构,确保作为动态无线供电通信协议的互操作性[16]。

荷兰的代尔夫特理工大学主要研究了分段式轨道分布比例对电动汽车在线充电系统效率,以及充电性能和行驶范围的影响,为当前和未来的设计提供参考,并且研究了电网和汽车动力之间的转化效率问题。在拓扑结构方面,研究了新型的电动汽车动态无线供电系统拓扑结构,以确保功率损耗最小化[17]。此外,研究还分为城市和高速两类环境进行[18]。

国内关于电动汽车无线充电技术的研究在理论研究方面基本与国外同步,但在系统效率提升、优化控制以及技术的应用推广等方面仍待提高。

重庆大学研究团队自 2002 年开始针对电磁感应式无线电能传输技术的基础理论及工程应用进行研究。2015 年完成电动车动态无线供电示范系统,示范轨道总长 50 m,轨道平面与车载拾取机构最佳垂直距离 20 cm,最大输出功率 30 kW,行进过程中的供电效率达到 75%~90%(图 1-13)。该团队从 2014 年开始与南方电网广西电力科学研究院合作研发 EV-WPT 系统,2016 年建设完成了 EV-DWPT 示范线路,线路长度为 100 m,系统最大输出功率为 30 kW,行进供电效率为 75%~90%。重庆大学在 EV-DWPT 系统研究中,形成了包括磁耦合机构设计优化(含导轨模式)、车辆位置检测、导轨切换控制、系统参数优化等系统性研究体系[19-20]。为了解决电动车在行驶过程中出现意外电量不足的情况,该团队提出一种新的电动车无线能量双向传送模式,满足能量双向传输的需求[21-22]。此外,还提出了一种参数识别方法,以改善在发射端进行控制时拾取端参数难以调整的问题,并在此基础上建立了能量流动模型[23]。

图 1-13 重庆大学研发的电动汽车无线充电系统

东南大学研究团队系统性地研究了磁耦合谐振式无线电能传输技术的建模理论,提出了电动汽车无线充电最小接入技术、基于频率的效率稳定控制方法以及电压与功率的在线控制策略等优化方案,研究了电动汽车移动供电系统中的供电导轨切换控制策略,开展了一系列电动汽车无线充电系统的关键设备研制[24-29]。该课题组于 2013 年研制出磁耦合谐振式电动汽车无线充电装置,充电功率可达 3 kW,传输效率可达 90%,该项成果受到媒体的广泛关注。该课题组还开展了无线电能传输技术在三维供电、中距离小功率设备供能、无人机供电等领域中的应用等工作(图 1-14)。

(a) 电动汽车无线充电用盘式谐振器

(b) 多套电动汽车无线充电系统

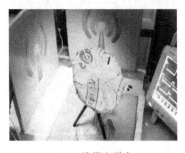
(c) 三维供电平台

(d) 无人机无线供电平台

图 1-14 东南大学团队研究成果

哈尔滨工业大学针对大功率电动汽车感应充电技术做了大量研究,于2013年成功研制出能够在20 cm的气隙下传输功率达4 kW的实验装置,在充电功率和传输距离方面都可以基本满足电动汽车的需求。该团队推导建立了电动汽车动态无线电能传输系统的冠以状态空间平均化解析模型,提出了基于状态反馈的超前补偿控制器设计方法[30]。图1-15为哈尔滨工业大学开发的电动汽车无线充电演示平台。

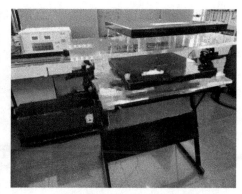

图1-15 哈尔滨工业大学开发的电动汽车无线充电演示平台

天津工业大学于2013年提出将无线电能传输应用于高速列车以取代接触网为轨道交通工具供电的设想,并搭建了高铁列车无线充电模型(图1-16)。该团队针对电动汽车动态无线供电系统中电能耦合机构间传输效率与接收电流的波动性问题,提出了一种具有自检测步进切换功能的发射端控制策略和车载三线圈接收结构[31],并基于近场谐振式无线电能传输原理提出了一套发射线圈可选择性开断的电动汽车动态充电方案,得出接收线路不同位置时线路耦合情况及系统传输效率变化规律[32]。该团队针对感应耦合结构近距离、弱偏移,以及谐振耦合式结构易

图1-16 天津工业大学研制的高铁列车无线充电模型

受干扰的问题,提出紧—强耦合协同工作结构,该结构能够使系统工作在紧—强耦合状态,实现紧耦合与强耦合的协同工作,极大地提高了系统的传输效率和传输功率,同时增强了系统的抗偏移能力[33]。

针对 DWC 系统耦合机构耦合系数不断变化,引起输出功率波动的情况,华中科技大学研究团队提出了一种发射线圈补偿网络通用设计方法[34-35],在保证高传输效率和实现软开关的前提下,使用 T 型补偿网络,保证了拾取线圈在一定范围内偏移时,输出功率几乎不变。T 型网络如 LCC、LCL、CLC 补偿也被中科院[36]、圣地亚哥州立大学[37-38]等院校和科研机构用于 DWC 系统。然而,T 型网络无功补偿元件的引入增加了系统阶数,为系统的建模和分析带来困难。

西南交通大学研究团队针对无线电能传输技术在轨道交通中的应用开展了大量的工作,研制了无线供电轨道试验车(图1-17),实现在12 cm 传输距离下40 kW 的功率输出。该团队提出了一种基于多逆变器并联的无线电能传输系统,

利用改变逆变器输出电压脉宽与移相角控制方法对逆变器进行控制,有效地消除初级线圈电流的 3 次谐波[39]。

图 1-17　西南交通大学研制的无线供电轨道试验车

浙江大学对无线充电系统的原边采用串联拓扑进行了稳态下的建模分析,并提出了一种对系统容量、输出电压,以及谐振频率等进行估算的精确方法,并可以通过控制锁相环控制变换器工作的谐振频率,使系统电压传输增益及功率最大化,并减少损耗[40]。

中国科学院电工研究所团队针对电动汽车磁耦合机构做了大量研究,提出了多种补偿结构。该团队于 2014 年成功研制了一套定点的电动汽车无线充电系统,实现在 20 cm 传输距离下 3.3 kW 的功率输出。广西电科院对多导轨模式 EV-DWPT 系统能效特性及导轨切换控制策略进行了研究。华中科技大学对 EV-DWPT 系统的原边谐振补偿网络拓扑进行了研究,提出了一种新型的 T 型谐振补偿网络,能够在偏移量较大的时候保证系统稳定的输出特性,且实现了空载原边恒流的功能,此外还对分布式短导轨方式动态无线供电系统的局域供电控制方法进行了研究。

国家电网近年来也加大了对电动汽车无线充电技术的关注与投入,2014 年由中兴新能源、东风汽车、国家电网襄阳公司以及绿捷公交公司携手建设了国内首条无线充电大巴商用示范线,此次投入运行的公交车无线充电装置总功率为 60 kW,每分钟可充电 6 kW·h。同年 10 月,国家电网成都供电公司也成功开发出电动汽车无线充电系统[38],该系统试验的单机可提供的最大功率为 20 kW、最大充电电流为 50 A(图 1-18)。

(a) 湖北襄阳无线充电公交车　　　　　(b) 四川成都无线充电公交车

图 1-18　中兴公司研发的无线充电公交车

目前国内从事该领域研究的单位和科研机构还有清华大学、同济大学、奇瑞、比亚迪、安徽江淮汽车等。

通过总结上述的国内外研究现状可以得到以下结论:近年来,关于电动汽车动态无线供电技术的研究已经成为无线电能传输领域的一个热点,而磁耦合机构是实现电动汽车无线供电的关键环节,因此对其结构、能效特性以及参数优化方法的研究是必要的。目前,针对电动汽车移动供电系统的研究尚处于探索阶段,许多关键性问题没有得到解决,导致电动汽车动态无线供电系统在实现过程中通常使用人为经验方法进行,这在一定程度上限制了其实用化及产业化的进程。因此,对电动汽车动态无线供电技术的研究来说意义重大。

1.2.2 无人驾驶研究现状

近年来,互联网技术和数据科学的迅速发展给汽车工业带来了深刻的变革。除此之外,高精度地图的进步以及人工智能的广泛应用也使得智能驾驶技术愈发成熟,汽车驾驶正在变得更加简单、更加智能。作为未来汽车驾驶的一个发展方向,无人驾驶汽车技术在最近几年得到了长足的发展[41—46]。

无人驾驶汽车,即自动驾驶智能汽车,与传统的车辆驾驶需要人类参与的情况不同,它主要通过车内的车载传感系统,包括相关智能软件及多种感应设备,实现感知车辆周围环境,并根据感知所获得的道路、车辆位置和障碍物信息做出判断,控制车辆的速度和转向,确保车辆能够安全、可靠地在道路上正常行驶。无人驾驶汽车突破了传统的以驾驶员为核心的模式,在一定程度上提高了行车的安全性和稳定性,可以降低交通事故的发生率,并且能够减少尾气排放和能源损耗,具有极高的经济效益和社会效益,是未来智慧城市发展的重要组成部分。

作为一种智能化的移动交通工具,无人驾驶汽车能够在一定程度上代替人类驾驶员实现一系列的驾驶行为。由于受到经济状况和技术条件等因素的影响,无人驾驶汽车在各个国家和地区的发展情况也各不相同。目前,美国、欧洲及日本在无人驾驶方面的研究相对较为成熟,在行车可行性和安全性方面做了实际的测试,有的企业也开始着手进行一定规模的产业化生产。我国虽然在无人驾驶领域开展研究较晚,并且无人驾驶汽车在我国仍然处于研发试验的初级阶段,但是近年来,国内许多车企纷纷开始和高校及科研机构开展合作,积极投入到无人驾驶汽车的研发中,形成相应的无人驾驶汽车企业技术发展格局。相关资料显示,无人驾驶汽车经过了近50年的研究和发展后,技术已日趋成熟和完善,并预计将在2020年后进入爆发期,交通系统的安全和效率也将得到极大的提高。

美国国家公路交通安全管理局将自动化驾驶系统分为5个等级:① L0级:无自动驾驶,即驾驶者完全控制刹车、转向、油门、动力等主要的车辆控制设备。

② L1级:特定功能的自动化,即车辆的一项或多项主要控制设备实现自动化,但无法联动运行成为系统。③ L2级:整合功能的自动化,即车辆中至少有两项自动化控制系统能够联动运行。④ L3级:实现有限自主驾驶的自动化,即在某些特定的条件下,驾驶员可以交让与安全相关的功能的控制权,驾驶员可以偶尔接管车辆。⑤ L4级:实现完全自主驾驶的自动化,即完全意义上的无人驾驶,车辆可以自身全程控制并监控与安全相关的驾驶功能。目前,主流水平的无人驾驶处在第二级和第三级之间,而特斯拉的无人驾驶汽车则处于第三级,实现了有限自动驾驶功能。

1.2.2.1 无人驾驶国外研究现状

自从20世纪70年代开始,国外一些发达国家已经开始了无人驾驶汽车技术的研究。国外的一些著名汽车企业以及IT行业的领先者投入大量的资源来研发无人驾驶汽车技术,研发进程非常迅速,并且取得了实质性的突破。但是即便如此,不同国家的不同企业在对于自动驾驶的观点上也略有分歧,在选择的技术发展路线方面也存在着一定的差异[47—53]。

美国的Google公司作为最先发展无人驾驶技术的公司,其无人驾驶汽车的研发选择的是基于导航技术的路线,研发需要的投入很高,但也产生了许多创新性的成果。Google无人驾驶汽车通过摄像装置、雷达传感器和激光测距仪感知周围环境中的其他车辆,并使用高分辨率地图来进行导航。它所使用的地图是由街景车和探测车绘制而成,包括整个城市的高精确度的经纬度坐标以及每个地理位置相应的三维信息。Google数据中心将对收集而来的车辆信息进行分析和处理,并发出相应的指令,使无人驾驶汽车安全稳定地运行。Google公司的无人驾驶汽车的研发理念是计算机将完全取代人类驾驶。最初Google研发的无人驾驶汽车要求驾驶员坐在方向盘的后面,以便有突发状况时能够代替计算机接管汽车。但2013年的实验之后,Google公司决定坚持走用计算机完全取代人类驾驶的路线,因为其相信在危机发生时,不存在驾驶员从分心状态下回过神来比计算机系统的反应速度更快的可能。所以,至今Google公司的无人驾驶汽车没有方向盘、刹车踏板和加速器,完全由计算机系统全程控制。

Google X实验室在2007年就开始了无人驾驶汽车研究的各项筹备工作,并在2009年利用丰田车身进行了无人驾驶汽车的初步研发工作。2012年5月,美国内华达州机动车辆管理部门(DMV)为Google的无人驾驶汽车颁发了首例驾驶许可证,这也是美国首例自动驾驶汽车的路测许可。而在2014年5月,Google公司公布了其自主设计的无人驾驶汽车,虽然还处于原型阶段,但是它仍然显示出了其与众不同的创新特性。同年12月,Google完成了首辆全功能无人驾驶汽车原型。

截止到 2015 年 11 月，Google 研发的无人驾驶汽车共完成了 209 万 km 的路测。Google 在人工智能方面长时间的研发积淀为其无人驾驶汽车的发展奠定了良好的基础。2016 年 2 月，NHTSA 表示 Google 的无人驾驶汽车采用的人工智能系统可以被视为"司机"。同年，Google 自动驾驶汽车项目独立成立了新公司 Waymo（图 1-19）。虽然，Google 公司是首家上路测试无人驾驶汽车的公司，并且其无人驾驶技术处于领先地位，但是 Google 尚未实现无人驾驶汽车的商品化，在这方面要落后于特斯拉和 Uber 等主要竞争对手。另外，Google 公司的无人驾驶汽车所安装的智能零配件成本较高，安装在汽车顶部的 64 束激光雷达售价就高达 7 万美元，各种传感器的价格总和达到了 25 万美元左右，而整个无人驾驶汽车的成本总计约 35 万美元，过高的成本也是限制 Google 无人驾驶汽车商业化生产的主要因素之一。不过，Waymo 公司于 2018 年 2 月正式拿到了美国首个商业自动驾驶打车服务执照，并于当年推出商业化无人驾驶出租车服务。总体来看，Google 作为最早发展无人驾驶技术的公司，其依靠自身强大的视觉系统和高精定位为主要优势，在无人驾驶研发领域处于技术领先地位，并且，其旗下的 Waymo 公司已经开始与美国汽车行业的其他公司积极开展合作，逐步扩大其无人驾驶汽车的应用场景。

图 1-19 Waymo 无人驾驶汽车

特斯拉作为美国另一家具有代表性的无人驾驶汽车的研发公司，它并没有像 Google 那样采用完全由计算机实现自动驾驶的方式。特斯拉公司在无人驾驶汽车的研发过程中旨在通过无人驾驶帮助司机提高驾驶体验，实现相应的辅助驾驶功能，其无人自动驾驶不会完全替代驾驶员的作用和地位。特斯拉已经在其量产的商用车中，集成了部分基础的自动驾驶功能，但是仍然要求驾驶员做好随时接管车辆的准备。特斯拉公司的无人驾驶汽车的硬件设备包括摄像头、超声波传感器、前置雷达和车载处理器。与 Google 有所不同的是，其无人驾驶汽车并未采用激光雷达设备，而是使用摄像头和具有 40 倍计算能力的车载处理器代替。这样可以最大限度地采用相对便宜的资源，尽可能地获得同等的效果。由于特斯拉的自动驾驶汽车已经投入量产，所以其选择的"低成本感知＋高性能计算"的方式对于控制整车成

图 1-20 特斯拉 Autopilot

本来说是十分合理的。特斯拉公司的 ModelS 系列车型中加载了自动驾驶系统 Autopilot(图 1-20),它可以帮助车主在一些特定情况下实现辅助自动驾驶功能。2016 年 10 月,特斯拉公司在其新车上都安装了 Autopilot 2.0"完全自动驾驶功能"的硬件系统,其软件部分也包含了多项辅助功能,但是成本却控制在了合理的范围之内。2017 年 3 月,特斯拉宣布推出 Autopilot 8.1 系统,大大提升了无人驾驶汽车的等级。据相关资料统计显示,特斯拉公司的无人驾驶汽车在 Autopilot 模式下行驶的路程已经超过了 2.2 亿 mile(1 mile≈1.6 km)。相对于 Google 公司的无人驾驶汽车目前还处于测试阶段,特斯拉公司的无人驾驶汽车已经实现了商业化的量产,并且拥有一个关于自动驾驶汽车的商业模式。在特斯拉的创始人 Elon Musk 看来,当前汽车实现全自动驾驶的基础已经具备,而且无人驾驶汽车的安全性至少是人类驾驶员的 2 倍以上,理应加快全自动无人驾驶的进程。所以特斯拉公司在无人驾驶汽车方面研发的目标在传统的车企以及其竞争对手看来,过于冒险甚至有一些激进。过去几年里,特斯拉自动驾驶汽车曾多次发生事故,从而造成车内人员伤亡。这些事件也引起了人们对于无人驾驶汽车的安全性的广泛讨论,在实现全自动无人驾驶汽车目标的过程中,特斯拉公司必将遇到技术和安全等方面的多重挑战,有许多问题亟待解决。

福特公司在 2015 年也成立了无人驾驶汽车研究团队,由在此公司工作了近 30 年的资深专家 Randy Visintainer 担任此团队的负责人。为了增强其在自动驾驶中的云计算能力,福特公司在 2016 年入股了云计算领域的一家公司 Pivot-al Software,而在同年 7 月,与麻省理工学院共同发起了一项关于机器学习以及自动驾驶系统的研究计划,该计划旨在解决车辆碰撞问题以及改进自主路线规划。除了使用激光雷达测距传感器外,福特公司还尝试使用无人机充当无人驾驶汽车的传感器,并获得了一项新专利。根据最新的专利显示,福特公司想要开发一种新类型的车载传感器,一旦无人驾驶汽车的传感器出现问题,无人机的套件将作为替代组件使用。但是目前这套系统还只是处于专利阶段,此项技术的普及还需要长时间的实验及验证。福特公司计划在 2021 年开始量产无方向盘的纯无人驾驶汽车,用于无人驾驶的出租车服务。

德国的两大著名汽车企业奔驰和宝马公司也各自开展了有关无人驾驶汽车的研发工作。2013 年 9 月,奔驰汽车公司宣布其生产的 S 级轿车完成了从德国的曼海姆到达普福尔茨海姆的自动驾驶测试,2015 年 1 月,在国际消费电子展上,奔驰公司发布了其旗下 F015 Luxurtyin Motion 自动驾驶概念级豪华轿车(图 1-21),并在美国旧金山通过路试。除此之外,奔驰公司还与芯片制造商英伟达公司建立了研发无人驾驶汽车的合作关系。宝马公司早在 2006 年,就已经开始在赛道上尝试对汽车的自动驾驶进行测试,2011 年,宝马公司的无人驾驶汽车的首次路试在德国进行。2014年7月,宝马公司和百度公司达成战略合作,进行无人驾驶汽车的研发和制造,其中,宝马公司负责硬件设施的设计和制造,而百度公司则承担起数据分析和技术服务的任务。2015年底,宝马公司联合奥迪、奔驰公司收购诺基亚地图业务HERE,布局对无人驾驶至关重要的高精地图领域。而在2016年7月,宝马、英特尔以及Mobileye联合举行发布会,宣布进行三方合作,联手进入无人驾驶汽车领域,协同开发无人驾驶电动车iNext(图1-22),并声明宝马公司将于2021年与两家合作公司共同推出无人驾驶汽车。这也是IT、汽车、ADAS三巨头的首次合作。

图1-21 奔驰F015 Luxurty in Motion自动驾驶概念级豪华轿车

图1-22 宝马iNext概念车

除了上述企业外,汽车行业的其他公司也纷纷开展有关无人驾驶汽车的研发和制造。包括丰田、奥迪、大众、沃尔沃等传统的车企在内的许多公司都加入了无人驾驶汽车的研究,并制定了相应的战略布局。另外,芯片制造商英伟达、移动专车公司Uber、全球汽车零件供应商博世等公司的积极参与使得无人驾驶汽车产业更加蓬勃发展。

1.2.2.2 无人驾驶国内研究现状

国内无人驾驶汽车的发展相对较晚,我国的无人驾驶研究始于20世纪80年代,1992年国防科技大学成功研发出了我国第一辆真正意义上的无人驾驶汽车,一辆国产的面包车上安装了由计算机及相应的检测传感器和液压控制系统所组成的汽车计算机自动驾驶系统,既保持了原有的人工驾驶性能,又能够用计算机进行控制实现一定程度的自动驾驶行车。2000年6月,国防科技大学研制出我国第四代无人驾驶汽车,并且试验成功,其最高时速可以达到76 km/h。而其研制的无人驾驶汽车红旗HQ3在2011年通过了试验,从长沙经高速公路自行开往武汉,行程286 km,平均时速87 km/h。由于起步较晚,且受到技术条件等相关因素的限制,我国的无人驾驶汽车还处于研发试验的初级阶段,未形成产业市场。目前,国内无人驾驶的研发主体主要是各高校以及科研院所,虽然近年来一些车企开始与高校进行合作,共同推进无人驾驶汽车的研发和制造,尤其是智能辅助驾驶系统的研究。但是也只有为数较少的汽车企业积极开展相应的无人驾驶研发。2013年9月,上汽集团与中国航天科工三院在上海签署了战略合作协议,共同开展有关无人驾驶汽车的研究。同年,奇瑞公司与武汉大学合作开发无人驾驶汽车,改装后的车名为"Smart V"(图1-23)。除此之外,北京现代汽车与军事交通学院也展开合作研究。随着人工智能的快速发展,国内一些IT企业和各大自主车企也将目光更多地投入到无人驾驶领域。

图1-23 国防科技大学研制的无人驾驶汽车红旗 HQ3(左)和奇瑞公司与武汉大学合作开发的 Smart V(右)

作为国内IT企业的领先者之一,百度公司在近几年也投入大量的精力在无人驾驶汽车的研究上。百度的无人驾驶车项目于2013年起步,由百度研究院主导研发,其技术核心被称为"百度汽车大脑",包括高精度地图、定位、感知、智能决策与控制四个模块。百度公司使用大数据、高精度地图、人工智能以及百度大脑等一系列现有技术进行无人驾驶汽车的相关研究,其中,百度大脑基于计算机及人工智能,模拟人类大脑的思维方式,拥有超过200亿个参数,为无人驾驶的信息处理提供了保证。2015年12月,百度公司宣布,百度无人驾驶汽车在国内首次实现了城市、环路及高速道路混合路况下的全自动驾驶。2016年,在百度世界大会无人驾驶汽车分论坛上,百度高级副总裁、自动驾驶事业部负责人王劲宣布,百度无人驾驶汽车刚获得美国加州政府颁发的全球第15张无人驾驶汽车上路测试牌照,并且,百度将成立 NHTSA Level 3 等级自动驾驶技术的 L3 事业部。2017年1月17日,百度宣布与博世公司正式签署基于高精地图的自动驾驶战略合作,开发更加精准实时的自动驾驶定位系统。此外,百度也已经将视觉、听觉等识别技术应用在"百度无人驾驶汽车"的系统研发中,并由百度深度学习研究院负责此项目。

除了百度之外,国内也有其他一些企业参与无人驾驶汽车的研发领域。2016年9月,京东集团对外宣布,由其自主研发的中国首辆无人配送车已经进入道路测试阶段。而滴滴公司的CTO张博也宣布将无人驾驶汽车作为滴滴的重大战略布局,并将很快实现无人驾驶汽车的上路。

综上所述,目前国内有关无人驾驶汽车的研究,一方面主要依赖于各高校以及科研院所和国内主要车企的合作,另一方面,国内的IT企业也在利用其技术方面的优势,积极投入到无人驾驶汽车的研发中来。虽然国内开展无人驾驶的研究时间较晚,但是随着越来越多的企

图1-24 京东无人配送车

业和单位积极参与其中,中国的无人驾驶发展迅速,有望接近当前世界的先进水平。

无人驾驶技术涉及环境感知与定位、智能决策等方面技术,对于国内外研究发展现状和趋势分析如下:

1.2.2.3 智能驾驶

目前在国外,智能驾驶的领先企业包括Waymo、Mobileye、特斯拉、Uber、宝马、奥迪、福特等智能驾驶企业,领先高校包括CMU、Stanford、MIT等,它们在这方面有长时间的研究和积累,经过2004、2005、2007的三年的DARPA无人驾驶汽车挑战赛,各个高校大幅度地推动了智能驾驶的技术进步并提高了其成熟度。其中,Mobileye和特斯拉选择了辅助驾驶的道路,采用低成本的摄像头加毫米波雷达方案,快速进入市场,Mobileye的驾驶辅助系统已经安装在1 000多万辆汽车上,而特斯拉的Autopilot在短短7个月内积累了1.3亿mile(1 mile≈1.6 km)的自动驾驶里程,最新的奥迪A8已经宣布实现了有条件自动驾驶(L3级)的智能驾驶。另外,还有一批企业选择了另一条道路:直接切入无人驾驶形态,最具代表性的是Waymo,其无人实验车累积的行程已经超过300万mile(截至2017年5月)。除了Waymo和Uber,近两年硅谷又涌现出一批无人驾驶的初创企业,如Drive.ai、Zoox等,其他的还有新加坡的NuTonomy、英国的OxBotica等。

图1-25 国内外智能驾驶汽车

在国内,各高校和研究所近年来在这方面也有较多研究,并在一系列智能车未来挑战赛中得到了很好的锻炼和提高。智能驾驶的领先企业和研究机构有驭势科技、百度、中科院自动化所、清华大学、北汽、军事交通学院、国防科大、吉林大学等。百度公司在这方面启动得较早,并提出了阿波罗开放平台(图1-25)。

1.2.2.4 环境感知与定位

在环境感知领域,目标的检测、识别和跟踪是感知领域中的一个重要研究方向,智能驾驶车辆需要实时识别和跟踪多个运动目标(Multi-Object Tracking,MOT),这样才能得到可靠的、实时的路径规划结果和车辆控制[54—55]。近几年深度学习在感知领域取得了大量的研究成果,在很多问题上取得了很好的效果,比如在基于视觉的物体检测和分类问题上有Fast RCNN,YOLO,SSD等方法,例如,KITTI benchmark就提供了一个标准的数据集,让广大的科研人员可以基于此开展各种视觉和激光雷达的相关算法研究,目前最新的基于深度学习的车辆检测方法的准确率可以达到90%以上。当同时使用视觉数据和激光雷达数据时,能进一步提高检测的准确率。

此外,清华大学、吉林大学等高校在这方面的研究一部分已经达到了国际先进水平,例如,侯德藻等利用毫米波雷达、激光雷达开发了碰撞预警系统及ACC巡航系统,利用CCD摄像机实现了车道保持,利用全景相机开发了环视倒车辅助系统等,并提供了具有实用性的控制技术,相关的技术在长安汽车、东风日产以及宇通、金龙等企业都已经实现了推广应用;董因平通过视觉感知系统实现了高速车辆车道预警等。海康威视、图森互联等提出的视觉算法性能已达国际先进水平,在2015、2016年KITTI评测中取得多个单项第一。而在国外,卡耐基梅隆大学通过装备64线激光雷达、多个超声波雷达和摄像机等传感器完成了动态障碍物检测跟踪、停车位检测、交通标志识别等复杂任务;Waymo通过在无人驾驶汽车顶部安装64线激光雷达用于周围环境目标物体检测和三维环境建图,同时安装多种类型的摄像机和毫米波雷达组建环境感知系统,可自动识别信号灯、行人和车辆等。

交通标志识别是智能驾驶车辆对周围交通环境的一个重要内容。交通标志识别一般包括检测和识别两个阶段。检测阶段通过利用交通标志可区分性的特征检测出可能包含交通标志的区域。其中交通标志可用于交通标志检测的特征主要有颜色特征、形状特征、纹理特征等。通过颜色模型检测出可能含有交通标志的区域后,可以用形状特征进行进一步检测。其检测方法通常为基于霍夫变换、基于不变矩特征等。此外,基于样本的机器学习方法也被广泛应用于道路标志检测。交通标志检测完成后,可以进一步在检测出来的感兴趣区域进行交通标志识别,交通标志识别通过提取局部特征点HOG特征、Gabor滤波特征等标志特征,然后选用

KNN(临近算法)模型、决策树、SVM、神经网络以及ELM(极限学习机)等模型进行分类。

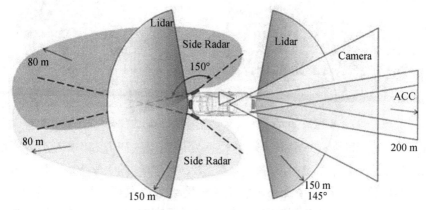

图1-26 各种车载传感器的探测范围示例

如图1-26所示,由于摄像头、激光雷达等传感器所监测到的距离和范围是有限的,高精地图和V2X技术不仅可以充当自动驾驶汽车的"千里眼",帮助自动驾驶汽车提前知晓位置信息,精确规划行驶路线,还能辅助自动驾驶进行环境认知。另外,在一些较为封闭、无通信环境(如地下停车场、密集楼宇间等)情况下,基于特征匹配、环境感知等厘米级的定位技术也有了巨大进步。斯坦福大学采用一种新颖的基于模型的车辆检测跟踪算法实现了周围车辆的精确定位;英国牛津大学和日本日产汽车公司合作采用2D激光雷达取代3D激光雷达以大幅度降低成本,同时通过融合视觉和激光雷达实现路面交通状况监控,多种障碍物检测以及导航,不需要GPS额外提供定位信息。在高定位方面,目前还很少通过融合自身传感器信息及高精地图和V2X技术,随着高精度地图和V2X技术的不断成熟,不仅可以降低单车传感器的配置成本,综合利用上述信息将大幅度提高车辆高精度的连续定位能力,为后续决策与控制提供更高质量的输入。

1.2.2.5 智能决策

目前国内外工业界对于无人驾驶的行为决策模块大都是利用软件工程的先进概念来设计一些规则系统,利用规则引擎和行为建模来决定无人驾驶汽车的驾驶行为[56-58]。如图1-27所示,在DARPA无人驾驶汽车竞赛中Stanford开发的"Junior"利用一系列回报设计和有限状态机来设计无人驾驶汽车的轨迹和操控指令,CMU开发的"Boss"按照一定的规则和预设阈值来决定换道行为的触发。然而对于未出现过的复杂驾驶场景,如何做出正确可靠的决策行为仍是基于规则的传统方法要面临的难题。

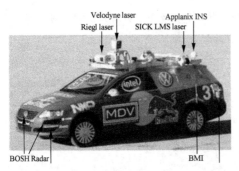 

图 1-27 斯坦福"Junior"无人驾驶汽车和 CMU 的"Boss"无人驾驶汽车

随着对无人驾驶汽车研究兴趣的快速发展和深入研究,基于人工智能的智能决策技术受到学术界和工业界的广泛关注,2009 年,纽约大学 Yann LeCun 团队开发的 LAGR 轮式机器人系统采用卷积神经网络来提取环境特征,包含高、中、低 3 个等级的规划模块,可实现基于图像输入的近距离非结构化道路避障导航。2015 年,普林斯顿大学研究人员开发的 Deep Driving 系统(图 1-28)采用基于深度学习的端到端学习算法,在 Torcs 仿真平台上,以图像作为输入通过深度学习感知前车距离、本车偏航角、边线距离等信息,实现了基于图像输入的车道保持与避障。2016 年,Nvidia 公司使用深度学习实现了自动驾驶算法开发,将左中右三路摄像头和人类驾驶员转向角作为输入,通过构建 9 层的卷积神经网络,该系统模仿人类驾驶员,成功实现了实车方向盘的连续控制。Udacity 开放了其驾驶平台 Unity,利用深度学习技术实现了横纵向综合控制。DeepMind 公司提出了 DDPG、A3C 等强化学习算法基于 Torcs 平台实现了赛车的赛道保持任务,并对深度强化学习方法开展了大量研究。在国内,中国科学院自动化所较早地开展了深度强化学习智能驾驶相关研究,其基于 dSPACE 汽车仿真平台利用强化学习方法在 ARM 芯片上实现了考虑驾驶安全性和舒适性的自适应巡航控制系统;2017 年,研究人员针对车型识别任务提出了结合视觉注意力的深度强化学习方法,指导最佳视觉注意力的选择,将强化学习的反馈和分类融合,使车型图片分类精度比主流方法,达到 96% 的识别精度。

图 1-28 Deep Driving 系统与 Torcs 人工智能赛车平台

作为通用人工智能的核心技术,深度学习能够更高精度地感知周围环境信息,更准确地预测出前方不同类型障碍物(如车辆、行人、自行车等)的行驶轨迹,强化学习则可以通过与环境不断交互学习不同场景下最优的决策行为,进而基于对前方目标的轨迹预测和高精度地图信息,学习得到当前环境下期望方向盘转角和油门刹车控制量,该技术可以有效解决传统基于规则的决策方案所面临的难题,将会为无人驾驶提供更先进、安全的人工智能决策算法。深度强化学习方法在智能驾驶中的应用虽然仍处于起步阶段,但已经引起了国内外知名公司和研究单位的广泛重视,利用该人工智能技术开发复杂驾驶环境下的电动汽车智能决策系统,是实现智能驾驶研发的必然选择。

1.2.3 光伏路面研究现状

1.2.3.1 光伏研究现状

"光伏效应"最早于1839年由法国科学家贝克雷尔所发现。美国科学家恰宾和皮尔松于1954年第一次制成了单晶硅材料的太阳能电池,就此开始了关于实用光伏发电技术的各项研究。20世纪90年代严重的环境污染以及更早期的石油危机等问题在一定程度上大大促进了光伏发电产业的发展,各国政府也越来越重视光伏发电技术的研究与应用,并且纷纷出台了各种鼓励太阳能资源开发与利用的优惠政策,同时对于科研经费的投入更是不断加大。其中,美国最早制定光伏发电的相关发展应用规划,并且在1997年提出了"100万太阳能光伏屋顶计划"。日本于1974年推出"阳光计划"项目,并且为该项目投资了5亿多美元以此来推动国家光伏产业的发展。1993年,日本又开始实行"新阳光计划",其宗旨主要是推动太阳能研究与开发计划能够全面、长期、高效地发展,并且随后颁布了一系列支持和鼓励可再生能源发展和利用的相关法律和法规,此举极大地推动了日本太阳能光伏产业的研究开发与发展应用。德国是世界上对光伏产业支持最大的国家,在1990年德国政府就提供资金支持光伏市场的发展,相关的"千户光伏屋顶计划"和《可再生能源网上定价法》等政策应运而生。2011年,德国建立光伏发电价格标杆来保证进一步促进光伏产业市场的飞速发展。正因为如此德国成为继日本之后的光伏发电产业发展最迅速的国家。随后,法国、意大利、瑞士等国家也纷纷开始制定光伏产业发展相关政策,并投入大量资金用于技术研究与资源开发利用并期望以此来加快光伏产业的工业化进程,正是由于这些措施的刺激作用,光伏发电产业迅速发展。与此同时,正因为美国、日本、德国等国家制定的这些具有巨大推动力的政策,才使得世界光伏发电产业市场呈现出一片繁荣的景象。

世界光伏发电产业的飞速发展主要体现在以下几个方面:

(1) 光伏电池产量的持续增长:近年来,全球光伏电池总产量的年平均增长率已高达30%,光伏产业已跃居成为全球发展最快、最稳定、最具发展前景的产业之一。

(2) 生产规模的迅速扩大:截至2011年,世界光伏装机总容量已高达28 GW。

(3) 光伏发电产业市场的快速发展,各国政府先后颁布了各种激励光伏发电产业发展的政策:德国在2004年重新修订了补贴法一年以后,全国总装机总容量就达到了837 MW,约占世界光伏发电总市场份额的57%左右。

(4) 随着科学研究的不断发展以及各种新技术的出现,光伏电池的能量转换效率不断提高:目前有些公司的生产工艺水平已经非常先进了,这些公司生产的光伏电池的转换效率已达到20%左右了。

(5) 光伏电池组件的成本逐渐降低:为了降低利用成本,自从光伏电池诞生以来,人们一直致力于多晶硅材料的研究和生产,以期望能够最大限度地减小光伏电池组件的生产成本,如此一来光伏产品的价格必然会下降。而且针对降低成本的研究会一直进行下去,价格的下降是今后的必然趋势。

1990年以后,世界光伏产业如雨后春笋般迅速发展,短短10年间光伏组件生产总量已高达200 MW。进入21世纪以来,全球光伏产业持续高速增长,自2000年后连续6年的年平均增长率高达30%~60%,有时甚至更高。2005年世界光伏电池总年产量高达1 818 MW,同期相比增长了45%。有统计数据表明,截至2011年底,世界光伏发电装机总容量已达27.7 GW,相较于上一年约有67%的新增装机量,光伏产业也因此成为可再生新能源中的一大"亮点"。数据显示截至2011年底,全球光伏发电装机总容量累计已达67.4 GW,太阳能资源成为仅次于风能与生物质能的又一大可再生能源。

从世界角度看,各国政府都在加大资金补贴力度,同时建立相关法律法规等政策来大力推动太阳能光伏发电产业的发展,相关院校和科研机构也加入其中,并且光伏发电应用领域也在不断扩大。我国对于太阳能光伏发电技术的研究起步较晚,但是发展迅速,并且在发展光伏发电方面具有很大的优势。我国地域辽阔,且日照十分充足,这些得天独厚的地理条件都十分有利于光伏电站的建立。

我国对于光伏电池技术的研究与发展开始于20世纪60年代,至80年代中期,我国的光伏发电产业已初步形成,此时光伏电池的总生产力已达4.5 MW。经过十多年坚持不懈的努力,到90年代中后期,我国光伏产业已经达到稳定发展的时期,年增长量处于稳步提高状态。2001年,江苏省的无锡尚德太阳能电力有限公司成功建立了第一条10 MW的光伏电池生产线,次年9月,该生产线建设完成正式投入使用。该生产线的生产力能够达到此前4年世界光伏电池生产量的总和,正是因其超强的生产能力,使得我国在追赶世界光伏产业发展水平的道路上整整缩短了15年的时间。我国发改委科技部在2003年10月制订了今后5年的太阳能资源开发利用计划,将筹集大量资金以促进光伏发电技术以及相关产业的发展与应用。2004年，在深圳市建设1 000 kWP的光伏发电站，随后国家实施"金太阳"工程，就此拉开了光伏装机发展的序幕。在2012年，我国第一个用于居民用电的分布式光伏电源在青岛完成建设实施并成功并网，2013年我国新增加光伏发电装机总容量达到$2.2×10^6$ kW。

近几年来，国家光伏产业发展迅速，规模不断扩大，国际化程度显著提高，部分技术也逐渐达到世界先进水平，产品远销欧美国际市场。到2010年，我国光伏电池生产厂家约有123家，其中32家企业已经上市。但是目前我国还没有建立一个十分全面的关于光伏发电产业的创新与研发体系，而且受制于国内制造业的发展水平，缺少相关高新制造业的技术支持，很多相关设备和高纯度硅材料需要进口，因此导致光伏电池组件的生产成本较高。

由表1-2可知，到2020年我国光伏发电产业规划的目标是达到75%的市场份额，其中与建筑物结合的配电侧并网分布式光伏发电系统占总份额的62.5%，其累计装机总容量需达1 000 MW，另一部分是大型并网荒漠光伏电站占总份额的12.5%，其累计装机总容量需达200 MW。随着我国出台的各项光伏发电产业的相关政策，光伏市场实际规模将要高于预期规划目标。目前我国的光伏发电产业的发展道路仍然是任重道远，但是前景必然是一片光明[59]。

表1-2 2020年我国光伏发电市场规划目标

市场分类	累计装机容量/MW	市场份额/%
农村电气化	200	12.5
通信和工业	100	6.25
太阳光伏产品	100	6.25
光伏并网建筑	1 000	62.5
荒漠大型光伏并网发电	200	12.5
合计	1 600	100

1.2.3.2 光伏路面介绍

光伏路面是一种先进的跨界技术，通过系统化、智能化改造，使普通路面既可进行太阳能光伏发电，又能正常行车，并提供行进间车辆无线充电、车路信息交互、自动引导等服务，是横跨交通工程、光电新能源、智能汽车领域的原创性新技术。光伏路面的创新性、特点及发展方向可以概括为"一结合、两交互、三步走"，即路面交通与发电功能的结合，光伏路面与车辆之间的能量与信息交互，道路电气化—车路协同—智慧交通三步走的发展战略。

1. 路面与发电"一结合"

光伏路面技术创新性地将道路工程和光伏发电工程技术融为一体,研发了将普通路面变为巨量的光能收集平台的新型路面结构和材料,使得道路兼具交通和发电功能。光伏路面发电峰值功率目前可达 120 W/m^2,已实现为道路沿线路灯、电热除冰融雪、电子情报板、电子标志标线、自动喷淋设施、电动汽车充电桩、公路收费站提供电力供应。即将实施的功能试验包括电动汽车静态无线充电、动态无线充电等。随着技术的不断探索和成熟,以及技术经济性的提高,光伏路面作为水泥混凝土路面、沥青混凝土路面之外的第三种铺面材料,可能引发道路结构、规范标准、功能应用等一系列的技术演变。

2. 能量与信息"两交互"

道路始终是为车辆服务的,光伏路面既要为车辆提供传统的载体服务,也要结合自身技术特性拓展新的服务功能。结合无人驾驶和智慧交通的发展趋势,光伏路面可在车路能量和信息交互方面有所突破。

(1) 能量交互

光伏路面所产生的电力通过智能电力管理系统的自动分配,一方面供应沿线电力需求,另一方面直接为电动汽车进行静态及动态无线充电,从而使光伏路面成为车辆的非接触式能量供应平台,革命性地改变了车辆的能量供应和设计。当前,静态无线充电技术已经较为成熟,搭载无线充电设备的电动汽车也即将实现商用量产。动态无线充电技术目前仍处于试验阶段,国外厂商已在试验场实现 100 km/h 速度条件下 20 kW 的无线充电功率,不过该技术的商用推广为时尚早,各项技术标准和产业配套也还有许多工作要做。但是在学科交叉发展、技术融合创新的大环境下,动态无线充电技术将臻于完善,相信在可预见的未来,太阳能电力即发即用、电动汽车边走边充的设想终将实现。

(2) 信息交互

光伏路面依靠自身电力支持和内建信息网络,可实现车路之间可视化信息、无线互联网和定位引导的多重信息交互。可视化信息包括动态显示于光伏路面上的标志、标线、图文,交通管理中心可实时发布管理信息改变通行规则,例如潮汐控制等。车辆通过与光伏路面的无线互联,实现车辆状态信息、行驶参数以及海量数据的上传下行,并通过光伏路面内建的定位点获取毫米级定位信息,实现全交通系统在统一指挥下的有序通行和无人驾驶。当前,国内外相关产业正在展开合作,形成跨专业、跨学科、跨平台式的多维度科研和应用模式,预期形成庞大的知识产权系统。

3. 智慧交通"三步走"

光伏路面技术是交通基础设施产业朝着智慧交通的目标进行的一次技术创新。车离不开路和能源，智能化离不开信息，车、路、能源与信息的高度集成是智慧交通发展的必然方向。纵观目前国内外智能交通技术发展路线与实施情况，我们认为智慧交通的实现会经历如下三个战略步骤：

(1) 公路电气化

电气化铁路开启了中国铁路发展的新篇章，才有了后来举世瞩目的中国高铁奇迹。同理，智能电动车辆离不开公路的电气化。目前，中国的高速公路总里程位居世界第一，公路总里程仅次于美国，这是我国利用后发优势通过艰苦努力取得的巨大成就，在交通建设领域我国已经走在了世界的前列。依托光伏路面技术和其他绿色能源技术实现公路沿线的绿色能源供给，满足照明、融雪、交通监控、安全设施、无线通信以及未来智能交通路端设备随时随地的用电需求，使电气化公路真正成为智慧交通的空间载体、能源和信息交互平台，这是智慧交通的基本需求。

(2) 车路协同

电气化公路与智能车辆的"车路协同"就像智慧交通的"左右手"。能源、信息、互联网等技术同时向道路和车辆拓展并分别集成，形成汽车产业的 V2X(Vehicle to X)和道路产业的 R2X(Road to X)技术路线，其中的 X 是指能源、信息、互联网等相关产业新技术。这两个技术路线将最终走向协同，形成既能独立运行，又能相互协作的智能车路体系 V-X-R。智能车辆在电气化公路行驶过程中，同步实现信息与能量的"握手"，也就是车与路的能量和信息交互，完成车辆自我校核和车路双向校核，从而实现智慧交通核心目标——绿色、安全、高效。

(3) 智慧交通

智慧公路和城市道路共同构成了智慧交通体。智慧交通的实现必将深远地改变城市面貌、人类出行乃至生活方式，激发交通规划与控制、交通大数据及其深刻影响的相关技术进步，催生更多的技术创新和模式创新，演化出更多需要解决的新问题，例如陆路交通与其他交通系统的接驳问题等。当然，这些技术的实现尚待时日，但是我们坚信这一天并不遥远。[60]

1.2.3.3 光伏路面国外研究现状

目前，全球公路里程数已接近 6 500 万 km，约为赤道长度的 1 600 倍，而道路交通是大气污染的一个主要来源，在全球温室气体排放中占第二位。太阳能的开发在近年来取得重大进展，以铺设光伏电池为主要手段的清洁能源开发在很多国家和地区得到大力推广。2015 年，光伏发电已经占到全球发电总量的 1%，中国、欧盟和美国成为光伏装置量领先的国家和地区。为此，包括欧盟在内的一些国家和地区,从改造公路、降低温室气体排放和开发利用清洁能源等角度出发,积极研发太阳能路面[61—65]。

利用在路面铺设光伏太阳能发电板来发电的设想很早就被提出过,美国2006年成立的太阳能公路公司(Solar Roadways)就是这方面的先行者。该公司的创始人设想,如果在全美25万km公路上实现太阳能路面的铺设,将会使美国现有电力供应能力提高近一倍。该公司得到了美国政府的财政支持,先后获得共计85万美元的资助,鼓励其开发太阳能路面的设计架构以及在一些大型停车场路面开展试验。从理论上看,太阳能路面的发电效果较为诱人。最早提出太阳能路面设想的美国太阳能公路公司网站给出的一个测算结果显示,如果将美国全部公路都"翻新"为太阳能路面,所产出的电量将是全美能源需求的三倍之多。

欧盟作为减排和清洁交通的主要倡导者,长期以来都对开发太阳能路面给予高度重视,在实践方面更是率先实现了全球首条太阳能自行车道和太阳能公路的突破。

2009年,得到欧盟第七研发框架计划支持的荷兰应用技术研究所(TNO)获得荷兰北方省政府的大力资助,牵头成立了名为"太阳能道路"(Solaroad)的联合研发项目,致力于推动太阳能路面从理念到实践的转换。经过近6年的研发,2014年底,该项目在荷兰首都阿姆斯特丹附近的一个小镇建成并开通了全球首条太阳能自行车路面(图1-29)。

荷兰的太阳能自行车路面全长约100 m,采用的是模块化设计,在路面中铺设的每块水泥板里嵌入了晶体硅太阳能电池板。这种2.5 m×3.5 m的预制板,有一个约1 cm厚的半透明钢化玻璃顶层,下面装有晶体硅太阳能电池。根据美国和欧盟的研发设想,太阳能路面一般由三层组成:最上层为半透明的保护层,在保护太阳能面板内部元件的同时也可以让太阳光透

图1-29 荷兰太阳能自行车道

过;中间层为太阳能电池,用来产生电力;底层用来隔绝土壤的湿气,避免其影响到内部线路。同时,考虑到车辆对路面的要求,太阳能路面尤其是太阳能公路,既需要一定的坚固性,又要有一定的摩擦阻力以保证汽车在上面快速行驶而不打滑。在雨天等情况下,太阳能路面可通过特殊的构造让路面的积水迅速排走,而不影响汽车和行人的出行。一些设计还考虑安装发光二极管,可在阴天或夜晚亮起道路标志,作为交通标志和警告信息。在气候较为寒冷的地区,太阳能路面也可"嵌入"加热器,避免冬季出现积雪或结冰等现象。该路面每平方米每年约能产生50 kW·h

的电能,平均每 70 m² 的路面就可以满足一户荷兰家庭一年的用电需求。而试运行 6 个月的结果显示,该路面实际产生的电量为 3 000 kW·h,已经相当于欧盟 1.5 个家庭一年的平均用电量。不过其成本依然较高,项目总花费约 350 万欧元,投资回收期将超过 15 年。尽管如此,考虑到未来化石能源逐渐退出以及新能源生产的前景,荷兰等国对于未来进一步发展太阳能路面的计划还是持十分积极的态度。2017 年 4 月,参与建设该太阳能自行车道的其中一家荷兰企业与我国上海一家企业达成合作协议,将联手在全球推广该技术。

作为一项尝试性的示范工程,太阳能自行车道初步验证了太阳能路面的可行性,同时也增强了欧盟一些成员国加速开发建设太阳能公路的步伐。同荷兰政府相类似,法国政府对于未来开发太阳能公路也持积极态度,法国研究机构的研发也得到了欧盟研发计划的鼎力支持。参与太阳能公路研发的法国太阳能国立研究所(INES)是法国和全欧洲重要的太阳能专业研发机构,承担了大量欧盟资助的研发项目。

2016 年 12 月,在法国诺曼底地区的 Tourouvre-au-Perche 村,世界上首条太阳能电池板公路 Wattway 开通(图 1-30)。法国生态部长塞格琳·罗雅尔亲自主持了开通仪式。为建成这条长为 1 km 的太阳能道路,政府共投资了 500 万欧元(当时约合人民币 3 625 万元)。

图 1-30 法国建成世界首条太阳能道路

这条公路全长 1 km,共由 2 800 m² 的发电板覆盖。路面在混合聚酯层保护下承受车辆的碾压,保护层下则安装太阳能转化电池。与荷兰太阳能自行车道相比,法国的太阳能公路的承载力更高,抗磨性更强,该公路产生的电能除接入电网,供附近小镇公共照明外,重点是用来满足周边道路信号灯等交通设施使用,将来还会为建在附近的电动车充电站提供电力供应。由于公路的实际使用率只有 10%,所以太阳能公路在绝大多数时间里都可以利用太阳光发电。根据研发人员的构想,20 m² 的太阳能公路路面所产生的电能将可以满足法国一户家庭的用电需求[8]。在为期两年的测试中,每天将被约 2 000 名司机使用,以确定其是否能够产生足够能源,为这个拥有 3 400 名村民的村庄街道提供照明电力。

1.2.3.4 光伏路面国内研究现状

2017 年 6 月,由浙江兰亭太阳能科技有限公司、中科院宁波材料技术与工程研究所、清华大学智慧城市与智慧交通研究中心、浙江省沥青学会、兰亭建设集团等单位共同合作,历经10年完成的"太阳一号"光伏路面的基础技术、集成技术及其产业化与应用技术的研究,成功突破了全套关键技术难题,取得了阶段性成果[66]。

"太阳一号"光伏路面于2017年6月8日顺利通过重载车辆的试验,总质量达200 t的大型自卸车轻松压过一段由太阳能电池板铺成的道路,路面完好无损。这标志着该道路成为目前世界上承重最大的太阳能试验道路。也意味着由多家单位历经10年完成的"太阳一号"光伏路面成套技术研发成功,我国太阳能光伏路面技术研究应用取得了重大突破。

"太阳一号"光伏路面成套技术是集合了承重型公路、非承重型与轻型路面结构等系列技术,并将光伏发电、电动智能车辆无线充电、冬季化冰雪和智能交通技术融为一体,并且具备批量生产条件的装备和施工技术。

作为智慧公路的领跑者,"太阳一号"是一项新能源系统工程的代表。它包含了智慧设施、智慧管控、智慧服务等多个方面,具有鲜明的现代化和低碳交通的特征。该技术已申报和授权的发明专利多达十余项,涵盖了复合与交叉的多学科领域,可以说已经具有了完全的自主知识产权。

2017年12月28日,我国首条承载式高速公路光伏路面试验段在济南正式通车(图1-31),实现利用高速公路路面并网发电。由于路面能发电,未来还可能为行进中的电动汽车无线充电,这段全长仅1 km的试验路段,引发人们对智慧交通的无限遐想[67—70]。

图1-31 我国首条承载式高速公路光伏路面试验段

在电动汽车加速普及、自动驾驶技术逐渐被人们接受的新技术潮流下,推动道路信息化、实现路车协同也被提上日程,智慧交通似乎离我们渐行渐近。通过系统的理论计算和试验分析,同济大学张宏超课题组在光伏路面承载结构和透光磨耗层材料方面获得重大技术突破,形成了中国光伏路面自主知识产权,在山东省济南市南绕城高速公路G2001建成了世界第一条光伏路面高速公路试验段,这也是目前全世界承载能力最强和交通量最大光伏路面,在中美法德等先进国家的激烈竞争中取得了领先地位。

位于济南绕城高速南线的试验段长 1 120 m,光伏路面铺设长度 1 080 m,净总面积 5 875 m²,分布式并网发电装机容量峰值功率 817.2 kW,采用全额上网模式并网发电,预计年发电量约 100 万 kW·h。试验段的路面呈现出与其他高速公路不同的灰白色,半透明,颗粒感较强。这种新型公路由三层构成:最表层为透明沥青路面,具有高强度和超过 90% 的透光率;中层为光伏板,可利用路面空闲时间吸收太阳光发电;底层为绝缘层,三层结构总厚度不超过 3 cm。虽然"身板单薄",但在光伏路面上行车丝毫不受影响。2017 年 12 月 20 日,山东省公路检测中心对光伏路面承重能力和抗滑性能等路用性能指标进行了专业检测,各项指标均满足国家相关规定,合格率达到 100%。目前,试验段已经实现为路灯、电子情报板、融雪剂自动喷淋设施、隧道及收费站提供电力供应,余电上网;未来还将推出电子标志标线、路面电热融雪等功能。

2018 年 10 月 18 日到 19 日,"一带一路"能源部长会议和国际能源变革论坛在江苏省苏州市召开。本次会议和论坛受到全球能源领域的高度关注,29 个国家能源部部长和 7 个国际组织高级官员,以及国内主要能源企业和金融机构负责人、部分国际知名能源企业负责人出席[71]。

由国网江苏省电力有限公司、江苏方天电力技术有限公司、东南大学等单位参与参与设计建设的"三合一"电子公路在论坛上精彩亮相,吸引了参会嘉宾的浓厚兴趣,中央电视台、人民日报、科技日报、新华报业、中国电力报、新浪网、凤凰网等多家媒体进行了直播、视频、图文的多形式报道。

此次论坛中演示的"三合一"电子公路(图 1-32)是目前全世界首条也是唯一一条电动汽车动态无线充电道路,被誉为"不停电的智慧公路",首创了电动汽车无线充电、道路光伏发电、无人驾驶三项技术的融合应用,实现了电力流、交通流、信息流的智慧交融。该"三合一"电子公路在国际上首次实现了路面光伏发电、动态无线充电以及无人驾驶三项技术的融合应用,不仅解决了新能源发电与就地消纳的能源结构问题,还进一步提高了电动汽车能量补给的灵活性与便利性。该公路总长约 500 m,宽 3.5 m,路面中间绿色区域是动态无线充电线圈埋设区,两侧黑色区域为光伏发电区。路面线圈与车底线圈通过磁耦合谐振式无线充电技术实现电能的传输,实现了电动汽车边走边充的动态无线充电,极大地提升了续航能力,解决了电动汽车里程"焦虑"问题,创造了电能产生即使用的新模式,该动态无线充电技术可广泛运用到厂区、景区、园区、高速公路、城市电动公交专用通道、无人驾驶等领域,具有广阔的市场前景。同时,该项目在无线充电效率、电磁环境防护等方面取得了多项国际领先的成果,为实现电动汽车便利、安全充电,改善电动汽车续航能力等提供了新颖的解决方案,将成为推动我国能源产业变革及电动汽车产业规模化发展的示范样板。

图1-32 同里"三合一"电子公路

光伏路面的开发与实施,变普通道路为巨量的绿色能源收集平台,不仅为道路沿线提供清洁能源,使公路电气化成为可能,还可以通过车路信息交互和能量交互建立智能交通系统,为新型智能电动汽车提供行进间无线充电、驾驶引导等服务,从而改变电动汽车对电池储能的完全依赖,革命性地从供给侧突破了传统思维限制,由此开启了未来交通设施智能化的序幕。

1.2.4 "三合一"电子公路发展趋势

目前,"三合一"电子公路在无线充电效率、电磁环境防护等方面已经取得了多个国际领先的创新成果,在技术开发、研制及工程示范方面已经完成了以下工作:

(1) 通过实时监测源端各能量发射模块系统参数,根据包含多能量收发机构复杂耦合的电动汽车动态无线充电系统电磁模型,提取适用于车辆定位以及负载判识的源端敏感特征参量,从地面发射端精确感知车辆位置信息及负载特性,基于智能功率控制策略实现能量发射线圈的适时启停控制及发射功率的快速动态调整。在此基础上提出一种基于源端敏感特征参量提取的电动汽车动态无线充电系统高精度快速定位及负载参数辨识技术。

(2) 阐述了动态无线充电系统磁耦合机构的综合评价方法以及动态无线充电系统的参数优化方法,解决了系统多需求下的参数设计合理性问题。通过构建磁耦合机构的评价模型,得到了能效评价指标集、携能特性评价指标集及空间特性评价集三大评价指标的数学描述;通过多目标优化算法对系统参数进行优化,在多约束条件下得到了系统输出功率、传输效率以及系统充电设备成本最优解集。为动态无线充电系统、无人驾驶技术和智慧路面光能技术的融合打下坚实的理论基础,为接下来进行具体的研究工作指明了方向。在此基础上提出基于模糊综合评判方法的磁耦合机构评价机制及基于多目标参数优化算法的谐振网络参数设计方法。

(3) 研究了光能智慧道路融雪化冰技术,保证在冰雪等恶劣天气下的道路交通安全。光能道路上由于表面积雪不仅增加了行车安全隐患,也降低了为动态无线充电系统的供电效率;动态无线充电线圈的封装技术,解决动态无线充电线圈封装在道路面层下,具有一定的承重能力,达到了公路路基的相关指标;光能智慧路面技术的公路性能,使光能路面面层的摩擦力、抗滑能力、耐磨能力和抗碾压能力得到了提高。在此基础上提出一种摩擦系数高、抗碾压能力强、透光率高、具备融雪化冰及路面交通引导功能且兼容动态无线充电的智慧路面光能技术。

(4) 研究了适用于无人驾驶的综合协调控制系统,主要包括新型感知系统、定位系统以及决策控制系统。其中感知系统采用高度可扩展的多传感器融合框架,结合多目标跟踪算法,对无线充电道路路面、动静态目标、交通标志实现自动检测和语义理解;定位系统采用基于 GNSS/IMU/单目、立体或鱼眼摄像头/激光雷达/车载里程计的定位方案,实现复杂环境下车辆与环境的精确相对定位,为动态无线充电系统提供定位辅助参考。决策控制系统基于专家系统、深度学习、模仿学习和强化学习定制高可靠性无线充电控制算法,在复杂城镇道路可实现 L4 等级完全无人驾驶。在此基础上提出一种基于多系统融合设计理念的无线充电和无人驾驶智能综合协调控制系统。

(5) 首次提出了融合无人驾驶技术、智慧路面光能技术及动态无线充电技术的"三合一"电子公路系统构架及实施方案。"三合一"电子公路将无线充电线圈铺设于电子公路中间区域,并在电子公路路面上布置光伏发电组件,提高了路面发电利用率并节约了建设成本,实现了全天候光伏发电并网及具备电动汽车动态无线充电功能。对乘用中巴电动车加装了无线充电装置,并在行车系统中融入 L4 等级无人驾驶技术,具有全路段无人驾驶、自主识别无线充电区域、自动无线充电等功能。实现了无人驾驶车辆行驶最大偏移度 10 cm,动态无线充电功率大于 10 kW,最优动态充电效率大于 85% 的性能指标。

目前,"三合一"电子公路尚处于起步探索阶段,随着技术的快速进步,未来将有广阔的应用前景,在此讨论未来可能的旅游景区观光车场景:

1. 需求分析

(1) 车辆运行时间估计

在不考虑天气、节能运行等因素的影响下,始终保持电动车辆处于运行状态,即工作时间从 6:00am.—12:00am.,13:00pm.—20:00pm.,中午休息 1 h,共计运行时间 13 h。

(2) 路面长度

假设路面的长度约为 2.5 km。路面形式可分为两种:① 起点与终点位于同一位置的环形或其他形状闭合曲面;② 起点与终点位于示范路面两端的直线或折线型开放路面,示意图如图 1-33 所示。

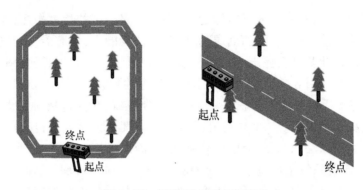

图1-33 两种形式的示范路面

(3) 车辆平均行驶速度估计

考虑到站点载客、启停和刹车等情况所带来的速度波动、观光旅游的线路讲解与游客的观赏性等因素,电动观赏车辆的行驶速度不宜过快,从车辆的载客量与综合功耗等角度出发,电动观光车平均行驶速度拟估计为 20 km/h。

(4) 日均载客量估计

当车辆运行时间、平均行驶速度与路面长度均确定时,只需考虑完成单次观光路面的载客人数即可确定日均观光的可载客容量。电动观光车平均载客人数约为 12 人。依据路面的形式不同,由以上条件可知,单台电动车辆日均载客饱和流量为:

闭合曲面式示范公路:12 人×20 km/h×13 h÷2.5 km=1 248 人;

开放式示范公路,从起点至终点后还需折返送回乘客,则其日均载客容量为闭合曲面式示范公路的一半,即 624 人。

(5) 日均耗电量估计

电动观光车的每千米耗电量为 0.13~0.18 kW·h,做适当估计,设平均功耗为 0.15 kW·h/km,平均车速约为 20 km/h。

通过计算,每天运行里程数为 260 km;则其日均耗电量约为:0.15 kW·h/km×260 km=39 kW·h。

(6) 无线充电技术需求

电动旅游观光游览车自身续航里程按保守估计约为 80 km,则需额外无线供电运行的里程数为 260 km−80 km=180 km,换算至耗电量为:0.15 kW·h/km×180 km=27 kW·h。

基于以上分析,可以得到电动旅游观光游览车的动态无线供电功率需求和静态无线充电功率需求。

① 动态无线供电功率需求

基于上述分析，则电动旅游观光游览车动态无线供电的平均功率为：27 kW·h÷13 h≈2.08 kW。

考虑无线供电线圈间切换带来的供电功率波动影响，对供电功率留有 1.2 倍的裕量，则电动旅游观光游览车动态无线供电系统的输出功率约为 2.5 kW。

对系统的整体转换与传输效率做保守估计，设效率为 80%，则无线供电系统的输入功率约为 3.1 kW。

因此，对于单台电动旅游观光游览车而言，当无线充电系统的平均输入功率为 3.1 kW 时，可保证其在每天 13 h 的运行时间内处于持续续航工作状态，其充电功率约为 2.08 kW。

② 静态无线充电功率需求

当电动旅游观光游览车处于非运行状态时，可考虑采用静态无线充电的方式对其进行快充或慢充补电。假定采用夜间慢充补电的方式，夜间慢充时间为 8:00pm 至次日 6:00am，共计 10 h，则其夜间无线充电功率等级需满足：0.15 kW·h/km×80 km÷10 h=1.2 kW。

考虑静态无线充电系统的整体效率，设效率为 85%，则无线供电系统的输入功率约为 1.4 kW。此时，通过夜间的静态无线慢充方式可使得电动观光游览车在第二天工作前处于满电量状态。

2. 电动观光游览车的无线能量补充技术方案

方案 1：3.7 kW 等级的静态/动态无线充电方案

从上述功率分析可知，单台 2.2 kW 等级的无线充电系统既可满足电动观光游览车白天运行时间内的无线供电需求，也可满足其夜间无线慢充的功率需求。

车数确定与无线充电车位方案设计：由于电动观光游览车的平均车速为 20 km/h，若路面形状为环形闭合曲面式，则电动观光游览车从起点→终点(起点)环行一周的时间为 7.5 min；若为直线型开放路面，则电动观光游览车从起点→终点→起点，单程折返一次的时间为 15 min。因此，从日常运营角度与乘客等车时间角度分析，只需 1 辆电动观光游览车一直处于工作状态即可；但考虑到一些紧急情况，如车辆故障或临时抛锚、团体式旅游观光、工作疏漏带来的夜间充电不及时等，为保证该情况下游客正常的观光需求得到满足，还需日常配备一台备用电动观光游览车，所以建议该方案条件下无线供电观光游览车为 2 辆。

由于单台电动观光游览车在中午 12:00 至 13:00 处于休息状态，因此可停至静态无线充电车位进行能量补充，充电功率为 2.2 kW。

因此，考虑电动观光游览车的初始储能电量，其一天内的电量补充波动状态如

图 1-34 所示。

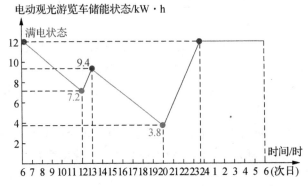

图 1-34　单台电动观光游览车储能状态日波动情况图

由图 1-34 可知,单台电动观光游览车储能最低点为当日 20:00,此时电量约为 3.8 kW·h,占其总储能比重的 32%,为正常欠电工作状态。由此可知,方案 1 同样贴近于实用,具有较高的可行性。

方案 2:2.2/22 kW 混合等级的静态/动态无线充电方案

与方案 1 不同的是,在原有 2.2 kW 等级动态无线充电的路段上选择一段约为 100 m 长的路面进行大功率动态无线充电的验证。从上述功率分析可知,单台 2.2 kW 等级的无线充电系统既可满足电动观光游览车白天运行时间内的无线供电需求,也可满足其夜间无线慢充的功率需求。如果在原有动态无线充电基础上对某一段路面进行路面改造,使其具备大功率动态无线充电功能,即可能会使得电动观光游览车存在这样一种情况,通过 2.2 kW 等级与 22 kW 等级的动态无线充电系统相配合,电动观光游览车每次回到终点时的电量均为满电量,这样就大大提高了电动观光游览车的续航能力,同比降低了其对储能电池的依赖,其充电方案设计如图 1-35 所示。

如图 1-35(a)和图 1-35(b)所示,将电动观光游览车示范公路的最后 100 m 铺设 22 kW 大功率动态无线充电轨道,其余路面铺设 2.2 kW 小功率动态无线充电轨道。则可计算每完成一次车程,电动观光车的储能固有损耗为:0.15 kW·h/km×2.5 km=0.375 kW·h;动态无线充电系统总体提供的补给能量为:2.2 kW×2.4 km÷20 km/h+22 kW×0.1 km÷20 km/h=0.374 kW。电动观光游览车的能量损耗与能量补给基本持平。因此,当电动观光游览车处于非运行状态时无需对其进行静态无线充电。只有当长时间损耗积累后,依据电池监测系统的 SOC 剩余显示对其进行短时间的静态无线充电即可。单台电动观光游览车的储能状态波动情况如图 1-36 所示。

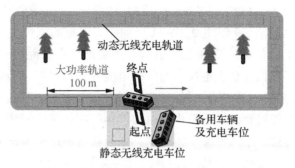

(a) 环形闭合曲面式路面混合无线充电方案

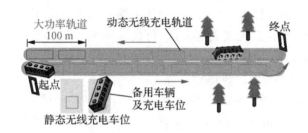

(b) 直线开放式路面混合无线充电方案

图1-35 两种路线充电方案

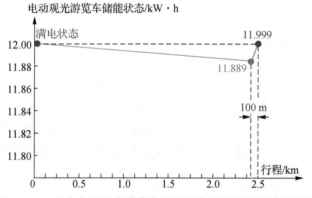

图1-36 单台电动观光游览车储能状态随行程的波动情况图

方案2在综合考虑道路特点的基础上，在同一路面上进行不同功率等级的动态无线充电，使得道路在减小实现难度的基础上具有大功率快速动态无线充电的功能。

"三合一"电子公路兼具光伏路面发电和电动汽车的技术优点，无人驾驶、无线充电为社会大众提供了直观感受能源变革发展的新方式，将成为"两个替代"落地的又一新举措和实现持续创新领跑的有力抓手，引领分布式清洁能源的新发展，并带动国内尤其是江苏省内产业链的加速成型。"三合一"电子公路是同里新能源小镇16个世界首台、首套、首创项目中首批启动研究实施的项目之一,前期在电科院建设试验段,一期、二期在同里新能源小镇永久会址环岛公路上建成2.5 km的示范工程。该项目将路面光伏发电技术与无线电能传输技术相结合,实现清洁低碳的产能模式,将产能与能源消纳相连,是全新的理念和重大的创新实践,在世界范围内尚属首次。相较于传统光伏发电工程及电动汽车充电设施工程建设而言,该项目无额外占地、无污染排放,不仅解决了新能源发电与就地消纳的能源结构问题,还进一步提高了电动汽车能量补给的灵活性与便利性,实现电动汽车边开边充、即停即充的新型能量供给模式,极大提升了续航能力,将成为推动我国能源产业变革及电动汽车产业规模化发展的示范样板。"三合一"电子公路在未来还有以下发展方向:

(1) 在电动汽车动态无线充电方面,可进一步提升其功率和效率,并且进一步提升在能量发射线圈切换过程中的接收功率稳定性。此外,还需加快推进电动汽车动态无线充电相关专有标准的建立。

(2) 针对EV-DWPT系统的参数优化问题,都是基于原边谐振网络输入电压为定值的情况进行分析优化的,后期工作可将输入电压作为优化变量,分析其对系统的影响,并对其进行优化,使得系统参数的优化对实际系统更具有指导价值。

(3) 在光能智慧道路方面,"三合一"电子公路的实施更加激励对光能智慧道路技术的进一步研发,未来将以更高标准,不断研发新的产品,积极推广和普及光能智慧道路。

(4) 在无人驾驶方面,"三合一"电子公路开发的云端大数据综合管理平台,能够实现无人驾驶汽车及车上传感器数据的采集、存储、传输及分析全流程自动化,但需要不断优化无人驾驶算法、系统的安全性及用户体验,对系统组件做实时和预测性的运维,支持无人驾驶应用的运营和管理。

(5) 在"三合一"电子公路方面,未来可进一步考虑无线充电、光伏路面以及无人驾驶三种技术的融合改进,以适应更为复杂的应用场景,进一步提升系统的整体性能指标。

本章参考文献

[1] BUDHIA M, COVIC G, BOYS J. A new IPT magnetic coupler for electric vehicle charging systems[C]//IECON 2010 - 36th Annual Conference on IEEE Industrial Electronics Society, November 7 - 10, 2010. Glendale:IEEE, 2010: 2487 - 2492.

[2] BUDHIA M, BOYS J T, COVIC G A, et al. Development of a single-sided flux magnetic coupler for electric vehicle IPT charging systems[J]. IEEE Transactions on Industrial

Electronics, 2013, 60(1):318-328.

[3] COVIC G A, KISSIN M L G, KACPRZAK D, et al. A bipolar primary pad topology for EV stationary charging and highway power by inductive coupling[C]//2011 IEEE Energy Conversion Congress and Exposition, September 17-22, 2011. Phoenix:IEEE, 2011:1832-1838.

[4] BUDHIA M, COVIC G A, BOYS J T, et al. Development and evaluation of single sided flux couplers for contactless electric vehicle charging[C]//2011 IEEE Energy Conversion Congress and Exposition, September 17-22, 2011. Phoenix:IEEE, 2011:614-621.

[5] ZAHEER A, KACPRZAK D, COVIC G A. A bipolar receiver pad in a lumped IPT system for electric vehicle charging applications[C]//2012 IEEE Energy Conversion Congress and Exposition (ECCE), September 15-20, 2012. Raleigh: IEEE, 2012:283-290.

[6] COVIC G A, BOYS J T. Modern trends in inductive power transfer for transportation applications [J]. IEEE Journal of Emerging and Selected Topics in Power Electronics, 2013, 1(1):28-41.

[7] MILLER J M, ONAR O C, JONES P T. ORNL developments in stationary and dynamic wireless charging [J]. IEEE Circuits and Systems Magazine, 2015, 15(2):40-53.

[8] NAGENDRA G R, CHEN L, COVIC G A, et al. Detection of EVs on IPT Highways [J]. IEEE Journal of Emerging and Selected Topics in Power Electronics, 2014, 2(3):584-597.

[9] EAN K K, KAI S, SUKPRASERT P, et al. Two-transmitter wireless power transfer with LCL circuit for continuous power in dynamic charging[C]//2015 IEEE PELS Workshop on Emerging Technologies: Wireless Power (2015 WoW), June 5-6, 2015. Daejeon: IEEE, 2015:1-6.

[10] SONG K, ZHU C B, KOH K E, et al. Wireless power transfer for running EV powering using multi-parallel segmented rails[C]//2015 IEEE PELS Workshop on Emerging Technologies: Wireless Power (2015 WoW), June 5-6, 2015. Daejeon: IEEE, 2015:1-6.

[11] HUH J, LEE S W, LEE W Y, et al. Narrow-width inductive power transfer system for online electrical vehicles[J]. IEEE Transactions on Power Electronics, 2011, 26(12):3666-3679.

[12] KAIST OLEV Team. Feasibility studies of on-line electric vehicle(OLEV) project[R]. Daejeon: KAIST, 2009.

[13] RIM C T. The development and deployment of on-line electric vehicles (OLEV)[C]. Denver:2013 IEEE Energy Conversion Congress and Exposition (ECCE2013), 2013:958-960.

[14] CHOI S Y, GU B W, JEONG S Y, et al. Ultra-slim S-type inductive power transfer system for roadway powered electric vehicles[C]//Proceedings of Electric Vehicle Technologies Conference & Automotive Power Electronic Japan(EVTeC & APE Japan), May, 2014.

[15] CHOI S Y, GU B W, LEE S W, et al. Generalized active EMF cancel methods for wireless electric vehicles[J]. IEEE Transactions on Power Electronics, 2014, 29(11):5770-5783.

[16] GIL A, SAURAS-PEREZ P, TAIBER J. Communication requirements for Dynamic Wireless Power Transfer for battery electric vehicles[C]//2014 IEEE International Electric

Vehicle Conference (IEVC), December 17-19, 2014. Florence: IEEE, 2014: 1-7.

[17] RUSSER J A, DIONIGI M, MONGIARDO M, et al. A moving field inductive power transfer system for electric vehicles[C]//2013 European Microwave Conference, October 6-10, 2013. Nuremberg: IEEE, 2013: 519-522.

[18] WOLTERINK S, BAUER P. High range on-line electric vehicles powered by Inductive Power Transfer[C]//2014 IEEE Transportation Electrification Conference and Expo (ITEC), June 15-18, 2014. Dearborn: IEEE, 2014: 1-7.

[19] 孙跃, 蒋成, 王智慧, 等. 基于能量传输通道的 IPT 系统非法负载检测技术[J]. 电工技术学报, 2015, 30(S1): 292-296.

[20] 田勇. 基于分段导轨模式的电动车无线供电技术关键问题研究[D]. 重庆: 重庆大学, 2012.

[21] 戴欣, 孙跃, 苏玉刚, 等. 非接触电能双向推送模式研究[J]. 中国电机工程学报, 2010, 30(18): 55-61.

[22] 戴欣, 孙跃. 单轨行车新型供电方式及相关技术分析[J]. 重庆大学学报(自然科学版), 2003, 26(1): 50-53.

[23] 戴欣, 孙跃, 苏玉刚, 等. 感应电能传输系统参数辨识与恒流控制[J]. 重庆大学学报, 2011, 34(6): 98-104.

[24] 谭林林, 黄学良, 赵俊锋, 等. 一种无线电能传输系统的盘式谐振器优化设计[J]. 电工技术学报, 2013, 28(8): 1-6.

[25] TAN L L, HUANG X L, HUANG H, et al. Transfer efficiency optimal control of magnetic resonance coupled system of wireless power transfer based on frequency control [J]. Science China Technological Sciences, 2011, 54(6): 1428-1434.

[26] LIU H, HUANG X L, TAN L L, et al. Switching control optimisation strategy of segmented transmitting coils for on-road charging of electrical vehicles[J]. IET Power Electronics, 2016, 9(11): 2282-2288.

[27] ZHAO J F, HUANG X L, WANG W. Wireless power transfer with two-dimensional resonators[J]. IEEE Transactions on Magnetics, 2014, 50(1): 1-4.

[28] TAN L L, HUANG X L, GUO J P, et al. Output power stabilisation of wireless power transfer system with multiple transmitters[J]. IET Power Electronics, 2016, 9(7): 1374-1380.

[29] WANG W, HUANG X L, GUO J P, et al. Power stabilization based on efficiency optimization for WPT systems with single relay by frequency configuration and distribution design of receivers [J]. IEEE Transactions on Power Electronics, 2017, 32(9): 7011-7024.

[30] LI Z J, ZHU C B, JIANG J H, et al. A 3-kW wireless power transfer system for sightseeing car supercapacitor charge[J]. IEEE Transactions on Power Electronics, 2017, 32(5): 3301-3316.

[31] 张献, 王杰, 杨庆新, 等. 电动汽车动态无线供电系统电能耦合机构与切换控制研究[J]. 电工技术学报, 2019, 34(15): 3093-3101.

[32] 吴晓康,杨庆新,张献,等. 电动汽车动态充电中耦合结构研究及其效率分析[J]. 电工电能新技术,2016,35(9):8-13.

[33] 张献,金耀,苑朝阳,等. 电动汽车动态无线充电紧—强耦合模式分析[J]. 电力系统自动化,2017,41(2):79-83.

[34] ZHAO J B, CAI T, DUAN S X, et al. A general design method of primary compensation network for dynamic WPT system maintaining stable transmission power [J]. IEEE Transactions on Power Electronics, 2016, 31(12):8343-8358.

[35] FENG H, CAI T, DUAN S X, et al. An LCC-compensated resonant converter optimized for robust reaction to large coupling variation in dynamic wireless power transfer[J]. IEEE Transactions on Industrial Electronics, 2016, 63(10):6591-6601.

[36] ZHU Q W, WANG L F, GUO Y J, et al. Applying LCC compensation network to dynamic wireless EV charging system[J]. IEEE Transactions on Industrial Electronics, 2016, 63(10):6557-6567.

[37] LI S Q, LI W H, DENG J J, et al. A double-sided LCC compensation network and its tuning method for wireless power transfer [J]. IEEE Transactions on Vehicular Technology, 2015, 64(6):2261-2273.

[38] ZHOU S J, MI C C. Multi-paralleled LCC reactive power compensation networks and their tuning method for electric vehicle dynamic wireless charging[J]. IEEE Transactions on Industrial Electronics, 2016, 63(10):6546-6556.

[39] 李勇,麦瑞坤,陆立文,等. 一种采用级联型多电平技术的 IPT 系统谐波消除与功率调节方法[J]. 中国电机工程学报,2015,35(20):5278-5285.

[40] 徐晔,马皓. 串联补偿电压型非接触电能传输变换器的研究[J]. 电力电子技术,2008,42(3):4-5.

[41] 姜允侃. 无人驾驶汽车的发展现状及展望[J]. 微型电脑应用,2019,35(5):60-64.

[42] 王科俊,赵彦东,邢向磊. 深度学习在无人驾驶汽车领域应用的研究进展[J]. 智能系统学报,2018,13(1):55-69.

[43] 贾平,魏慧楠. 无人驾驶汽车的相关法律问题及其对策[J]. 长安大学学报(社会科学版),2018,20(4):36-45.

[44] 杨帆. 无人驾驶汽车的发展现状和展望[J]. 上海汽车,2014(3):35-40.

[45] 经济日报-中国经济网. 2017"中国时间"年度经济盘点:十大科技创新成果[J]. 青海科技,2017,24(4):77-79.

[46] 刘立伟. 浅析无人驾驶技术[J]. 未来英才,2015(11):132.

[47] 王福文. 无人驾驶汽车发展状况及面临的挑战[J]. 沧州师范学院学报,2017,33(4):84-87.

[48] 乔维高,徐学进. 无人驾驶汽车的发展现状及方向[J]. 上海汽车,2007(7):40-43.

[49] 陈楠枰. 超级公路的智能启航[J]. 交通建设与管理,2018(5):82-85.

[50] 闫民. 无人驾驶汽车的研究现状及发展方向[J]. 汽车维修,2003(2):9-10.

[51] 王钦普,赵佳,赵浩. 无人驾驶汽车发展面临的挑战与建议[J]. 客车技术与研究,2016,

38(6):2-6.

[52] 孙健,全兴. 无人驾驶汽车发展现状及建议[J]. 科技视界,2017(6):182.

[53] 爱科技网. 改变未来出行?无人驾驶面临的三重困境[EB/OL]. (2019-10-02)[2019-12-10]. https://www.passit.cn/hkj/92776.html.

[54] 陆怡悦. 基于雷达与图像信息融合的路面目标识别与应用[D]. 南京:南京理工大学,2017.

[55] 曹婷. 基于空间线模型的红外与可见光联合道路识别方法研究[D]. 南京:南京理工大学,2017.

[56] 严利鑫. 智能辅助驾驶系统模式决策建模与安全性评价研究[D]. 武汉:武汉理工大学,2017.

[57] 刘斌斌,刘万伟,毛晓光,等. 无人驾驶汽车决策系统的规则正确性验证[J]. 计算机科学,2017,44(4):72-74.

[58] 邱钊鹏. 无人驾驶车辆控制方式研究[D]. 北京:北京工业大学,2009.

[59] 王湘萍. 高速公路光伏发电系统最大功率点跟踪的智能控制研究[D]. 重庆:重庆交通大学,2016.

[60] 张宏超. 光伏路面向未来智慧交通迈出的一步[EB/OL]. [2019-12-10]. https://zhanghc.tongji.edu.cn/kyycx/gflm.htm.

[61] 世界首条太阳能公路在法国建成由2800平方米的发电板覆盖[EB/OL]. [2019-12-10]. http://www.elecfans.com/dianyuan/462554.html.

[62] 王晓松,单子津. 欧盟开发太阳能路面的实践[J]. 全球科技经济瞭望,2017,32(4):65-68.

[63] 肖家鑫,陈灏,袁军宝. 路面能发电,智慧交通不遥远[J]. 晚霞,2018(4):31.

[64] 陈楠枰. 光伏公路:"交通+新能源"的实践构想[J]. 交通建设与管理,2018(2):28-31.

[65] 洪胜伟. 太阳能道路在智慧交通中的应用前景分析[J]. 交通节能与环保,2018,14(4):39-41.

[66] "太阳一号"光伏路面成套技术研发成功[J]. 资源节约与环保,2017(11):10.

[67] 钟霞. 全球首个高速公路承载式光伏路段亮相济南[J]. 齐鲁周刊,2018(1):31.

[68] 路面能发电,智慧交通不遥远[EB/OL]. (2017-12-29)[2019-12-12]. http://scitech.people.com.cn/n1/2017/1229/c1007-29734929.html.

[69] 我国首条高速公路光伏路面试验段建成通车[EB/OL]. [2019-12-15]. http://m.haiwainet.cn/mip/455830/2017/1229/content_31221500_1.html.

[70] 光伏公路来了,智慧交通还有多远[EB/OL]. (2017-12-28)[2019-12-16]. http://www.xinhuanet.com/2017-12/28/c_1122181877.htm.

[71] 东南大学黄学良教授团队参与的"三合一"电子公路在2018年国际能源变革论坛上精彩亮相[EB/OL]. (2018-10-22)[2019-12-16]. https://www.seu.edu.cn/2018/1022/c17406a243501/page.htm.

第二章　电动汽车无线充电技术

2.1　电动汽车无线充电系统概述

实现无线电能传输技术的方式可以按照传输距离和传输功率来分类,其中可以实现大功率无线传输的技术形式有电磁感应耦合方式、激光方式、微波方式、磁耦合谐振方式。激光方式和微波方式可以实现能量千米级的距离传输,电磁感应耦合方式只能实现能量厘米级的距离传输,磁耦合谐振技术则可以实现米级范围内的能量传输,超声波方式和电场耦合方式多用于小功率(毫瓦至瓦)的传输,具体的对比分析情况如表2-1所示。

表2-1　几种无线电能传输实现方式的优缺点对比表

传输方式	传输功率	传输距离	特点
电磁感应	千瓦级	厘米级	传输效率较高,传输距离较短,次级线圈与接收电路间须进行屏蔽,周围金属会产生涡流、发热现象
磁耦合谐振	千瓦级	米级	辐射小,具有方向性,中等距离传输,传输效率较高,能量传输不受空间障碍物(非磁性)影响,效率及功率对频率、传输距离相对敏感
微波	千瓦级及以上	米级及以上	传输距离远,频率越高,传播的能量越大,易对通信造成干扰,对生物体影响大,能量束难以集中,能量散射损耗大,定向性差,能量利用率低
电场耦合	千瓦级	毫米、厘米级	传输效率高,传输距离短,电磁干扰小,位置随意性强,电极部分发热小
激光	千瓦级及以上	米级及以上	电气的绝缘要求低,激光束的能量场强度高,汇聚能力强,接收装置复杂,高强度的激光能量会瞬间对生物体造成不可修复的伤害
超声波	瓦级	厘米级	不存在电磁辐射与电磁兼容性问题,转换效率较低

电动汽车充电方式主要包括接触式充电和非接触式充电,传统的电动汽车充电方式以接触传导式为主,采用电缆将工频电源、充电机与电动汽车动力电池直接相连,该技术下电动汽车的充电效率高,但在安全性、便利性等方面存在不足,在使用过程中存在接触点摩擦老化、接触不良等问题。而随着无线电能传输技术的发展,电动汽车的非接触充电成为可能,当电动汽车进行无线充电时,车载充电器与地面电源无

直接电气连接,操作安全性较高,并且机械接触、磨损老化等问题较少,极大地提高了充电方式的安全性、可靠性、灵活性,具有一定的发展前景[1]。而在表 2-1 介绍的众多无线电能传输技术中,磁感应式和磁耦合谐振式是目前应用和研究较为广泛的技术,同时考虑到电动汽车的充电功率一般为千瓦级,并且汽车底盘与无线充电装置之间的距离一般为米级,因此,磁耦合谐振式无线电能传输技术更适合于电动汽车,在接下来的介绍中将主要针对磁耦合谐振方式下的电动汽车无线充电进行阐述。

电动汽车无线充电系统主要分为静态无线电能传输系统和动态无线电能传输系统。其中,动态无线电能传输系统是静态无线电能传输系统的延伸,也同时具备静态无线充电系统的基本特征。

2.1.1 电动汽车静态无线充电系统

静态电动汽车无线充电系统主要指电动汽车在静止状态下的无线充电,当电动汽车接收线圈位于发射线圈的正上方时,可以实现功率的有效传输,可以说静态无线充电为磁耦合谐振式无线电能传输技术的直接应用,相比于动态和双向无线电能传输,其工作原理较为简单。

静态电动汽车无线充电系统主要由系统高频逆变电源、谐振器(能量接收与发射装置)和负载三部分组成,其系统原理图如图 2-1 所示。其中,系统高频电源一般为频率及功率可调的电压源,主要用于产生与谐振器频率相同的高频能量信号,并向系统注入电能;能量发射装置与接收装置均由具有相同自谐振频率的 LC 谐振器组成,谐振器中电感 L 主要由铜线绕制形成,电容 C 可由谐振器自身寄生电容或外接补偿电容形成。电动汽车无线充电系统工作时,系统高频电源产生高频交变能量信号,该高频交变能量信号与发射装置具有相同的频率,并通过由能量发射装置组成的谐振体转化为时变磁场以空气为介质发射出去,同时接收装置构成

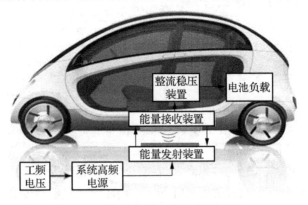

图 2-1 电动汽车无线充电原理图

的谐振体接收到该频率的时变磁场时便在电场与磁场之间进行自由振荡,两个谐振体之间不断进行着磁场交换和能量交换,共同组成了磁耦合谐振系统,将能量传输到负载侧,并经过整流稳压装置产生稳定电压为电池负载进行充电。

通过上述分析可以看出,实现电动汽车无线充电的基本条件有两个:发射端与接收端 LC 谐振器具有相同的自谐振频率,系统高频电源输出频率与 LC 谐振器自谐振频率相同。在实际应用过程中,受负载映射阻抗的影响,感性和容性负载接入系统会对接收装置的谐振频率产生影响,因此,针对该情况需要对系统进行额外的频率补偿,以满足系统正常工作的基本条件。但一般情况下,负载的特性问题对系统的分析方法不会有影响,尤其是对系统传输模型的研究。

2.1.2 电动汽车动态无线充电系统

无线充电技术的应用改变了原来传统的接口式充电方法,提高了充电的安全性和便利性,给电动汽车的发展带来了福音。但是静态充电技术仍然存在着很多问题,比如续航差、成本较高不能大范围推广,尤其是电动公交车,续航问题一直困扰着电动汽车的发展。在这种背景下,对电动汽车动态无线充电技术的研究变得尤为重要。

电动汽车移动充电是指在汽车行驶过程中对汽车进行充电,这种充电方式一方面可以增加行驶里程,另一方面可以减小对电动汽车电池容量大小的要求。要实现移动充电,可在马路下层铺设能量发射线圈,在电动汽车底盘安装一个能量接收线圈,当电动汽车行驶到此类"充电路段"时就可以通过磁耦合谐振的方式来接收电能完成充电。图 2-2 中所展示的即为电动汽车移动供电系统的示意图,主要

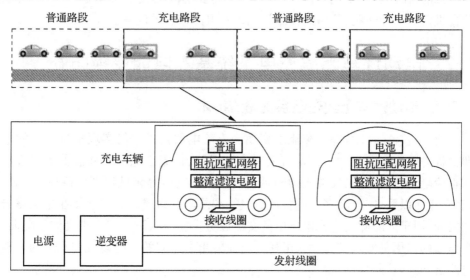

图 2-2 电动汽车移动供电系统示意图

包括以下几个部分:充电路段侧的电源、高频逆变器和发射线圈以及车载端的接收线圈、整流滤波电路、阻抗匹配网络和车载电池。

在充电路段侧,利用切换控制器通过"区域激励"的方式控制发射线圈的通断,即当检测到充电汽车时,将对应位置的发射线圈激活,当充电汽车离开时,该区域自动停止工作,这种方法可以有效地减小系统损耗。切换控制器的工作频率由发射线圈的尺寸所决定,当发射线圈尺寸比较小时,切换控制器的操作频率高,需要频繁地开断发射线圈才能为电动汽车充电。而当发射线圈尺寸较大时,切换控制器的操作频率较低,单个发射线圈可以同时对多辆电动汽车进行充电("一对多")。

电动汽车动态无线充电技术较传统技术主要有四点创新。第一,电动汽车改用动态充电的技术,这样不仅可以给驻停的汽车充电,还能给行驶中的汽车充电,这样大大提高了便利性和充电效率。第二,无线充电技术在发射电能和接受电能的装置上都安装了红外接收器,通过红外对射的方法来激活无线充电,这样可以有效地避免了汽车驶过仍进行充电的现象。第三,无论是在电能的发射端还是电能的接收端都采用大小相同的线圈,且线圈与红外接收装置保持一样的距离,这样保证了在充电状态下,可以进行最大功率的输出,提高了转化效率。第四,无线充电系统电能的发射端是用模块拼接的方式进行设置的,各模块之间相互独立,这样在电能发射装置出现故障的时候,可以采用排除的方法对问题进行检测,提高了问题解决的效率。

目前,在动态无线充电技术领域,迫切需要解决的技术难题是以下几点:电磁耦合机构的设计问题、鲁棒的控制问题以及电磁兼容的问题。

2.2 电动汽车无线充电系统基本电能变换拓扑

2.2.1 电动汽车无线充电系统整流技术

所谓"整流"技术,即把交流电变换为直流电的技术。能实现整流技术的电路即被称为整流电路。大多数整流电路由变压器、整流主电路和滤波器等组成。它在直流电动机的调速、发电机的励磁调节、电解、电镀等领域得到广泛应用。20世纪70年代以后,主电路多由硅整流二极管和晶闸管组成。滤波器接在主电路与负载之间,用于滤除脉动直流电压中的交流成分。变压器设置与否视具体情况而定。变压器的作用是实现交流输入电压与直流输出电压间的匹配以及交流电网与整流电路之间的电隔离。

整流电路的作用是将交流降压电路输出的电压较低的交流电转换成单向脉动

性直流电,这就是交流电的整流过程,整流电路主要由整流二极管组成。经过整流电路之后的电压已经不是交流电压,而是一种含有直流电压和交流电压的混合电压,习惯上称单向脉动性直流电压。

2.2.1.1 整流电路的分类

整流电路一般通过对晶闸管触发相位控制,从而达到控制输出直流电压的目的,所以这种电路又被称作相控整流电路。相控整流电路不需要专门的换相电路,因为电路更加简单、工作更为可靠。

为了满足不同的生产需要,已产生了许多各具特色的整流电路,它们都可以获得直流输出电压,但其电路性能指标是不同的,主要反映在直流电压的平均值、功率因数和网侧谐波电流等各个方面。对于整流电路,可以有很多种分类方式。在本章节中,介绍以下几种对于整流电路的分类方式:

(1) 按照组成器件分类,整流电路可以被分为不可控电路、半控电路、全控电路三种。其中,不可控整流电路完全由不可控二极管组成,电路结构确定之后其直流整流电压和交流电源电压值的比是固定不变的;半控整流电路由可控元件和二极管混合组成,在这种电路中,负载电源极性不能改变,但平均值可以调节;在全控整流电路中,所有的整流元件都是可控的(SCR、GTR、GTO 等),其输出直流电压的平均值及极性可以通过控制元件的导通状况而得到调节,在这种电路中,功率既可以由电源向负载传送,也可以由负载反馈给电源,即所谓的有源逆变。

(2) 按照电路结构分类,整流电路可以被分为零式电路、桥式电路。其中零式电路是指带零点或中性点的电路,又称半波电路。它的特点是所有整流元件的阴极(或阳极)都接到一个公共接点,向直流负载供电,负载的另一根线接到交流电源的零点。桥式电路实际上是由两个半波电路串联而成,故又称全波电路。

(3) 按照电网交流输入相数分类,可以被分为单相电路、三相电路和多相电路。对于小功率整流器常采用单相供电,单相整流电路分为半波整流、全波整流、桥式整流及倍压整流电路等;三相整流电路是交流侧由三相电源供电,负载容量较大,或要求直流电压脉动较小,容易滤波。三相可控整流电路有三相半波可控整流电路、三相半控桥式整流电路、三相全控桥式整流电路。因为三相整流装置三相是平衡的,输出的直流电压和电流脉动小,对电网影响小,且控制滞后时间短,采用三相全控桥式整流电路时,输出电压交变分量的最低频率是电网频率的 6 倍,交流分量与直流分量之比也较小,因此滤波器的电感量比同容量的单相或三相半波电路小得多。另外,晶闸管的额定电压值也较低。因此,这种电路适用于大功率变流装置。而随着整流电路的功率进一步增大(如轧钢电动机,功率达数兆瓦),为了减轻对电网的干扰,特别是减轻整流电路高次谐波对电网的影响,可采用十二相、十八相、二十四相,乃至三十六相的多相整流电路。采用多相整流电路能改善功率因数,提高脉动频率,使变压器初级电流的波形更接近正弦波,从而显著减少谐波的影响。理论上,随着相数的增加,可进一步削弱谐波的影响。多相整流常用在大功率整流领域,最常用的有双反星中性点带平衡电抗器接法和三相桥式接法。

(4) 按中点引出方式来分类,整流电路又可以被分为分中点引出整流电路、桥式整流电路、带平衡电抗器整流电路、环形整流电路、十二相整流电路。其中中点引出整流电路分为单脉波(单相半波)、两脉波(单相全波)、三脉波(三相半波)、六脉波(三相全波);桥式整流电路分为两脉波(单相)桥式、六脉波(三相)桥式、带平衡电抗器整流电路分为一次星形连接的六脉波带平衡电抗器电路(即双反星带平衡电抗器电路)、一次角形连接的六脉波带平衡电抗器电路;十二相整流电路分为二次星、三角连接,桥式并联单机组十二脉波整流电路,二次星、三角连接,桥式串联十二脉波整流电路,桥式并联等值十二脉波整流电路,双反星形带平衡电抗器等值十二脉波整流电路。

(5) 按照电流方向进行分类,可以将整流电路分为单向或双向电路,又分为单拍电路和双拍电路。其中所有半波整流电路都是单拍电路,所有全波整流电路都是双拍电路。

选择整流电路时,主要从电性能好、结构简单、经济实用、对电网影响小等方面考虑,合理选用。考虑到应用与电动汽车充电系统中的整流电路一般以工频电网作为接入电源,且无线电能传输装置要求直流电压和电流脉动小,因此大多考虑采用三相整流电路对工频电网输入电能进行整流。本章中,将对几种常用的三相整流电路进行重点介绍。

2.2.1.2 半波整流电路

半波整流电路是一种利用二极管的单向导通特性来进行整流的常见电路,除去半周而剩下半周的整流方法,叫半波整流。本节中主要介绍单相半波整流电路和三相半波整流电路。

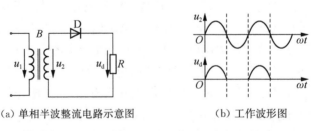

(a) 单相半波整流电路示意图　　　(b) 工作波形图

图 2-3　单相半波整流电路示意图及其工作波形

在图 2-3(a)中,展示了组成最简单的整流电路。它由电源变压器 B、整流二极管 D 和负载电阻 R 组成。其中,半波整流电路利用二极管的单相导电特性,在输入电压为标准正弦波的情况下,输出获得正弦波的正半部分,而负半部分则被损失。如图 2-3(b)所示,在电源的正半周,二极管承受正向电压,此时负载两端电压 u_d 和电源电压 u_2 相等;而在电源的负半周,D 因承受反向电压而处于反向阻断状态,电源电压全部降至二极管上,负载上承受的电压和流过的电流均为零。直到下一个周期,二极管处于正向电压作用下再次导通,如此不断循环重复,即可完成电源的整流过程。

单相可控整流电路的整流电压脉动大,脉动频率低,因此,当整流负载容量较大,要求直流电压脉动较小或要求快速时,都采用三相可控整流电路。

从上述分析可知,负载上得到的是脉动的直流电压,其脉动频率与电源频率一致。另外,电路旨在交流电源电压的正半周内实现整流,故又称半波可控整流电路。三相可控整流电路有多种电路形式,但最基本的是三相半波可控整流电路,又称作三相零式可控整流电路,如图 2-4(a)所示。

如图 2-4(b)所示,图中展示了三相半波可控整流电路的工作波形。为了使负载电流能够流通,整流变压器的二次侧绕组必须接成星形,而一次侧绕组一般接成三角形,使其高次谐波能够通过,以减少高次谐波的影响。以晶闸管触发角 $\alpha=0°$ 时为例,此时每管导通 $120°$,三相电源轮流向负载供电,负载电压为三相电源电压正半周的包络线。观察变压器二次绕组的电流波形可知,其一直含有相应的直流分量。而晶闸管触发角 $\alpha=30°$ 是负载电流连续和断续之间的临界状态。

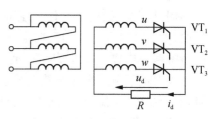

(a) 三相半波可控整流电路示意图

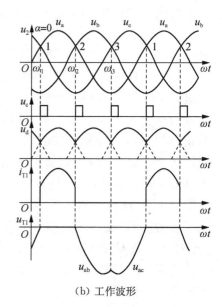

(b) 工作波形

图 2-4 三相半波可控整流电路示意图及其工作波形

2.2.1.3 全波整流电路

全波整流电路是指能够把交流转换成单一方向电流的电路,最少由两个整流器合并而成,一个负责正方向,一个负责反方向,最典型的全波整流电路是由四个二极管组成的整流桥,一般用于电源的整流,也可由 MOS 管搭建。单相桥式全波整流电路及其波形如图 2-5 所示。

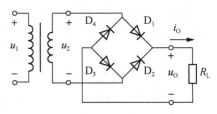

(a) 单相桥式全波整流电路示意图

桥式全波整流电路的工作原理如下:u_2 为正半周时,对二极管 D_1、D_3 加正向电压,D_1、D_3 导通;对二极管 D_2、D_4 加反向电压,D_2、D_4 截止;此时电路中构成 u_2、D_1、R_L、D_3 通电回路,在 R_L 上形成上正下负的半波整流电压。u_2 为负半周时,对二极管 D_2、D_4 加正向电压,D_2、D_4 导通;对二极管 D_1、D_3 加反向电压,D_1、D_3 截止;此时电路中构成 u_2、D_2、R_L、D_4 通电回路,同样在 R_L 上形成上正下负的另外半波的整流电压。如此重复下去,结果在 R_L 上便得到全波整流电压。

桥式全波整流是对二极管半波整流的一种改进。半波整流利用二极管单向导通特性,在输入为标准正弦波的情况下,输出获得正弦波的正半部分,负半部分则损失掉。桥式整流器利用四个二极管,两两对接。输入正弦波的正半部分是两只管导通,得到正的输出;输入正弦波的负半部分时,另两只管导通,由于这两只管是反接的,所以输出还是得到正弦波的正半部分。桥式整流器对输入正弦波的利用效率比半波整流高一倍。桥式整流是交流电转换成直流电的第一个步骤。

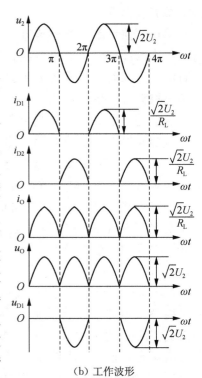

(b) 工作波形

图 2-5 单相桥式全波整流电路示意图及其工作波形

当电源由单相电压推广至三相电压时,整流电路应采用对应的三相桥式全波整流电路。根据使用开关器件的类型,此类整流电路又可以分为三相桥式全控整流电路、三相桥式半控整流电路、三相桥式不控整流电路。考虑到应用的广泛性,本节以三相桥式全控整流电路为例,分析其工作的基本原理和工作波形。

如图 2-6(a)所示,三相桥式全控整流电路应是在工业中应用最为广泛的一种整流电路。实质是一组共阴极与一组共阳极的三相半波可控整流电路的串联,习惯将其中阴极连接在一起的三个晶闸管(VT_1、VT_3、VT_5)称为共阴极组;阳极连接在一起的三个晶闸管(VT_4、VT_6、VT_2)称为共阳极组。三相整流变压器采用DY连接,由于共阳极组在电源正半周导通,流经变压器二次绕组的是正向电流,共阴极组在电源负半周导通,流经变压器二次绕组的是反向电流,因此一个周期中,变压器绕组中没有了直流磁动势,有利于减小变压器磁通、电动势中的谐波。

在交流电源的一个周期内,晶闸管在正向阳极电压作用下不导通的电角度称为控制角或移相角,用α表示。在三相可控整流电路中,控制角的起点,不是在交流电压过零点处,而是在自然换流点(又称自然换相点),即三相相电压的交点。采用双窄脉冲触发时,触发电路每隔60°依次同时给两个晶闸管施加触发脉冲,当触发角α=0°时,晶闸管在自然换流点得到触发脉冲,波形图如图2-6(b)所示。

设从第一个自然换流点算起的电角度为φ。在φ=0°时,VT_1和VT_5得到触发脉冲。由图2-6可看出,此时线电压的最大值为u_{ab},即VT_1的阳极电位最高、VT_5的阴极电位最低,所以VT_1和VT_5导通。忽略VT_1和VT_5的导通压降,输出电压$u_d=u_{ab}$。在此后的60°期间,VT_1和VT_5保持导通,此

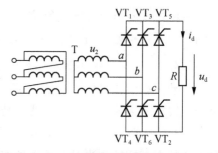

(a) 三相桥式全控整流电路示意图

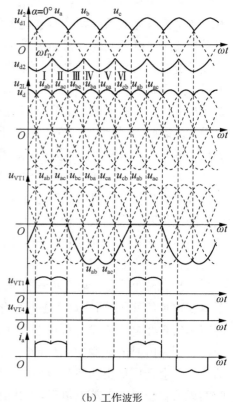

(b) 工作波形

图2-6 三相桥式全控整流电路示意图及其工作波形

输出保持60°。在φ=60°时,VT_1和VT_6得到触发脉冲,由图2-6可看出,此时线电压的最大值变为u_{ac},所以VT_1保持导通,VT_6导通,输出电压$u_d=u_{bc}$。此输出保持60°。在φ=120°时,VT_2和VT_6得到触发脉冲,由图2-6(b)中可看出,此时线电压的最大值变为u_{bc},所以VT_2导通,VT_6保持导通,输出电压$u_d=u_{bc}$。此输出保持60°。同理,此后输出电压依次等于u_{ba}、u_{ca}、u_{cb}。此时的工作情况和输出电压波

形与三相桥式不可控整流电路完全一样,整流电路处于全导通状态。当 $\alpha > 0°$ 时,晶闸管导通要推迟 α 角,但晶闸管的触发、导通顺序不变。

2.2.2 电动汽车无线充电系统逆变技术

电动汽车无线充电系统依托于磁耦合共振式无线电能传输技术,在此系统中,由于无线电能传输系统传能方式的特殊性,高频逆变器存在以下设计难点:

(1) 高频性。若保持互感恒定,电动汽车无线充电系统的传输效率将随着系统工作频率的增加而提高。若保持效率恒定,则频率越高,互感越小。这意味着在相同的效率水平下,高频供电可以使线圈尺寸更小、传输距离更远。因此高频化是电动汽车无线充电系统特性对逆变器的必然要求。随着工作频率的提高,许多低频逆变器所忽视的问题变得至关重要。功率器件的开关损耗将随着频率的提升,造成逆变器的效率降低,加速开关器件的老化;在高频下,寄生电容、电感的影响变得不可忽视,在造成损耗增加的同时还会产生电压和电流的振荡,提高了 EMC 的设计难度;上、下桥臂驱动信号之间的死区时间设置更加困难,上、下桥臂直通的风险增大。因此,高频性对逆变器的设计提出了挑战。不过,电动汽车无线充电系统的频率不可选取过高,实际应用中随着频率的提升,趋肤效应逐渐增强,线圈内阻逐渐增大[2—4]。在兆赫以上的工作频率,线圈内阻的增大更为显著,可能反而导致传输效率的降低。而且过高频率也会使功率器件的开关速度达到极限,带来高额成本的代价和更高的设计难度。因此,电动汽车无线充电系统的工作频率通常为 20 kHz~20 MHz,根据美国汽车工程师协会(SAE)规定,电动汽车在进行无线充电时的频率应为 85 kHz。

(2) 动态性。在电动汽车进行充电时,不可避免地会出现发射和接收线圈的距离变化和偏移,进而导致互感的变化,产生互感的动态性;同时,如蓄电池、超级电容等负载在电能传输过程中会发生动态变化,具有负载动态性[5]。并且电动汽车在进行充电时传输功率与传输效率均与互感和负载有关。因此,互感和负载的动态性会造成输出功率和效率的不稳定。同时,一些逆变器拓扑的软开关技术的实现依赖于逆变器等效负载,当此值偏离设计的额定值时,则逆变器的软开关状态会被破坏,造成开关损耗的增加。

如图 2-7 所示,电动汽车无线充电系统高频逆变器的拓扑由开关变换网络与发射端谐振网络所构成。开关变换网络实现直流到交流电能的变换;谐振网络提供高品质因数的选频网络,提取电流基波或电压基波,消除高次谐波,同时谐振网络在高频逆变器的软开关设计中起到关键作用。

电动汽车无线充电系统使用的高频逆变器目前主要包括两大类型,分别为桥式逆变器和 E 类功率放大器及其衍生拓扑,不同类型的逆变器具有各自的优缺点,

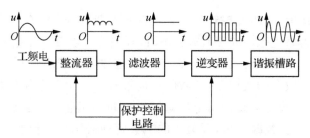

图 2-7 全桥串联谐振逆变器电路拓扑功能图

本节将分别对两类逆变器中的常用拓扑进行介绍。

2.2.2.1 桥式逆变器

传统的桥式逆变电路分为电压型桥式串联逆变器和电流型桥式并联逆变器[6]，半桥逆变器则主要包括电压型 D 类功率放大器、电流型 D 类功率放大器。电压型全桥逆变器和电压型 D 类功率放大器统称为电压型桥式逆变器，输入直流电源与大电容并联，等效为电压源；电流型全桥逆变器和电流型 D 类功率放大器统称为电流型桥式逆变器，输入直流电源与大电感相串联，等效为电流源。全桥串联谐振逆变电路及电路拓扑如图 2-8 所示。四种逆变器的电路结构分别如图 2-8 所示。

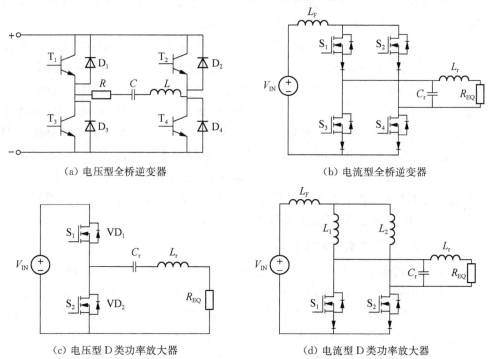

图 2-8 桥式逆变器结构图

在拓扑结构上,电压型桥式逆变器谐振网络通常采用 LC 串联谐振网络。当谐振网络设计为略呈感性的准谐振状态时,开关管可以工作在零电压开通状态,减小了开通损耗。电压型桥式逆变器的软开关条件受负载影响不大,因而在不同的负载下都能保持较高的效率,对负载的适应性较强。由于电压型桥式逆变器工作在小感性负载下,因此需要为每个桥臂提供反向续流通道。通常流过开关管的反向电流较小,反向恢复时间短,开关管的二极管即可满足续流要求,无需外加反并联二极管。在工作特性上,电压型桥式逆变器的输出电压为方波,输出电流为正弦波。其中,电压型全桥逆变器的电压为全波波形,电压型 D 类功率放大器为半波波形。

电流型桥式逆变器的谐振网络为 LC 并联谐振网络。谐振网络需设计为略呈容性的准谐振状态,则开关管可以工作在零电流开通状态,实现零电流开通,减少了开通损耗。同样的,电流型桥式逆变器也具有良好的负载适应性。由于电流型桥式逆变器工作在小容性负载下,需要每个桥臂承受一定时间的反向电压。因此开关管需要串联快速恢复二极管,以承受这一反压。电流型桥式逆变器的输出电流为方波,输出电压为正弦波。为避免上、下桥臂开路,电流型桥式逆变器上、下桥臂开关管的驱动信号需要设置重叠时间。电流型桥式逆变器对寄生电感较为敏感,因而要求在进行电路布线时尽量缩短引线,以防止产生尖峰电压。

总的来说,在实际应用中,高频逆变器采用的是体积小、重量轻的高频磁芯材料,从而大大提高了电路的功率密度,使得逆变电源的空载损耗很小,逆变效率得到了提高。通常高频逆变器峰值转换效率达到 90% 以上。为了提高开关频率,开关器件多采用 MOSFET,通过控制回路可以改变开关器件的开关频率,从而改变逆变器输出电参数的频率,但是频率变化范围受 MOSFET 等电力电子器件的限制,一般工作频率在几百千赫,最大达 1 MHz,最高功率可达几千瓦。其主要缺点在于,高频逆变器不能接满负荷的感性负载,并且过载能力差,同时 MOSFET 管驱动和保护电路复杂,工作在高频状态时,开关损耗较严重,而且为了防止桥式变换器桥臂直通,须设置死区时间,故难以提高开关频率。

2.2.2.2　E 类功率放大器及其衍生拓扑

由于在桥式逆变电路中需要保证开关管的"先关断后开通",因此在高频、超高频领域中应用较少。1975 年,N. O. Sokal 和 A. D. Sokal 提出高频高效 E 类放大器,由于具备逆变频率高、效率理论值可达 100% 的特点得到了很大的发展。E 类功率放大器是一种高效率的功率放大器,在理想情况下,功率管的驱动电压幅度必须足够强,使得输出功率管相当于一个受控的开关,在完全导通和完全截止两种状态之间实现瞬时切管。且在理想情况下,流过开关的电流波形和开关上的电压波形没有重叠,理想开关不消耗功率,电源提供的直流功耗都直接转换为输出功率,此时效率将达到100%。

如图2-9所示,E类功率放大器设计的关键在于谐振网络参数的计算。传统的E类功率放大器谐振网络参数设计依据的是Raab公式[7]。当占空比为0.5时,E类功率放大器的功率输出能力最大。E类功率放大器的高频特性较好,非常适合于兆

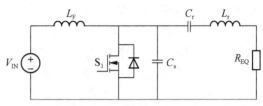

图2-9 E类功率放大器电路

赫兹以上工作频率的应用场合。当其工作在理想状态时,开关损耗近似为零;开关管的寄生电容被并联电容C_s所吸收,并且开关管的电压变化平滑,电压变化率得到抑制,因此具有较好的EMC表现;E类功率放大器结构简单,仅使用单个开关管,不存在驱动信号匹配及浮地驱动的问题。然而E类功率放大器的功率输出能力较差。当占空比为0.5时,E类功率放大器开关管的电压应力为输入电压的3.56倍,电流应力为输入电流的2.86倍。另外,E类功率放大器的输入端串联了大电感,抗短路能力较强,但要防止负载端开路。

EF2类功率放大器是利用谐波注入法对E类功率放大器的改造,提升了功率输出能力[8—11]。如图2-10所示,相比E类功率放大器,EF2功率放大器的开关管多并联了一条LC支路。该LC支路的固有频率为系统工作频率的2倍。引入的支路会提供电压的二次谐波分量,叠加在开关管的电压上,从而削减了开关管电压峰值,降低开关管的电压应力。文献[7]给出了EF2类功率放大器的无源网络参数设计方法。当设计为功率输出能力最大时,开关管电压应力为输入电压的2.316倍,电流应力为输入电流的3.263倍,功率输出能力相比E类功率放大器均得到了提升。同时,EF2类功率放大器的开关管电压不含二次谐波,因此具有更好的EMC性能。不过EF2类功率放大器没有解决负载敏感性的问题,谐振网络参数设计相对于E类功率放大器而言更加苛刻。

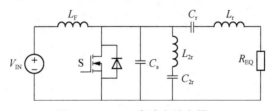

图2-10 EF2类功率放大器

双E类功率放大器将E类功率放大器拓展成为推挽形式[12—16],如图2-11所

示。两个开关管交替导通,输入到谐振网络的电压为全波波形。E 类功率放大器网络参数的设计方法可以直接应用于双 E 类功率放大器,只需将开关管并联电容加倍即可。相比 E 类功率放大器,双 E 类功率放大器的功率输出能力得到了显著提升。在不提高开关管电压、电流应力的条件下,双 E 类功率放大器的输出电压基波提高了两倍,输出

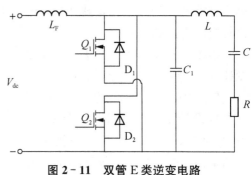

图 2-11 双管 E 类逆变电路

功率提升了四倍。不过相应的代价是需要增加一个开关管,提升了成本。双 E 类功率放大器的负载适应性较差。

综合以上分析可知,E 类谐振逆变电路采用单管导通形式,不需要像桥式逆变器设置死区时间,可在功率管相同开关时间的条件下,将逆变器输出频率提高近一倍,采用双管交替工作可以减小单管容量。E 类谐振逆变电路通过引用软开关技术,实现零电流开关(ZCS)、零电压开关(ZVS)大大降低开关损耗,甚至损耗为零,同时频率范围也有所提升,理论上其频率范围为 1～10 MHz,甚至更高。由于 E 类谐振电路的最佳工作点为开关管导通时,集电极电压为零,同时集电极电压相对时间的导数也为零(假设开关管的饱和压降是零),因此 E 类谐振电路对负载的要求很严格,负载能力较差,应用受到限制,在一些负载变化甚小的超高频领域,可以考虑使用这种方法。

2.2.2.3 各种高频逆变器适用频率与功率分析

不同类型高频逆变器的工作特性比较总结见表 2-2。其中,V_{IN}、I_{IN} 分别为高频逆变器的输入电压、输入电流;R_{on} 为开关管导通电阻;R_{LF} 为输入直流电源串联电感的内阻。

表 2-2 不同类型高频逆变器工作性能对比

拓扑	电压型全桥逆变器	电流型全桥逆变器	电压型 D 类功率放大器	电流型 D 类功率放大器	E 类功率放大器	EF$_2$ 类功率放大器	双 E 类功率放大器
开关管数量	4	4	2	2	1	1	2
开关管电压应力	V_{IN}	$\pi V_{IN}/2$	V_{IN}	πV_{IN}	$3.58 V_{IN}$	$2.316 V_{IN}$	$3.56 V_{IN}$
开关管电流应力	$\pi I_{IN}/2$	I_{IN}	πI_{IN}	I_{IN}	$2.86 I_{IN}$	$3.263 I_{IN}$	$1.43 I_{IN}$

续表

拓扑	电压型全桥逆变器	电流型全桥逆变器	电压型D类功率放大器	电流型D类功率放大器	E类功率放大器	EF$_2$类功率放大器	双E类功率放大器
损耗	$4C_{ds}V_{IN}^2 f_s + \pi^2 I_{IN}^2 R_{on}/4$	$2I_{IN}^2 R_{on} + I_{IN}^2 R_{LF}$	$2C_{ds}V_{IN}^2 f_s + I_{IN}^2 R_{on}/2$	$I_{IN}^2 R_{on} + I_{IN}^2 R_{LF}$	$2.55 I_{IN}^2 R_{on} + I_{IN}^2 R_{LF}$	$3.32 I_{IN}^2 R_{on} + I_{IN}^2 R_{LF}$	$0.6375 I_{IN}^2 R_{on} + 5 I_{IN}^2 R_{LF}/4$
主要应用频率	20~500 kHz	20~500 kHz	100 kHz~10 MHz	100 kHz~20 MHz	1~20 MHz	1~20 MHz	1~20 MHz
主要应用功率	1~10 kW	1 kW~1 MW	1 W~1 kW	1 W~1 kW	0.1~100 W	0.1~100 W	10 W~1 kW
输出功率	$\dfrac{0.8106 V_{IN}^2}{R_{EQ}}$	$\dfrac{1.2337 V_{IN}^2}{R_{EQ} + \dfrac{(\omega L_r)^2}{R_{EQ}}}$	$\dfrac{0.2026 V_{IN}^2}{R_{EQ}}$	$\dfrac{4.9344 V_{IN}^2}{R_{EQ} + \dfrac{(\omega L_r)^2}{R_{EQ}}}$	$\dfrac{0.5768 V_{IN}^2}{R_{EQ}}$	$\dfrac{0.1556 V_{IN}^2}{R_{EQ}}$	$\dfrac{2.3072 V_{IN}^2}{R_{EQ}}$
软开关实现条件	易	易	易	易	难	难	难
短、开路适应性	可开路,不可短路	可短路,不可开路	可开路,不可短路	可短路,不可开路	可短路,不可开路	要短路,不可开路	可短路,不可开路

从表 2-2 可以看出,不同类型的高频逆变器拓扑适用于不同的频率和功率,分析如下:

(1) 功率。电压型全桥逆变器和电流型全桥逆变器由四个开关管构成,电压和电流应力较小,输出电压或电流波形为全波波形,电压利用率高,因此适应于 1 kW 以上的大功率场合。这两者之间比较而言,电压型全桥逆变器更适合高电压、低负载的应用场合,电流型全桥逆变器更适合大电流、高负载的应用场合。这两类拓扑还可以通过多电平输出、多相输出等扩容技术对功率进一步的扩展[17—20],实现 100 kW 以上的功率输出。电压、电流型 D 类功率放大器,双 E 类功率放大器相比电压、电流全桥逆变器,功率输出能力较弱,但这三类逆变器只使用了两个开关管,在中等功率场合具有成本上的优势。E 类功率放大器和 EF2 类功率放大器为单管逆变器,成本较低。但其开关管电压、电流应力较大,功率输出能力有限,适合于几百兆瓦到十几瓦的应用场合。

(2) 频率。电压型全桥逆变器受到死区时间、开关管寄生电容和高电压变化率的限制,电流型全桥逆变器受到串联二极管反向恢复时间的限制,工作频率较低,通常为 20~500 kHz。D 类功率放大器的频率适用范围较广。当功率小至几瓦时,电压型 D 类功率放大器也可以工作在 1 MHz 以上,但受限于死区时间,通常不超过 10 MHz。电流型 D 类功率放大器则可以实现更高的工作频率,达到 10 MHz 及以上。E 类功率放大器、EF2 类功率放大器和双 E 类功率放大器的开通损耗几乎为 0,开关管电压率变化率小,开关管寄生电容被吸收,非常适合应用于 1~20 MHz 的工作频率。

综合以上分析，考虑到电动汽车无线充电是一个大功率、低负载，且工作频率一般为 85 kHz 的系统，应选择电压型桥式逆变电路实现电能的逆变功能。

2.2.3　电动汽车无线充电系统稳压与功率校正技术

2.2.3.1　功率因数校正装置

在图 2-1 所示的电动汽车充电系统原理图中，工频市电转换为直流电的过程中不仅需要整流电路，还需要将直流电设置为特定电压值的直流变换电路。如果只是单纯采用全桥整流和大容量电容滤波电路结合，容易使电能质量大幅下降，这是因为滤波电路中的电容使得整流二极管仅在交流电输入电压瞬时值超过电容电压时导通，而在交流电压低于电容电压时，二极管截止。因此，尽管输入交流电的电压畸变可以忽略，

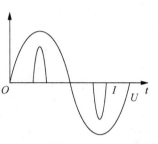

图 2-12　电流窄尖峰脉冲示意图

但输出电流将发生严重失真，而是呈高幅值的窄尖峰脉冲，如图 2-12 所示。

这种尖峰脉冲会造成高幅值的谐波，这种谐波是一种电力公害，将使得功率因数降低，影响交流电源利用率，造成电能的浪费，不仅对电网造成污染，还会对系统中其他设备产生恶劣影响。

因此，当由工频市电直接作为电动汽车充电系统的电源时，应该考虑采用 PFC 装置，来达到以下目的：

(1) 增加发送的有功功率，减少无功功率；
(2) 降低线路上的压降和功率损耗；
(3) 扩大用电设备负载的数量；
(4) 减少波形畸变，抑制谐波，缓解电力紧张，减少对电网的污染。

PFC 的英文全称为"Power Factor Correction"，意思是"功率因数校正"，功率因数指的是有效功率与视在功率之间的关系，也就是有效功率除以视在功率的比值。由于功率因数可以衡量电力被有效利用的程度，功率因数值越大，代表其电力利用率越高，因此 PFC 也被称为谐波滤波，分为无源和有源两种，如表 2-3 所示。

表 2-3　PFC 的分类

分类	组成部分	特性
无源 PFC	仅采用电感、电容、二极管或电阻等无源元件	效果欠佳，难以达到低输入电流失真要求
有源 PFC	加入三极管、MOSFET 等	可以在离线系统的输入端产生与 AC 线路电压同相位的正弦电流，使系统呈纯阻性负载，功率因数几乎等于 1

根据 PFC 电路中输入电流的控制方法不同,还可以分为平均电流型、峰值电流型、电压跟踪控制型和滞后电流控制型等几种,电流波形如图 2-13 所示。

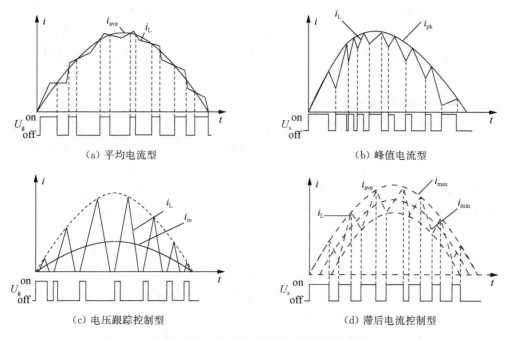

图 2-13　不同控制方法的电流波形

(1) 平均电流型。平均电流型控制 PFC 变换器在固定频率连续传导模式(CCM)下工作,通过电感器的电流 i_L 连续流动,通过开关 MOSFET 的峰值电流和均方根值电流较小,对噪声不敏感,EMI 也较小。采用该控制模式能使功率因数 $PF>0.99$,总谐波失真 $THD<5\%$,尤其适用功率范围 300~3 000 W 的场合,是目前应用较多的控制方式。其缺点是电路比较复杂,成本较高。

(2) 峰值电流型。该控制方案比较容易实现,但与平均电流控制方法相比,功率因数较低,输入电流谐波含量较大,电流峰值对噪声敏感。

(3) 电压跟踪控制型。采用电压跟踪控制型的 PFC 变换器通常工作在不连续传导模式(DCM),电感电流存在等于零的死区。该控制方法电路比较简单,易于实现,但通过开关器件的峰值电流较大,使开关管的损耗增加,影响变换器效率。采用这种控制方法,只适用于功率较小的场合。

(4) 滞后电流控制型。采用滞后(或滞环)电流控制方法,工作频率可变,在 CCM 下工作,电感电流在开关开通时线性增加,达到峰值时开关关断,电感电流线性降低。一旦电感电流下降到下限阈值,开关将再次开通,开始一个新的开关周期。该控制方案将电流控制与 PWM 合为一体,电路结构简单。

由于在电动汽车无线充电过程中，系统的效率损耗在无线电能传输过程中损耗较大，因此希望整体系统在整流装置、逆变装置等处的效率损耗尽量小。所以一般选择有源 PFC 装置作为电动汽车无线充电系统中的功率因数校正装置。有源 PFC 装置一般与直流变换器（又称稳压电路）搭配使用，达到更好的功率因数控制效果。因此，下一节中将介绍几种直流变换电路，并根据系统需要做出选择。

2.2.3.2 直流变换电路

直流变换器是为解决系统效率，特别是解决大功率系统的效率而提出的解决方案，它是一种将直流电能变换成负载所需的电压或电流可控的直流电能的电力电子装置。它通过对电力电子器件的快速通、断控制而把恒定直流电压斩成一系列的脉冲电压，进一步通过控制占空比的变化来改变这一脉冲系列的脉冲宽度，以实现输出电压平均值的调节，再经输出滤波器滤波，在被控负载上得到电流或电压可控的直流电能。

控制输出电压基大致有以下三种方法：定频调宽控制、定宽调频控制，以及调频调宽混合控制。根据变换器输出端与输入端是否有电气隔离，可将直流变换器分为隔离型直流变换器和非隔离型直流变换器两类。根据功能和电路结构形式，非隔离型直流变换器又可分为降压型、升压型、升压-降压型和 Cuk 型等；在隔离型变换器中，又存在正激型、反激型、半桥型、全桥型和推挽型等直流变换器。

非隔离型直流变换器电路结构简单、成本低，主要应用于输出与输入不需要电气隔离和输出电压与输入电压相差不大的场合；隔离型直流变换器电路相对于非隔离型直流变换电路来讲，结构较复杂、体积庞大，主要应用在输出与输入需要电气隔离、输出电压与输入电压相差较大和需要多组输出的场合。

考虑到篇幅限制问题，此小节中选取了几个常见的直流变换器进行介绍。

（1）升压型直流变换器

如图 2-14 所示的升压变换器是一个 DC/DC 变换器，其输入电压是未经平滑的全波整流电压。输入电容（通常为 0.22～1 μF）用作高频开关电流旁路，若该电容使用 1 F 以上的铝电解电容，电路的 PFC 功能则难以实现。这样的升压变换器输出电压不低于最大峰值 AC 线路电压（通常被设置在 360～410U_{dc}）。在输出功率一定

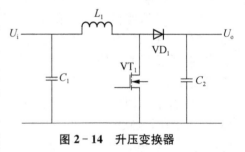

图 2-14 升压变换器

时,升压变换器有较小的输出电流,从而可使用容量小一些的输出电容。当功率开关 MOSFET(VT_1)导通时,升压二极管 VD_1 截止,通过升压电感 L_1 的电流全部流过 VT_1;当 VT_1 被关断时,L_1 中的储能使 VD_1 导通。在每一个开关周期内,输入电流连续流动,并且峰值电感电流跟随输入电压而变化,在输入端产生正弦电流。

(2) 降压型直流变换器

如图 2-15 所示,降压变换器的输出电压低于输入电压。这种变换器主要用于开关稳压电源和直流点击的速度控制。但是在电动汽车无线充电系统的实际使用中,该拓扑噪声较大,滤波困难,开关 MOSFET 上的电压应力也较大,控制驱动电平浮动,故很少被采用。

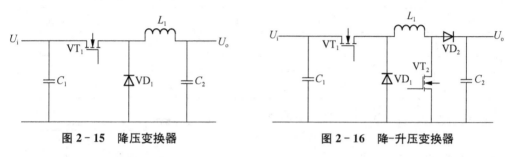

图 2-15　降压变换器　　　　　图 2-16　降-升压变换器

(3) 降压-升压变换器

如图 2-16 所示,该电路拓扑利用两个功率开关(MOSFET),并且至少有一个开关的驱动控制信号浮动,适用于 150 W 以下小功率应用场合。降压-升压变换器(buck-boost converter)也称为 buck-boost 转换器,是一种直流-直流转换器,其输出电压大小可以大于输入电压,也可以小于输入电压。降压-升压变换器与返驰式变换器等效,但用单一的电感器来取代变压器。与降压变换器一样,降压-升压变换器很少被采用。

(4) 反激式变换器

如图 2-17 所示,该电路拓扑可以看成是将升压-降压型电路中的电感换成变压器绕组 1 和绕组 2 相互耦合的电感而得到的。因此,反激式直流变换器电路的变压器在工作中总是经历着储能-放电的过程,这一点与其他的隔离型电路均不同。

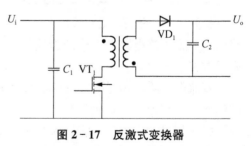

图 2-17　反激式变换器

反激型电路也存在电感电流连续和电感电流断续两种工作模式,值得注意的是,当其工作于电流连续模式时,其变压器磁性的利用率会显著下降,因此,实际使用中通常避免该电路工作于电流连续模式。观察如图2-17所示的电路拓扑可知,系统输入与输出电路利用回扫变压器隔离,输出电压可通过变压器一次绕组与二次绕组之间的匝数比任意选择,采用电压模式控制,适用功率范围为100～200 W。

综合以上分析,对直流变换器的拓扑分类和选择情况见表2-4所示。

表2-4 各类直流电能变换器拓扑特点比较

种类	特点
升压Boost变换器	适用于大功率场合,在变频调速中可以减小后级逆变电路的电流应力,同时满足电动汽车无线充电系统中的升压需求
降压Buck变换器	噪声较大,滤波难,开关管电压应力大,控制驱动电平浮动大
降-升压变换器	只适用于小功率场合
反激式变换器	输出电压可以通过一次绕组和二次绕组的匝数比控制,但是因为电能需要通过电容经过两次变换,造成转换效率低下

综上所述,为了满足电动汽车无线充电系统中PFC和升压功能,选择升压Boost电路,其拓扑如图2-18所示。

其输出电压与输入电压的关系为:

$$U_o = \frac{T}{t_{off}} E \quad (2-1)$$

其中T为开关管VT一个开关周期,t_{off}为一个开关周期内VT关断的时间,由于$\frac{T}{t_{off}}$恒大

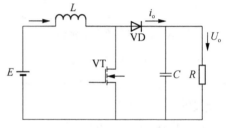

图2-18 Boost电路拓扑

于1,所以具备PFC功能的同时也具备升压功能,可以满足系统需求。

2.2.3.3 功率因数校正电路及其控制原理分析

如图2-19所示,图中展示了一种典型的有源PFC电路及其工作波形。该电路由二极管整流电路加上升压型斩波电路构成,图2-19还介绍了该电路实现功率因数校正的原理。

直流电压给定信号u_d^*和实际的直流电压u_d比较后送入电压调节器,调节器的输出为一直流电流指令信号i_d^*,i_d^*和整流后的正弦电压相乘得到直流输入电流的波形指令信号i^*,该指令信号和实际直流电感电流信号比较后,通过滞环对开关器件进行控制,便可使输入直流电流跟踪指令值。因此,交流侧电流波形将近似形成与交流电压同相的正弦波,跟踪误差在由滞环环宽所决定的范围内。由于采用

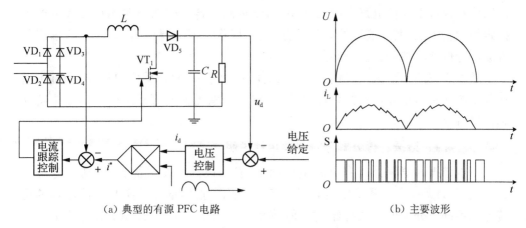

(a) 典型的有源 PFC 电路　　　　　(b) 主要波形

图 2-19　有源 PFC 电路及其主要波形

升压斩波电路,只要输入电压不高于输出电压,电感 L 的电流就完全受开关 S 的通断控制。S 开通时,电感 L 的电流增长,S 关断时,电感 L 的电流下降。当控制 S 的占空比按正弦绝对值规律变化,且与输入电压同相,就可以控制电感 L 的电流波形为正弦绝对值,从而使输入电流的波形为与输入电压同相的正弦波,电路输入功率因数为 1。

此结构 PFC 装置拟采用的控制框图如图 2-20 所示。

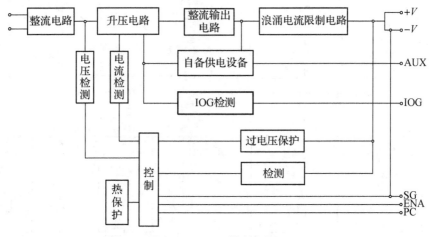

图 2-20　PFC 控制框图

2.2.4　电动汽车无线充电系统谐振补偿拓扑

磁耦合谐振式无线充电系统和感应式无线充电系统最大的区别在于有无谐振补偿拓扑,这是磁耦合谐振式无线充电系统能传输更远距离的主要原因。谐振补偿网络不仅可以补偿电路中的无功功率,使得磁耦合机构的发射侧和接收侧产生稳定的耦合关系,实现能量的高效传输,还可以作为低通滤波器,对逆变器输出的方波进行低通滤波,实现能量的高效传输。

随着研究的不断深入,目前可根据谐振补偿拓扑的复杂程度,将其分为基本谐振补偿拓扑和新型复合补偿拓扑,接下来将分别阐述各谐振补偿拓扑的结构特性和传输特性。

2.2.4.1 谐振补偿方式分析与适用性说明

基本谐振补偿拓扑具有电路结构简单、参数设计简便等优点,在功率等级为 2 kW 以下的无线充电系统中得到了广泛的应用。根据谐振线圈与补偿电容的连接方式不同可分为四种拓扑结构:SS(串串)型、SP(串并)型、PS(并串)型、PP(并并)型,四种不同拓扑结构的示意图如图 2-21 所示。

其中 SS 型与 SP 型拓扑结构称为电压型拓扑结构,其输入电压恒定,输出电流随负载变化,系统谐振频率与负载无关,主要应用在大功率、变负载的场合;PS 型与 PP 型拓扑结构称为电流型拓扑结构,其输入电压随负载变化,系统谐振频率与负载有关,主要应用在小功率、定负载的场合[21]。

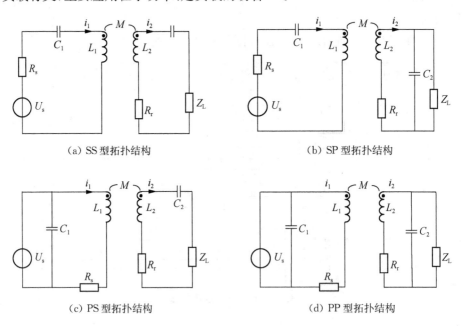

(a) SS 型拓扑结构　　　　　　(b) SP 型拓扑结构

(c) PS 型拓扑结构　　　　　　(d) PP 型拓扑结构

图 2-21　四种不同系统拓扑结构

图中 U_s 代表高频系统电源的电压源,R_s 为电源与发射线圈等效内阻总和,R_r 为接收线圈的等效内阻,L_1、L_2 为谐振线圈的等效电感,C_1、C_2 为谐振线圈的补偿电容，M 为谐振线圈间的互感值，Z_L 为负载。

下面将以 SS 型拓扑结构为例对系统电路模型进行分析，根据 KCL 方程与 KVL 方程可建立该结构下的系统方程如公式(2-2)所示：

$$\begin{bmatrix} \dot{U}_s \\ 0 \end{bmatrix} = \begin{bmatrix} Z_1 & -j\omega M \\ -j\omega M & Z_2 \end{bmatrix} \begin{bmatrix} \dot{I}_1 \\ \dot{I}_2 \end{bmatrix} \qquad (2-2)$$

其中 Z_1 为发射端回路自阻抗，Z_2 为接收端回路自阻抗，分别为：

$$Z_1 = R_s + j\omega L_1 + \frac{1}{j\omega C_1} \qquad (2-3)$$

$$Z_2 = R_r + Z_L + j\omega L_2 + \frac{1}{j\omega C_2} \qquad (2-4)$$

公式(2-4)中，Z_L 为负载阻抗，$Z_L = R_L + jX_L$，为了方便分析计算，做如下等效变换：

$$\begin{cases} jX_1 = j\omega L_1 + \dfrac{1}{j\omega C_1} \\ R_2 + jX_2 = R_r + Z_L + j\omega L_2 + \dfrac{1}{j\omega C_2} \end{cases} \qquad (2-5)$$

将公式(2-3)、(2-4)、(2-5)代入公式(2-2)可计算出接收端电流 $\dot{I}_2$：

$$\dot{I}_2 = \frac{j\omega M \dot{U}_s}{(R_s + jX_1)(jX_2 + R_2) + \omega^2 M^2} \qquad (2-6)$$

进而求得发射端电流 $\dot{I}_1$，

$$\dot{I}_1 = \frac{(R_2 + jX_2)\dot{U}_s}{(R_s + jX_1)(jX_2 + R_2) + \omega^2 M^2} \qquad (2-7)$$

通过发射端电流 I_1 与系统电源电压 U_s 可求得系统输入功率 P_i

$$P_i = \frac{U_i^2}{\mathrm{Re}\left[\dfrac{\dot{U}_i}{\dot{I}_s}\right]} = \frac{R_s(R_2^2 + X_2^2) + \omega^2 M^2 R_2}{(R_s R_2 - X_1 X_2 + \omega^2 M^2) + (R_s X_2 + R_2 X_1)^2} U_i^2 \qquad (2-8)$$

系统输出功率 P_o 可通过接收端电流 I_2 与负载阻抗 Z_L 求得：

$$P_o = \mathrm{Re}[I_2^2 Z_L] = \frac{\omega^2 M^2 R_L}{(R_s R_2 - X_1 X_2 + \omega^2 M^2)^2 + (R_s X_2 + R_2 X_1)^2} U_i^2 \qquad (2-9)$$

则系统的传输效率可表示为：

$$\eta = \frac{P_o}{P_i} \times 100\% = \frac{\omega^2 M^2 R_L}{R_s(R_2^2 + X_2^2) + \omega^2 M^2 R_2} \qquad (2-10)$$

以上分析是系统在稳态状态下互感电路模型的参数关系,当系统处于暂态状态时,可将系统的暂态状态用下面的表达式表示:

$$\begin{cases} u_s(t) = \dfrac{1}{C_1}\int_0^t i_1(t)\mathrm{d}t + L_1\dfrac{\mathrm{d}i_1(t)}{\mathrm{d}t} + i_1(t)R_s - M\dfrac{\mathrm{d}i_2(t)}{\mathrm{d}t} \\ 0 = \dfrac{1}{C_2'}\int_0^t i_2(t)\mathrm{d}t + L_2'\dfrac{\mathrm{d}i_2(t)}{\mathrm{d}t} + i_2(t)(R_r + R_L) - M\dfrac{\mathrm{d}i_1(t)}{\mathrm{d}t} \end{cases} \quad (2-11)$$

式中 L_2' 为负载接入系统后与线圈电感的等效电感,C_2' 为负载接入系统后与补偿电容的等效电容。假设两个谐振线圈的参数相同,即 $C_1=C_2=C$,$L_1=L_2=L$,在 $Z_L \to 0$ 时,令电源电压 $U_s=0$(电源内阻此时亦为 0,即 $R_s=R_r=R$),则公式(2-11)简化为:

$$\begin{cases} 0 = \dfrac{1}{C}\int_0^t i_1(t)\mathrm{d}t + L\dfrac{\mathrm{d}i_1(t)}{\mathrm{d}t} + i_1(t)R - M\dfrac{\mathrm{d}i_2(t)}{\mathrm{d}t} \\ 0 = \dfrac{1}{C}\int_0^t i_2(t)\mathrm{d}t + L\dfrac{\mathrm{d}i_2(t)}{\mathrm{d}t} + i_2(t)R - M\dfrac{\mathrm{d}i_1(t)}{\mathrm{d}t} \end{cases} \quad (2-12)$$

利用耦合系数 K 表示两个谐振线圈的耦合关系,即 $K=M/\sqrt{L_1L_2}=M/L$,利用品质因数 Q 表示谐振电路中所储能量同每周期损耗能量之比,即 $Q=\dfrac{\omega L}{R}=\dfrac{1}{\omega CR}$,利用拉普拉斯变换可将式(2-12)变换为:

$$\begin{cases} \left(s^2 + \dfrac{\omega}{Q}s + \omega^2\right)i_1(s) - ks^2 i_2(s) = 0 \\ \left(s^2 + \dfrac{\omega}{Q}s + \omega^2\right)i_2(s) - ks^2 i_1(s) = 0 \end{cases} \quad (2-13)$$

可求解得:

$$\begin{cases} i_1(t) = e^{-\frac{\omega'}{2Q'}t}(a_{11}\cos\omega_d't + b_{11}\sin\omega_d't) + e^{-\frac{\omega''}{2Q''}t}(a_{12}\cos\omega_d''t + b_{12}\sin\omega_d''t) \\ i_2(t) = e^{-\frac{\omega'}{2Q'}t}(a_{21}\cos\omega_d't + b_{21}\sin\omega_d't) + e^{-\frac{\omega''}{2Q''}t}(a_{22}\cos\omega_d''t + b_{22}\sin\omega_d''t) \end{cases} \quad (2-14)$$

式中,$\omega_d' = \dfrac{-\omega'}{2Q'}\sqrt{1-4Q'^2}$,$\omega_d'' = \dfrac{-\omega''}{2Q''}\sqrt{1-4Q''^2}$,$Q'=Q\sqrt{1-K}$,$Q''=Q\sqrt{1+K}$,$\omega'=\omega_0/\sqrt{1-K}$,$\omega''=\omega_0/\sqrt{1+K}$,$a$、$b$ 为待求常数。

同理,对于其他拓扑补偿结构(SP、PS、PP)的磁耦合谐振式系统,均可由其模型方程求出系统的传输效率、输出功率及暂态状态下的工作过程。并且,可求出四种不同拓扑补偿结构下的电容补偿值如表 2-5 所示[22-23]。

表 2-5 四种拓扑结构线圈补偿电容取值表

拓扑补偿结构	发射装置补偿值	接收装置补偿值
SS	$C_1 = \dfrac{1}{L_1 \omega^2}$	$L_2 C_2 \omega^2 = 1$
SP	$C_1 = \dfrac{1}{\omega^2 (L_1 - M^2/L_2)}$	
PS	$C_1 = \dfrac{L_1}{\omega^2 L_1^2 + (\omega^2 M^2/R)^2}$	
PP	$C_1 = \dfrac{L_1 - \dfrac{M^2}{L_2}}{\omega^2 \left(L_1 - \dfrac{M^2}{L_2}\right)^2 + (RM^2/L_2^2)^2}$	

假设系统原、副边的电感电容值完全满足表 2-5 中所列的公式,将接收端的阻抗折算到原边,可以列出四种补偿网络在谐振条件下的功率输入输出方程如表 2-6 所示[24]。

表 2-6 四种补偿网络下系统的输入输出功率

补偿拓扑	输入功率	输出功率
SS	$P_{in} = \dfrac{U_s^2}{\mathrm{Re}(Z_r)}$	$P_{out-ss} = I_2^2 R_L$
SP		$P_{out-sp} = \dfrac{U_{out}^2}{R_L}$
PS	$P_{in} = I_1^2 \mathrm{Re}(Z_r)$	$P_{out-ps} = \dfrac{U_{out}^2}{R_L}$
PP		$P_{out-pp} = I_{out}^2 R_L$

其中,Z_r 为接收端到原边的反射阻抗,即

$$Z_r = \omega^2 M^2 / Z_s \tag{2-15}$$

Z_s 为二次侧接收端的阻抗,根据二次侧补偿拓扑的不同可列为

$$Z_s = \begin{cases} j\omega L_2 + 1/(j\omega C_2 + 1/R_L) & \text{二次侧并联补偿} \\ j\omega L_2 + 1/j\omega C_2 + R_L & \text{二次侧串联补偿} \end{cases} \tag{2-16}$$

根据能量守恒定律,在忽略原线圈内阻的前提下,系统原副边补偿网络的输入输出功率应相等,将表 2-5 中的公式代入表 2-6 中,可得:

$$\begin{cases} \dfrac{U_s^2}{\dfrac{\omega^2 M^2}{R_L}} = I_2^2 R_L \Rightarrow I_2 = \dfrac{U_s}{\omega M} \text{(SS)} \\ \dfrac{U_s^2}{\dfrac{M^2 R_L}{L_2^2}} = \dfrac{U_{out}^2}{R_L} \Rightarrow \dfrac{U_s}{U_{out}} = \dfrac{M}{L_2} \text{(SP)} \end{cases} \tag{2-17}$$

$$\begin{cases} I_1^2 \dfrac{\omega^2 M^2}{R_L} = \dfrac{U_{out}^2}{R_L} \Rightarrow U_{out} = \omega M I_1 \text{(PS)} \\ I_1^2 \dfrac{M^2 R_L}{L_2^2} = I_{out}^2 R_L \Rightarrow I_{out} = \dfrac{I_1 M}{L_2} \text{(PP)} \end{cases} \quad (2-18)$$

式(2-17)为电压型补偿拓扑的磁耦合谐振式无线充电系统输出特性公式。由于工作在谐振条件下,式(2-17)中的 M、L_2、U_{in} 与 ω 为定值。由式(2-17)可以得出结论:在系统输入电压一定的条件下,SS 型拓扑下无线充电系统输出电流恒定,适用于需要恒流输出的场合;SP 型拓扑下无线充电系统输出电压恒定,适用于需要恒压输出场合。

式(2-18)为电流型基本补偿拓扑的磁耦合谐振式无线充电系统输出特性公式。由于工作在谐振条件下,式(2-18)中的 M、L_2 为定值。由于电流型拓扑下无线充电系统的谐振频率随负载的变化而变化,因此对于 PS 型拓扑下无线充电系统来说,其输出电压与频率和原边线圈电流有关。PP 型拓扑下无线充电系统的输出电流与原边线圈电流成正比。

综合上述分析,可以将 SS、SP、PS、PP 拓扑的优缺点及适用性列于表 2-7 中。并且通过对四种谐振补偿拓扑的优缺点以及适用性对比分析可知,四种谐振补偿拓扑均存在不可忽略的缺陷,不宜应用于"三合一"电子公路中。

表 2-7 基本谐振补偿拓扑特点及适用性对比分析

谐振拓扑	优点	缺点	适用性
SS	谐振补偿电容参数设计与负载无关;负载侧输出电流恒定,可以实现恒流输出	接收侧断开或失去负载,流过发射线圈的电流会瞬间提升百倍以上,相当于出现短路,不利于系统安全稳定运行	适用于大功率、变负载并且需要恒流输出的场合
SP	谐振补偿电容参数值设计与负载无关;负载侧输出电压恒定,可以实现恒压输出		适用于大功率、变负载并且需要恒压输出的场合
PS	接收侧断开或失去负载时,不会造成发射线圈处短路的现象	谐振补偿电容参数值设计受负载影响;输出电压受原边电流影响	适用于小功率、定负载,并且需要移除/接入负载的场合
PP		谐振补偿电容参数值设计受负载影响;输出电流受原边电流影响	适用于小功率、定负载,并且需要移除/接入负载的场合

2.2.4.2 新型复合补偿拓扑结构与传输特性分析

在电动汽车无线充电系统中,为了提高系统的鲁棒性,滤除逆变器工作时产生的谐波,减小系统输入电感或电容值以改善动态响应,改变原级电能变换装置的输出电源特性,系统的原边常常采用混联型无功补偿拓扑,常见的有 LCL、LCC 等,并且经过研究发现,LCL 和 LCC 这两种复合补偿拓扑,通过合理设计系统参数,可以实现灵活控制发射侧电流的目的,解决接收侧断开或系统失去负载的问题,现分别对其进行分析[25-26]。

(1) LCL 补偿拓扑下系统的输出特性分析

在忽略内阻等因素的情况下,理想的 LCL 电路的原理图如图 2-22 所示。图 2-22 中,U_{in} 为高频交流电源,L_X、L_t 为电感,C_t 为补偿电容,Z 为任意大小的阻抗。

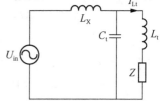

图 2-22 LCL 拓扑的等效电路

如果令参数 $\omega_0 = \text{sqrt}(1/L_X C_t)$,那么当系统工作在谐振角频率 ω_0 时,流过电感 L_t 的电流为

$$I_{L_t} = \frac{U_{in}}{j\omega_0 L_X} \tag{2-19}$$

显然,此时流过电感 L_t 的电流 I_{L_t} 与其支路阻抗大小无关,仅与电源 U_{in}、电感 L_t 以及系统的工作角频率 ω_0 有关,即 LCL 电路中的电感 L_t 所在的支路电流具备恒流特性。如果将 LCL 拓扑这种恒流特性与无线电能传输系统相结合,将 LCL 拓扑作为无线电能传输系统发射侧的拓扑,电感 L_t 作为发射线圈的等效电感,那么根据互感理论,接收侧接收线圈(电感)支路中相当于增加了一个电压值为 $j\omega M I_{L_t}$ 的电压源,该电压源的大小仅受发射侧电源的影响,不受接收侧电路参数的影响。那么当无线电能传输系统的接收侧断路时,发射线圈处所流过的电流可以控制在安全阀值以内,系统仍处于一个安全稳定运行的状态。

以 LCL 型复合拓扑作为无线电能传输系统的发射端拓扑时,它与不同的接收侧拓扑配合,可以形成 LCL-LCL、LCL-S 这两种拓扑类型的无线电能传输系统,其具体的等效电路如图 2-23 所示,本部分将对以上几种拓扑的系统输出特性逐一进行分析。

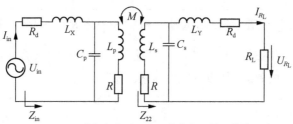

(a) LCL-LCL 谐振拓扑下无线电能传输系统的等效电路

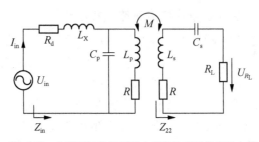

(b) LCL-S 谐振拓扑下无线电能传输系统的等效电路

图 2-23　以 LCL 复合拓扑作为发射侧谐振拓扑时系统的等效电路

在图 2-23(a)中，L_p 与 L_s 分别是发射线圈与接收线圈的电感，R 为收发线圈的内阻，R_d 为电感 L_X，L_Y 的内阻。假设 L_X，L_Y 的电感值相同，发射线圈与接收线圈大小相同，那么 L_p 与 L_s 相同，发射线圈与接收线圈的内阻 R 也都相同。令 $L_X = L_p = L_Y = L_s = L$，$C_p = C_s = C$，系统的工作角频率 $\omega = \omega_0 = \mathrm{sqrt}(1/L_s C_s) = \mathrm{sqrt}(1/L_X C_p)$，通过计算得到接收侧阻抗

$$Z_{22} = R + \frac{L}{(R_d + R_L)C} \tag{2-20}$$

反射阻抗 Z_{ref} 为

$$Z_{ref} = \frac{(\omega^2 M^2)}{Z_{22}} \tag{2-21}$$

那么得到系统的输入阻抗 Z_{in} 和输入电流 I_{in} 为

$$Z_{in} = R_d + \frac{L}{C(R + Z_{ref})} \tag{2-22}$$

$$I_{in} = \frac{CU_{in}(R + Z_{ref})}{CR_d(R + Z_{ref}) + L} \tag{2-23}$$

依据互感理论，计算得到负载 R_L 上的负载电流 I_{RL}

$$I_{RL} = \lambda \frac{MU_{in}}{j\omega L^2} \tag{2-24}$$

其中，λ 为

$$\lambda = \frac{L}{L + C[R_d(R + Z_{ref}) + R(R_L + R_d) + \frac{C}{L} R_d R(R + Z_{ref})(R_L + R_d)]} \tag{2-25}$$

当忽略系统中电感的内阻时，λ 的值为 1。这也就意味着，若系统中收发线圈的内阻足够小时，负载 R_L 上的负载电流 I_{RL} 为

$$I_{RL} = \frac{MU_{in}}{j\omega L^2} \tag{2-26}$$

显然，即使负载不是纯阻性，负载电流 I_{RL} 仍是一个与负载大小无关的值，也就

意味着在其他参数一定的情况下,LCL-LCL 拓扑下的系统能够实现恒流输出。

同样的,对图 2-23(b)中的 LCL-S 拓扑下的系统进行分析。得到 $Z_{22}=R+R_L$,根据反射阻抗公式(2-21),计算出系统的输入阻抗

$$Z_{in}=R_d+\frac{L}{C(R+Z_{ref,s})} \qquad (2-27)$$

从而得出系统的输入电流

$$I_{in}=\frac{CU_{in}(R+Z_{ref,s})}{CR_d(R+Z_{ref,s})+L} \qquad (2-28)$$

那么负载 R_L 上的电压 U_{RL} 为:

$$U_{RL}=\lambda_s\frac{MU_{in}}{L} \qquad (2-29)$$

其中系数 λ_s 为

$$\lambda_s=\frac{R_L}{R+R_L} \cdot \frac{1}{1+CR_d(R+Z_{ref,s})/L} \qquad (2-30)$$

通过计算得,当等效电阻 R_L 满足以下约束

$$R_L \gg CR_d\omega^2M^2 \qquad (2-31)$$

或忽略系统中电感的内阻时,λ_s 的值近似为 1。这也就意味着,若系统中其他参数不变,仅负载大小变化时,LCL-S 拓扑下的系统可以实现恒压输出,其负载 R_L 上的电压为

$$U_{RL}=\frac{MU_{in}}{L} \qquad (2-32)$$

(2) LCC 补偿拓扑下系统的输出特性分析

图 2-24 给出了 LCC 拓扑的电路原理图,LCC 拓扑与 LCL 拓扑类似,也需要合理设计电路中各元件的参数才能实现电感 L_t 侧电流的恒定性。与图 2-23 中的 LCL 拓扑相比,LCC 拓扑在 L_t 的电感侧多了一个补偿电容 C_t。在图 2-24 中,U_{in} 为高频交流输出电压源,Z 为任意值大小的阻抗,R_t 为电感 L_t 的内阻,系统的工作角频率满足 $\omega=1/\text{sqrt}(L_pC_p)$。

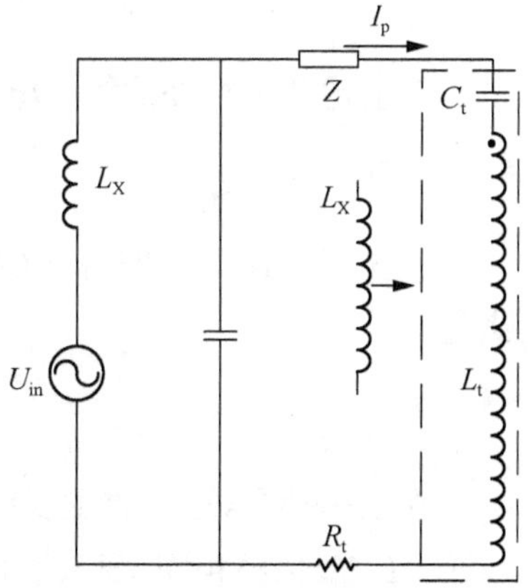

通过计算可知,流过阻抗 Z 的电流为

$$I_p=\frac{U_{in}}{j\omega L_p} \qquad (2-33)$$

图 2-24 LCC 拓扑的等效电路

很明显,与图 2-23 中 LCL 补偿拓扑相同,当电路中其他参数不变,仅 Z 的值和阻抗特性发生变化时,LCC 拓扑也能使电感侧的输出电流保持恒定。

将 LCL 拓扑应用至无线电能传输系统中时,需要令图 2-23 中 L_t 与 L_X 的电感值相同,这样才能使系统的输入阻抗呈纯阻性,方便了系统的 ZVS、ZCS 的控制。同样的,若将 LCC 拓扑应用至无线电能传输系统,为了保证系统输入阻抗呈纯阻性,其参数的配置值应满足如下约束

$$\omega L_p = \omega L_t - 1/\omega C_t = 1/\omega C_p = \omega L_X \quad (2-34)$$

基于以上分析,本部分基于 LCC 拓扑,给出 LCC-LCC 拓扑和 LCC-S 拓扑组成的无线电能传输系统,分别如图 2-25 和图 2-26 所示,并对其输出特性进行分析。

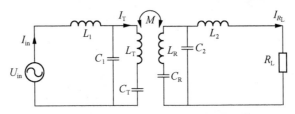

图 2-25 LCC-LCC 拓扑的无线电能传输系统

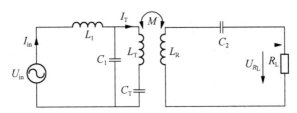

图 2-26 LCC-S 拓扑的无线电能传输系统

在上述两个拓扑的等效电路中,其初级侧的参数设置如下

$$\omega L_1 = \omega L_t - \frac{1}{\omega C_t} = \frac{1}{\omega C_1} \quad (2-35)$$

首先,分析图 2-25 中 LCC-LCC 拓扑的无线电能传输系统,其次级侧的参数满足

$$\omega L_2 = \omega L_R - \frac{1}{\omega C_R} = \frac{1}{\omega C_2} \quad (2-36)$$

在该拓扑中,通过收发线圈侧电容 C_T 和 C_R 的补偿,使得该拓扑的等效电路与 LCL-LCL 拓扑相同,那么该拓扑下的输出电流 I_{RL} 为

$$I_{RL} = \frac{M U_{in}}{j\omega L_1 L_2} \quad (2-37)$$

可见,在以 LCC-LCC 补偿拓扑所形成的无线电能传输系统中,它可以实现恒流输出。类似的,在图 2-26 中,为使系统处于谐振状态,次级侧参数满足

$$\omega L_R = \frac{1}{\omega C_2} \tag{2-38}$$

将该拓扑与 LCL-S 拓扑进行类比,得到负载电压 U_{RL} 为

$$U_{RL} = \frac{MU_{in}}{L_1} \tag{2-39}$$

从式(2-39)可知,LCC-S 拓扑下的系统提供可以实现恒压输出。

基于上述分析,可以分别将 LCL-S、LCL-LCL、LCC-S、LCC-LCC 谐振补偿拓扑输出特性列于表 2-8 中。

表 2-8 新型复合谐振补偿拓扑输出特性对比

复合拓扑	负载电压/电流(忽略内阻)	输出特性
LCL-S	$U_{RL} = \dfrac{MU_{in}}{L}$	恒压输出
LCL-LCL	$I_{RL} = \dfrac{MU_{in}}{j\omega L^2}$	恒流输出
LCC-S	$U_{RL} = \dfrac{MU_{in}}{L_1}$	恒压输出
LCC-LCC	$I_{RL} = \dfrac{MU_{in}}{j\omega L_1 L_2}$	恒流输出

综上所述,原边为 LCC 或 LCL 的补偿拓扑均能实现恒压/恒流输出,而 LCC 相比 LCL 增加了一个电容,极大地减小了系统的体积,减轻了重量,因此 LCC 拓扑更符合"三合一"电子公路的应用。并且与 S-S 拓扑相比,将 LCC-LCC 拓扑应用至电动汽车的静/动态无线充电应用具有以下优点:

① 系统的逆变电源可以在车辆驶入充电区域之前就达到额定电压,延长了车辆的充电时间。

② 即使 LCC-LCC 拓扑的初级侧与次级侧间无耦合,LCC-LCC 拓扑的发射线圈电流仍不会越限,系统也不会出现短路,保证了系统的安全。

③ 在 LCC-LCC 拓扑中,可以通过调节初级侧的补偿电感值,减少各个电感、电容元件的过流值、耐压值,从而减少元件成本。

2.3　电动汽车无线充电系统磁耦合机构

电动汽车无线充电系统磁耦合机构作为原副边能量传输的桥梁,它由初级发射线圈和次级接收线圈构成。初级发射线圈中流过的高频电流会在空间范围内产

生交变的磁场,而次级接收线圈则作为能量接收装置,通过电磁感应原理,从交变磁场中感应电压,将电能供给负载。因此,磁耦合机构作为能量传输的重要媒介,其优劣关系到能量的传输效率。

2.3.1 磁耦合机构分类及特点

磁耦合机构的形式多样,根据不同的应用环境和系统设计要求,磁耦合机构的结构可分为可分离变压器式、平板式线圈和螺线管式等多种结构[27-29],如图 2-27 所示。可分离变压器式的原副边线圈的相对位置很近,所以线圈间的磁耦合性较好,传输效率比较高,但传输距离增加时效率就会迅速下降。

平板式结构的线圈厚度较薄,有利于小型化设计,非常适宜于位置相对固定的无线电能传输系统,但是一旦两个线圈位置偏移较大就会导致系统的传输特性变差;螺线管式线圈产生的磁场比较均匀,能量传输的方向性较强,具有传输距离远和效率高的优点,对位置偏移的敏感度相对较低。而在电动汽车无线充电的应用中,电动汽车的底盘空间有限,因此在实际应用中应以平板式线圈为主。

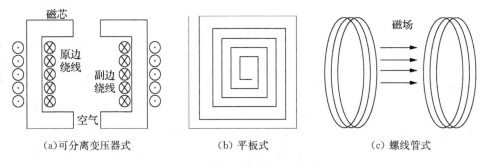

图 2-27 常见能量收发线圈的结构

首先讨论圆形和矩形这两种几何形状线圈的耦合特性。图 2-28 是两个非同轴圆形线圈的空间结构图,发射线圈中心为坐标原点,接收线圈的中心坐标为 $(0,s,h)$,此时发射端线圈和接收端线圈的参数方程分别为:

$$\begin{cases} x=r_1\cos\varphi \\ y=r_1\sin\varphi \\ z=0 \end{cases} \quad \begin{cases} x=r_2\cos\theta \\ y=r_2\sin\theta+s \\ z=h \end{cases} \quad (2-40)$$

$$\begin{cases} \mathrm{d}l_1=(-r_1\sin\varphi+r_1\cos\varphi)\mathrm{d}\varphi \\ \mathrm{d}l_2=(-r_2\sin\theta+r_2\cos\theta)\mathrm{d}\theta \\ \mathrm{d}l_1\mathrm{d}l_2=r_1r_2\cos(\theta-\varphi)\mathrm{d}\theta\mathrm{d}\varphi \end{cases} \quad (2-41)$$

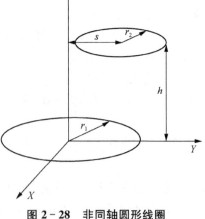

图 2-28 非同轴圆形线圈

由此得到线圈间的互感为

$$M = \frac{\mu_0 N_1 N_2}{4\pi} \iint_{l_1 l_2} \frac{\mathrm{d}l_1 \mathrm{d}l_2}{r} = \frac{\mu_0 N_1 N_2}{4\pi} \int_0^{2\pi} \int_0^{2\pi} \frac{r_1 r_2 \cos(\theta - \varphi) \mathrm{d}\theta \mathrm{d}\varphi}{R_{\mathrm{QN}}} \quad (2-42)$$

图 2-29 是两个非同轴矩形线圈的空间结构图,发射线圈中心为坐标原点,接收线圈的中心坐标为 $(0,s,h)$。互感理论公式的推导可以把矩形线圈分成几段直导线,在各段直导线之间运用聂以曼公式进行计算。

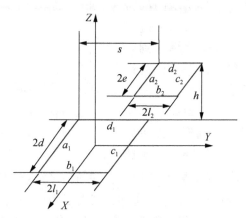

图 2-29 非同轴矩形线圈

对于发射线圈的回路:

$$\mathrm{d}\vec{l_1} = \mathrm{d}x_1 \vec{x} + \mathrm{d}y_1 \vec{y} - \mathrm{d}x_1 \vec{x} - \mathrm{d}y_1 \vec{y} \quad (2-43)$$

对于接收线圈的回路:

$$\mathrm{d}\vec{l_2} = \mathrm{d}x_2 \vec{x} + \mathrm{d}y_2 \vec{y} - \mathrm{d}x_2 \vec{x} - \mathrm{d}y_2 \vec{y} \quad (2-44)$$

应用聂以曼公式计算线段 a_1 和 a_2 之间的互感:

$$\vec{r_1} = x_1 \vec{x} - l_1 \vec{y}, \quad \vec{r_2} = x_2 \vec{x} + (s - l_2) \vec{y} + h \vec{z} \quad (2-45)$$

$$|\vec{r_1} - \vec{r_2}| = \sqrt{(x_2 - x_1)^2 + (l_1 + s - l_2)^2 + h^2} \quad (2-46)$$

$$\mathrm{d}\vec{l_1} = \mathrm{d}x_1 \vec{x}, \quad \mathrm{d}\vec{l_2} = \mathrm{d}x_2 \vec{x}, \quad \mathrm{d}\vec{l_1} \cdot \mathrm{d}\vec{l_2} = \mathrm{d}x_1 \mathrm{d}x_2 \quad (2-47)$$

$$M_{a1a2} = \frac{\mu_0 N_1 N_2}{4\pi} \iint_{l_1 l_2} \frac{\mathrm{d}l_1 \mathrm{d}l_2}{|\vec{r_1} - \vec{r_2}|} = \frac{\mu_0 N_1 N_2}{4\pi} \int_{-d}^{d} \int_{-e}^{e} \frac{\mathrm{d}x_1 \mathrm{d}x_2}{\sqrt{(x_2 - x_1)^2 + (l_1 + s - l_2)^2 + h^2}}$$

$$(2-48)$$

同理可以求出其他导线段之间的互感,矩形线圈间的互感即可表示为

$$M = M_{a1a2} + M_{a1c2} + M_{c1a2} + M_{c1c2} + M_{b1b2} + M_{b1d2} + M_{d1b2} + M_{d1d2} \quad (2-49)$$

式中 μ_0 为真空磁导率,l_1 为矩形线圈的长度,d 为矩形线圈的宽度,N_1、N_2 分

别为发射线圈和接收线圈的匝数。

为了提高无线能量传输系统的性能,需要通过提高收发线圈间的互感来提高能量的传输效率。在能量收发线圈所占据的面积相同的前提下,通过比较圆形收发线圈和矩形收发线圈之间的互感大小,可以对不同几何形状线圈的特性进行研究。依据式(2-48)和式(2-49),利用 Matlab 软件计算得到相同面积、不同几何形状线圈间的互感,计算结果如图 2-30 所示。

根据上述分析,可以得到如下的结论:在限定面积的区域内,圆形线圈可以得到最大的互感值,矩形线圈的长宽比

(a) 相同面积、不同形状的线圈示意图

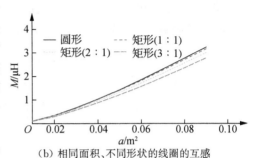

(b) 相同面积、不同形状的线圈的互感

图 2-30　不同几何形状线圈间的互感比较
($N_1=N_2=10, h=0.3$ m)

越接近,收发线圈之间的互感越大,当长宽相等时互感达到最大值,这是因为电磁场在矩形线圈的拐角处产生了畸变。所以,当需要为电动汽车进行静态无线供电时,圆形线圈是最佳的选择。但当需要为电动汽车进行动态无线供电时,为了涵盖更大的供电面积,在实际施工中,矩形线圈往往是更合适的选择。

2.3.2　磁耦合机构类型分析

基于上一小节的分析可知,平板式并且线圈形状为矩形的磁耦合机构更符合电动汽车无线充电系统的应用,本节将结合 SAE 标准中的线圈结构[30],分别对平面矩形型磁耦合机构和 DD 型磁耦合机构的磁场特性以及偏移特性进行分析。

磁场特性及抗偏移特性主要依赖于仿真软件,常见的电磁仿真软件有 ANSYS、Maxwell、Comsol 等。这些软件可以获得静态和动态磁场分布,同时也可以获得线圈的自感、互感以及耦合系数等。接下来,将采用 ANSYS 电磁仿真软件分别针对平面矩形线圈和 DD 型线圈进行三维建模,并通过仿真分析其磁场特性和抗偏移特性。

2.3.2.1　平面矩形型磁耦合机构

由于其结构简单,平面矩形型磁耦合机构是目前最常用的磁耦合机构,在 ANSYS 电磁仿真软件中,可建立如图 2-31 所示的电磁仿真模型,其中原副线圈尺寸相同,均为 250 mm×250 mm,两侧覆盖有铁氧体(黑色部分),厚度为 5 mm,用以实现聚集磁场、增大互感的效果。

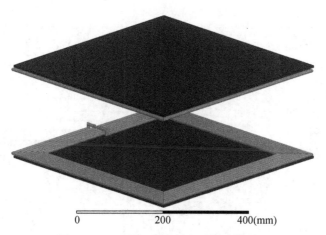

图 2-31　平面矩形线圈电磁仿真模型

通过 ANSYS 电磁仿真,可以分别得到原副线圈正对时和副线圈偏移 150 mm 时的磁力线分布图(图 2-32、图 2-33)。从图中可以看到,当原副线圈正对时,原边线圈发射的磁力线大部分穿过副边线圈所在的区域,而当副边线圈发生偏移时,原边线圈发射的磁力线则有部分不穿过副边线圈所在区域。即当副边线圈发生偏移时,两线圈之间的互感值会有所下降。

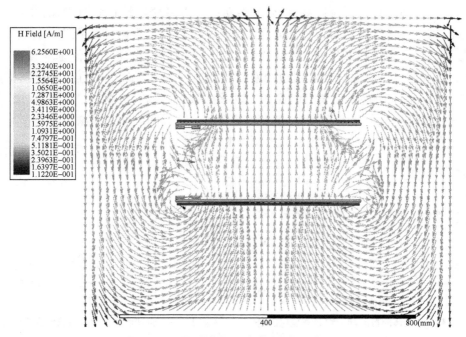

图 2-32　原副线圈正对时磁力线分布图

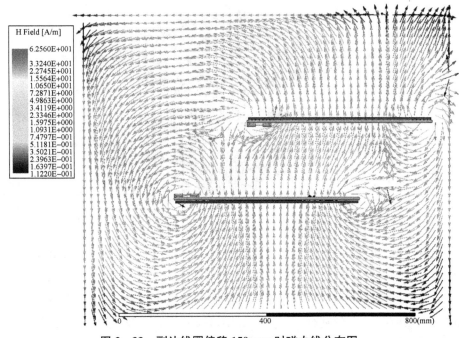

图 2-33　副边线圈偏移 150 mm 时磁力线分布图

同时，可以作出原副线圈自感、互感随偏移距离变化的趋势图，如图 2-34 和图 2-35 所示。从图中可以看出，原副线圈的自感基本不随偏移距离的变化而变化，并且由于原副线圈尺寸、匝数等参数均相等，所以二者的自感值基本重合。而原副线圈之间的互感则随着副边线圈偏移距离的增大而减小，并且当偏移距离小于 100 mm 时，互感值下降较缓慢，当偏移距离大于 100 mm 时，互感值将快速下降直至原副线圈几何不存在耦合，即互感值为零。这说明当原边线圈发生偏移时，系统的传输能力会受到偏移距离的影响而下降明显。

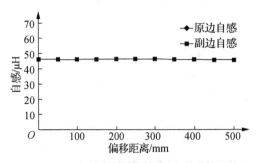

图 2-34　原副线圈自感随偏移距离变化趋势图

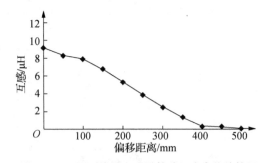

图 2-35　原副线圈互感随偏移距离变化趋势图

综合上述分析可知，平面矩形型磁耦合机构具有结构简单，绕制方便等优点，易于实现工程化应用,但是当原副线圈之间发生偏移时,两线圈之间的互感下降迅速,功率的传输能力则随着互感的下降而下降,抗偏移性能相对较弱。

2.3.2.2 DD型磁耦合机构

从图 2-33 中磁力线的分布可以看出,平面矩形线圈存在明显的缺点[31]:原边线圈产生的磁场中仅有一部分与副边线圈发生耦合,大量的磁场分布在周围空间,一方面使原副线圈之间的耦合程度减小,不利于实现能量高效传输;另一方面,发生偏移时副边线圈耦合的磁通将单调减少,导致耦合系数单调下降。这些缺点都是由于线圈本身的结构特性造成的。

然而,随着研究的深入,有学者根据磁场分布特性提出 DD 型磁耦合机构[32]。因此,可建立如图 2-36 所示的电磁仿真模型,其中原副线圈均采用 DD 型线圈结构并且尺寸相同,均为 250 mm×250 mm,两侧覆盖有铁氧体(黑色部分),厚度为 5 mm,用以实现聚集磁场、增大互感的效果。

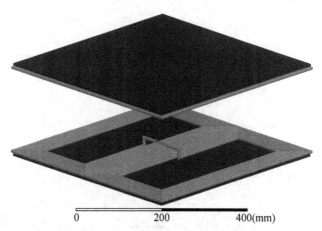

图 2-36　DD 型磁耦合机构电磁仿真模型

通过 ANSYS 电磁仿真,可以分别得到原副线圈在正对情况和偏移 150 mm 情况下磁力线分布图,如图 2-37 和图 2-38 所示。从图 2-37 可知,DD 型磁耦合机构磁力线的分布与平面矩形线圈的磁力线分布有所不同。由于 DD 型线圈结构中两侧回路的电流流向相反,因此会出现图中磁力线分布特性,即磁力线从一侧回路出发,终止于另一侧,在磁耦合机构的内部形成一个闭合的回路,使得大部分磁场分布于磁耦合机构的内部,避免出现大量的漏磁,并且由于铁氧体对磁场的聚集作用,可以进一步减小磁力线在空间范围内的泄漏,增强原副线圈的耦合程度。

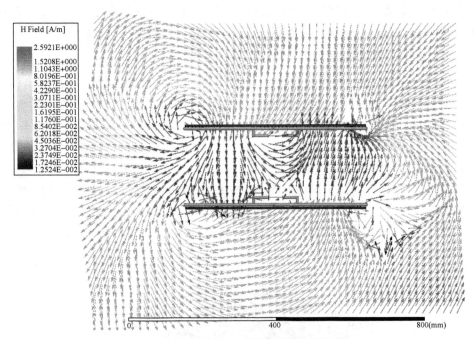

图 2-37 原副线圈正对时磁力线分布图

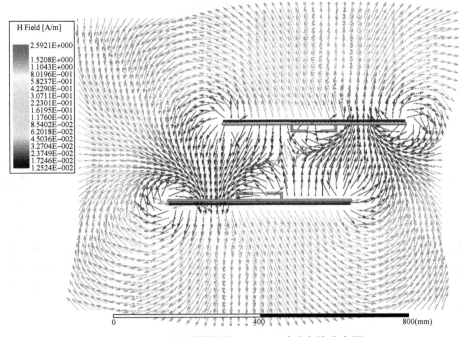

图 2-38 副边线圈偏移 150 mm 时磁力线分布图

对比图 2-37 和图 2-38 可知,当原副线圈正对时,由于副边线圈也具有两个线圈回路,因此发射线圈产生的磁力线分别通过接收线圈的两个回路,并且两个有效磁通效果叠加。当副边线圈发生偏移时,随着偏移量的增加,副边的有效磁通减少,感应电压随之下降,而当横向偏移量进一步增加时,副边的有效磁通增加,感应电压也随之增大,但是相比于原、副线圈正对时有效磁通而言,通过线圈的有效磁通较低,而无法达到正对时的最大值。

基于上述分析并且通过 ANSYS 仿真,可以作出原副线圈之间互感随偏移距离变化的趋势图,如图 2-39 所示。从图 2-39 可知,当副边线圈发生偏移时,互感首先随着偏移量的增加而减小,当偏移量增加到一定值时,互感值反而增加,此时原副线圈之间的互感值得到了补偿,之后,互感值的大小随着发射线圈偏移出磁耦合机构内部而减小。由此

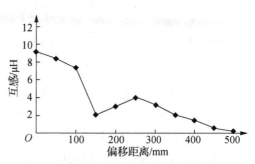

图 2-39 原副线圈互感随偏移距离变化趋势图

可见,相比于平面矩形磁耦合机构,DD 型磁耦合机构的互感值在较大偏移情况下可以得到补偿,偏移适应性随之提升。

综上所述,DD 型磁耦合机构具有磁场分布集中、漏磁较少的特点,并且在一定偏移距离下,会对原副线圈之间互感的下降有所补偿,在一定程度上扩大了偏移范围,具有相对较好的适应性,但是相比于平面型磁耦合机构而言,其结构相对复杂,并且适用于接收端尺寸较大的情况,在工程应用中的应用相对复杂,并且目前自动定位系统的精度也相对较高,因此为简化工程应用,"三合一"电子公路中选用结构简单的平面矩形线圈。

2.3.3 动态磁耦合机构导轨类型分析

在动态无线充电系统中,磁耦合机构可分为长导轨式和短分段式磁耦合机构。此处长、短的概念是相对的,导轨的长度应当遵循实际应用场景的需求进行设计。

2.3.3.1 长导轨式磁耦合机构

长导轨式动态无线充电的结构示意图如图 2-40 所示。交直流供电母线中的市电经过整流、逆变获得高频交流电后,经过谐振补偿网络以及发射导轨将能量转变为时变磁场以空气为介质发射出去,并通过接收线圈以及电能转换装置将磁场能量转变为电能,上述原理与静态无线充电系统的原理类似。

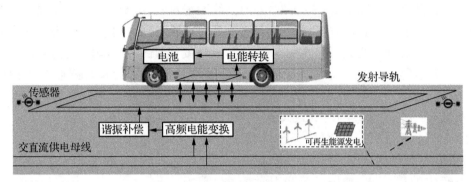

图 2-40 长导轨式动态无线充电

长导轨式动态无线充电系统具有以下的优势：

（1）控制简单，系统结构简单，功能实现相对容易：对于单车辆移动式无线充电，无需检测车辆位置，无需进行导轨切换控制，无需分段导轨的主电路及控制电路。对于多车辆移动式无线充电，仅需检测负载数量，系统检测及控制简单。

（2）建设成本低：减少了较多的主电路环节、控制电路环节等，系统电路部分成本低；同时导轨用线量可减少，相应的成本可降低。

（3）可维护性好：由于系统架构简单，系统器件相对较少，其可维护性较好。

长导轨式动态无线充电系统的劣势在于：

（1）效率较低：长导轨的用线量较多，增加了高频线损，系统效率受影响。

（2）EMC、EMF 无法满足标准：长导轨模式将使得大面积高频线缆直接裸露工作，造成系统 EMC、EMF 限值不可控，因此若进行规模化推广，长导轨模式的移动式无线充电系统仅能够适用于无人活动区域，且应保证其他系统不被干扰。

（3）参数配置困难：长导轨模式使得线圈自感较大，谐振补偿网络的参数配置较为困难。

（4）可靠性较差：长导轨模式下，导轨故障或导轨参数漂移将使得系统大面积区域无法供电。

因此，长导轨式动态无线充电系统的磁耦合机构设计可以在相关静止式发射机构的基础上，综合考虑收发线圈之间的耦合情况、充电路段的路面情况、移动式无线充电阶段的充电功率需求、充电时间需求以及车速等因素，设计路面发射结构的长度与宽度。

2.3.3.2　短分段式磁耦合机构

短分段式无线充电系统的结构示意图如图 2-41 所示。其能量传输的原理与长导轨式动态无线充电系统类似，所不同的是，由于各个发射线圈尺寸相对较小，电动汽车在行驶的过程中需要采用传感器监测电动汽车的位置从而对发射线圈进行协同式切换控制。

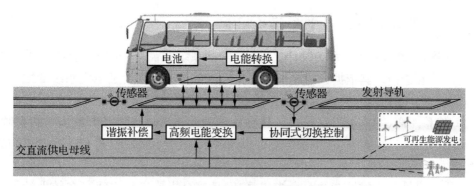

图 2-41　短分段式动态无线充电

短导轨模式的优劣势与长导轨模式呈一定的互补关系,其优势在于:

(1) 效率相对较高:通过灵活的导轨长度控制及优化可有效控制导轨损耗,进而保证系统的相对效率。

(2) EMC、EMF 可控:乘用车是无线充电系统原边的最佳屏蔽装备,因此通过有效控制,使得车辆下方的导轨工作可有效控制系统的 EMC 和 EMF。

(3) 参数配置灵活:短导轨的线圈自感小,谐振补偿网络参数配置灵活。

(4) 可靠性较好:短导轨故障不影响系统大面积区域移动式无线充电。

短导轨模式的劣势在于:

(1) 系统复杂,控制难度大:短导轨模式需要大量的检测电路、导轨切换电路、实时控制电路等,系统庞大、复杂,控制难度较大。

(2) 系统成本较高:短导轨模式的系统零部件较多,导轨用线量较大,系统的成本较高。

因此,短分段式电磁耦合机构的设计可以在静止式发射机构的基础上,合理地设计各发射机构模块的间距,使得电动汽车在每个模块、模块与模块之间的接收功率稳定。

综上所述,长、短导轨的选择应当根据实际应用场景进行布置。若对系统效率无明显要求,且应用场景在高速公路等相对独立的场景,可选长导轨模式移动式无线充电;若对系统效率有明确要求,且应用场景在城市公路中有人活动区域,则可选择短导轨模式。

考虑到短导轨模式下电动汽车无线充电系统的可靠性较高,发生故障时影响面积较小,并且电磁环境可控,仅在电动汽车通过区域处向外辐射电磁场,此外,短导轨线圈自感相对较小,具有参数配置灵活的优点。因此,对于"三合一"电子公路中的电动汽车无线充电路段,适宜采用短分段式的无线充电方式。在之后的分析中则主要针对短分段式无线充电系统。

2.3.4 磁耦合机构综合性能评价机制

在进行 EV-DWPT 系统设计之前,需根据系统的需求,对磁耦合机构的类型进行决策和选择。其依据往往是根据个人经验或者着重于满足指定系统的主要需求,无法得到直观及客观的判断。此外,当设计目标的需求量较多时(如要求系统效率、偏移距离、功率等级足够大),且设计目标无法同时达到需求最优的状态时,则可综合考虑目标重要度、系统合理性以及参数关联性等情况,进行磁耦合机构的设计。

决定磁耦合机构性能的因素构成复杂,且耦合机构参数之间存在较大的关联性、制约性和互补性,如线圈的几何尺寸、线径、匝间距、空间磁导率和电导率等。另外,还有不同应用目的对磁耦合机构的限制,如空间限制(包括动态空间)、成本限制、装置能量密度限制等。因此,磁耦合机构的形态及有关衡量指标制定需要考虑的不仅仅是保障原理实现和单一能效最优,需要考虑的因素众多,需从不同的维度对磁耦合机构的性能进行综合评价。

EV-DWPT 系统磁耦合机构综合评价具有以下两个特点[33]:

(1) EV-DWPT 系统磁耦合机构综合评价从本质上说,就是对该系统磁耦合机构进行定量和定性的评价。

(2) 决定 EV-DWPT 系统磁耦合机构性能评价指标的因素众多,且这些因素的相对重要性主要是由人为主观给定的,并且综合评价结果具有一定模糊性。

结合 EV-DWPT 系统磁耦合机构的上述两个特点,要实现对该系统磁耦合机构综合科学的评价,应采用一种定性与定量结合、具有处理模糊性和主观判断问题的评价方法。EV-DWPT 系统磁耦合机构综合评价的三个准则为:确定科学的评价者、建立一套合理的评价指标体系和选用科学有效的评价方法。

2.3.4.1 磁耦合机构性能评价定义

磁耦合机构综合性能评价需要综合考虑其输出功率、传输效率、偏移容忍度及装置功率密度等众多因素,且其评价存在较多的主客观决策因素,对于不同的应用,系统对各个性能的需求程度不同,因此磁耦合机构性能综合评价需根据系统的设计目标而定。

现给出磁耦合机构能效评价指标集的定义:

定义 1 磁耦合机构能效特性指标集是指反映磁耦合机构电磁性能、传输能力、传输稳定性等的综合性能指标,以系统平均传输效率、平均输出功率以及瞬时输出功率、瞬时输出效率、瞬时输出电压作为能效评价指标集的主要指标,基于目标权重的能效评价指标集 Γ 可表达为：

$$\Gamma = f(\eta^{av}, P_{out}^{av}, P_{out}, \eta, U_{RL}, \omega_\Gamma)$$
$$= \frac{\eta^{av} P_{out}^{av} \omega_\Gamma}{[\max(P_{out})-\min(P_{out})][\max(\eta)-\min(\eta)][\max(U_{RL})-\min(U_{RL})]} \quad (2-50)$$

式中，η^{av}、P_{out}^{av}、P_{out}、η、U_{RL} 和 ω_Γ 分别表示平均传输效率、平均输出功率、瞬时输出功率、瞬时效率、瞬时输出电压和目标权重。能效评价指标集 Γ 为上述六个指标的函数。

定义 2 磁耦合机构空间特性指标集是指在满足能效特性指标要求的前提下，能够反映磁耦合机构空间灵活性及拾取自由度等的性能指标。以最大可水平偏移距离、传输距离及偏转角度作为主要指标，基于目标权重的空间特性指标 ST 可表达为

$$ST = f(l_M, h_M, \theta_M)\big|_{\{\Gamma \geqslant \Gamma_q\}} = (w_{l_M} l_{MN} + w_{h_M} h_{MN} + w_{\theta_M} \theta_{MN})\big|_{\Gamma \geqslant \Gamma_q} \quad (2-51)$$

式中，l_M、h_M 和 θ_M 分别为在能效评价指标集满足需求 Γ_q（即 $\Gamma \geqslant \Gamma_q$）的前提下，磁耦合机构最大可水平偏移距离、最大可传输距离以及最大可偏转角度。

定义 3 磁耦合机构的携能特性评价指标集是指导轨电流 I_P 幅值及频率 f 恒定，且传能距离 h、偏移距离 l、偏转角度 θ 以及传能区域面积 S_c 一定时，单位体积携能介质（一般包括绕线和磁芯两部分）能够提供的最大输出功率。基于权重的携能特性指标 δ 可表示为

$$\delta = f(P_{os}, h, l_o, S_c, l_p, l_s, D, V_{core}, \theta) = \frac{P_{os}}{V_{coil} + V_{core}} w_\delta \quad (2-52)$$

式中，P_{os}、V_{coil}、V_{core} 和 w_δ 分别为输出功率、绕线体积、磁芯体积和目标权重，l_p 和 l_s 为磁耦合机构原副边线圈绕线长度，D 为绕线线径，线圈线径直接反映其耐流值和耐压值，是系统稳定性的直观体现。

综合以上表述可知，空间特性及携能特性为磁耦合机构具备的自身性质，与系统的电气参数无关，且它们之间相互影响。而机构的能效特性与系统的电气参数相关，因此可以认为，携能特性及空间特性是磁耦合机构能效特性的基础，而机构的能效特性实现了磁耦合机构的自身性质与系统电气品质的关联。

2.3.4.2 基于 AHP 法的磁耦合机构评价指标定义

层次分析法（Analytic Hierarchy Process，AHP）首先将评估目标进行分解，建立包含多个多级指标的递阶层次结构模型，然后构造判断矩阵，对每层每个（子）指标的相对重要性进行分析量化赋值，最后得到系统指标体系中每个指标的数学表达式。基于 AHP 法的磁耦合机构指标体系构建步骤如下[34]：

(1) 明确对象

明确需要建立指标体系的对象,本节是针对系统磁耦合机构进行综合评价,对于不同磁耦合机构类型进行评估对比,为系统设计与优化提供科学的理论支持与参考。

(2) 建立指标体系的递阶层次结构模型

对需要建立指标体系的对象进行分析,对指标逐个进行分解,得到与之相关的子指标,最后列出各子指标的影响因素。构建系统磁耦合机构评价指标的多层次结构模型,如图 2-42 所示。

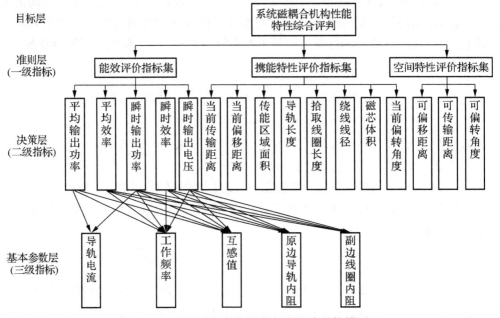

图 2-42 磁耦合机构评价指标多层次结构模型

(3) 逐层进行两两对比,构建每层的判断矩阵

判断矩阵的构建是 AHP 法中的关键步骤之一。对每层的(子)指标或因素进行两两比较,用数值表示两者的相对重要程度。采用专家咨询权数法,即 Delphi 法得到判断矩阵。

以 n 阶判断矩阵为例:

$$W = \begin{bmatrix} 1 & w_{12} & w_{13} & \cdots & w_{1n} \\ 1/w_{12} & 1 & w_{23} & \cdots & w_{2n} \\ 1/w_{13} & 1/w_{23} & 1 & \cdots & w_{3n} \\ \vdots & \vdots & \vdots & 1 & \vdots \\ 1/w_{1n} & 1/w_{2n} & 1/w_{3n} & \cdots & 1 \end{bmatrix} \quad (2-53)$$

式中，w_{ij} 为第 i 个（子）指标或因素相对于第 j 个（子）指标或因素之间对上一层的（子）指标的重要程度，其取值按判断结果量化给定，范围为 1～9 的整数。$1/w_{ij}$ 为后者较前者对上一层的（子）指标的重要程度，w_{ij} 的赋值及含义如表 2-9 所示。由此结合每个（子）指标或因素对系统性能的影响重要性进行分析，可得到该指标体系每层的判断矩阵。

表 2-9 赋值法

w_{ij}	赋值标度	w_{ij}	赋值标度
1	w_i 和 w_j 一样重要	6	w_i 比 w_j 介于显然、必然重要之间
2	w_i 比 w_j 介于一样、略微重要之间	7	w_i 比 w_j 必然重要
3	w_i 比 w_j 略微重要	8	w_i 比 w_j 介于必然、绝对重要之间
4	w_i 比 w_j 介于略微、显然重要之间	9	w_i 比 w_j 绝对重要
5	w_i 比 w_j 显然重要		

（4）判断矩阵一致性检验

由于判断矩阵里的数值，即相对重要性比值是由实际应用需求及专家经验给出，Delphi 法虽然较为客观地反映出了每个（子）指标或因素对上一层响应（子）指标的影响程度，但是综合所有 w_{ij} 构成判断矩阵过程中，无法避免某数值出现非一致性的情况，因此，生成判断矩阵后，应对判断矩阵进行一致性检验操作，用于评判判断矩阵的合理性。当指标体系所有判断矩阵完全一致时，矩阵特征向量最大值应与矩阵阶数相等，反之，判断矩阵在一致性上存在误差，并且两者之差越大误差越大。一致性检验操作的步骤如下：

①计算判断矩阵的一致性指标（Consistency Index，CI）

$$CI = \frac{\lambda_{\max} - n}{n - 1} \quad (2-54)$$

式中，$\lambda_{\max}$ 为判断矩阵特征向量中的极大值，n 为判断矩阵的阶数。

②根据表 2-10 查找想要的平均随机一致性指标（Ramdom Index，RI）

表 2-10 矩阵阶数 n 不同时的 RI 值表

n	2	3	4	5	6	7	8	9	10	11
RI	0	0.58	0.9	1.12	1.24	1.32	1.41	1.45	1.49	1.52

（5）权重的赋值

首先将通过一致性检验的判断矩阵进行纵向归一化，再将归一化后的矩阵每行数值进行累加求和，最后再进行纵向归一化得到特征向量，特征向量的数值就是对应的权重赋值。

2.3.4.3 基于 FCE 法的磁耦合机构综合评价

若要实现磁耦合机构的三个特性指标作为其性能优劣的评判,需将三个特性指标进行定量分析。由图 2-42 可知,系统要考虑的指标较多,应建立二级模糊综合评判(Fuzzy Comprehensive Evaluation,FCE)模型,首先对低层次的指标进行综合评判,然后对高层次的指标进行综合评判。特性性能评判需建立多层次的评判模型,FCE 在多层次的评判中已有较多成功应用的案例,基于 FCE 对磁耦合机构的性能进行分析,步骤如下[34]:

(1) 建立因素集 R 以及子项目集

以三个特性指标作为评判项目,则磁耦合机构的性能评判因素集 R 可表示为:

$$R = [R_1, R_2, R_3] = [R_\Gamma, R_{ST}, R_\delta] \tag{2-55}$$

其中,表达式右边参数表示对应因数的评判映射。

(2) 建立评语集 V

将磁耦合机构对系统需求的适合度划分为四个等级{非常适合(v_1),较适合(v_2),一般适合(v_3),不适合(v_4)},则对应的评语集可表示为:

$$V = [v_1, v_2, v_3, v_4] \tag{2-56}$$

其中 $\sum v_j = 1$,$j = \{1,2,3,4\}$,v_j 表示对该等级发生的概率值。

(3) 建立评判矩阵

建立因素 R_i,$i=\{1,2,3\}$ 与评语 V_j,$j=\{1,2,3,4\}$ 之间的映射关系 r_{ij},表示因素 R_i 对评语 V_j 的可能性,式(2-55)可表示为:

$$R = \begin{bmatrix} R_\Gamma \\ R_{ST} \\ R_\delta \end{bmatrix} = \begin{bmatrix} r_{11} & r_{12} & r_{13} & r_{14} \\ r_{21} & r_{22} & r_{23} & r_{24} \\ r_{31} & r_{32} & r_{33} & r_{44} \end{bmatrix} \tag{2-57}$$

同理可建立子项目中各参数的评判矩阵。

隶属度的确定一般有模糊统计试验法和指派法两种,结合因数集的数据特点,本节采用指派法中的半梯形和三角形分布函数,评语集的函数分布如图 2-43 所示。

图中 r_{ij} 表示 R_i 对 V_j 的隶属程度,取值范围为[0,1],且 $\sum_{j=1}^{4} r_{ij} = 1$,$i = \{1,2,3\}$,每一层的评语对应的隶属度取值可表示为:

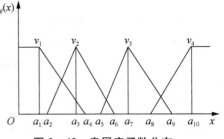

图 2-43 隶属度函数分布

$$v_1: r_{ij}(x) = \begin{cases} 1 & x < a_1 \\ \dfrac{a_4 - x}{a_4 - a_1} & a_1 \leqslant x < a_4 \\ 0 & x \geqslant a_4 \end{cases} \quad v_2: r_{ij}(x) = \begin{cases} \dfrac{x - a_2}{a_3 - a_2} & a_2 \leqslant x \leqslant a_3 \\ \dfrac{a_6 - x}{a_6 - a_3} & a_3 \leqslant x \leqslant a_6 \\ 0 & x \geqslant a_6 \text{ 或 } x < a_3 \end{cases}$$

$$v_3: r_{ij}(x) = \begin{cases} \dfrac{x - a_5}{a_7 - a_5} & a_5 \leqslant x \leqslant a_7 \\ \dfrac{a_9 - x}{a_9 - a_7} & a_7 \leqslant x \leqslant a_9 \\ 0 & x \geqslant a_9 \text{ 或 } x < a_5 \end{cases} \quad v_4: r_{ij}(x) = \begin{cases} \dfrac{x - a_8}{a_{10} - a_8} & a_8 \leqslant x \leqslant a_{10} \\ 1 & x > a_{10} \\ 0 & x < a_8 \end{cases}$$

其中 v_1 为降半梯形隶属函数，v_2、v_3 为三角形隶属函数，v_4 为升半梯形函数。x 为磁耦合机构的各个指标（因素）经过归一化处理后的值，范围为[0,1]，结合因数集的数据特点，采用如图 2-43 所示的隶属度函数分布，并设定相应的 $a_1 \sim a_{10}$ 各层标度值，得到各个指标对四个评判等级的可能性 r_{ij}。

（4）建立目标权重集

建立因素 R_i 的目标权重集 $\boldsymbol{W} = [w_1, w_2, w_3]$，$b_i$ 对应 R_i 的目标权重，且存在 $w_1 + w_2 + w_3 = 1$。

（5）计算模糊合成值

加权平均型模糊运算将多个对象因素依照其重要度进行排序运算，综合考虑了主要与非主要因素对结果的影响，常用于 FCE 结果运算，其运算公式为：

$$\boldsymbol{S} = \boldsymbol{W} \cdot \boldsymbol{R} = [w_1, w_2, \cdots, w_i] \begin{bmatrix} r_{11} & r_{12} & \cdots & r_{1j} \\ r_{21} & r_{22} & \cdots & r_{2j} \\ \vdots & \vdots & & \vdots \\ r_{i1} & r_{i1} & \cdots & r_{ij} \end{bmatrix} = [s_1, s_2, \cdots, s_j] \quad (2-58)$$

其中 s_j 为评判对象对 v_j 的隶属程度，而 $\boldsymbol{S}$ 表示综合评判结果，即通过以上五个步骤实现了对磁耦合机构性能特性的评判。

2.4　电动汽车无线充电过程中的电磁屏蔽技术

2.4.1　电动汽车无线充电过程中的电磁问题

根据著名研究机构 IHS 的 13 份关于无线电能传输技术的分析报告，在未来的四年中，整个与无线充电相关的市场产值将增长 10 倍。随着无线电能传输技术的推广，其电磁环境及安全问题也势必会引起公众的关注，相关科研机构对电磁问题的研究必然会越来越重视。例如无线充电电动汽车在大规模推广后其充电车位周围的电磁环境达标情况必然会成为工程验收的重要指标;消费者在选择无线充电手机时也必将考量设备的辐射剂量;植入式医疗无线充电设备对人体的影响情况也必然成为医生与患者选择治疗方案的重要考量因素。因此,若要进一步推进该技术的发展应用,对系统工作时的电磁问题研究变得十分关键。通过采取合适的结构设计、屏蔽措施及频率控制等优化手段,保证系统的电磁环境符合相关的国际/国内标准。并且能否综合处理好成本控制、技术复杂度和电磁安全之间的平衡关系,是该技术能否得到大规模应用的关键因素之一。

大部分发达国家依据国际非电离辐射防护委员会(ICNIRP)制定的 *ICNIRP Guidelines for Limiting Exposure to Time-Varying Electric and Magnetic and Electromagnetic Fields*(《时变电场和磁场暴露限制的 ICNIRP 导则》)[35](表 2-11)、美国国家标准协会(ANSI)和美国电子电气工程师协会(IEEE)共同制定的 *IEEE Standard for Safety Levels with Respect to Human Exposure to Radio Frequency Electromagnetic Fields 3 kHz to 300 GHz*[36](表 2-12)这两个准则为基础制定本国的法律规范,我国也于 2014 年出台了《电磁环境控制限值》(GB 8702—2014)[37],如表 2-13 所示。

表 2-11 时变电场和磁场暴露限制的 ICNIRP 导则

频率范围	电场强度 $E/(kV \cdot m^{-1})$	磁场强度 $H/(A \cdot m^{-1})$	磁通密度 B/T
1~8 Hz	5	$3.2 \times 10^4/f^2$	$4 \times 10^{-2}/f^2$
>8~25 Hz	5	$4\,000/f$	$5 \times 10^{-3}/f$
>25~50 Hz	5	160	2×10^{-4}
>50~400 Hz	$250/f$	160	2×10^{-4}
>400~3 000 Hz	$250/f$	$6.4 \times 10^4/f$	$8 \times 10^{-2}/f$
>3 kHz~10 MHz	8.3×10^{-2}	21	2.7×10^{-5}

表 2-12 IEEE 标准中不可控环境下的最大允许电磁暴露值

频率范围/MHz	电场强度 $E/(V \cdot m^{-1})$	磁场强度 $H/(A \cdot m^{-1})$
0.003~0.1	614	163
>0.1~1.34	614	$16.3/f$
>1.34~3.0	$823.8/f$	$16.3/f$
>3.0~30	$823.8/f$	$16.3/f$
>30~100	27.5	158.3
>100~300	27.5	0.072 9

表 2-13　GB8702-2014 电磁环境控制限值

频率范围	电场强度 $E/(V \cdot m^{-1})$	磁场强度 $H/(A \cdot m^{-1})$	磁通密度 $B/\mu T$	等效平面波功率密度 $S_{eq}/(W \cdot m^{-2})$
1～8 Hz	8 000	$32\,000/f^2$	$40\,000/f^2$	—
>8～25 Hz	8 000	$4\,000/f$	$5\,000/f$	—
>0.025～1.2 kHz	$200/f$	$4/f$	$5/f$	—
>1.2～2.9 kHz	$200/f$	3.3	4.1	—
>2.9～57 kHz	70	$10/f$	$12/f$	—
>57～100 kHz	$4\,000/f$	$10/f$	$12/f$	—
>0.1～3 MHz	40	0.1	0.12	4
>3～30 MHz	$67/f^{1/2}$	$0.17/f^{1/2}$	$0.21/f^{1/2}$	$12/f$
>30～3 000 MHz	12	0.032	0.04	0.4
>3 000～15 000 MHz	$0.22f^{1/2}$	$0.000\,59f^{1/2}$	$0.000\,74f^{1/2}$	$f/7\,500$
>15～300 GHz	27	0.073	0.092	2

由表 2-11、表 2-12 可以得到,在磁耦合谐振式无线电能传输技术的主流频段 10 kHz～10 MHz 范围内,我国国标 GB 8702—2014 与 ICNIRP 导则关于磁场强度、磁感应强度、电场强度控制限值的对比,分别如图 2-44、图 2-45 和 2-46 所示。

通过比较我国国标与 ICNIRP 导则可知,在磁耦合谐振式无线电能传输技术的主流频段 10 kHz～10 MHz 范围内,我国国家标准与 ICNIRP 标准相差比较大。

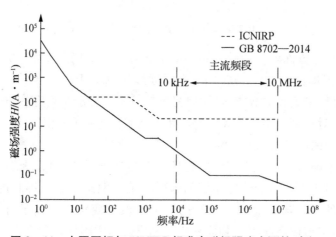

图 2-44　中国国标与 ICNIRP 标准在磁场强度方面的对比

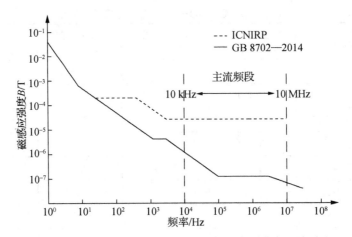

图 2-45　中国国标与 ICNIRP 标准在磁感应强度方面的对比

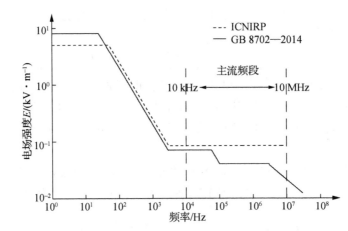

图 2-46　中国国标与 ICNIRP 标准在电场强度方面的对比

磁感应强度限值方面前者是后者的 1/400 至 1/225,电场强度限值方面前者是后者的 1/4 至 1/2,即国标 GB 8702—2014 要远远比 ICNIRP 标准严格。若要满足国标,必然需要付出更高的成本、使用更复杂的技术。标准是否存在进一步完善的空间,显然需要对磁耦合谐振式无线电能传输技术的电磁环境问题展开深入研究,以便为相关标准的制定、修改提供依据。

当无线电能传输系统周围的电磁环境不能达到要求时,需要对系统进行电磁屏蔽处理。对于无线电能传输系统的电磁屏蔽一般采用金属屏蔽的方法,而引入金属环境后的系统与之前的系统相比发生了很大变化。相比于自由空间传输体系,当无线电能传输系统引入其他铁磁性金属或非铁磁性金属介质时,周围的有机环境和无机环境都将会与无线电能传输系统产生交互影响,一方面,采用导电或导磁材料可以屏蔽系统周围的磁场,降低系统对周围电磁环境影响;另一方面,系统使介质产生涡流和热效应,增加了系统损耗,高磁导率的铁氧体材料能够提高系统的耦合能力,低磁导率的金属介质会使系统的磁场分布状态发生畸变而导致耦合失效,使系统参数发生改变,降低系统工作性能。因此,对复杂工作环境下的系统的磁场分布进行计算和分析,同时对其他材料的引入给系统带来的参数变化进行计算,对系统性能变化进行实验验证,对电磁环境变化进行仿真测量,变得十分必要。

综上所述,对无线电能传输技术主流频段内的电磁安全性进行研究,掌握系统工作时的电磁场分布规律,寻找合适的改善电磁环境的方法与措施,建立系统性能与安全的综合评估方法,一方面保证了安全性,有利于所研制的系统可以达到相关标准的控制要求,对于促进无线电能传输技术的应用起到推动作用;另一方面对于我国在主流频段相关电磁环境标准的制定、完善方面拥有话语权具有重要意义。

在无线电能传输技术电磁问题方面,国内外专家学者已做了初步的研究。日本东芝公司的 Ogawa K 等人研究了铝板的引入对无线电能传输技术的影响,发现谐振频率会由于环境改变而发生偏移,传输效率也随之降低[38]。日本名古屋工程技术大学和名古屋大学采用磁准静态法忽略位移电流的影响,近似地估算了无线电能传输系统周围电磁场分布,并对不同人体等效模型的 SAR 值进行计算,对系统的电磁安全问题进行了部分总结[39-42]。瑞士联邦理工学院、瑞士社会信息技术研究基金会联通美国华盛顿大学的研究人员针对微型小功率无线电能传输系统(线圈直径为 20~150 mm,输出功率为 5 W,工作频率为 100 kHz)周围的电磁环境安全性问题进行了较全面的研究[43-44]。韩国科学技术院的 Seonghwan Kim 采用一种 LC 谐振线圈,通过其产生的反向磁场可以屏蔽电动汽车无线充电系统周围 64% 的辐射量,无需增加额外的能量输入。该技术院的 Hwansoo Moon 进一步提出了采用双 LC 谐振线圈提升屏蔽效果的方法,技术院的该 Hongseok Kim 提出可以采用导电屏蔽介质屏蔽无线充电电动汽车周围的磁场,磁场大小降低 70%,同时传输效率为 96%[45-47]。MIT 团队研究了无线电能传输系统距离副边 20 cm 处的电场强度,并将计算结果与 IEEE Std C95.1™—2005 标准中的安全限值进行对比,进而论证系统的安全性,当系统工作频率为 10 MHz 时,测量点的电场强度达 185 V/m[48]。

湖北工业大学研究了基于无线电能传输系统的电磁兼容性问题,分析了电磁干扰对无线电能传输系统的影响,针对系统主要模块电路,如驱动电路、高频逆变电路、整流电路、滤波电路等进行了具体的分析,研究其电磁干扰源和传播路径,并提出了相应的电磁干扰抑制方法[49]。河北工业大学研究了 Witricity 系统对作用于人体胸腔电磁环境,表明在系统工作频率为 10 MHz,传输能量 10 W 时,人体胸腔 1 g SAR 及 10 g SAR 最大值分别为 0.454 3 W/kg 和 1.072 9 W/kg,均低于 ICNIRP 制定的安全限值标准[50]。东南大学研究了电动汽车金属底盘对无线充电系统的影响,并通过仿真分析了电动汽车充电时的参数变化、电磁环境以及对人体的影响,同时了分析了多系统同时充电时的相互影响[51,52]。重庆电力科学研究院研究了谐振式无线供电系统全波分析方法,研究了 WPT 系统的应用环境对系统性能的影响,尤其针对电动汽车底盘式无线供电环境,研究地面对 WPT 性能的影响,并提出该环境下 WPT 的使用建议,提出一种含电磁屏蔽结构的高效 WPT 结构[53]。南京理工大学分析了引信应用工况中磁耦合谐振系统在复杂金属环境能量损耗,针对复杂金属环境下磁耦合谐振式无线电能传输系统无法正常工作的问题,并根据磁准静态场的基本理论,计算了无线电能传输系统在金属环境中的涡流损耗,同时分析了系统电能传输的影响因素,在此基础上通过在钢介质开槽缝隙间加入铁氧体磁性材料以提高系统性能[54-55]。中兴公司对电动汽车无线充电时的磁感应强度进行了实测,结果显示,在工作频率为 85 kHz、传输能量 30 kW、传输距离 10 cm 时,车身右侧车载设备处 19.23 μT,车身左侧车载设备处为 13.51 μT,车头右侧为 1.601 μT,左侧乘客位为 0.198 μT,司机位为 0.217 μT,均低于国际标准。中国科学院电工研究所研究了铁磁性干扰体对磁耦合谐振无线输电系统的影响,分析指出铁磁材料存在会引起线圈电感的增大,系统原谐振频率出现偏移现象,从而导致系统效率降低,而铁磁材料的存在同时会使得磁耦合谐振系统的互感增大,使传输效率得到加强[56]。哈尔滨工业大学提出利用高磁导率平板磁芯绕制发射/接收线圈的方案,实现了距离 10 cm、功率 1.85 kW、传输效率 80% 的无线电能传输,且在 25% 的水平位移下保持了稳定高效的传输[57]。

近年来国内外的专家学者对无线电能传输技术进行了大量研究,无论在技术水平、应用领域、理论深度等方面都取得了一定的成效,对相关的电磁环境也进行了初步研究,但仍存在一些问题,具体如下:

(1) 系统工作时电磁环境需要进一步研究。电能的无线传输利用电磁场方式实现,不可避免地会涉及电磁环境问题。目前,有关无线电能传输系统的电磁环境研究多集中于特定系统、限定频率、限定功率下,而系统在宽频带以及不同能量级工作时的电磁环境仍缺乏系统性的研究。全面的探究系统在不同功率和不同频段工作时的电磁环境问题,有利于系统的设计与结构优化。同时,为了加速系统推广,减少公众疑虑,需要对无线电能传输系统进行实时的电磁监测。

(2) 无线电能传输系统的安全评估体系有待建立。无线充电的各种设备已经在全世界范围内得到广泛重视,而有关无线充电系统工作时的安全标准却依然落后于其他电力设施工作时的标准制定。制定系统的无线充电标准仍是一项艰巨的任务。同时,探究不同功率等级、不同频段的无线电能传输系统对生物体影响的生理性研究和病理性研究也需要加快进展。

（3）外界环境耦合对无线电能传输系统影响的精确建模尚待深入探讨。系统周围出现导磁、导电性的材料诸如铜、铁、铝、混凝土、海水、土壤等都会对系统参数与性能产生影响。同时，为了保障无线电能传输产品在使用过程中具有安全的电磁环境，必须对传输机构进行电磁屏蔽，将空间能量交换约束在与谐振器相近的有限空间，而对工作区域之外的影响应当尽可能最小。因此，应采用高导磁率低损耗的材料进行电磁屏蔽设计，其材质、尺寸和结构都需要设计与优化。目前的部分研究仅通过实验或仿真的形式直接得到引入其他材料后系统性能的变化，而缺乏对系统性能变化原因的解析，没有对系统参数的改变进行数学建模，因此在系统设计上仍然采用大量试验的方法得到所需参数，不能对特性系统进行精准的计算。如何建立导磁性、导电性材料对系统影响的数学模型对简化系统设计而言至关重要。

（4）谐振器优化与设计困难。对于不断丰富的应用场合，需不断研究开发新型高效谐振器结构，目前的谐振器结构已经从最初的简单螺旋结构、盘式结构发展到目前各式各样的诸如中继线圈结构、多层线圈结构、圆形阵列线圈、PCB 板六边形线圈等复杂结构，为系统传输距离、功率、效率的提升做出了极大的改善。谐振器结构的研究任重而道远。同时，在谐振器结构不断发展的基础上，影响系统工作特性的参数越来越复杂，主要包括谐振器的形状、材质、尺寸、匝数等，这些参数整体上呈现高阶、非线性等特点，给谐振器的设计优化带来了不小的难度，要实现谐振器的精确最优化设计，在系统特性研究中难以回避的多变量非线性优化问题亟待解决。

2.4.2 系统的环境适应性分析与等效模型

2.4.2.1 非铁磁性金属屏蔽环境下的谐振器等效模型

1. 单个线圈的等效模型

当谐振式无线电能传输系统处于非铁磁性金属环境，假设金属板位于线圈外侧，线圈中通入高频电流，电流激发交变磁场，并与金属导体发生电磁感应，在其中感生出涡流，部分能量以涡流的形式被损耗，而金属中的涡流也会产生相应的感应磁场影响原磁场，从而导致线圈阻抗变化，使整个谐振电路发生改变。这种变化与金属磁导率、电导率、几何形状、谐振器线圈的几何参数等多个参数有关。系统与金属板之间的影响作用如图 2-47 所示。

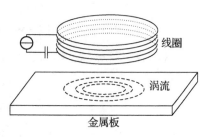

图 2-47 线圈与金属之间的耦合

根据电涡流松耦合变压器 Loos 模型，可以将非铁磁性金属板上感应出的涡流等效为一个具有内阻的短路环电流,与发射线圈形成耦合,得到如图 2-48 所示的电路模型。L_1、R_1、C_1 分别表示发射端的线圈电感、线圈电阻以及匹配电容,L_2、R_2、C_2 分别表示接收端的线圈电感、线圈电阻以及匹配电容,L_0、R_0 分别表示金属板等效短路环电流的电感和内阻,M_{10} 表示发射线圈与金属板之间的耦合互感,M_{20} 表示金属板与接收线圈之间的互感,M_{12} 表示发射线圈与接收线圈之间的互感。

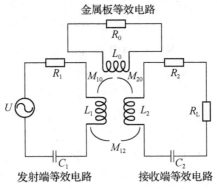

图 2-48 含金属板的系统等效电路

在图 2-48 中,电感 L_0 表示涡流产生的磁场对发射线圈磁场的影响,R_0 表示金属板中的涡流损耗。首先忽略系统的接收部分,仅对金属板与发射线圈建立等效模型,可以将其简化为如图 2-49 所示。

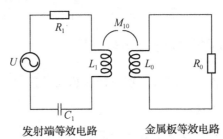

图 2-49 单个线圈与金属板的耦合模型

根据基尔霍夫定律,可以写出方程式:

$$\begin{cases} Z_1 \dot{I}_1 + j\omega M_{10} \dot{I}_0 = \dot{U} \\ j\omega M_{10} \dot{I}_1 + Z_0 \dot{I}_0 = 0 \\ Z' = \dot{U}/\dot{I}_1 \end{cases} \quad (2-59)$$

其中 $Z_1 = R_1 + j\omega L_1 + 1/(j\omega C_1)$,$Z_0 = R_0 + j\omega L_0$,$Z'$ 则表示整个电路的等效阻抗,可以解得

$$Z' = \left[R_1 + \frac{\omega^2 M_{10}^2}{(R_0 + \omega L_0)^2} R_0 \right] + j\omega \left[L_1 - \frac{\omega^2 M_{10}^2}{(R_0 + \omega L_0)^2} L_0 \right] + \frac{1}{j\omega C_1} \quad (2-60)$$

由式(2-59)可以看出,由于非铁磁性金属板中涡流的存在,使得发射线圈的等效阻抗由原来的 Z_1 变为 Z',比较两者可知,引入金属板的影响后使发射线圈阻抗的实部变大、虚部变小,即意味着损耗增加,并且谐振频率发生偏移。

为了计算在金属板存在时谐振器参数的变化,首先分析了非铁磁性金属对单匝线圈的影响,在此基础上通过叠加法计算多匝线圈的变化规律。

设单匝线圈的半径为 a,通过线圈的电流角频率为 ω,与线圈平面垂直且经过线圈圆心为 z 轴,线圈在 z 轴方向的位置为 $z=d$,与线圈平行的金属板的中心位置为 $z=0$,金属板厚为 h,金属的电导率为 τ。其位置关系如图 2-50 所示。

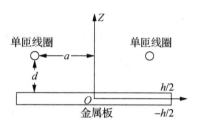

图 2-50 线圈与金属板的位置关系

根据矢量对称性,在圆柱形坐标系中,由线圈电流产生的磁矢位 A 与涡流产生的磁矢位 A' 均只存在 φ 方向的分量,并且关于 z 轴对称。考虑到电磁场大小与参数 φ 无关,圆柱形坐标下的电磁场可以表示为 (ρ,z),如果用 B_ρ 表示由载流线圈产生的磁感应强度的 ρ 方向分量,μ 表示自由空间的磁导率,可以得到:

$$A_\varphi + A'_\varphi = \sum_{n=1}^{\infty} \left(-\frac{2\mathrm{j}\zeta}{\mu\omega}\right)^n \frac{\partial^n A_\varphi}{\partial z^n} \approx \mathrm{j}\frac{2\zeta}{\mu\omega}B_\rho \quad (2-61)$$

因为涡流的磁矢位是关于导体对称的,所以

$$A'_\varphi(\rho,z) = -A_\varphi(\rho,-z) + \frac{2\mathrm{j}\zeta}{\mu\omega}B_\rho(\rho,-z) \quad (2-62)$$

式(2-62)表明:导体板感应出的涡流在板的近侧产生的电磁场,可以近似等效为一个远侧镜像线圈所产生的。这个电磁场包括实部和虚部,其中实部是由镜像线圈通入等幅反相电流产生,虚部是由镜像线圈通入幅值正比于 $2\zeta/\omega\mu$ 的正弦电流产生。线圈从导体板涡流所产生的电磁场中感应得到的电压 ΔV 可以表示为:

$$\Delta V = -\mathrm{j}\omega(2\pi a)A'_\varphi(a,d) \quad (2-63)$$

根据式(2-63),A 和 B 分别代表通入单位电流线圈所产生的磁矢位和磁感应强度,进一步可以得到:

$$\frac{\Delta V}{I} = \mathrm{j}\omega\Delta L + \Delta R = \mathrm{j}\omega[2\pi a A_\varphi(a,-d)] + \frac{4\pi a\zeta}{\mu}B_\rho(a,-d) \quad (2-64)$$

式中,ΔL 和 ΔR 分别代表自感的变化量和线圈因金属板存在而发生变化的有效串联电阻,可得:

$$A_\varphi(\rho,-z) = \frac{\mu}{2\pi}\sqrt{\frac{a}{\rho}}G(k) \quad (2-65)$$

$$G(k) = \left(\frac{2}{k} - k\right)K(k) - \frac{2}{k}E(k) \tag{2-66}$$

$$k = \sqrt{\frac{4a\rho}{(a+\rho)^2 + (z-d)^2}} \tag{2-67}$$

$$K = \int_0^{\pi/2} \frac{\mathrm{d}\psi}{\sqrt{1-k^2\sin^2\psi}} \tag{2-68}$$

$$E = \int_0^{\pi/2} \sqrt{1-k^2\sin^2\psi}\,\mathrm{d}\psi \tag{2-69}$$

由此可以解出

$$\Delta L = a\mu G\left(\frac{a}{\sqrt{a^2+d^2}}\right) \tag{2-70}$$

$$\Delta R = \frac{2\zeta d}{\sqrt{a^2+d^2}}\left[-K(k) + \frac{a^2+2d^2}{\sqrt{a^2+d^2}}E(k)\right] \tag{2-71}$$

$$k = \frac{a}{\sqrt{a^2+d^2}} \tag{2-72}$$

同理,可得互感的变化为:

$$\Delta M = -\mu\sqrt{ab}\,G\left(\sqrt{\frac{4ab}{(a+b)^2+(c+2d)^2}}\right) \tag{2-73}$$

在以上分析的基础上,利用叠加法,可以得到多匝线圈的电感、互感变化,即:

$$\Delta L = \Delta L_1 + \Delta L_2 + \cdots + \Delta L_n + 2(\Delta M_{12} + \Delta M_{13} + \cdots + \Delta M_{1n} + \Delta M_{23} + \cdots + \Delta M_{(n-1)n}) \tag{2-74}$$

$$\Delta M = \Delta M_{11}' + \Delta M_{12}' + \Delta M_{13}' + \cdots + \Delta M_{1n}' + \Delta M_{23}' + \cdots + \Delta M_{(n-1)n}' + \Delta M_{nn}' \tag{2-75}$$

由于金属板对线圈电阻的影响较小,因此在本章分析中忽略线圈电阻的变化。

2. 非铁磁性金属板对线圈自感的影响

采用一块 300 mm×300 mm×3 mm 的铝板模拟谐振器线圈所处的非铁磁性金属环境。图 2-51 为此时的磁场分布图。图 2-52 给出了当铝板与线圈之间的距离改变时,线圈的自感随频率的变化值。由图 2-52 可知,在千赫兹的频段内,线圈的电感几乎不会随频率发生变化,并且当铝板存在时,每条线之间近乎平行,即电感的变化量也几乎不会随频率的变化而改变,这与上述理论分析中可以消去频率项的结论相吻合。在自由空间下,线圈的电感约为 43 μH,当线圈与铝板之间的距离为 1 cm 时,电感等效值降低为 25 μH 左右,铝板的存在对谐振器线圈自身的参数产生了严重的影响,随着铝板与线圈之间的距离的增加,这种影响将逐渐减小,并快速逼近自由空间下的电感值。

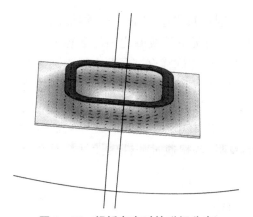

图 2-51 铝板存在时的磁场分布

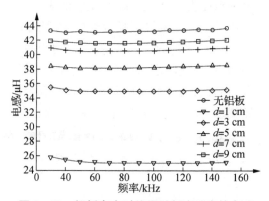

图 2-52 铝板存在时线圈随频率改变的电感变化曲线

图 2-53 对比了铝板与线圈之间的距离分别为 1 cm、5 cm 时的等效电感计算值、实测值和仿真值。其中,电感计算值通过式(2-69)计算得出,电感实测值通过 HIOKI 3522-50 LCR 测试仪实测获得,电感仿真值通过 COMSOL 多物理场根据实际线圈建模仿真得到。结果显示,上文建立的非铁磁性金属环境下阻抗等效模型的计算值与实测值、仿真值趋于一致。

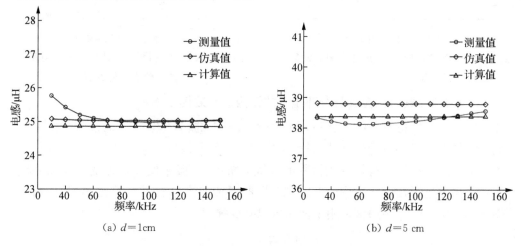

图 2-53 铝板与线圈之间距离改变时的电感变化曲线

将铝板换成铜板,进行同样的分析,可以得到近乎一致的结果,可知对于不同电导率的非铁磁性材料对线圈参数的影响大致类似,可以忽略由于电导不同而带来的微弱差异,这个结论也与非铁磁性金属环境下的阻抗等效模型结论一致。

3. 非铁磁性金属板对线圈互感的影响

在上一节分析的基础上增加另一个结构参数与电气参数完全相等的线圈,研究非铁磁性金属板对线圈互感的影响。本节分别对自由空间下、一块铝板位于一线圈外侧以及两块铝板分别位于两线圈外侧三种情况下两线圈之间的互感进行分析,如图2-54、图2-55所示。可以看到,铝板的存在同样会减弱两个线圈之间的耦合,使两线圈之间的互感变小,这主要归结于铝板的存在阻碍了磁力线的正常流通,使发射线圈产生的磁力线匝链到接收线圈的个数减小。当铝板与线圈之间的距离变大时,这种影响相对降低。而发射线圈与接收线圈外侧同时放置铝板时对线圈之间互感的影响要大于单块铝板。这就表明,若想通过非铁磁性材料对系统的电磁场进行屏蔽,势必会带来系统参数的恶化。

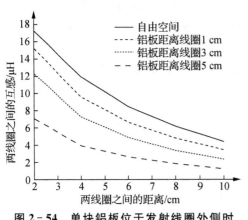

图2-54 单块铝板位于发射线圈外侧时的互感

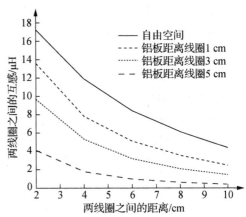

图2-55 两块铝板分别位于发射与接收线圈外侧时的互感

2.4.2.2 铁磁性金属屏蔽环境下的谐振器等效模型

对于铁磁性材料(铁、钴、镍),由于其远大于1的相对磁导率,对线圈阻抗的影响较非铁磁性材料更为显著,同时由于磁滞效应等非线性关系的影响,也使分析变得更为复杂。在对具有铁磁性材料的系统分析中,一般采用非接触变压器磁路模型对谐振器进行建模。常用的非接触变压器磁芯结构为平面U型磁芯,其结构如图2-56所示。线圈通常采用平面布置以减少漏感。

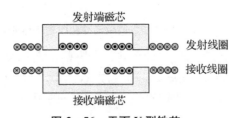

图2-56 平面U型铁芯

根据发射端与接收端的耦合程度不同,可将发射端线圈电流产生的磁场区域分为三部分。其中 1A、1B 区的磁通由发射线圈电流产生且未被接收线圈耦合；2 区的磁通匝链部分接收线圈的绕组；3 区的磁通匝链全部接收线圈的绕组。进而可以得出等效磁路如图 2-57 所示。然后通过磁阻和耦合系数的计算，得出系统的电感和互感。

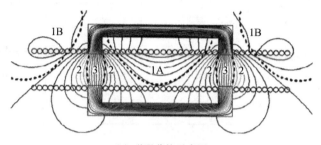

(a) 磁通分块示意图

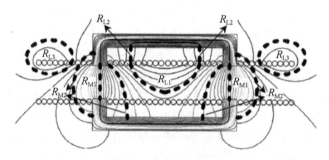

(b) 磁阻定义示意图

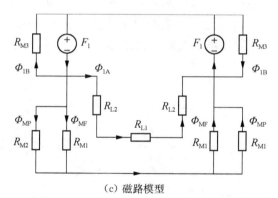

(c) 磁路模型

图 2-57 非接触变压器磁路模型[58]

而在实际的应用过程中，由于磁性材料的非线性，使得计算变得异常复杂。本章主要通过有限元仿真与实验的方式获得系统在铁磁性材料存在时的电气参数。本章采用 Mn-Zn 铁氧体材料研究铁磁性材料对系统的影响，材料特性如表 2-14 所示。

表 2-14 Mn-Zn 铁氧体材料的参数

特性	测试条件		典型值
初始磁导率 μ	10 kHz, B<0.25 mT	25 ℃	3300±25%
饱和磁通密度 B_s/mT		25 ℃	530
		100 ℃	410
剩磁 B_r/mT	50 Hz, 1 194 A/m	25 ℃	85
		100 ℃	55
矫顽力 H_c/(A·m^{-1})		25 ℃	9
		100 ℃	9
功耗 P_v/(mW·cm^{-3})	100 kHz, 200 mT	25 ℃	350
		100 ℃	310
		120 ℃	350
居里温度 T_c/℃	10 kHz, B<0.25 mT		>215
密度 ρ/(g·cm^{-3})		25 ℃	4.9

铁磁性材料与非铁磁性材料的电磁响应具有较大的差异。当铁磁性材料位于无线电能传输系统附近时，线圈中通入高频电流，电流产生的磁场作为外磁场施加给铁磁性材料，铁磁性材料磁畴的磁矩将趋向于与外加磁场呈同一方向，从而形成强烈的磁化矢量及其感应磁场。当外加磁场变大时，磁化强度也会随之加大，直至饱和点，此时的净磁矩与饱和磁矩相等。这时，磁化强度将不再随外加磁场的增大而改变。

图 2-58～图 2-60 描述了当线圈周围放置磁条时线圈的自感和互感的变化。由图可知，磁条的引入可以增大线圈的自感和互感。而随着磁条的增加，线圈自感和互感持续变大。

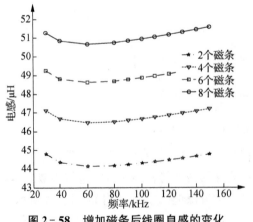

图 2-58 增加磁条后线圈自感的变化

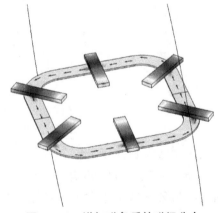

图 2-59 增加磁条后的磁场分布

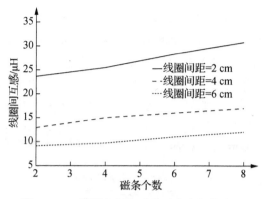

图 2-60 线圈之间互感随磁条个数的变化

2.4.2.3 金属屏蔽环境下的无线电能传输系统等效模型

当金属板位于系统的不同位置时,系统会对环境的变化做出不同甚至相反的响应。根据金属板在系统中的位置,可以分为如图 2-61 所示的四种情况进行讨论。其中,图 2-61(a)(b)两种情况为非对称性,2-61(c)(d)两种情况为对称性。本章节主要对 2-61(a)(b)(c)三种情况进行建模讨论。

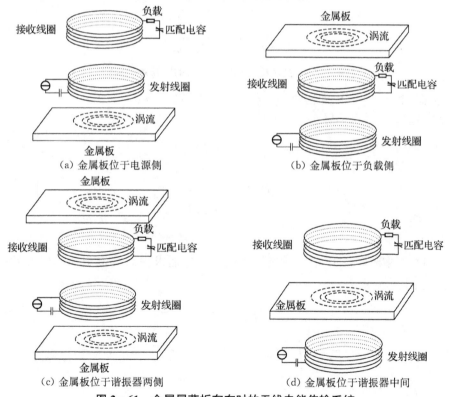

图 2-61 金属屏蔽板存在时的无线电能传输系统

1. 金属板在系统两侧时的对称性模型

当非铁磁性金属板对称地位于谐振器两侧时,如图 2-61(c)所示,金属板将对发射线圈与接收线圈的自感产生完全相同的影响,即 $\Delta L_1 = \Delta L_2$,此时的发射线圈与接收线圈仍然具有相同的电气参数。根据第二章中的分析,此时的系统仍然可以进行完全的能量交换。忽略发射端金属板对接收线圈以及接收端金属板对发射线圈的影响,电路等效模型如图 2-62 所示。其中,M' 表示为由于金属板存在而发生变化后的收发线圈之间的互感值。

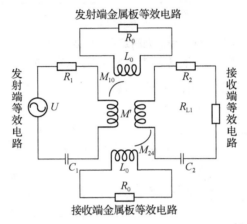

图 2-62　金属板在系统两侧时的电路等效模型

根据图 2-62 可以列出电路方程,如式(2-76)所示。

$$\begin{bmatrix} R_0+j\omega L_0 & j\omega M_{10} & 0 & 0 \\ j\omega M_{10} & R_1+j\omega L_1+\dfrac{1}{j\omega C_1} & j\omega M' & 0 \\ 0 & j\omega M' & R_2+R_L+j\omega L_2+\dfrac{1}{j\omega C_2} & j\omega M_{20} \\ 0 & 0 & j\omega M_{20} & R_0+j\omega L_0 \end{bmatrix} \begin{bmatrix} \dot{I}_0 \\ \dot{I}_1 \\ \dot{I}_2 \\ \dot{I}_0 \end{bmatrix} = \begin{bmatrix} 0 \\ \dot{U} \\ 0 \\ 0 \end{bmatrix}$$

(2-76)

在这种情况下,可以根据系统参数的变化进而求得系统输出功率以及效率的变化。输出功率变为:

$$P_{out}' = \frac{U^2(\omega M')^2 R_L}{[Z_1'Z_2'+(\omega M')^2]^2} \tag{2-77}$$

其中:$Z_1' = R_1 + \dfrac{\omega^2 M_{10}^2}{R_0^2+\omega^2 L_0^2} R_0 + j\left(\omega L_1 - \dfrac{\omega^3 M_{10}^2 L_0}{R_0^2+\omega^2 L_0^2}\right)$,$Z_2' = R_2 + \dfrac{\omega^2 M_{20}^2}{R_0^2+\omega^2 L_0^2} R_0 + j\left(\omega L_2 - \dfrac{\omega^3 M_{20}^2 L_0}{R_0^2+\omega^2 L_0^2}\right)$。

当系统处于谐振状态时,效率为:

$$\eta' = \frac{P'_{out}}{P'} = \frac{(\omega'_0 M')^2 R_L}{(R'_2 + R_L)[R'_1(R'_2 + R_L) + (\omega'_0 M')^2]} \tag{2-78}$$

其中 $R'_1 = R_1 + \frac{\omega^2 M_{10}^2}{R_0^2 + \omega^2 L_0^2} R_0$,$R'_2 = R_2 + \frac{\omega^2 M_{20}^2}{R_0^2 + \omega^2 L_0^2} R_0$。

在无线电能传输系统中,系统的传输特性对谐振频率十分敏感,仅会在谐振频率附近实现电能的高效传输。因此谐振频率对功率的透过具有选择特性。而在一个特定的系统中,系统的谐振频率由电感和电容共同决定。由于无线电能传输系统一般采用集总式电容,其他条件的变化一般不会影响电容的值,因此在特定的系统中谐振频率主要由电感决定。而当屏蔽金属板存在时,单个线圈的自感将发生变化,势必会导致系统谐振频率的偏移。此时的谐振频率为:

$$f' = \frac{1}{2\pi\sqrt{L'C}} \tag{2-79}$$

当非铁磁性金属板存在时,会使线圈的自感变小,从而导致式(2-79)的分母减小,从而使谐振频率增大,系统的最大效率点呈现频谱中的右移现象。而当铁磁性金属板存在时,线圈的自感变大,谐振频率减小,系统的最大效率点则出现左移。在谐振式无线电能传输系统中,谐振频率对系统传送能量的能力具有非常严格的选择性,若系统电源的频率不变,系统的最大效率点即使出现微小的偏移,也会使系统的实际传输效率大幅度降低。

除了频率外,两线圈之间的互感也是影响系统的传输效率的主要因素之一。线圈之间的耦合能力决定了电能的传输能力。而当引入非铁磁性金属板时,系统的互感减弱。在不考虑频率分裂的情况下,系统的耦合程度下降,导致系统的传输效率降低。而当引入铁磁性金属板时,系统的耦合增加,系统的传输效率增大。

同时,若考虑涡流、磁滞等情况带来的损耗,可以等效为谐振器线圈的内阻变化,也会使系统的损耗增加。

2. 非铁磁性材料对系统性能的影响

采用铝板作为非铁性材料进行研究,由于铝板存在的情况下带来的系统电感和互感的变化反映至对系统的效率曲线影响如图 2-63 所示。当系统处于自由空间时,系统在 76 kHz 的频率下出现谐振,此时的传输效率最大,约为 80%。而当在谐振器两端 5 cm 处同时加入参数完全一致的铝板时,系统的谐振频率增加至 81.5 kHz,同时系统的效率降至 62%。而随着两块铝板距离线圈越来越近,系统的谐振频率将继续增加,系统的效率持续降低。当铝板距离线圈 1 cm 时,系统的谐振频率为 100.6 kHz,此时的传输效率仅为 8.7%。通过以上分析可以看出,铝板的引入将对系统的性能产生巨大的影响。当铝板距离系统过近时,系统甚至无法正常工作。

而在实际的非调频系统中,系统的电源频率是恒定不变的。系统的自感发生变化,谐振频率点右移,而系统的工作频率(及电源频率)仍然固定在之前的谐振频率点。当铝板距离线圈的距离分别为 5 cm、3 cm、1 cm 时,系统的实际工作点由图 2-64 所示的①点分别变为②、③、④点。由于谐振式无线电能传输系统严格的频率选择性,这三个工作点的效率均降至 10% 以下,此时非铁磁性铝板的存在破坏了能量的传输通道,使系统只能工作在极低的传输效率下。因此,在不采取任何措施时使用非铁磁性材料对系统进行屏蔽会对系统性能产生较大的影响。

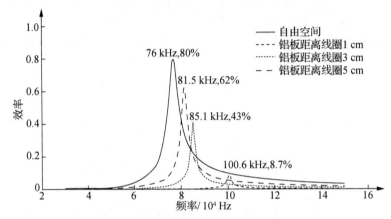

图 2-63　铝板存在时最大效率点的偏移现象

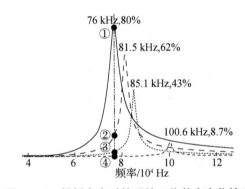

图 2-64　铝板存在时的系统工作状态变化情况

3. 铁磁性材料对系统性能的影响

当铁磁性材料存在时,谐振器线圈的自感增加,此时系统的谐振频率减小,最大效率点出现左移现象,如图 2-65 所示。随着磁条个数的增加,谐振频率逐渐减小,系统的最大效率点逐渐向左移动。同时由于互感的增加,系统的最大效率值也在一定程度上出现增大。然而如前所述,若电源频率不变,系统的频率选择性仍然会被破坏,出现传输效率降低现象。

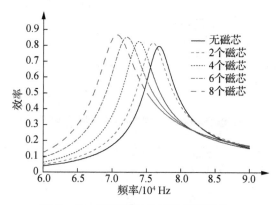

图 2-65　磁芯引起的频率偏移现象

在轻载的系统中,若谐振器之间的耦合过大,会出现频率分裂现象。而在系统中添加铁磁性材料会增大系统之间的耦合,因此磁芯个数的增加并非越多越好。当系统的互感增加到一定程度时,系统出现传输功率的分裂。

而系统若发生频率分裂现象需要满足一定的条件。在金属环境下,此条件为:

$$\begin{cases} M' \geqslant \dfrac{1}{2C}\sqrt{4(L-\Delta L)^2 C^2 - [C^2(R_L+R)^2 - 2(L-\Delta L)C]^2} \\ = \dfrac{1}{2C}\sqrt{4C^2 L^2 - [C^2(R_L+R)^2 - 2LC]^2 - 8C^2 L\Delta L - 4\Delta L[C^2(R_L+R)^2 - 2LC]} \\ R_L \leqslant \sqrt{\dfrac{2L-\Delta L}{C}} - R \end{cases}$$

(2-80)

图 2-66 的三幅图给出了当两线圈距离一定而磁芯个数不同时输出功率随频率的变化曲线。图 2-66(a)的负载电阻为 500 Ω,此时的系统不满足式(2-79)的条件,因此,随着磁芯个数增加,系统的互感增大,系统的最大输出功率随之增大。此时的曲线仅有一个最大点,并没有发生频率分裂,此时的系统一直呈欠耦合状态。图 2-66(b)的负载电阻为 100 Ω,由图可以看出,随着磁芯的增大,最大输出功率先增大后减小,此时的系统工作在临界耦合点附近。而图 2-66(c)图中的负载电阻为 5 Ω,此时的系统满足式(2-80)的约束条件,系统出现频率分裂现象。此时在频谱中出现三个谐振频率点,其中一个谐振频率点仍为原有的固有频率,另外两个点则分布在固有频率点两侧,此时的系统工作在过耦合区。

由于频率分裂现象的存在,使得系统的整体输出功率下降,不利于能量的传输,因此应当尽量避免系统工作在频率分裂区。同时表明,磁芯的个数并非越多越好。当系统的负载较小、距离较近时,应当严格控制磁芯的个数,防止系统进入过耦合状态。

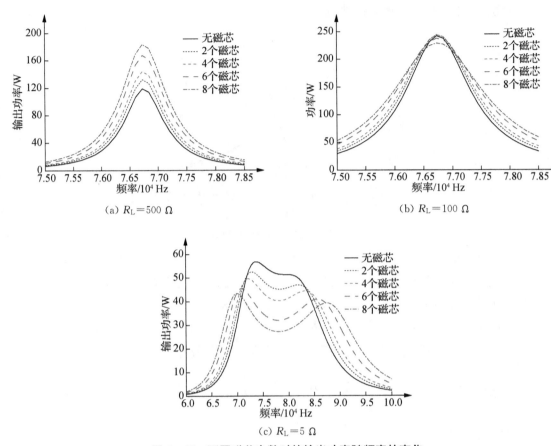

图2-66 不同磁芯个数时的输出功率随频率的变化

4. 屏蔽材料对系统性能的综合影响

通过上述分析可以发现,非铁磁性材料使系统的谐振频率右移,而铁磁性材料使系统的谐振频率左移,可以通过在非铁磁性屏蔽结构中增加磁芯的方式补偿谐振器线圈的自感减少。因此本章提出了一种采用非铁磁性材料与铁磁性材料混合使用的方法,使系统参数能够大致稳定在不加屏蔽机构之前,其屏蔽结构如图2-67所示。

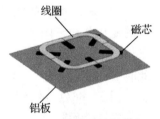

图2-67 非铁磁性材料与铁磁性材料混合屏蔽结构

具体的过程可以由图2-68(a)展示。曲线Ⅰ(自由空间)为系统在自由空间时的频率特性,此时系统工作在初始点,谐振频率为76 kHz,此时的传输效率为80%。当发射线圈和接收线圈外侧1 cm处同时引入铝板时,谐振器之间的磁力线被铝板阻挡,两线圈之间失去有效耦合,系统的频率特性为曲线Ⅱ(仅铝板),而此时的工作点由初始点变为①点,效率几乎为零,能量不能有效传输。在线圈和铝板之间加入两根磁条,谐振器之间的磁力线将部分以磁芯为路径进行传播,而避免了铝板的阻挡,线圈恢复部分耦合。随着磁芯个数的增加,越来越多的磁力线改变原来的传输路径,线圈之间的耦合也越来越强。当磁芯个数增加至 8 个时,工作点变为④点,此时的谐振频率已恢复至 78 kHz 左右,同时效率提高至 35%。当磁芯个数增加至 10 个时,系统的谐振频率由于磁芯的作用而被补偿为与自由空间下的系统谐振频率一致,谐振频率为 76 kHz,但是由于此时两线圈之间的互感未恢复到初始水平,因此传输效率略有降低,约为 70%。至此,通过磁芯的使用,使被破坏的无线传能系统传输效率由接近于零提高到 70%,为原系统的 87.5%,实现了非铁磁屏蔽金属下存在时的功率还原。

同理,当铝板与系统之间的距离为 3 cm 时,可以采用同样的方法恢复系统性能,如图 2-68(b)所示。由图可以看出,当铝板与谐振器线圈之间的距离变远时,用于补偿的磁芯个数会随之变少。在 3 cm 时仅需要 6 个磁芯便可以使系统的谐振频率恢复至初始状态。而互感的恢复也优于 1 cm 时的情况。在 6 个磁芯与铝板的同时作用下,系统效率由 0.05% 提高至 78% 左右,达到了初始水平的 97.5%。

混合屏蔽结构存在时发射线圈附近的磁场分布如图 2-69 所示。

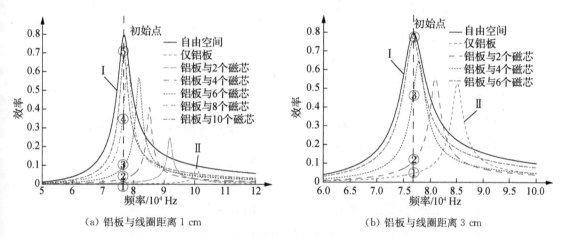

图 2-68 混合屏蔽结构存在时的系统频率特性

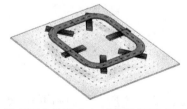

图 2-69 混合屏蔽结构存在时发射线圈附近的磁场分布

5. 金属板在系统一侧时的非对称性模型

当铝板位于系统的负载侧时,对系统产生非对称的影响,系统结构示意图如图 2-61(b)所示。忽略铝板对于发射线圈的作用,铝板仅作用于接收线圈。此时的系统的输入阻抗为

$$Z_{in}=R_1+R_2+j\left(\omega L_1-\frac{1}{\omega C_1}\right)+\frac{(\omega M')^2}{R_L+R_2+j\left(\omega L_2'-\frac{1}{\omega C_2}\right)} \quad (2-81)$$

式(2-81)的虚部为:

$$\text{Im}(Z_{in})=\omega L_1-\frac{1}{\omega C_1}-\frac{(\omega M')^2\left(\omega L_2'-\frac{1}{\omega C_2}\right)}{(R_L+R_2)^2+\left(\omega L_2'-\frac{1}{\omega C_2}\right)^2} \quad (2-82)$$

由式(2-82)可以看出,当金属板位于系统一侧时,系统参数呈非对称性变化。此时的谐振器发射端与接收端电气参数失去了对称性,由第二章的分析可知,此时的系统进行非完全的能量交换。系统此时的频率特性如图 2-70 所示。由图可知,当金属板位于负载侧时,系统的谐振频率点仅会发生微小的变化,谐振频率几乎没有发生偏移。但是由于此时互感的减小以及能量

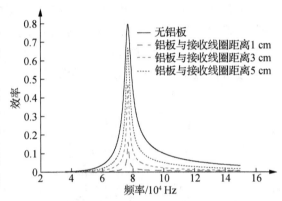

图 2-70 铝板仅位于接收线圈外时的系统频率特性

的非完全交换,使得系统效率依然降低。因此可以得出,当金属板仅位于负载侧时,对系统的影响与对称性铝板有较大的不同。

当铝板位于系统的电源侧时,系统的输入阻抗为

$$Z_{in}=R_1+R_2+j\left(\omega L_1'-\frac{1}{\omega C_1}\right)+\frac{(\omega M')^2}{R_L+R_2+j\left(\omega L_2-\frac{1}{\omega C_2}\right)} \quad (2-83)$$

而此时的虚部为:

$$\text{Im}(Z_{in})=\omega L_1'-\frac{1}{\omega C_1}-\frac{(\omega M')^2\left(\omega L_2-\frac{1}{\omega C_2}\right)}{(R_L+R_2)^2+\left(\omega L_2-\frac{1}{\omega C_2}\right)^2} \quad (2-84)$$

此时的系统频率特性如图 2-71 所示。由图可知,此时的系统特性与铝板同时位于发射、接收端时较为类似。系统的谐振频率点出现右移,系统效率下降。可见,

虽同为非对称性的结构,铝板位于发射端与位于接收端时的系统具有较大的差异性。

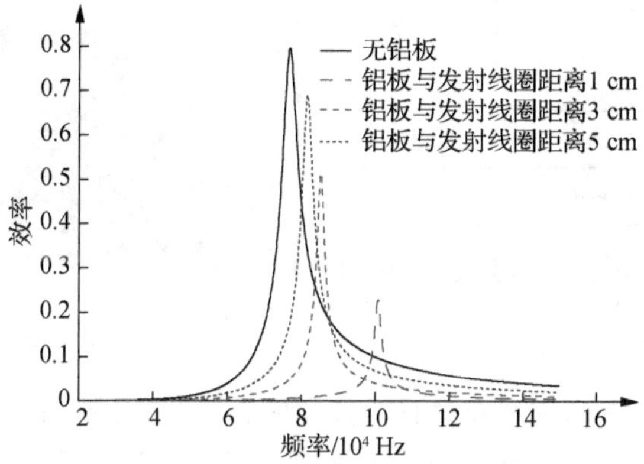

图 2-71 铝板仅位于发射线圈外时的系统频率特性

2.4.3 系统的电磁环境分析与电磁屏蔽技术

2.4.3.1 电磁环境对人体的影响

本节以电动汽车无线充电系统为例,研究了系统在工作时对人体各个器官的影响。

电动汽车无线充电系统主要将交变磁场作为传输媒介将能量从发射装置传递到接收装置,实现对电动汽车负载电池的充电。图 2-72 是一个典型的基于谐振式无线电能传输技术的电动汽车充电装置,它由地面装置与车载装置的两个独立部分组成,分别连接到电源和负载。在仿真环境中,将电动汽车作为独立研究对象,设置谐振器线圈半径为 30 cm,自感为 50.72 μH,匝数为 11 匝。将一个 3.2 m×1.5 m 的金属板作为电动汽车底盘置于距离接收线圈下方 1 cm 的位置。仿真参数如表 2-15 所示,电动汽车仿真模型如图 2-73 所示。

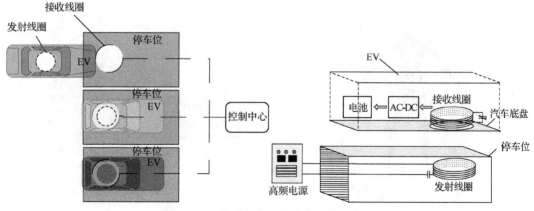

图 2-72 电动汽车无线充电系统示意图

表 2-15　系统参数配置

参数	数值
谐振器线圈半径 r/cm	30
汽车底盘 $a \times b$/m	3.2×1.5
发射线圈与底盘间距离 L/cm	25
谐振频率 f/kHz	100
输入电流 I/A	$20\cos(\omega t)$

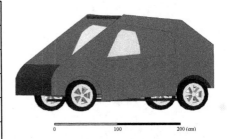

图 2-73　电动汽车仿真模型

为了探究电动汽车无线充电时对人体的影响,结合不同组织在 100 kHz 左右时相应的电磁参数建立了真实人体三维电磁模型作为负载。人体高度为 1.7 m,体重为 65 kg,并通过查阅相关文献获得人体各个器官的电磁参数[59-61],如表 2-16 所示,人体仿真模型如图 2-74 所示,仿真结果如图 2-75、图 2-76 所示。

表 2-16　人体电磁参数

	介电常数	电导率/$(S \cdot m^{-1})$
大脑	$1 \times 10^3 \sim 1 \times 10^4$	$0.1 \sim 1$
心脏	8×10^3	0.8
肝脏	1×10^4	0.1
脾脏	$1 \times 10^3 \sim 1 \times 10^4$	$0.1 \sim 1$
肺脏	1×10^4	0.3
肾脏	1×10^4	$0.1 \sim 1$

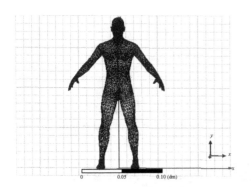

图 2-74　人体仿真模型

图 2-75　电动汽车周围的磁场分布

图 2-75 给出了电动汽车充电时周围的磁场分布。如图 2-76 所示为在输出功率为 3.5 kW 时车内外人体各个器官电流密度、SAR、功率密度的最大值。在车内，心脏的电流密度最大，为 610 mA/m²，而对于 SAR 值和功率密度，在车内时的肺脏均是受影响最严重的器官，SAR 值为 1.2×10^{-3} W/kg，功率密度为 3.16 W/m²。由此可知，在各个器官中，系统对心肺的影响较其他器官更为显著，需作为重点防护的对象。而由于车身的屏蔽作用，以及电磁参数随距离的急剧衰减，车外的电磁安全指标要明显优于车内。

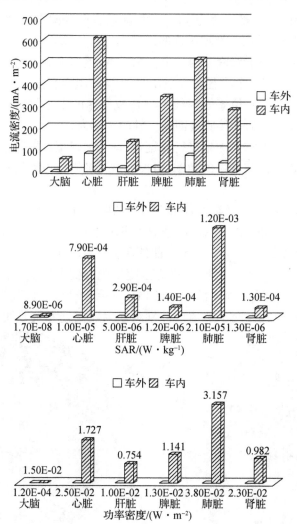

图 2-76 电动汽车无线充电时身体器官电磁物理量最大值

2.4.3.2 自由空间中的电磁环境

为了研究屏蔽系统的屏蔽作用,首先需要研究不加入任何屏蔽机构时,系统在自由空间的电磁环境。为此,本章搭建了一套具体参数的系统进行 COMSOL 仿真分析。仿真的具体步骤为:

(1) 选择物理环境。这里选择二维轴对称模型,物理场选择 AC/DC 中的磁场与电路。

(2) 建立几何与磁场模型。为了简化仿真计算量,将实际中线圈匝数为 10 匝,线径 2 mm,最外圈半径为 11 cm 的盘式圆形线圈等效为一个长 2 cm、宽 2 mm 的长方形截面,且在二维轴对称的模型中进行仿真。两个电气参数完全一致的线圈距离 10 cm。发射线圈中通入电流为 5 A、频率为 80 kHz 的正弦电流。线圈为铜质导线,并选用一个半径为 50 cm 的空气球作为有限元域进行仿真。对系统建立 $r-z$ 坐标系,圆心位于发射线圈与接收线圈的中心位置,则此时发射线圈在 z 轴的坐标为 $z=-5$,而接收线圈在 z 轴的坐标为 $z=5$。

(3) 划分网格。对求解网格进行设定,根据几何模型设置网格划分的精细度。

(4) 求解。设置求解器中的频率,对模型进行偏微分方程组求解。

(5) 后处理。

如图 2-77(a)所示为系统在自由空间中的磁场分布情况。为了更加定量地看出磁场的分布情况,在图 2-77(a)中选取了纵轴方向的四条直线,并绘制出了磁场沿纵轴的变化曲线如图 2-78 所示。曲线①为 $r=0$ 时,$z=(-15,15)$ 的磁场分布,即线圈的轴心处。由图可知,磁感应强度呈现先变大后变小的趋势,并在靠近发射线圈处某点取得最大值。而在 $r=12$ cm,$z=(-15,15)$,即线圈外径处,磁感应强度则出现两个峰值,两个峰值点分别为发射线圈处和接收线圈处。而在 $r=$

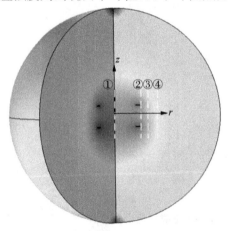

(a) 自由空间

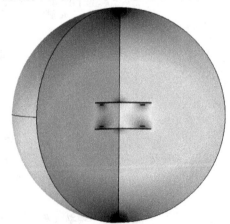

(b) 仅铝板

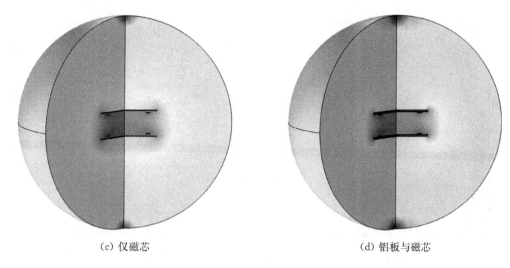

(c) 仅磁芯　　　　　　　　　　　　(d) 铝板与磁芯

图 2-77　系统在不同情况下的磁场分布

15 cm、$r=20$ cm 处，磁场的分布规律与 $r=0$ 时的分布规律一致，均在发射线圈与接收线圈之间且靠近发射线圈处出现了仅有的一个峰值。且随着测量线距离谐振器线圈越来越远，磁感应强度呈快速衰减的趋势。

如图 2-79 所示为发射线圈附近磁场沿横轴的分布情况。曲线Ⅰ（线圈边界）为发射线圈外边缘处的磁场分布 $[z=-5\ \mathrm{cm}, r\in(0,25\ \mathrm{cm})]$。由曲线可知，磁感应强度在 $r\in(0,25\ \mathrm{cm})$ 的测量线上呈现先变大后变小的趋势，即最大点出现了发射线圈处（$r=10$ cm），而在 $r>10$ cm 时，磁感应强度迅速衰减直至接近于 0。而在发射线圈外 10 cm、20 cm、30 cm 处，这种峰值效应不再明显。在 $r\in(0,10\ \mathrm{cm})$ 范围内磁感应强度变化较为平缓。而当 $r>10$ cm 后，磁感应强度仍然以较快的速度衰减。图 2-80(a) 显示了自由空间中系统的磁力线分布情况。

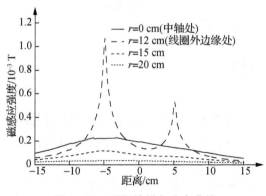

图 2-78　磁场的纵向分布曲线

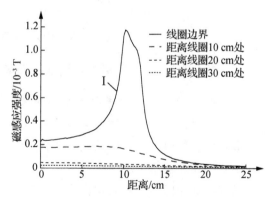

图 2-79　磁场的横向分布曲线

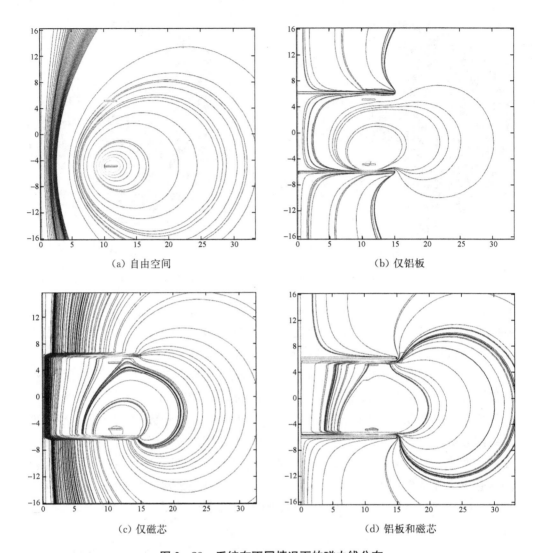

(a) 自由空间　　　　　　　　　　　　(b) 仅铝板

(c) 仅磁芯　　　　　　　　　　　　(d) 铝板和磁芯

图 2-80　系统在不同情况下的磁力线分布

2.4.3.3　金属屏蔽对系统电磁环境的影响

1. 非铁磁性金属屏蔽对电磁环境的影响

非铁磁性材料又称为标准材料,目前的主流观点认为非铁磁性材料的屏蔽机理是由于材料内部产生的涡流生成了反向的磁场,与发射源之间的磁场相互抵消从而起到屏蔽作用。标准材料的主要特性是通过电导率来表示的,而电导率容易受到温度和材料表面氧化程度的影响,而且材料化学成分的任何变化都有可能改变其电导率。但是从工程角度且对较低频率段来讲,这些差别在一般情况下可以忽略不计。而在吉赫兹至太赫兹量级中,材料会出现反常导电行为[62]。

本章以铝板为例,研究了铝板对于谐振式无线电能传输系统的屏蔽作用。谐振器模型沿用2.4.3.2节的模型。分别在发射线圈外侧1 cm、接收线圈外侧1 cm、发射与接收线圈外侧1 cm处添加一块厚度为3 mm、半径为15 cm的铝板,铝板的电磁参数如表2-15所示。此时系统周围的磁场分布如图2-77(b)所示。与图2-77(a)对比可以发现,此时环境中的磁场已经大大降低,其原因可以由图2-80(b)看出:由于铝板的存在,磁力线不能穿透铝板。大部分的磁力线绕过铝板,并在铝板的边缘处聚集,形成边缘效应,此时铝板边缘处的磁场较大。通过图2-81可以定量地看出铝板的屏蔽作用。

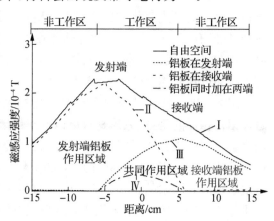

图2-81 铝板存在时磁场的纵向分布曲线

在图2-81中,曲线Ⅰ(自由空间)代表自由空间下在线圈轴线处,磁场沿轴向的分布情况。曲线Ⅱ(铝板在接收端)为仅当接收端外侧添加铝板时的磁场轴向分布。对比两条曲线可以发现,由于铝板的作用,接收线圈外侧的磁场大幅度衰减,但对发射线圈附近的磁场影响不大。同理,曲线Ⅲ(铝板在发射端)为仅当发射端外侧添加铝板时的磁场轴向分布,此时铝板的作用主要影响发射线圈周围的磁场而并没有对接收线圈起到太多作用。当在发射线圈和接收线圈外侧同时加入铝板时,磁场分布由曲线Ⅳ(铝板同时加在两端)表示,可以看出,系统的磁场整体降低。此时,不仅非工作区的磁场被屏蔽,工作区的磁场也受到了很大的抑制,因此仅由铝板进行屏蔽的系统在性能上会受到较大的损失。

2. 铁磁性金属屏蔽对电磁环境的影响

铁磁性材料为顺磁性材料,会在常温下表现出自发的磁化特性,材料中的邻近原子自旋磁矩,磁矩出现平行排列。而外部的磁场会使域发生改变,使不同域的磁矩排列在一起。根据矫顽场强大小的不同,磁性材料还可以分为软磁材料和硬磁材料。而软磁材料可以进一步划分为铁芯硅钢、铁镍合金、铁钴合金、铁氧体磁性材料和非晶态金属。本章主要以铁氧体磁芯作为研究对象。

仍以2.4.3.2节的模型为基础,分别在发射线圈外侧 1 cm、接收线圈外侧 1 cm、发射与接收线圈外侧 1 cm 处添加一块厚度为 3 mm、半径为 15 cm 的铁氧体材料，铁氧体材料的电磁参数如表 2-14 所示。系统周围的磁场分布由于铁氧体材料的存在而发生变化如图 2-77(c)所示。此时环境中的磁场与图 2-77(a)对比降低，但没有图 2-77(b)中的屏蔽作用明显。由图 2-80(c)看出，由于铁氧体材料的存在，磁力线大多进入材料内部，通过其较低的磁阻流淌。而此时仍会有部分磁力线穿过铁氧体材料，渗透至非工作区。

图 2-82 为铁氧体材料存在时磁场的纵向分布曲线。由图可以看出，与非铁磁性铝板相反的是，铁氧体材料可以使工作区的磁场大幅度增加，这与前文分析完全吻合。同时铁氧体材料会使非工作区的磁场减小，但铁氧体材料对非工作区磁场的屏蔽作用与铝板的屏蔽作用相差较大。在工程上，铁氧体的价格较为昂贵，同时由于磁滞等因素的存在会产生较大的额外损耗，因此在实际的系统中，一般不会采用整块的铁氧体，而是采用磁条的形式，通过增加磁条的个数来提高系统之间的耦合作用，磁条与磁条之间的缝隙会导致更多的漏磁。所以实际铁氧体材料与铝板对非工作区的屏蔽作用之间的差距会更大。

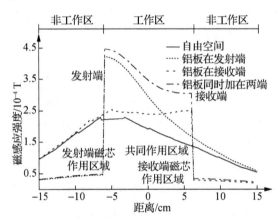

图 2-82 铁氧体材料存在时磁场的纵向分布曲线

2.4.3.4 电磁屏蔽的综合作用

1. 双层屏蔽机构的屏蔽效能分析

通过 2.4.3.2 节和 2.4.3.3 节的分析可知，铁磁性材料与非铁磁性材料的屏蔽性能各有优缺点。铁磁性材料可以有效地增强工作区的磁场，但对非工作区的电磁屏蔽效应较为一般；而非铁磁性材料可以对非工作区的磁场起到非常明显的屏蔽作用，但同时也会削弱工作区的磁场。针对以上特点，本章设计了一种双层屏蔽机构，外层为非铁磁性铝板，内层为铁氧体材料，通过二者的综合作用，发挥铁磁性材料和非铁磁性材料各自的优势，并对各自的劣势进行补偿。系统的磁场如图 2-77(d)所示，磁力线分布如图 2-80(d)所示。由图可以看出，谐振器之间的磁力线被约束在铁氧体材料中,因此工作区的磁场得以加强;而谐振器外的磁力线被铝板阻碍,非工作区的磁场被削弱。量化的磁场变化情况如图 2-83 所示。

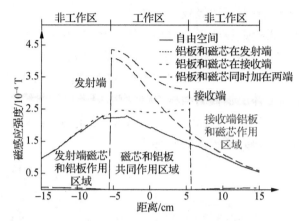

图 2-83 双层屏蔽机构存在时磁场的纵向分布曲线

与图 2-81、图 2-82 比较可以发现,双层屏蔽机构可以非常有效地改善无线电能传输系统的磁场分布。以发射线圈外 2 cm 处,即点(0,-7)为例,求解此位置系统屏蔽效能可知:当仅有铝板存在时,磁场降低 63.72 dB;当仅有磁芯存在时,磁场降低 13.28 dB;当双层屏蔽机构作用时,磁场降低 47.16 dB。可见对于非工作区的磁场屏蔽作用,双层屏蔽机构要远高于磁芯屏蔽,并接近铝板的屏蔽作用。

而对于工作区磁场的影响,以发射线圈与接收线圈的中心,即点(0,0)为例,同样计算该点的磁场变化情况。当仅有铝板作用时,磁场降低 15.48 dB;而仅有磁芯作用时,磁场升高 5.16 dB;当双层屏蔽机构作用时,磁场升高了 5.1 dB。可见双层屏蔽机构与磁芯屏蔽机构都能够增强工作区的磁场,使发射线圈与接收线圈之间的耦合更加紧密,且二者作用效果相差无几;而铝板屏蔽机构则会降低系统的耦合。

通过以上分析可知,双层屏蔽结构能够有效地改善谐振式无线电能传输系统的电磁环境,不仅能够有效屏蔽非工作区的磁场泄漏,降低非工作区的磁场指标,还能够增强工作区的磁场,使系统之间耦合更加紧密。

铁氧体磁芯除用于改善电磁环境以外,还用于抵消由于铝板的存在而产生的电感变化。因此,除了损耗与经济因素外,还需要根据系统的具体参数设置铁氧体磁条的个数,使谐振器电感恢复至初始水平。此时铁氧体磁条是否可以使系统恢复至初始状态甚至增强,还需根据具体的系统进行分析。

2. 屏蔽机构的边缘效应

通过前面几节的分析可以看出,磁力线会在屏蔽机构的边缘处聚集,并在边缘处产生较强的磁场,定义这种由于屏蔽机构存在而产生的磁场聚集情况为边缘效应。在双层屏蔽机构中,线圈半径为 11 cm,铁氧体磁芯半径为 15 cm,改变铝板的半径大小,可以清晰地看到其边缘效应如图 2-84 所示。

由图可以看到,无论铝板的半径大小如何,均会在铝板的边缘产生磁力线的汇集,从而使该处的磁场变大。但是随着铝板半径的增大,磁场峰值不断减小。因此,屏蔽机构的边缘应该作为屏蔽防护的重点区域。对于双层屏蔽机构,在条件允许的情况下,尽量增大外层铝板的面积,从而有效降低由于边缘效应带来的不利影响。图 2-85 给出了铝板半径为 20 cm 时的磁场分布图,与图 2-76(d) 比较可以看出,系统周围的磁场得到了较大的改善。

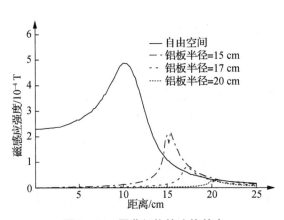

图 2-84 屏蔽机构的边缘效应

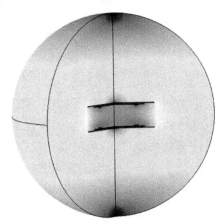

图 2-85 铝板半径为 20 cm 时的磁场分布

2.4.4 结论与建议

本节主要建立了谐振器线圈在金属屏蔽机构下的阻抗模型,分析该模型下金属板存在时谐振器各个电气参数的变化情况,并通过仿真、测量等手段进行验证。同时以此为依据,建立了金属屏蔽环境下的对称与非对称模型,通过该模型探究了屏蔽环境对系统性能的影响。最终提出了一种基于非铁磁性材料与铁磁性材料的混合屏蔽机构,消除了由于屏蔽机构的引入给系统带来的谐振点偏移问题。并且进一步探究了无线电能传输系统对人体各个器官的影响。探究了系统在自由空间中的磁场分布规律,同时分别分析了非铁磁性金属与铁磁性金属屏蔽机构对系统电磁环境的影响。最后设计了一种基于铁磁性材料与非铁磁性材料混合的双层屏蔽机构,有效地改善了系统的电磁环境。本节研究的具体结论如下:

(1) 多层线圈结构有利于在体积受到限制的工作环境下大幅度提高谐振线圈的自感和互感,有利于能量的远距离传输。但是在传输距离较近时会更容易产生频率分裂现象,从而使系统性能下降。过多的匝数会导致线圈的内阻增加,因此需要对多层线圈进行综合考量下的优化设计。

(2) 非铁磁性材料(以铝板为例)在靠近谐振线圈时,铝板与线圈之间产生耦合。铝板的存在使得谐振器线圈的电感和互感减小。在忽略集肤效应且在低频的一段频率范围内,可以忽略工作频率对电感、互感减小量的影响。由于谐振器参数的变化,系统的谐振频率点将发生右移现象,谐振频率增大,最大传输效率降低。

(3) 铁磁性材料(以铁氧体磁芯为例)在靠近谐振线圈时,由于铁磁性材料的存在使谐振线圈的电感和互感增大,从而使系统的谐振频率点发生左移现象,谐振频率减小,最大传输效率提高。而过多增加磁芯在轻载近距离的传输系统中会导致频率分裂现象。

(4) 采用基于非铁磁性材料与铁磁性材料的混合屏蔽机构,消除了由于屏蔽机构的引入给系统带来的性能变化,可以使得系统恢复初始的谐振频率点,并且使传输效率大致恢复至初始水平。屏蔽机构与谐振线圈的距离越远,恢复能力越强。

(5) 分别对金属板仅位于发射端、金属板仅位于接收端、金属板同时位于发射与接收端三种情况进行分析,建立了系统的对称模型和非对称模型。当金属板仅位于接收端时,系统的传输效率下降,但系统的谐振频率点几乎不发生偏移。而当金属板位于接收端以及同时位于两端时,系统的谐振频率点发生较大的偏移。

(6) 电动汽车无线充电系统周围的电磁环境会对人体的各个器官产生不同的影响。在各个器官中,系统对心肺的影响较其他器官更为显著,需作为重点防护的对象。而由于车身的屏蔽的作用,车外的电磁安全指标要明显优于车内。

(7) 在自由空间中,线圈附近的磁场较大,磁场集中于谐振器之间及附近区域,磁场随着与谐振器距离的变远而急剧衰减。

(8) 非铁磁性材料在靠近谐振器线圈时,材料内部产生的涡流生成了反向的磁场,与发射源之间的磁场相互抵消从而起到屏蔽作用。由于非铁磁性材料的存在,不仅非工作区的磁场被屏蔽,工作区的磁场也受到了很大的抑制,因此仅由非铁磁性材料进行屏蔽的系统在性能上会受到较大的损失。

(9) 铁磁性材料可以使工作区的磁场大幅度增加,同时使非工作区的磁场减小,但铁氧体材料对非工作区磁场的屏蔽作用不如非铁磁性材料。

(10) 双层屏蔽机构的外层为非铁磁性铝板,内层为铁氧体材料,能够有效地改善谐振式无线电能传输系统的电磁环境,不仅能够有效屏蔽非工作区的磁场泄漏,降低非工作区的磁场指标,还能够增强工作区的磁场,使系统之间耦合更加紧密。

(11) 由于屏蔽机构的存在,磁力线会在屏蔽机构的边缘处聚集,产生较强的磁场,从而出现边缘效应,可以通过增大双层屏蔽机构的外侧非铁磁性材料的面积来减小边缘效应的影响。

2.5 电动汽车动态无线充电关键技术

电动汽车动态无线充电技术作为静态无线充电技术的延伸,在静态无线充电的基础上衍生出了一些动态无线充电所特有并且需要引以重视的特征。因此,在接下来的部分中,主要从动态无线充电系统充电实现方案(配电方案、通信方式以及负载定位技术)、功率控制策略、功率稳定策略以及动态无线充电系统的多目标优化方面分别展开描述。

2.5.1 电动汽车动态无线充电系统充电实现方案

2.5.1.1 配电方案

要实现电动汽车的在线供电,需要给不同路段的发射线圈提供稳定可靠的高频交流电。为此,提出"配电轨道+供电轨道"的供电方式。配电轨道负责将电能传输到各个供电轨道的附近,控制单元根据是否有汽车通过供电导轨接通或关断配电轨道与供电轨道的连接开关,供电轨道将高频电能传递到接收线圈,接收到的电能经整流稳压后即可给电池充电。按流经配电轨道的电能形式可以分为低频配电、高频配电和直流配电三种配电方案,如图2-86~图2-88所示。

低频配电方案直接将工频市电接入配电轨道,在供电轨道侧配置整流器和高频逆变器,将工频交流电整流成直流电后,又经高频逆变器逆变成高频交流电,通入有电动汽车行驶的供电轨道。

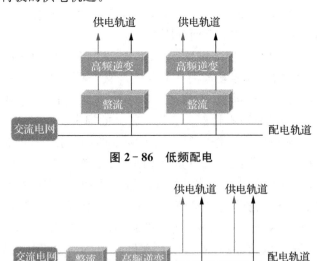

图2-86 低频配电

图2-87 高频配电

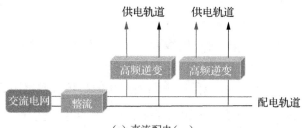

(a) 直流配电(一)

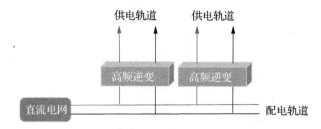

(b) 直流配电(二)

图 2-88 直流配电

高频配电方案首先在配电轨道侧将工频市电整流成直流电,再经高频逆变器逆变成高频交流电,最后经过配电轨道向各个供电轨道供给能量。

直流配电方案首先在配电轨道侧将工频市电整流成直流电,将整流后的直流电接入配电轨道,在供电轨道侧配置高频逆变器,将直流电逆变成高频交流电,通入供电轨道。在电能质量能够得到保障的情况下,电网侧可以直接采用直流配电网,如图 2-88 所示,可以省去整流环节。

在实际应用中,为了降低集肤效应的影响,往往选用利兹线作为导线。利兹线是由多根独立绝缘的导体绞合或编织而成,其截面图如图 2-89 所示,当单股导线线径 $D_S \leqslant d/3$ 时,导线的集肤效应则可以忽略不计。

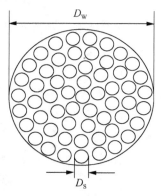

图 2-89 利兹线截面图

利兹线高频交流电阻的计算公式如下

$$R_{ac} = R_{dc} \left[H + 2\left(\frac{N_S D_S}{D_W}\right)^2 \left(\frac{D_S \sqrt{f}}{32 \times 10.44}\right)^4 \right] \quad (2-85)$$

式中,H 为单股绝缘实心导线交流电阻与直流电阻的比值(一般取为 1),N_S 为利兹线的股数,D_W 和 D_S 分别为利兹线和单股实心导线的直径,单位为 cm,f 为流经利兹线电流的频率,R_{dc} 代表利兹线的直流电阻,可由下式计算得到:

$$R_{dc} = \frac{4\rho l}{\pi N_S D_S^2} \qquad (2-86)$$

式中，ρ 代表利兹线的电阻率（对于铜线而言 $\rho = 1.75 \times 10^{-8}\ \Omega \cdot m$），$l$ 为利兹线的长度。

结合式(2-85)和式(2-86)可以得到利兹线的高频等效电阻为：

$$ESR = \frac{4\rho l}{\pi N_S D_S^2}\left[1 + 2 \cdot \left(\frac{N_S D_S}{D_W}\right)^2 \left(\frac{D_S \sqrt{f}}{32 \times 10.44}\right)^4\right] \qquad (2-87)$$

根据上述的分析，可以得到不同规格利兹线的单位长度内阻随着频率的变化关系，具体如图 2-90 所示。

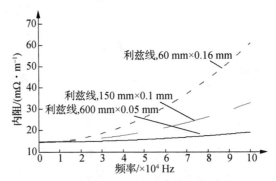

图 2-90 不同类型导线内阻随工作频率的变化

短分段式电动汽车动态无线充电系统的发射端配电导轨损耗等效模型如图 2-91 所示。

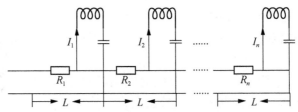

图 2-91 配电导轨损耗等效电路模型

其中 L 为单段配电导轨的长度，$R_i (i=1,2,\cdots,n)$ 为单段导轨的等效内阻，此处假设每段能量发射导轨的励磁电流均相等，即 $I_1 = I_2 = \cdots = I_n = I$，则可以得到配电导轨的传输损耗为：

$$\begin{aligned}P_{loss} &= I_n^2 R_n + (I_n + I_{n-1})^2 R_{n-1} + \cdots + (I_n + I_{n-1} + \cdots + I_2)^2 R_2 + (I_n + I_{n-1} + \cdots + I_1)^2 R_1 \\ &= \sum_{k=1}^{n}\left[\left(\sum_{i=0}^{k-1} I_{n-i}\right)^2 R_{n-i}\right] \\ &= I^2 \cdot \frac{4\rho l}{\pi N_S D_S^2}\left[1 + 2 \cdot \left(\frac{N_S D_S}{D_W}\right)^2 \left(\frac{D_S \sqrt{f}}{32 \times 10.44}\right)^4\right] \cdot \sum_{i=1}^{n}(n-1+i)^2 \qquad (2-88)\end{aligned}$$

考虑到造价成本的问题,以60 mm×0.16 mm 的利兹线为例进行不同配电方案的导轨损耗分析,三种不同配电方式下配电导轨电流频率分别为低频50 Hz,高频85 kHz,直流 0 Hz,对应的利兹线内阻可以从图 2-90 中获得。令分段导轨铺设总长度为 1 km,则三种配电方式下配电导轨损耗随配电长度的变化关系如图 2-92 所示,可见对于公里级电动汽车动态无线充电路段而言,高频配电损耗最高,低频次之,直流配电的损耗最小。

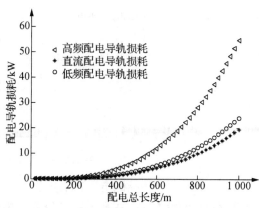

图 2-92　三种配电方式导轨损耗随配电总长度的变化

由上述分析可得三种配电方案的优缺点如表 2-17 所示。

表 2-17　不同配电模式的对比分析

配电方案	优点	缺点
低频配电	1. 导轨损耗较小 2. 整流器、逆变器容量要求低	电能变换装置数量多,增加维护难度和建设成本
高频配电	电能变换装置少,便于维护和建设	1. 配电导轨损耗大 2. 整流器、逆变器容量要求高 3. 整流和逆变环节出现问题,全线无法工作,可靠性差 4. 长距离传输情况下导轨电气参数会发生漂移
直流配电	1. 导轨损耗最小 2. 逆变器容量要求低	1. 整流器容量要求较高 2. 整流器可靠性要求较高

为了提高系统运行的可靠性和稳定性,同时考虑到大容量高频逆变器的设计难度较大,可选用低频配电或直流配电的模式给供电轨道供电。

同时为了尽可能地降低建设成本和施工难度,并避免因传输距离过远导致的轨道参数漂移问题,也为了最大化整流器和高频逆变器功率的利用率,可以考虑"低频配电＋直流配电"方案或"低频配电＋高频配电"方案。

"低频配电＋直流配电"方案如图 2-93 所示,是在低频配电的基础上,单个整流器接多台高频逆变器,在整流器到高频逆变器之间的配电方式是直流配电。

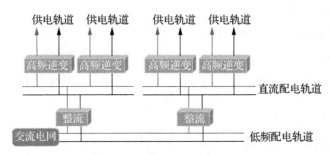

图 2-93 低频配电＋直流配电

"低频配电＋高频配电"方案如图 2-94 所示,是在低频配电的基础上,单个逆变器接多个供电轨道,在高频逆变器和供电轨道之间的配电方式是高频配电。

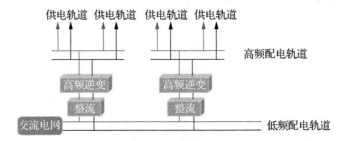

图 2-94 低频配电＋高频配电

如果电网采用直流配电网,可省去整流环节,使配电过程更为简单而易于实现,此时配电方式如图 2-95 所示。

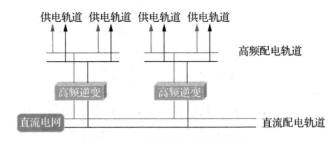

图 2-95 直流配电＋高频配电

在实际工程应用中,应该综合考虑电动汽车的接收功率大小、路段的长度以及施工难度、整流设备、逆变设备的选型、经济成本、工程的稳定性以及当地电网的实际情况,合理地选择供电方案。

2.5.1.2 通信方式

要实现电动汽车移动式无线充电的协同式切换控制技术,必须使电动汽车在两个路面发射机构的行驶时间大于每周期下收发侧信息交互时间与切换开关动作时间之和,这要求系统具备传输速度快、安全可靠的通信监控装置。

无线充电路段的通信方法可采用集中式控制方式和分散式控制方式。集中式控制方式的中央控制室与电动汽车端的通信和路面端的通信分别以无线和有线的形式实现。分散式控制方式的中央控制室与各分段控制器的通信以有线的形式实现,各分段控制器与电动汽车端的通信和路面端的通信与集中式控制方式一致。这两种方式的工程安装示意图如图2-96所示。

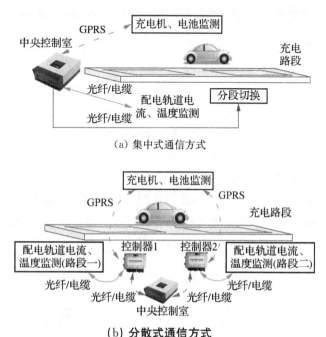

图2-96 电动汽车无线充电系统路段通信方式示意图

电动汽车无线充电属于配电网侧,其通信方式往往和配电网自动化一起综合考虑。通信是配电网自动化的一个重点和难点,区域不同、条件不同,可应用的通信方式也不同,其通信方式主要有有线方式和无线方式两种。有线方式有:有线以太网(RJ45线、光纤)、工业串行总线(RS485、RS232、CAN总线)。有线以太网主要的优点是数据传输可靠、网络容量大,缺点是布线复杂、扩展性差、施工成本高、灵活性差。工业串行总线(RS485、RS232、CAN总线)的优点是数据传输可靠,设计简单,缺点是布网复杂、扩展性差、施工成本高、灵活性差、通信容量低。无线方式主要采用移动运营商的无线网络数据接入业务,如:GPRS/CDMA/TD-SCDMA/WCDMA/EVDO以及更新的4G LTE网络等。

无线充电联盟(WPC)推出的Qi标准为系统收发侧的通信协议规定了标准,即采用backscatter调制方式,通过发射线圈的电力信号作为ping消息,若接收侧检测到电压信号,就向发射端发送允许充电信号,实现系统的无线充电。在 2016 年 8 月,国内正式启动了《电动汽车车载充电机和无线充电设备之间的通信协议》的制定工作。因此,在设计系统收发侧的通信时,可以参照 Qi 标准,或利用蓝牙技术、Wi-Fi 技术,在充电机与无线充电设备之间搭建通信,电动汽车的电池管理系统与无线充电桩之间的通信协议可以参考有线充电标准《电动汽车非车载传导式充电机与电池管理系统之间的通信协议》(GB/T 27930—2015)。

2.5.1.3 负载定位技术

1. 定位原理

考虑到实际电动汽车车身具有一定的长度,为了进一步提高电动汽车动态充电功率,在实际应用中可在电动汽车前后均安装能量拾取线圈。基于能量分散拾取结构的电动汽车动态无线充电系统中,分段发射线圈的切换依赖于电动汽车的实时位置。如图 2-97(a)所示为基于能量分散拾取结构以及额外发射端探测线圈的仿中继结构示意图,图 2-97(b)为该结构的俯视图。如图 2-97 所示电动汽车刚好运动到切换点位置,分散能量拾取机构中心映射点 O_s 与切换标志点 SP_2 重合,即 $a=(l_1+d)/2$。如图 2-97(b)所示,每个分段发射线圈对应的探测线圈为矩形线圈,处于相应的分段发射线圈外部,与发射线圈平行安装在同一平面。在切换时刻,下一个分段发射线圈对应的探测线圈恰好处于次级线圈 2 在 xy 平面投影的正下方。

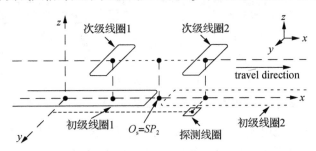

(a) 系统整体示意图

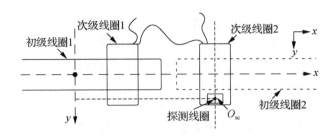

(b) 系统俯视图

图 2-97 基于多线圈仿中继结构电动汽车定位系统

在此,所提出的定位原理类似于多线圈中继结构的原理,发射线圈为位于地面的分段式能量发射线圈,分散式能量拾取机构既是主功率回路的次级侧,在该定位方案中还具有类似中继线圈的作用。由于分散式能量拾取机构的中继作用,当分散式能量拾取机构的次级线圈 2 靠近探测线圈时,在探测线圈上将通过磁耦合产生感应电压 U_{sc}。在分散能量拾取机构的次级线圈 2 逐渐接近至完全覆盖探测线圈(如图 2-97(b)所示位置)的这一过程中,探测线圈感应电压逐渐增大。选取次级线圈 2 恰好处于探测线圈正上方时的感应电压 $U_{sc\_dc\_th}$ 为电动汽车位置检测的阈值电压,当探测线圈上的感应电压超过该阈值时,表明电动汽车到达该位置,从而实现定位。接下来将对该方案的系统建模以及感应电压阈值的选取进行详细分析。

2. 多线圈仿中继结构 WPT 系统建模

如图 2-98 所示为包含多线圈仿中继线圈结构的无线电能传输系统等效电路图,在能量分散拾取系统主功率回路基础上,增加发射端探测线圈,R_{sc} 与 L_{sc} 分别为探测线圈的内阻及电感值。探测线圈采用串联补偿结构,C_p 为探测线圈补偿电容。R_{Lsc} 为探测线圈后端等效负载。M_3、M_4、M_5 分别表示探测线圈与次级线圈 1、次级线圈 2 以及当前通电分段初级线圈之间的互感。

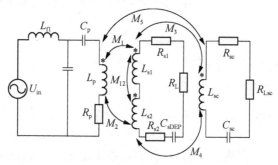

图 2-98 多线圈仿中继结构系统等效电路图

根据互感电路理论,建立多线圈仿中继线圈结构系统中的能量拾取回路以及探测回路的电路方程如下:

$$\mathbf{Z} \cdot \begin{bmatrix} I_p \\ I_s \\ I_{sc} \end{bmatrix} = \begin{bmatrix} 0 \\ 0 \\ 0 \end{bmatrix} \quad (2-89)$$

其中,$\mathbf{Z}$ 为系统部分回路阻抗矩阵,I_{sc} 为流经探测线圈的电流。

$$\mathbf{Z} = \begin{bmatrix} Z_{21} & Z_{22} & Z_{23} \\ Z_{31} & Z_{32} & Z_{33} \end{bmatrix} \quad (2-90)$$

其中，在能量拾取回路以及探测回路调谐状态下，能量拾取回路阻抗 $Z_{22}=R_{s1}+R_{s2}+R_L$，探测线圈回路阻抗 $Z_{33}=R_{sc}+R_{Lsc}$。其他元素 $Z_{21}=-j\omega(M_1+M_2)$，$Z_{31}=-j\omega M_5$，$Z_{23}=Z_{32}=-j\omega(M_3+M_4)$。

考虑次级线圈 2 接近探测线圈的过程，如图 2-97(a) 和图 2-97(b) 所示，由于探测线圈与当前通电分段发射线圈以及分散拾取机构的次级线圈 1 距离较远，因此探测线圈与分段发射线圈 1 或分段发射线圈 2 之间的互感 $M_5 \approx 0$，探测线圈与分散拾取机构的次级线圈 1 之间的互感 $M_3 \approx 0$。

基于以上分析，式 (2-89) 可简化为

$$\begin{bmatrix} -j\omega(M_1+M_2) & 2R+R_L & -j\omega M_4 \\ 0 & -j\omega M_4 & R_{sc}+R_{Lsc} \end{bmatrix} \cdot \begin{bmatrix} I_p \\ I_s \\ I_{sc} \end{bmatrix} = \begin{bmatrix} 0 \\ 0 \end{bmatrix} \qquad (2-91)$$

为了降低探测线圈回路对于能量传输主回路的影响，将探测线圈经过全桥整流后端开路，使得交流等效电阻 R_{Lsc} 无穷大，探测线圈回路电流 I_{sc} 等于零，采用该方式可以保证前述主功率回路建模仍有效。在该情形下，探测线圈产生感应电动势有效值大小为：

$$U_{sc} = \omega I_s |M_4| \qquad (2-92)$$

经全桥整流后，忽略整流二极管压降，整流桥输出直流电压平均值可表示为

$$U_{sc\_dc} = \frac{2}{\pi} U_{max} = \frac{2}{\pi}(\sqrt{2}U_{sc}) = \frac{2\sqrt{2}}{\pi}\omega I_s |M_4| \qquad (2-93)$$

其中 U_{max} 为探测线圈产生交流感应电动势最大值。

3. 分段发射线圈位置检测策略

探测线圈采用长宽分别为 l_3、w_3，匝数为 N_{sc} 的矩形线圈，如图 2-97(a) 和图 2-97(b) 所示，探测线圈中心 O_{sc} 在 xy 平面内。在本节中 l_3 为 0.06 m，w_3 为 0.045 m，N_{sc} 为 100。同理根据聂以曼公式，探测线圈与次级线圈 2 之间的互感 M_4 可表示为

$$M_4 = \frac{N_s N_{sc} \mu_r \mu_0}{4\pi} \oint_{l_{s2}} \oint_{l_{sc}} \frac{dl_{s2} dl_{sc}}{R_{s2-sc}} \qquad (2-94)$$

其中 l_{sc} 为探测线圈单匝回路，R_{s2-sc} 为探测线圈电流微元与次级线圈 2 电流微元的间距。

将式 (2-94) 代入式 (2-93)，可计算探测线圈产生感应电动势经整流桥输出直流电压平均值大小 U_{sc_dc}，在其他参数不变的情况下，U_{sc_dc} 随分散能量拾取机构的位置 $O_s[x=a]$ 变化而改变。在此重点考虑分段发射线圈切换前，次级线圈 2 接近探测线圈的过程，取 $O_s[x=a]$ 中 $a \in [-(l_1+d)/2, (l_1+d)/2]$。分别选取探测线圈中心 O_{sc} 坐标为 $O_{sc}((l_1+d+D)/2, (w_2-w_3)/2)$（正对），$O_{sc}'((l_1-l_2+l_3+d$

$+D)/2,(w_2-w_3)/2)$(偏右)以及 $O_{sc}''((l_1+l_2-l_3+d+D)/2,(w_2-w_3)/2)$(偏左),通过数值计算得到 U_{sc_dc} 随分散能量拾取机构的位置 $O_s[x=a]$ 变化的对比特性曲线,如图 2-99 所示。当探测线圈偏左时,切换点 SP_2 位置位于该特性曲线的负相关区域,若采用该位置作为探测线圈安装位置,将导致定位策略较复杂。当探测线圈偏右时,虽然切换点 SP_2 处于特性曲线的正相关区域,但是此时直流电压幅值较小。综合以上考虑,选取探测线圈安装于次级线圈 2 的正对位置,此时不仅切换点 SP_2 处于特性曲线的正相关区域,而且此时直流电压幅值取得最大值。选取当 $a=(l_1+d)/2$ 时,次级线圈 2 处于探测线圈正对位置,能量分散拾取机构处于 SP_2 处,感应电压经整流后直流电压值 $U_{sc\_dc\_th}=4.0\text{ V}$ 作为探测阈值。

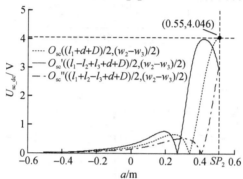

图 2-99 直流电压平均值大小 U_{sc_dc} 随分散能量拾取机构位置 a 变化特性曲线

依据以上原理,提出了一种基于多线圈仿中继机构的定位方案。如图 2-100 所示,为基于多线圈仿中继线圈结构电动汽车定位及切换控制方案流程图。首先设置探测线圈感应电压整流后的直流电压阈值 $U_{sc\_dc\_th}=4.0\text{ V}$。以 flag($j$) 表示第 j 个分段发射线圈通电状态,flag(j)=1 表示第 j 个发射线圈通电,flag(j)=0 表示第 j 个发射线圈断电。假设当前通电的初级线圈为第 i 个分段初级线圈,flag(j)=1($j=i$),除此以外的分段初级线圈未通电,flag(j)=0($j\neq i$)。随着分散式能量拾取机构的移动,当次级线圈 2 接近下一个分段发射线圈对应的探测线圈时,探测线圈感应电压逐渐升高,实时检测感应电压整流后直流电压 $U_{sc\_dc}(i+1)$,当达到直流电压阈值 $U_{sc\_dc\_th}$ 时,表示定位检测完成。进而改变相应各分段发射线圈通电状态标志位(flag(j)),flag(j)=1($j=i+1$),flag(j)=0($j\neq i+1$),由此实现电动汽车的定位检测以及分段发射线圈的切换控制。

值得注意的是,当第 $i+1$ 个分段初级线圈完成切换控制以后,虽然其相应的探测线圈上产生的电压可能继续发生变化,但是由于该探测线圈对应的分段发射线圈已经得到激励,故无需再考虑该探测线圈的感应电压变化。在此提出的定位及切换控制策略中,重点监测当前通电分段发射线圈的下一个分段发射线圈对应探测线圈感应电压的变化。

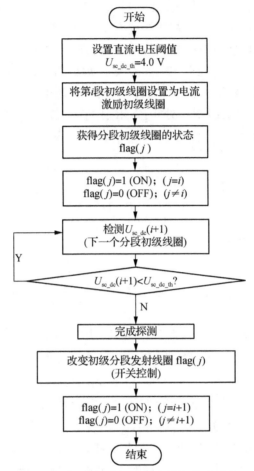

图 2-100　基于多线圈仿中继结构电动汽车定位及切换控制方案流程图

2.5.2　动态无线充电系统功率控制策略

2.5.2.1　正常工作下动态控制流程

(1) 行驶至 1# 设备发射线圈前方一定距离(2～5 m,具体需要根据车速现场实测),充电车辆发起充电请求信号。

(2) 1# 动态控制箱收到充电请求信号后开始准备控制启动,同时检测到地感线圈信号后,1# 动态控制箱则给系统加上 DC750 V,主电准备功率输出。

(3) 车辆行驶到 1# 发射线圈上方时,1# 动态控制箱检测到系统带载后,后续的 2 台设备(可调整数量)上主电(DC750 V)。2♯动态控制箱检测到系统带载后,给 2♯后续的 2 台设备上主电,1♯动态控制箱断掉系统主电。以此类推,X♯动态控制箱检测到系统带载后,给 X♯后续的 2 台设备上主电,(X-1)♯动态控制箱断掉系统主电。

(4) 车辆驶出无线充电路面后,会停止无线充电,车载端响应请求,并将停止充电请求信号通过通信网络通知到地面动态控制箱,地面动态控制箱全部断电进入空闲休眠状态。如果最后一台动态控制箱没有收到车载端请求停止充电指令,在检测到对无线充电车辆的功率输出消失后,并且检测到地感线圈车辆通过信号,则断电进入空闲休眠状态,整套无线充电系统充电工作过程结束。

2.5.2.2 正常工作时上、下电流程

拟定的无线充电上、下电流程:

(1) 当车辆驶入动态充电公路时,无人驾驶控制器 DCU 发送 DCU_CC2 无线充电已连接命令给 VCU。

(2) VCU 收到 DCU_CC2 无线充电已连接命令,VCU 给 IVU 输出高电平唤醒 IVU,IVU 上电自检无误后发送 dynamic 状态给 VCU。

(3) VCU 收到 IVU 的 dynamic 状态后,VCU 向 IVU 发送"0x1:Parking charge order",IVU 转到动态充电状态并发出"0x3:Parking charge"状态信息;VCU 再向 BMS 发送 VCU_CC2 无线充电已连接状态指令,BMS 关闭充电继电器,并根据自身情况向 IVU 请求充电电流和充电电压,同时发出 BMS_CC2 已连接状态信息。

(4) IVU 收到 BMS 的充电电流和充电电压请求后,输出电压和电流对电池包进行充电。

(5) 当车辆驶离动态充电功率时,无人驾驶控制器 DCU 发送 DCU_CC2 无线充电未连接命令给 VCU,VCU 向 IVU 发送 VCU_CC2 未连接状态信息,并向 IVU 发送"0x3:Shutdown order"下电指令,IVU 转到 shutdown 状态,停止输出电流和电压,并发送 shutdown 状态给 VCU,VCU 停止给 IVU 输出高电平信号,IVU 下电完成;然后,VCU 再向 BMS 发送 VCU_CC2 无线充电未连接状态指令,BMS 停止请求充电电流和充电电压,并断开充电继电器。

2.5.2.3 无线充电系统内部上、下电流程

1. 无线充电系统上电流程

(1) 无线充电系统车载控制单元 IVU 收到车辆 BMS 的充电电流和充电电压请求后,将充电请求和车辆信息发送给地面通信控制单元 CSU。

(2) 地面通信控制单元 CSU 收到 IVU 充电请求后,启动无线充电系统开始充

电,并将设备动作状态及充电信息发送给无线充电控制管理系统 WCCMS。

(3) 无线充电控制管理系统 WCCMS 收到充电信息后,通过用户界面将充电信息显示出来。

2. 无线充电系统下电流程

(1) 无线充电系统车载控制单元 IVU 收到 VCU 下电请求,将下电请求和车辆信息发送给地面通信控制单元 CSU。

(2) 地面通信控制单元 CSU 收到 IVU 下电请求后,关闭无线充电系统停止充电,并将设备动作状态及充电信息发送给无线充电控制管理系统 WCCMS。

(3) 无线充电控制管理系统 WCCMS 收到下电请求后,通过用户界面将该信息显示出来。

2.5.2.4 异常情况控制策略

1. 单台动态发射线圈故障

充电系统自带单台设备故障冗余,单台动态发射线圈故障不会对充电系统产生影响。

2. BMS 紧急下电

步骤如下:

(1) 车辆停止充电(因 BMS 紧急下电)。

(2) 车辆与车载端停止阶段数据交互。

(3) 通知地面端停止输出。

(4) 车载端确认停止。

(5) 车辆给出低电平休眠车载端。

3. 电池过温保护

步骤如下:

(1) 车辆停止充电(因电池过温保护下电)。

(2) 车辆与车载端停止阶段数据交互。

(3) 通知地面端停止输出。

(4) 车载端确认停止。

(5) 车辆给出低电平休眠车载端。

2.5.3 动态无线充电系统功率稳定策略

当采用短分段式无线充电系统时,如果仅仅使得当接收线圈位于发射线圈正上方时控制发射线圈接通,实现能量传输,那么不可避免地会使得接收线圈在两发射线圈交界处的位置出现功率跌落的现象,从而使得线圈的接收功率发生波动,一定程度上会损坏电池,影响电池的使用寿命等。因此,需要采取相应的措施来解决动态无线充电系统中功率跌落的问题。

2.5.3.1 低波动特性初级拓扑变换及分级补偿电容控制策略

如图 2-101 所示为采用初级拓扑变换及分级补偿电容的电动汽车动态无线供电系统原理图[63-64],程控开关 S_i 控制相应的初级线圈,处于 0 状态时初级线圈不通电,处于 1 状态时初级线圈通电;程控开关 S_j 控制分级补偿电容,处于状态 1 时作为单初级线圈通电模式下的补偿电容 C_{p1},处于 0 状态时作为双初级线圈通电模式下的补偿电容 C_{p2}。

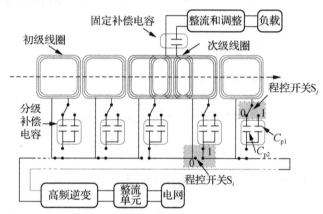

图 2-101 采用初级拓扑变换及分级补偿电容的电动汽车
动态无线供电系统原理图

如图 2-102 所示为单初级线圈模式系统电路图,初级侧和次级侧均采用串联补偿结构,U_{in} 为激励源电压,R_{in} 为激励源内阻,电源频率为 f,电源角频率为 ω,可表示为 $\omega=2\pi f$,R_L 为负载。R_{p1} 与 L_{p1} 分别为初级线圈 1 的内阻及电感值,R_s 与 L_s 分别为初级线圈的内阻及电感值,C_s 为次级线圈的谐振补偿电容。初级线圈 1 与接受线圈之间的互感表示为 M_1。初级线圈和次级线圈设计均相同,$R=R_{p1}=R_s$,$L=L_{p1}=L_s$。

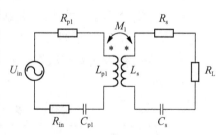

图 2-102 单初级线圈模式系统电路图

当系统谐振频率等于电源频率时,C_{p1} 可表示为

$$C_{p1}=\frac{1}{\omega^2 L} \tag{2-95}$$

由互感理论可推导得单初级线圈模式下的接收功率表达式为

$$P_1 = \frac{\omega^2 M_1^2 U_{in}^2 R_L}{[(R_L+R)(R+R_{in})+\omega^2 M_1^2]^2} \quad (2-96)$$

在单初级线圈模式下增加一个初级线圈2,且两初级线圈顺串连接,该线圈参数与前述线圈参数均相同,如图 2-103 所示为双初级线圈模式系统电路图。M_2 为初级线圈 2 与次级线圈之间的互感,M_{12} 为两初级线圈之间的互感。

初级端补偿电容需要补偿的电感值为 $L_{sum}=2L+2M_{12}$,为了保证初级电路仍处于谐振状态,即 $\omega = \dfrac{1}{\sqrt{L_{sum} \cdot \dfrac{C_{p2}}{2}}}$,$C_{p2}$ 可表示为

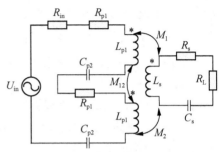

图 2-103 双初级线圈模式系统电路图

$$C_{p2} = \frac{1}{\omega^2(L+M_{12})} \quad (2-97)$$

由互感理论可推导得双初级线圈模式系统的接收功率为

$$P_2 = \frac{\omega^2 (M_1+M_2)^2 U_{in}^2 R_L}{[(R_L+R)(2R+R_{in})+\omega^2(M_1+M_2)^2]^2} \quad (2-98)$$

对比分析在线圈电感 L 和系统工作角频率 ω 固定的时候,C_{p1} 为固定值;C_{p2} 大小由 M_{12} 决定。

为了搜索到 $P_1=P_2$ 的位置,进而提出较为精确的拓扑变换和分级补偿电容控制策略,有必要研究两种模式接收功率随次级线圈位置变化特性。理论计算所用参数均与实验验证参数相同,初级端由两个可独立控制的相同初级线圈组成,均为边长 0.15 m 的方形螺旋线圈,匝数均为 7 匝。两初级线圈之间的间距为 0.01 m。保持初级线圈与次级线圈之间的高度 0.04 m 不变。其他固定参数如表 2-18 所示。

表 2-18 系统参数

符号	释义	值
U_{in}	电压有效值	10 V
f	谐振频率	100 kHz
R_{in}	电源内阻	1 Ω
R	线圈内阻	0.1 Ω
R_L	负载电阻	10 Ω

测量单线圈电感量 $L=21.4~\mu\text{H}$,两初级线圈顺接串联的电感量 $L_{sum}=37.4~\mu\text{H}$,单初级线圈模式对应初级端分级补偿电容 $C_{p1}=118.4~\text{nF}$;双初级线圈模式对应初级端分级补偿电容 $C_{p2}=135.5~\text{nF}$。

由于互感参数 M_1 和 M_2 均随次级线圈移动而改变,可采用聂以曼公式计算。如图 2-104 所示,假设 x 表示次级线圈 O' 对应的数值,则存在如表 2-19 所示对应关系。

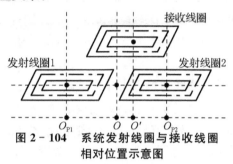

图 2-104 系统发射线圈与接收线圈相对位置示意图

表 2-19 次级线圈位置与 x 的对应关系表

次级线圈位置(O')	x/cm
O	0
O_{P1}	−8
O_{P2}	8

分别针对单初级线圈模式和双初级线圈模式,改变 x 的取值,由聂以曼公式计算各互感参数,得到如图 2-105 所示接收功率随接收线圈位置变化的对比特性曲线,其中单初级线圈模式包含初级线圈 1(PC_1)和初级线圈 2(PC_2)单独接通两种情况,双初级线圈模式对应初级线圈 1($PC1$)和初级线圈 2(PC_2)均接通。

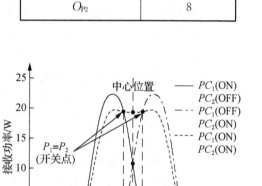

图 2-105 接收功率对比特性曲线

分析如图 2-105 所示对比特性曲线,$x=-4~\text{cm}$ 和 $x=4~\text{cm}$ 时 $P_1=P_2$,故选择切换点为 $x=-4~\text{cm}(SP_1)$ 和 $x=4~\text{cm}(SP_2)$,进而提出电动汽车动态无线供电初级拓扑变换及分级补偿电容控制策略。当接收线圈移动至 $x=-4~\text{cm}$ 时,将单发射线圈模式变换成双发射线圈模式,同时将分级补偿电容由 $C_{p1}=118.4~\text{nF}$ 转换成 $C_{p2}=135.5~\text{nF}$;当接收线圈移动至 $x=4~\text{cm}$ 时,将双发射线圈模式变换成单发射线圈模式,同时将分级补偿电容由 $C_{p2}=135.5~\text{nF}$ 转换成 $C_{p1}=118.4~\text{nF}$。以次级线圈 O' 从 O_{P1} 点移动到 O_{P2} 点作为一个周期,则该策略如表 2-20 所示。

表 2-20 初级拓扑变换及分级补偿电容控制策略转换表

次级线圈位置(O')	$O_{P1} \rightarrow SP_1$	$SP_1 \rightarrow SP_2$	$SP_2 \rightarrow O_{P2}$
x/cm	[−8,−4)	[−4,4)	[4,8)
初级线圈状态	PC_1(ON) PC_2(OFF)	PC_1(ON) PC_2(ON)	PC_1(OFF) PC_2(ON)
分级补偿电容	C_{p1}=118.4 nF	C_{p2}=135.5 nF	C_{p1}=118.4 nF

采用该初级拓扑变换及分级补偿电容控制策略,在次级线圈的移动过程中,可保证系统接收功率不出现较大的跌落。并且在电源频率不变的前提下,显著提高次级线圈位于中间位置(O)的系统接收功率。

2.5.3.2 基于变宽度窗口搜索的分段发射线圈切换方案寻优策略

接下来将以多发射线圈的系统建模研究为基础,从系统输出功率入手,重点考虑通电发射线圈个数 n 以及若干影响收发装置等效总互感 M_{sum} 的参数优化问题。为此,假设系统频率 f、发射端理想电压源电压 U_s、电源内阻 R_s 以及各线圈电阻 R 固定不变。

以 $n=2$ 两发射线圈模式研究发射线圈间距 d 对接收功率的影响,选取方形收发线圈边长为 0.15 m,分别选取两发射线圈中心间距为 0.16 m、0.18 m 以及 0.20 m 代入前述计算公式得到如图 2-106 所示接收功率特性曲线。

随着发射线圈间距增大,$\Delta x=0$ 附近接收功率水平降低,接收功率的波动显著增大,从接收功率角度考虑,需采用较小的发射线圈中心间距 d。因此为了保证在 $\Delta x=0$ 附近接收功率稳定,需尽量紧密排放分布式发射线圈。

在发射线圈间距 d 一定的情况下,改变发射线圈的个数 n 以及收发装置中心间距 Δx,得到如图 2-107 所示系统无切换策略的接收功率特性曲线。随着发射线圈个数增加,接收功率特性曲线中间平稳区域宽度增加,平稳区域功率值随之降低,且变化速率逐步减缓,存在不同程度的接收功率波动。

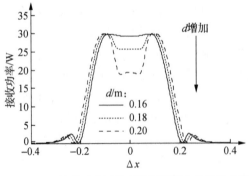

图 2-106 接收功率随发射线圈间距变化特性曲线

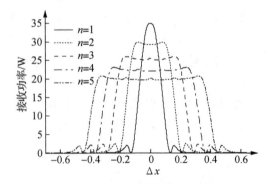

图 2-107 接收功率随发射线圈个数变化特性曲线

分段发射线圈切换方案主要分为发射线圈通电个数 n 的选择以及对应的切换点选取。对于如图 2-107 所示接收功率特性曲线,为了搜索最优分段发射线圈切换方案,主要针对任意接收功率特性曲线,采用一种移动窗口的方法研究不同切换点选取方案下系统的相关特性。如图 2-108 所示,为采用移动窗口法研究特定接收功率特性曲线的原理图,重点关注与采样窗口相关

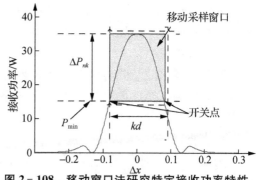

图 2-108　移动窗口法研究特定接收功率特性曲线的原理图

的窗口底部、窗口高度、窗口宽度以及窗口位置等,它们分别代表最低接收功率 P_{min}、功率波动情况 ΔP_{nk}、切换区间长度 kd 以及切换点选取位置。

进而提出一种基于变宽度窗口搜索的分段发射线圈切换方案寻优策略,如图 2-109 所示为基于变宽度窗口搜索的切换点选取策略流程图。

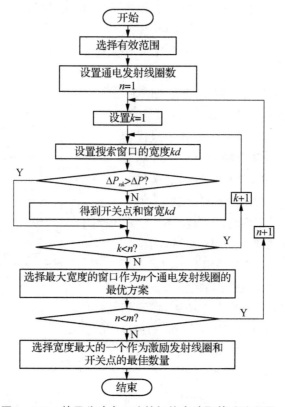

图 2-109　基于移动窗口法的切换点选取策略流程图

如图 2-109 所示,针对由 m 个可控发射线圈组成的系统,发射线圈通电个数 n 可取 $1,2,\cdots,m$,采用变宽度的移动窗口法,具体步骤如下:

第一步:

以负载需求的最低功率 $P_{L_{min}}$ 为临界值,选取接收功率特性曲线中超过该临界值的部分作为切换点选取的有效区域,在该区域内的取样窗口最低接收功率都满足 $P_{min} \geqslant P_{L_{min}}$。

第二步:

为保证发射线圈切换前后系统具有周期性工作的能力,采样窗口的取样宽度即切换区间依次可选取为 $kd, k=1,2,\cdots,n$。

第三步:

在第一步得到的有效区域内,沿水平轴方向从左至右移动宽度为 kd 的采样窗口,取样区域内最小功率波动大小为 ΔP_{nk},选取满足功率波动要求 ΔP 的窗口位置,记录切换点的位置及窗口宽度 kd。

第四步:

改变切换区间宽度 kd,重复第二步和第三步,在满足最低功率需求以及功率波动要求的基础上,窗口宽度越大意味着切换命令发送周期越大,切换命令发送频率越低,选取窗口宽度最大的方案,作为对应发射线圈通电个数为 n 的最优切换方案。

第五步:

对于由 m 个可控发射线圈组成的系统,依次改变发射线圈通电个数 n,重复第二步至第四步,进而继续比较各通电模式下最优切换方案的窗口宽度,选取最大窗口宽度对应方案作为系统的最优切换方案,确定最优的发射线圈通电个数以及切换点的位置。

对于如图 2-107 所示一组功率特性曲线,假设最低功率需求 $P_{L_{min}}$ 为 24 W,功率波动要求 ΔP 不超过 1.0 W,采用上述切换方案寻优策略,最终选取发射线圈通电个数 $n=3$,切换点可选择在发射线圈中心位置,切换间距为 $2d$,假设接收线圈以匀速 v 移动,则经过两发射线圈间距 d 所需时间为 $T_d = d/v$,图示时间标尺时间周期 $T_{Time} = T_d$,则 3 发射线圈模式的切换频率 $f_3 = \dfrac{1}{2T_d}$。如图 2-110 所

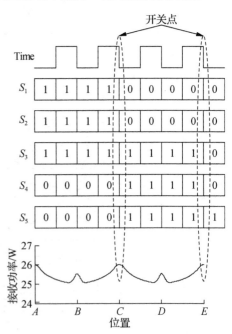

图 2-110 发射线圈切换时序

示为发射线圈切换开关状态表以及按照该切换策略得到的接收功率特性曲线,其中 $S_1 \sim S_5$ 依次为五个分段发射线圈的程控开关状态。

2.5.3.3 基于神经网络的电动汽车动态无线充电功率控制策略

人工神经网络就是模拟人思维的第二种方式,其特色在于信息的分布式存储和并行协同处理。而人工神经网络系统是由众多的神经元可调的连接权值连接而成,具有大规模并行处理、分布式信息存储、良好的自组织自学习能力等特点。

BP 算法又称为误差反向传播算法,是人工神经网络中的一种监督式的学习算法。BP 神经网络算法在理论上可以逼近任意函数,基本的结构由非线性变化单元组成,具有很强的非线性映射能力。因此,将神经网络中的 BP 算法应用于电动汽车动态无线充电领域中,可有效解决动态无线充电系统中的功率波动问题。

在采用 BP 神经网络算法之前,建立了如图 2-111 所示的基于串联谐振补偿拓扑的输出功率调节等效电路[65],其中,L 为大电感,可以起到防止电流跳变及储存能量的作用,C 为大电容,可以在一定程度上保持输出电压的恒定,二极管 D 用于防止开关管 T 开通期间的能量倒灌。

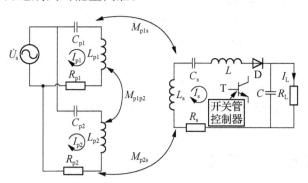

图 2-111 输出功率调节等效电路

当高频开关管 T 导通时,能量接收线圈 L_s 对电感 L 进行充电,同时电容 C 向负载 R_L 供电,由于电容 C 很大,可以认为此时负载上的电压为恒定值;高频开关管 T 断开时,能量接收线圈 L_s 和电感 L 同时向负载 R_L 供电,实现电路升压效果。图 2-111 中,高频开关管前加入开关管控制器,用于控制开关管 T 导通占空比的变化,从而实现输出功率的控制。

在上述输出功率调节等效电路的基础上,可以设计出基于神经网络的输出功率稳定的控制策略,如图 2-112 所示。

考虑到对于确定的无线充电系统,其负载阻值很多,因此,输出功率的平稳控制可以转化为输出电流的平稳控制。设定适合系统的输出电流参考值 I_E,将参考电流 I_E 与实时测得的输出电流 I_L 的差值 e、互感 M_{p1s} 和 M_{p2s}、参考电流 I_e 作为控

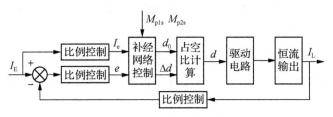

图 2-112 神经网络控制框图

器的输入,通过神经网络计算,将开关管 T 的占空比初始值 d_0 与占空比变化值 Δd 传递给占空比计算模块,得到新的开关管占空比 d,直到输出电流与参考电流差值小于所设定的误差最小值,从而实现对输出电流的平稳控制。

通过合理设计可以得到 BP 神经网络控制器参数:输入、输出层节点数分别为 4、2;隐含层个数为 1;隐含层节点数为 5;输入层到隐含层激励函数为"tansig"函数,隐含层到输出层激励函数为"pureline"函数;误差阈值为 0.5;学习步长为 0.05;迭代次数为 1 000。可以得到神经网络控制器误差性能曲线如图 2-113 所示。其中,定义误差性能指标函数 $E=e^2(k)/2$。

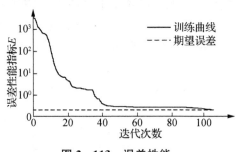

图 2-113 误差性能

可以看出,所设计的 BP 神经网络控制在 134 次迭代后达到训练要求,且具有较快的收敛速度。

2.5.4 动态无线充电系统多目标优化

2.5.4.1 系统 NLP 模型

无线电能传输系统是典型的非线性系统,其参数优化所需的数学模型即 NLP 模型的构造方法为:以需要设计的参数(如谐振电感、耦合电容等)为优化变量,以一定的性能指标为优化目标,以系统各部分电压、电流、频率额定值及功率、效率、品质因数等要求为约束条件,特别是频率稳定性约束是自振荡系统的关键条件,约束条件中包括不等式约束及参数间相互关系的等式约束。一般的 NLP 数学模型可表示为

$$\begin{cases} \min \quad f(x) \quad x=(x_1,x_2,\cdots,x_r)\in F\subseteq S \\ \text{s. t.} \quad \begin{cases} g_i(x)\leqslant 0, & i=1,\cdots,n \\ h_j(x)=0, & j=1,\cdots,p \end{cases} \end{cases} \quad (2-99)$$

式中,目标函数 $f(x)$ 既可以是单目标,也可以是多个目标函数构成的向量,优化目

标可以是最小化 min,也可以是最大化 max。待优化变量 $x=[x_1,\cdots,x_r]$ 为 r 维实向量,F 表示可行域,S 代表整个解空间。约束条件中有 n 个不等式约束 $g_i(x)\leqslant 0$ 及 p 个等式约束 $h_j(x)=0$。以式(2-99)的数学模型为框架,结合无线电能传输系统 NLP 模型的构造方法可得到各种形式的优化模型。无线电能传输系统是一类多参数、多目标、多约束的非线性系统,各目标、约束表达式有赖于具体的电路建模方法。

采用交流阻抗法对无线电能传输系统进行分析,需要利用互感模型等将副边反射到原边进行阻抗分析,得到各部分参数的相互关系,在此基础上根据参数优化设计的具体要求构建不同的 NLP 模型,因此使用交流阻抗法建立参数优化的 NLP 模型。

(1) 目标函数:负载输出功率 P_L 最大($\max P_L$)及系统传输效率 $\eta=P_L/P_i$ 最高($\max \eta$)。P_L 受直流输入功率的限制,若直流电压 V_d 已定,控制方式采用 ZPA 方式,则可以限制 V_i 和 i_i 来代替输入功率限制条件。若负载 R_L 一定,P_L 的最大化直接反映的是负载电流 I_L 的最大化。η 可以提高系统的功率传输密度,正常谐振时,效率优化的主要意义是降低内阻损耗,当补偿网络和耦合机构内阻一定时,η 最大将驱使各参数电流最小化。

(2) 待优化变量:系统工作频率、谐振网络参数和磁耦合机构互感模型参数。该参数中有些是非独立变量,为了简化可以利用一些等式关系来减少变量个数,同时降低了约束数目,且根据实际情况给出各参数的取值范围,如 $L_l<L<L_u$,L_l、L_u 分别为 L 的最小、最大值,其他各变量同理使用下标 l、u 分别表示各变量的最小、最大值。如果优化变量减少,则其他变量的取值范围就成了一个基本约束条件。

(3) 已知条件:系统直流输入电压 V_d 可以根据实际条件确定,耦合系数 k 可以根据互感耦合部分的结构、材料、体积等参数基本确定,R_L 由实际应用中的负载值决定。

此外还要考虑一些实际情况及特殊要求以构成 NLP 模型的约束条件[66]:

(1) 频率稳定性条件:为了降低开关损耗、提高传输效率,在此采用输入 ZPA 软开关控制方式,这种方式使系统处于自谐振状态,频率易受参数变化影响。为了使系统只工作于副边谐振频率点 f_0,复杂拓扑不易得到最简单解析式,所以优化算法中采用近似迭代法来得到频率稳定性约束条件,在 R_L 为定值而 f_0 为变量的情况下,假设 R_L 未知,对于不同的 f_0,可以先得到 R_L 稳定域的下限值 R_{L1},如果 $R_L<R_{L1}$,则此 f_0 满足约束,否则 f_0 违约不可行。

(2) 参数的额定值约束:电路中各电感电容的电压电流必须小于其额定值,设流过电容的电流 I_C 的额定值为 I_{C_r}、电容两端的电压额定值为 V_{C_r},即用下标 r 表示额定值,其他参数同理,那么各支路电流的约束条件分别为 $I_C<I_{C_r}$、$I_L<I_{L_r}$,谐振元件电压的约束条件为 $V_C<V_{C_r}$,$V_L<V_{L_r}$。

(3) 系统品质因数约束：设 Q_i、Q_p 和 Q_s 分别为全系统品质因数、原边品质因数和副边品质因数。Q_i 太小则系统输入的谐波含量就会增大，所以 $Q_i > Q_{il}$，Q_{il} 为使系统谐振品质提高的最小容限；同理 $Q_p > Q_{pl}$，$Q_s > Q_{sl}$，其中，Q_{pl} 应远大于 R_p 以降低 R_p 对系统参数的影响，Q_{sl} 越大副边选频性能越好，系统的频率受负载影响越小。Q_{il}、Q_{pl}、Q_{sl} 可根据实际情况适当调整，太大则使其他参数难以配置，约束优化的可行性空间变小甚至没有可行解。

(4) 器件的实际条件限制：如开关管的最高工作频率，受实际条件限制电容、电感值有一定的取值范围等，这些条件一部分可以转换成待优化变量，从而通过初始值的解来加以限制，另一部分则转换成不等式约束条件。

(5) 其他条件：参数间相互关系的等式约束条件。在 ZPA 工作条件下，若以效率为优化目标就不得不考虑原边内阻 R_p（否则 $\eta = 1$），而一般情况下交流阻抗分析中为了简化公式通常忽略 R_p，特别是混合谐振拓扑，若将 R_p 放入各参数电流、电压、频率等的计算公式中，各公式将会极其庞大、复杂，难以分析系统特性。总之，须在一定近似条件下让忽略 R_p 后的计算精度损失最小，该条件可为 $\mathrm{Re}(Z_p) \gg R_p$，即跟 R_p 串联的等效阻抗的实部远大于 R_p。

2.5.4.2 NSGA-Ⅱ 系统输出功率和效率优化

1. Cat 映射混沌初始化

混沌是一种普遍的非线性现象，其行为复杂且类似随机，但存在精致的内在规律性[67]，具有随机性、遍历性、初值敏感性等重要特征。将混沌与优化算法相结合可有效地提高算法搜索效率和精度，以达到全局最优。Cat 映射具有良好的遍历性，不易形成不动点，是一种性能优良的混沌序列发生器。假设种群规模为 N，决策变量维数为 m，Cat 映射混沌初始化主要分两步：

(1) 在 $(0, 1)$ 范围内随机产生 2 个浮点数初始点 x_0、y_0（除 0.25、0.5、0.75 外），迭代 $2N$ 次得到在 $(0, 1)$ 范围内 x_n、y_n 序列组成的 $2N$ 个混沌值，将这些混沌值称为决策变量的混沌系数（用符号 a 表示）；

(2) 通过式 (2-100) 利用混沌系数对决策变量空间进行混沌扰动，即完成了由混沌空间自由解空间的映射，映射公式为

$$x'_{ij} = x^l_j + a_i(x^u_j - x^l_j) \tag{2-100}$$

式中，下标 i 代表第 i 个个体，下标 j 代表第 j 个变量，上标 u、l 分别表示该变量的最大、最小值，a_i 代表第 i 个个体对应的混沌系数，x'_{ij} 表示新生成的第 i 个个体的第 j 个变量。式中对每个个体的所有变量使用统一的一个混沌系数，也可对个体的不同变量使用不同的混沌系数，这样混沌初始化中第 1 步就需要产生一个 $2N$ 行 m 列的混沌系数矩阵。

2. 隔代交替约束处理策略

隔代交替源于一种 GA 算法[68],在多子群 GA 算法中,为了增加子群间的信息交换,引入了迁移与孤岛模型,即隔数代多子群间发生信息交换,极大地提高了 GA 性能。为了不增加复杂度,仅用迁移策略而不增加子种群,假设隔离的代数为 M_g,设置一个判断标志 f_g 来区分 NSGA-Ⅱ多目标法及 NSGA-Ⅱ多目标多约束法,有两种改动办法:

(1) 在循环迭代过程中,当进化代数 t 达到 M_g 时,f_g 置位为 1,采用 NSGA-Ⅱ多目标法,其中需要对约束条件进行处理转换成多个违约度目标函数;当 t 再次达到 M_g 时,f_g 复位为 0,算法采用 NSGA-Ⅱ多目标多约束法,其中要将原 NSGA-Ⅱ中的目标非支配原则改为约束非支配原则;如此算法交替使用了两种方法完成了一次循环。

(2) 为了对原流程做尽可能小的改动且不增加编程量,当第奇次达到 M_g 时,f_g 置位,当第偶次达到 M_g 时,f_g 复位;在原流程进行中,当 f_g 为 1 时,在快速非支配排序中的排序环节仅考虑目标函数的支配原则(此时原方法不动),同时所有约束条件需转换成目标函数,当 f_g 为 0 时,在快速非支配排序中需要使用既考虑目标又考虑约束的约束支配原则。

3. 按需分层策略

按需分层策略是一种针对选择截断操作进行改进的小技术,引入该技术能适当提高算法的执行速度,减小计算开销[69]。选择截断操作是 NSGA-Ⅱ的关键技术之一,在 R_t 快速非支配后形成了各前沿且同一前沿个体经过拥挤度计算得到拥挤度值的条件下,选择截断操作主要完成从规模为 $2N$ 的 R_t 中根据非支配前沿及拥挤度值截取规模为 N 的最优个体 P_{t+1}。

为此设计了一种按需分层策略,在快速非支配排序过程中增加对个体数累计操作,如果某层的个体数达到了 N,那么完成该层前沿(假设 F_3)后将不再排序,接着对这些前沿(F_1、F_2、F_3)进行拥挤度计算,最后对 F_3 按拥挤度进行选择截断,最终得到下一代 N 个个体。这样原流程中"快速非支配排序及拥挤度计算"一步须改为"基于按需分层策略进行快速非支配排序及拥挤度计算",而选择截断操作不变,因为还需要对最后一个前沿层进行选择截断。

4. 自适应 LX 交叉算子

LX 算子是 2007 年 Deep 和 Thakur 提出的一种性能优良的交叉算子[70]。LX 的基本原理基于 Laplace 分布,该分布函数 $F(x)$ 为

$$F(x) = \begin{cases} \dfrac{1}{2}\exp\left(\dfrac{|x-a|}{b}\right), & x \leqslant a \\ 1-\dfrac{1}{2}\exp\left(-\dfrac{|x-a|}{b}\right), & x > a \end{cases} \quad (2-101)$$

式中，a、b 为实数，a 称为位置参数，$b>0$ 称为尺度参数。$F(x)$ 的概率密度函数为

$$F(x)=\frac{1}{2b}\exp\left(-\frac{|x-a|}{b}\right), \quad -\infty<x<\infty \tag{2-102}$$

假设 $a=0$ 且 $b=0.5$ 或 1 两种情况下，Laplace 分布的密度函数如图 2-114 所示。b 越小，函数形状越尖窄，概率分布离中心越集中；b 越大，函数形状越扁宽，概率分布离中心越分散。

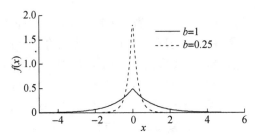

图 2-114 Laplace 分布的密度函数

假设 LX 操作的两父体为 $x^{(1)}=(x_1^{(1)},x_2^{(1)},\cdots,x_n^{(1)})$、$x^{(2)}=(x_1^{(2)},x_2^{(2)},\cdots,x_n^{(2)})$，两子体为 $y^{(1)}=(y_1^{(1)},y_2^{(1)},\cdots,y_n^{(1)})$、$y^{(2)}=(y_1^{(2)},y_2^{(2)},\cdots,y_n^{(2)})$，首先产生一个均匀分布的任意数 $u\in[0,1]$，其次将式(2-103)的分布函数变量与输出倒置，产生交叉系数 β 为

$$\beta=\begin{cases}a-b\ln(u), & u\leqslant 0.5 \\ a+b\ln(u), & u>0.5\end{cases} \tag{2-103}$$

则两个子代分别为

$$\begin{cases}y_i^{(1)}=x_i^{(1)}+\beta|x_i^{(1)}-x_i^{(2)}| \\ y_i^{(2)}=x_i^{(2)}+\beta|x_i^{(1)}-x_i^{(2)}|\end{cases} \tag{2-104}$$

由式(2-103)、式(2-104)可见，a 一定，b 较小时，产生的子代靠近父代的概率越大，b 较大时，产生离父代较远的子代的概率越大。a、b 均为定值时，子代将与父代的分布成比例，即父代位置近时子代也近，父代距离远时子代也远，这样种群分布容易出现过疏或过密的情况，会使种群多样性变差。

LX 算子中并没有提供位置参数或尺度参数动态变化的机制，为了增强算法的搜索性能，提高处理约束问题的能力，增加种群多样性，引入一个可行解比率因子 r_f 来调整尺度参数 b（位置参数 a 设置为常值 0），r_f 表示当前种群中满足约束的可行解与种群规模之比。在算法运行初期，r_f 较小，搜索重点放在寻找可行解上，算法应该具有较强的全局搜索能力，所以 b 应该增大以产生与父代较分散的子代；算法运行后期，r_f 较多，主要进行重点区域较小目标值的搜索，算法的局部搜索能力需加强，所以 b 应该减小以产生更多与父代相近区域的子代。为了达到以上目标

且不增加原 LX 算子的计算复杂度，r_f 与 b 的关系为

$$b=1-r_f \tag{2-105}$$

将式(2-105)代入式(2-103)中，且设 $a=0$，可得新的自适应交叉系数 β，再将 β 代入式(2-104)就得到新的自适应 Laplace 交叉(ALX)算子。

5. NSGA-Ⅱ算法流程

基于非支配排序算法的多目标进化算法(NSGA-Ⅱ，Non-dominated Sorted Genetic Algorithm Ⅱ)的操作过程主要分为 3 个阶段：

(1) 假设决策变量构成染色体为 $\boldsymbol{Y}=[y_1,y_2,\cdots,y_c]$，$c$ 为决策变量个数，y_c 的最大值和最小值分别为 y_{cmin} 和 y_{tmax}。根据 Cat 映射公式产生 c 个混沌变量 $x_{s,c}$，其中，$s=1,2,\cdots,N$，N 为种群规模。依据式(2-100)将产生的混沌变量映射到决策变量的解空间，得到初始种群的第 s 个个体的第 c 个分量 $y_{s,c}$，最终得到分布均匀的优良种群 P_0。对 P_0 进行非支配排序得到个体适应度值，接着使用遗传操作(锦标赛选择、自适应交叉、变异)得到子群 Q_0，将 P_0 与 Q_0 合并形成规模为 $2N$ 的初始种群 R_0，此时令 $t=0$。

(2) 对 R_t 进行快速非支配排序，对每个非支配层进行拥挤度计算，接着使用拥挤度比较算子决断出 N 个最优个体种群 P_{t+1}，然后使用与第一阶段相同的遗传操作得到子群 Q_{t+1}。

(3) 将 P_{t+1} 与 Q_{t+1} 合并得到 $2N$ 规模的新种群 R_{t+1}，重复第 2 步直到满足终止条件。

以 NSGA-Ⅱ为基础，对其进行了 4 点改进：

(1) 采用 Cat 映射进行混沌初始化，提高初始种群空间分布的均匀遍历性。

(2) 采用自适应 LX 交叉算子，增强算法搜索能力。

(3) 引入按需分层机制减少算法计算量。

(4) 提出一种新的约束处理策略，即隔代交替使用多目标法及约束支配原则。

前三点提高 NSGA-Ⅱ处理多目标问题的能力，第四点提高算法处理约束问题的能力。

2.5.4.3　NSGA-Ⅲ能量传输能力和经济性优化

动态无线充电系统是一类动态能量系统，其设计与实现必须同时兼顾系统功率能力、能量传输率以及系统经济运行成本。因此，动态无线充电系统参数优化问题属于多目标优化问题，其优化目标应为系统经济运行成本和系统性能综合较优。在诸多的动态无线充电系统性能指标中，能效特性(系统效率和输出功率)为最基本、最重要的指标。其中，输出功率是前提，而系统效率直接影响系统的运行性能，且系统效率越高，系统的散热压力越小，系统硬件成本越低。至于其他的系统特性

评价指标,如传能距离、偏移容忍量、功率器件电气应力等,亦可作为参数优化过程中的约束条件。

因此,对于动态无线充电系统参数的多目标优化问题,在满足系统各项约束条件下,分别以能量传输能力和经济性为优化目标,综合考虑各种因素,采用多目标优化算法求出满足能量传输能力和经济运行优化目标的系统参数配置优化方案。NSGA-Ⅲ算法是在NSGA-Ⅱ算法的基础上提出的一种基于参考点的非支配排序多目标优化算法。NSGA-Ⅲ主要针对NSGA-Ⅱ的选择机制进行了改进,用参考点方法替换了拥挤距离选择个体的机制,保证算法解的多样性。

1. 目标函数

针对动态无线充电系统多目标优化问题,以性能最优为优化目标,综合考虑系统能量传输能力和经济运行成本,结合系统特殊性,构建关于系统平均传输效率和系统充电设备成本的多目标优化模型,为了更好地反映两个目标函数之间的关系,以及优化变量对优化目标函数的影响,首先建立两个优化目标函数,分别定义如下[34]:

(1) 平均传输效率

主要考虑动态无线充电系统运行时的平均能量传输效率,由于系统参数为实时变化的,因此采用平均效率的最大化作为优化目标,而非瞬时效率的最大化。

(2) 系统充电设备成本

基于多桥臂逆变器的分布式短导轨方式动态无线充电系统,系统充电设备成本主要由原边电能变换装置成本、副边功率变换装置成本、磁耦合机构成本构成。与参数优化相关的系统充电设施成本集中在原边电能变换装置(整流器、逆变器、谐振补偿网络)、导轨成本以及工程线缆成本。

优化算法中将系统效率和充电设施成本作为动态无线充电系统的两个优化目标。由于算法是求解目标函数的最小值,而实际中希望尽可能提高系统效率,因此将效率的倒数作为目标函数之一,函数值越小,效率越高。同时,希望系统充电设施成本尽可能低,因此将充电设施成本作为第二个目标函数。

2. 约束条件

在动态无线充电系统多目标优化问题中,系统平均传输效率和系统充电设施成本两个优化目标函数受诸多因素的影响和约束,下面对主要约束条件进行讨论。

(1) 系统平均输出功率约束

系统输出功率也是另一个能量传输能力指标,将系统运行时经过一段导轨时的平均输出功率作为约束条件处理。考虑功率容量问题,系统的平均输出功率应满足功率等级要求,平均输出功率应满足如下约束:

$$\min(\overline{P_{\text{out}}}) \leqslant \overline{P_{\text{out}}} \leqslant \max(\overline{P_{\text{out}}}) \tag{2-106}$$

式中，$\min(\overline{P_{\text{out}}})$ 和 $\max(\overline{P_{\text{out}}})$ 分别为平均输出功率的上下限。

(2) 瞬时输出功率和瞬时传输效率约束

同样，考虑系统的输出能效特性，对瞬时输出功率函数和瞬时传输效率函数均设定相应的阈值 $P_{\text{out,min}}$ 和 $\eta_{\min}$，则有约束条件：

$$\begin{gathered} \min(P_{\text{out}}) \geqslant P_{\text{out,min}} \\ \eta \geqslant \eta_{\min} \end{gathered} \tag{2-107}$$

(3) 开关器件电气应力

考虑器件稳定性，应对流过原边逆变器开关管的电流进行约束，对于 LCC 谐振补偿网络拓扑存在约束：

$$\max(I_{\text{f1}}, I_{\text{f2}}) \leqslant I_{\text{fmax}} \tag{2-108}$$

(4) 线圈绕线电气应力

考虑导轨和副边线圈的耐流值，导轨、副边线圈中的电流 I_{p}，I_{s} 应满足：

$$\begin{gathered} I_{\text{p}} \leqslant I_{\text{pmax}} \\ I_{\text{s}} \leqslant I_{\text{smax}} \end{gathered} \tag{2-109}$$

(5) 电容电气应力

考虑谐振补偿网络中补偿电容的稳定性，应对电容端电压进行耐压值约束，即：

$$\begin{gathered} U_{\text{cf}} \leqslant U_{\text{cfmax}} \\ U_{\text{cp}} \leqslant U_{\text{cpmax}} \\ U_{\text{cs}} \leqslant U_{\text{csmax}} \end{gathered} \tag{2-110}$$

(6) 导轨匝数

当导轨宽度 a、绕线结构和线径 r 确定后，导轨匝数 N_{p} 需满足：

$$2rN_{\text{p}} < \frac{a}{2} \tag{2-111}$$

(7) 原边电能变换装置

考虑工程应用的可实施性，与每套原边电能变换装置相连的导轨组群铺设的充电道路长度应不小于一定值 L_0，即：

$$n \times b > L_0 \tag{2-112}$$

3. NSGA-Ⅲ算法流程

NSGA-Ⅲ算法是在 NSGA-Ⅱ算法的基础上提出的一种基于参考点的非支配排序多目标优化算法。NSGA-Ⅲ主要针对 NSGA-Ⅱ的选择机制进行了改进，用参考点方法替换了拥挤距离选择个体的机制，保证算法解的多样性。

在 NSGA-Ⅱ算法中的第六步中,计算关键层所有个体的拥挤距离,对其排序筛选得到新种群以及 Pareto 非支配层。而 NSGA-Ⅲ算法是基于超平面参考点的非支配排序算法,根据参考点对关键层的个体进行筛选,替代了 NSGA-Ⅱ的拥挤距离排序法。

为保证算法的多样性,采用 Das 和 Dennis 的系统化方法来生成结构化的参考点及超平面,参考点表示为 $W=\{w^1,w^2,\cdots,w^H\}$。超平面上参考点的个数 H 由优化目标函数的个数 m 和划分数 p 决定,可表示为:

$$H=\binom{m+p-1}{p} \tag{2-113}$$

式中

$$p=\sum_{i=1}^{m}x_i,x_i\in N,i=1,2,3,\cdots,m \tag{2-114}$$

H 是关于 $(m+p-1,p)$ 的组合数,从参考点在空间内组成的几何图形来看,所有的参考点 $w^1,w^2,\cdots,w^H$ 均位于一个标准化的超平面上,且在同一轴线线分为 p 等份。为了说明 H 的计算方法,列举目标个数 $m=3$, $p=4$ 划分的优化问题的参考点分布情况。此时,

$$H=\binom{3+4-1}{4} \tag{2-115}$$

对应地,应生成包含 15 个参考点的超平面,如图 2-115 所示。

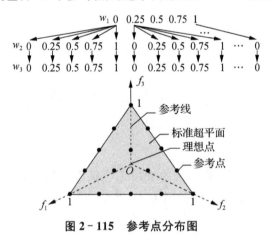

图 2-115 参考点分布图

根据上述方法就可以得到归一化的超平面,然后需要构建理想点,在这之前,需要对 m 个目标函数进行标量化操作,通过遍历可以得到第 l 个目标函数上对应的最小值 z_i,则理想点可表示为 $z=(z_1,z_2,z_3,\cdots,z_m)$,目标函数 $f_i(x)$ 标量化的公式如下:

$$f'_i(x)=f_i(x)-z_i^{\min} \tag{2-116}$$

通过目标值减去最小值得到标量化的目标值,坐标原点即为理想点。然后,通过 ASF 函数得到极值点,对于第 i 个目标函数,有:

$$\text{AFS}(x,w) = \max_{i=1}^{m} \frac{f_i'(x)}{w_i} \quad (2-117)$$

式中,分子为标准化的目标函数值,分母为权重,依次得到 m 个极值点。对于第 i 个目标函数 $f_i'(x)$,将存在一个极化向量 $z_i^{\max}$,而 m 个极化向量将形成一个超平面。则第 i 个目标轴的截距 a_i 和线性超曲面可通过下式计算得到:

$$f_i^n(x) = \frac{f_i'(x)}{a_i - z_i^{\min}} = \frac{f_i'(x) - z_i^{\min}}{a_i - z_i^{\min}} \quad (2-118)$$

以第一个极值点为例,令 $a_1=1$,其余 $(m-1)$ 个权重均为远小于 1 的值。将关键层所有个体代入式(2-118)得到 m 维不同数组,取最大值对应的个体,m 个值里数值最大对应的个体就是关于第一个目标的极值点。关于第二个目标的极值点,只需对权重赋值进行修改,令 $a_2=1$。以此类推,就可以得到关于 m 个目标的 m 个极值点。极值点的集合可以构成一个线性超平面,将平面扩展,会在 m 个坐标轴上形成交点,每个交点与原点之间的距离即为截距。图 2-116 为三目标优化问题中的线性超平面及截距的示意图。

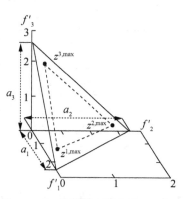

图 2-116 线性超平面及截距示意图

求出关键层个体与所有参考向量之间的距离,定义与该个体距离最短的参考点与其关联,依次遍历得到关键层所有个体与所有参考点之间的映射关系,以每个参考点与其关联的个体数作为筛选原则。每次对关键层的某一个个体进行筛选判断是否加入新种群,筛选的策略是:选最小的参考点,如果与当前个体相关联的参考点个体为 0(表示当前种群里面没有任何个体与这个参考点关联),则从关键层里面选择一个到该参考点距离最小的个体加入种群(如果有的话),否则把该参考点从当前代中去除。如果与当前个体相关联的参考点个体大于 0,则从关键层里面随机选择一个关联到该参考点的个体加入种群(如果有的话)。

NSGA-Ⅲ参数优化算法流程图如图 2-117 所示,其中,生成子代、对 R_t 非支配排序得到 F_1' 以及在 F_l 层筛选个体为三个子程序,非支配排序采用前文所述的超平面参考点的方法实现,能够对样本空间更充分地遍历,实现寻优结果的多样性。

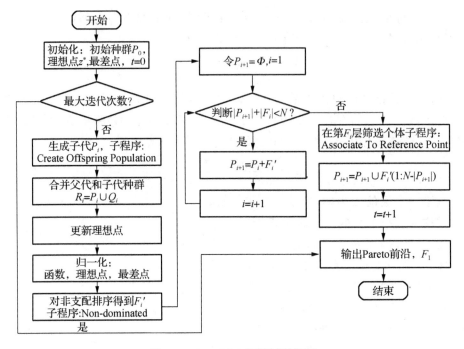

图 2-117 NSGA-Ⅲ算法流程图

2.6 电动汽车车辆改装技术

2.6.1 车辆改装的必要性

首先,目前市场中的电动汽车并不具备无线充电的功能,若要实现无线充电,必须加装能量接收模块;其次,为把能量接收装置得到的电能变为储能电池所需的充电电压,还要加装车载控制箱;此外,为使车内外的电磁环境满足要求,车辆还必须加装电磁屏蔽装置。因此,为安装能量接收模块、车载控制箱、电磁屏蔽等装置,需要对车辆的部分机械结构、电气系统、通信设备等进行改造。

2.6.2 车辆改装的依据和原则

本章节中关于电动汽车无线充电的车辆改造主要参考如下标准:
(1) SZDB/Z 150.1—2015　　《电动汽车无线充电系统 总则》
(2) SZDB/Z 150.2—2015　　《电动汽车无线充电系统 通信协议》
(3) SZDB/Z 150.3—2015　　《电动汽车无线充电系统 电能传输要求》
(4) SZDB/Z 150.4—2015　　《电动汽车无线充电系统 接口》
(5) SZDB/Z 150.5—2015　　《电动汽车无线充电系统 安全》

(6) SZDB/Z 150.8—2015 《电动汽车无线充电系统 地面设施》
(7) SZDB/Z 150.9—2015 《电动汽车无线充电系统 车载设备》
(8) GB/T 18384.1—2001 《电动汽车 安全要求 第1部分:车载储能装置》
(9) GB/T 18384.2—2001 《电动汽车 安全要求 第2部分:功能安全和故障防护》
(10) GB/T 18384.3—2001 《电动汽车 安全要求 第3部分:人员触电防护》

2.6.3 车辆改造的方案实施过程

能量接收装置安装于车辆底盘,可以考虑如下3种安装位置:安装于车前端、安装于车底盘中部、安装于车后端,如图2-118所示。

(a)车载装置装于车前端　　(b)车载装置装于车底盘中部　　(c)车载装置装于车后端

图 2-118　能量接收装置安装位置示意图

车载控制箱需固定在车中,具体位置需结合实际情况来定。为提高电磁屏蔽的效果,电磁屏蔽装置应固定在车底盘下。

无线充电系统车载端主要包括车载能量接收装置与车载控制箱,因此,车辆需加装车载能量接收装置、车载控制箱以及电磁屏蔽装置。车载端加装设备示意图如图2-119所示。

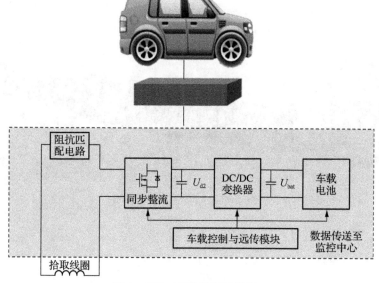

图 2-119　车载设备示意图

车载控制箱中主要包括补偿网络、能量变换电路、控制电路等。车载端还需增加网络通信设备,包括充电信息显示操作触摸屏以及远程无线通信装置。充电信息显示操作触摸屏的作用是显示充电功率、电池电量以及电池温度等充电信息,此外,在触摸屏上驾驶员可以操作是否启动接入无线充电系统。远程无线通信装置将当前系统状态、充电功率、电池电量以及电池温度等信息无线传递给地面端的发射控制单元。

对于车辆内部的辐射屏蔽方案的研究,本章节对车载端存在非铁磁性屏蔽材料——铝板进行分析研究。当电动汽车底盘存在铝板时,线圈中激发的交变磁场会与金属导体发生电磁感应现象,进而产生耦合,并在铝板中感生出涡流,而铝板中的涡流同样也会产生相应的感应磁场影响原磁场的分布,进而导致线圈阻抗发生变化,使整个谐振系统发生改变。再者,对于接收线圈加入铁氧体磁性材料时,铁氧体磁性材料的作用使得线圈周围磁场增强,减小漏磁,进而增加系统的传输功率和效率,但是引入磁芯后,由磁芯引起的涡流损耗随之而来,而磁性材料在交变磁场中磁化时会引起涡流损耗。因此,在设计方案时需选用电导率小的材料来降低由磁芯带来的涡流损耗。最后,在设计磁屏蔽机构时,应充分考虑两种磁屏蔽材料的作用,综合应用。

针对电动汽车改装这一问题,本节采取方案为在车辆底盘加装能量接收装置以及在车中加装控制箱。能量接收装置主要包括接收线圈、铁氧体、铝板、模具等。控制箱主要包括能量变换电路、控制电路、补偿网络等。整车改装的示意图如图2-120所示,接收装置安装在铝板下,铝板固定在车底盘下,控制箱通过支架固定在车中。

图2-120 车辆改装示意图

本章参考文献

[1] 廖承林,李均锋,马中原. 无线电能传输技术在电动汽车无线充电中的应用[J]. 现代物理知识,2015,27(2):51-53.

[2] JOLANI F, YU Y Q, CHEN Z Z. A planar magnetically coupled resonant wireless power transfer system using printed spiral coils[J]. IEEE Antennas and Wireless Propagation Letters, 2014, 13(1):1648-1651.

[3] HUANG X S, CHEN W. Improved analytical calculation model of high-frequency coil losses and its usage in wpt magnetic system[J]. Transactions of China Electrotechnical Society, 2015, 30(8): 62-70.

[4] WATERS B H, MAHONEY B J, LEE G, et al. Optimal coil size ratios for wireless power transfer applications[C]//Melbourne: IEEE International Symposium on Circuits and Systems (ISCAS), 2014: 2045-2048.

[5] 宋凯,李振杰,杜志江,等. 变负载无线充电系统的恒流充电技术[J]. 电工技术学报,2017,32(13):130-136.

[6] 徐德鸿,马皓,汪槱生. 电力电子技术[M]. 北京:科学出版社,2006.

[7] RAAB F H. Idealized operation of the class E tuned power amplifier[J]. IEEE Transactions on Circuits and Systems, 1977, 24(12):725-735.

[8] ALDHAHER S, YATES D C, Mitcheson P D. Design and development of a class EF2 inverter and rectifier for multimegahertz wireless power transfer systems[J]. IEEE Transactions on Power Electronics, 2016, 31(12):8138-8150.

[9] ALDHAHER S, MITCHESON P D, YATES D C. Loadindependent class EF inverters for inductive wireless power transfer[C]//Aveiro : 2016 IEEE Wireless Power Transfer Conference (WPTC), 2016: 1-4.

[10] ALDHAHER S, KKELIS G, YATES D C, et al. Class EF2 inverters for wireless power transfer applications[C]//Boulder : 2015 IEEE Wireless Power Transfer Conference (WPTC), 2015:1-4.

[11] CHOI J, TSUKIYAMA D, RIVAS J. Evaluation of a 900 V SiC MOSFET in a 13.56 MHz 2 kW resonant inverter for wireless power transfer[C]//Trondheim :2016 IEEE 17th Workshop on Control and Modeling for Power Electronics, 2016: 1-6.

[12] SUGINO M, MASAMURA T. The wireless power transfer systems using the class E push-pull inverter for industrial robots[C]//Taipei:2017 IEEE Wireless Power Transfer Conference (WPTC), 2017:1-3.

[13] YATES D C, ALDHAHER S, MITCHESON P D. Design of 3 MHz DC/AC inverter with resonant gate drive for a 3.3 kW EV WPT system[C]//Auckland:2016 IEEE 2nd Annual Southern Power Electronics Conference (SPEC), 2016: 1-4.

[14] MOUSAVIAN H, ABNAVI S, BAKHSHAI A, et al. A pushpull class E converter with improved PDM control[C]//Vancouver: 2016 IEEE 7th International Symposium on Power Electronics for Distributed Generation Systems (PEDG), 2016: 1-6.

[15] 沈锦飞,惠晶,吴雷. E 类高频谐振式 DC/AC 变换器[J]. 电力电子技术,2002,36(1):4-6.

[16] 刘磊. 一种应用于感应加热的高频谐振电路研究[D]. 杭州:浙江大学,2007.

[17] KIM J, LEE B, LEE J H, et al. Development of 1-MW inductive power transfer system for a high-speed train[J]. IEEE Transactions on Industrial Electronics, 2015, 62(10): 6242-6250.

[18] RAHNAMAEE H R, THRIMAWITHANA D J, MADAWALA U K. MOSFET based multilevel converter for IPT systems[C]//Busan: IEEE International Conference on Industrial Technology (ICIT), 2014: 295-300.

[19] LI Y, MAI R K, LU L W, et al. Active and reactive currents decomposition-based control of angle and magnitude of current for a parallel multiinverter IPT system[J]. IEEE Transactions on Power Electronics, 2017, 32(2):1602-1614.

[20] DENG Q J, LIU J T, Czarkowski D, et al. An inductive power transfer system supplied by a multiphase parallel inverter[J]. IEEE Transactions on Industrial Electronics, 2017, 64(9):7039-7048.

[21] 夏晨阳. 感应耦合电能传输系统能效特性的分析与优化研究[D]. 重庆:重庆大学,2010.

[22] 黄俊博. ICPT 系统频率稳定性分析及耦合传输功率研究[D]. 重庆:重庆大学,2010.

[23] 张宇帆. 非接触感应耦合电能传输系统的优化分析与频率跟踪控制[D]. 重庆:重庆大学,2011.

[24] 周诗杰. 无线电能传输系统能量建模及其应用[D]. 重庆:重庆大学,2012.

[25] 孙跃,张欢,唐春森,等. LCL 型非接触电能传输系统电路特性分析及参数配置方法[J]. 电力系统自动化,2016,40(8):103-107.

[26] TAN, L L, PAN, S L, CHANG F X, et al. Study of constant current-constant voltage output wireless charging system based on compound topologies[J]. Journal of Power Electronics, 2017,17(4): 1109-1116.

[27] 郭瑞. 可分离变压器的数学模型及仿真研究[J]. 黑龙江电力,2013,35(5):420-423.

[28] 苏琮皓. 基于平板磁芯的磁共振式无线能量传输技术研究[D]. 哈尔滨:哈尔滨工业大学,2012.

[29] 贾媛媛. 谐振式无线电能传输系统磁耦合机构的分析及优化设计[D]. 北京:北京交通大学,2018.

[30] Committee H E. Wireless power transfer for light-duty plug-in/ electric vehicles and alignment methodology[S]. SAE International, . DOI:10.4271/j2954_201605.

[31] 杨光. 具有强偏移适应性的电动轿车静态无线充电系统研究[D]. 哈尔滨:哈尔滨工业大学,2017.

[32] ZAHEER A, HAO H, COVIC G A, et al. Investigation of multiple decoupled coil primary

pad topologies in lumped IPT systems for interoperable electric vehicle charging[J]. IEEE Transactions on Power Electronics, 2015, 30(4):1937-1955.

[33] 向利娟,孙跃,胡超,等. 基于 AHP 和 FCE 的 IPTS 电磁机构性能评价[J]. 中国电机工程学报,2017,37(3):848-856.

[34] 向利娟. EV-DWPT 系统磁耦合机构与综合评价方法及系统优化技术[D]. 重庆:重庆大学,2017.

[35] MCROBBIE D. Concerning guidelines for limiting exposure to time-varying electric, magnetic, and electromagnetic fields (1 Hz - 100 kHz)[J]. Health Physics, 2011, 100(4):442.

[36] IEEE. IEEE standard for safety levels with respect to human exposure to radio frequency electromagnetic fields, 3 kHz to 300 GHz[S]. IEEE. DOI:10.1109/ieeestd.1992.101091.

[37] 环境保护部,国家质量监督检验检疫总局. 电磁环境控制限值:GB 8702—2014[S]. 北京:中国环境科学出版社,2014.

[38] OGAWA K, OODACHI N, OBAYASHI S, et al. A study of efficiency improvement of wireless power transfer by impedance matching[C]//Kyoto:IEEE Microwave Workshop Series on Innovative Wireless Power Transmission:Technologies, Systems, and Applications (IMWS), 2012:155-157.

[39] SUNOHARA T, LAAKSO I, CHAN K H, et al. Compliance of induced quantities in human model for wireless power transfer system at 10 MHz[C]//Hiroshima:2013 URSI International Symposium on Electromagnetic Theory (EMTS), 2013:831-833.

[40] HIRATA A, ITO F, LAAKSO I. Confirmation of quasi-static approximation in SAR evaluation for a wireless power transfer system[J]. Physics in Medicine and Biology, 2013, 58(17):N241-N249.

[41] LAAKSO I, HIRATA A. Evaluation of the induced electric field and compliance procedure for a wireless power transfer system in an electrical vehicle[J]. Physics in Medicine and Biology, 2013, 58(21):7583-7593.

[42] HIRATA A, TSUCHIDA S, et al. Variability of SAR in different human models due to wireless power transfer with magnetic resonance[C]//Brugge:2013 International Symposium on Electromagnetic Compatibility (EMC EUROPE), 2013:89-92.

[43] CHRIST A, DOUGLAS M G, ROMAN J M, et al. Evaluation of wireless resonant power transfer systems with human electromagnetic exposure limits[J]. IEEE Transactions on Electromagnetic Compatibility, 2012:1-10.

[44] CHEN X L, UMENEI A E, BAARMAN D W, et al. Human exposure to close-range resonant wireless power transfer systems as a function of design parameters[J]. IEEE Transactions on Electromagnetic Compatibility, 2014, 56(5):1027-1034.

[45] KIM S, PARK H H, KIM J, et al. Design and analysis of a resonant reactive shield for a

wireless power electric vehicle[J]. IEEE Transactions on Microwave Theory and Techniques, 2014, 62(4):1057-1066.

[46] MOON H, KIM S, PARK H H, et al. Design of a resonant reactive shield with double coils and a phase shifter for wireless charging of electric vehicles[J]. IEEE Transactions on Magnetics, 2015, 51(3):1-4.

[47] KIM H, SONG C, KIM D H, et al. Design of conductive shield for wireless power transfer system for electric vehicle considering automotive body[C]//Dresden: Electromagnetic Compatibility (EMC), 2015: 1369-1374.

[48] KURS A, KARALIS A, MOFFATT R, et al. Wireless power transfer via strongly coupled magnetic resonances[J]. Science, 2007, 317(5834):83-86.

[49] 郑伟. 基于无线能量传输系统的电磁兼容性研究[D]. 武汉:湖北工业大学,2013.

[50] 赵军,杨新生,徐桂芝,等. Witricity 系统对作用于人体胸腔电磁环境的研究(英文)[J]. 电工技术学报,2013,28(S2):200-203.

[51] 景无为,黄学良,陈琛,等. 多组无线电能传输系统间效率影响因素分析[J]. 电工技术学报,2015,30(14):457-462.

[52] 陈琛,黄学良,谭林林,等. 电动汽车无线充电时的电磁环境及安全评估[J]. 电工技术学报,2015,30(19):61-67.

[53] 刘永相,任仪,郝宏刚,等. 谐振式无线供电系统全波分析方法研究[J]. 重庆邮电大学学报(自然科学版),2013,25(4):518-522.

[54] 李长生,李炜昕,张合,等. 引信用磁耦合谐振系统复杂环境能量损耗分析[J]. 兵工学报,2014,35(8):1137-1143.

[55] 李长生,曹娟,张合. 非铁磁性金属影响下的磁共振耦合电能传输系统建模与分析[J]. 电力系统自动化,2015,39(23):152-157.

[56] 李康,张国强,郭润睿. 铁磁性干扰体对磁耦合谐振无线输电系统的影响[J]. 电工技术学报,2014(S1):1-7.

[57] 郭尧,朱春波,宋凯,等. 平板磁芯磁耦合谐振式无线电能传输技术[J]. 哈尔滨工业大学学报,2014,46(5):23-27.

[58] 张巍,陈乾宏,WONG S C,等. 新型非接触变压器的磁路模型及其优化[C]// 中国电子学会,中国电源学会. 2010 年中国电子变压器、电感器第四届联合学术年会论文集. 福州:2010 年中国电子变压器、电感器第四届联合学术年会,2010:29-38.

[59] SCHWAN H P, KAY C F. The conductivity of living tissues[J]. Annals of the New York Academy of Sciences, 1957, 65(6):1007-1013.

[60] GABRIEL C, GABRIEL S, Corthout E. The dielectric properties of biological tissues: I. Literature survey[J]. Physics in Medicine and Biology, 1996, 41(11):2231-2249.

[61] HURT W D. Multiterm Debye dispersion relations for permittivity of muscle[J]. IEEE Transactions on Bio-Medical Engineering, 1985, 32(1):60-64.

[62] LUCYSZYN S. Investigation of Wang's model for room-temperature conduction losses in

normal metals at terahertz frequencies[J]. IEEE Transactions on Microwave Theory and Techniques,2005,53(4):1398-1403.

[63] LIU H,TAN L L,HUANG X L,et al. A topological transformation and hierarchical compensation capacitor control in segmented on-road charging system for electrical vehicles [J]. Journal of Power Electronics,2016,16(4):1621-1628.

[64] LIU H,GUO J P,WANG W,et al. Switching control optimisation strategy of segmented transmitting coils for on-road charging of electrical vehicles[J]. IET Power Electronics, 2016,9(11):2282-2288.

[65] 张强,黄云霄,牛天林,等.基于神经网络的电动汽车动态无线充电功率控制[J].汽车技术, 2017(10):1-5.

[66] 赵志斌.基于NLP建模的ICPT系统参数优化[D].重庆:重庆大学,2012.

[67] 姚俊峰,梅炽,彭小奇.混沌遗传算法(CGA)的应用研究及其优化效率评价[J].自动化学报,2002,28(6):935-942.

[68] 雷英杰.MATLAB遗传算法工具箱及应用[M].西安:西安电子科技大学出版社,2005.

[69] 陈婕,熊盛武,林婉如.NSGA-Ⅱ算法的改进策略研究[J].计算机工程与应用,2011,47(19):42-45.

[70] DEEP K,THAKUr M. A new crossover operator for real coded genetic algorithms[J]. Applied Mathematics and Computation,2007,188(1):895-911.

第三章　无人驾驶技术

3.1　自动驾驶系统概论

3.1.1　自动驾驶的概念

随着互联网技术的迅猛发展,深度学习、互联网云平台、人工智能等技术的出现给汽车工业带来了革命性的变化,自动驾驶已经成为整个汽车行业的最新发展方向。应用自动驾驶技术可以全面提升汽车驾驶的安全性、舒适性,满足更高层次的市场需求,自动驾驶汽车必将会替代传统的人工驾驶汽车成为汽车行业的主流[1]。

自动驾驶汽车(Automated Vehicle;Intelligent Vehicle;Self-driving Car;Driverless Car)又称智能汽车、自主汽车、无人驾驶汽车等,是一种通过计算机控制而实现无人驾驶或自动驾驶的智能汽车。

自动驾驶功能是指自动驾驶车辆上,不需要测试驾驶员执行物理性驾驶操作的情况下,通过计算机系统能够对车辆行驶任务进行指导与决策,并代替测试驾驶员操控行为使车辆完成安全行驶的功能。自动驾驶功能包括自动行驶功能、自动变速功能、自动刹车功能、自动监视周围环境功能、自动变道功能、自动转向功能、自动信号提醒功能、网联式自动驾驶辅助功能等。

3.1.2　自动驾驶系统概述

自动驾驶系统是指能在某一时段执行自动驾驶功能的系统。该系统主要分为5个模块:环境感知模块、定位与导航模块、决策模块、控制模块、人机交互模块(图3-1)。机动车辆仅含的机动车辅助类自动化系统不属于自动驾驶系统:主动安全辅助系统、电子盲点辅助系统、防撞系统、紧急制动系统、停车辅助系统、自适应巡航系统、车道保持辅助系统、车道偏离报警系统、交通堵塞排队援助系统等。

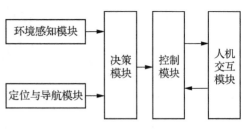

图3-1　自动驾驶系统模块

3.1.2.1 环境感知模块

环境感知技术是自动驾驶技术的基础和关键部分。自动驾驶汽车能够实现无人驾驶技术的前提是要能够观察到前方和周围设施,以判别自己所处的状态。

无人驾驶汽车在行驶过程中需要感知路边的基础设施、传感器标定、道路检测(直道检测、弯道检测、非结构化道路检测)、障碍物检测、交通信号灯检测、交通标示检测、周围车辆检测等。环境感知就像无人驾驶汽车的"眼睛",对环境感知发生错误,就极易导致交通事故发生。

无人驾驶汽车进行环境感知时需要用到红外线传感器、毫米波雷达、激光雷达、摄像头、超声波传感器及其他各种感应元件等设备,车辆各种状态的传感器采集信号通过环境感知模块进行滤波处理,以计算当前车辆所处的状态,包括:车辆当前的速度、加速度、所处的道路情况和周围车辆的情况。这些信息将通过环境感知模块传输至车辆控制模块,控制模块相关系统将会对这些记录进行检测。不同传感器设备有不同的适用范围,可以根据所研发自动驾驶汽车不同的目的将这些传感器组合使用。

无人驾驶汽车对于环境的感知,不仅仅限于近距离与目前环境的感知,也包括远距离感知与环境自动预测,人工智能技术中机器学习和深度学习的引入,让环境感知更加合理可靠。

3.1.2.2 定位与导航模块

定位与导航模块在无人驾驶汽车中至关重要,因为该模块在自动驾驶系统所有模块中智能化的程度最高。自动驾驶汽车需要利用定位系统确定自身在周围环境中所处的位置,以便进行路径规划。目前常用的定位系统有 GPS、北斗导航系统等。GPS 系统成型较早,其精度高、覆盖范围广的优点得到企业的认可,在无人驾驶汽车上广泛使用;我国的北斗导航系统正在完善中,在精确度和覆盖范围上有一定的局限性,主要搭载在国内自产的无人驾驶汽车上。但有时仅仅使用 GPS 或者北斗导航系统是不够的,在一些特殊的情况下还需要使用其他惯性制导和导航技术进行辅助以增强无人驾驶汽车的可靠性和安全性。

导航技术主要是用来决策无人驾驶汽车在运动规划中的速度和方向。基于人工智能技术的路径规划是目前的主流,考虑到无人驾驶汽车按既定规划路径行进中可能会遇到不可预知的情况,这时就需要对路径重新进行规划,所以定位与导航系统需要在自动驾驶车辆行驶过程中时时运行,根据车辆所行使的情况及时修正当前的规划,这需要模块具备极高的智能化。基于人工智能技术的路径规划,能够使无人驾驶汽车行驶路程最短,燃油消耗率最低,节省乘坐者的时间,并能够节能减排。

3.1.2.3 决策模块

决策模块的功能是根据环境感知模块和定位与导航模块活动的路况与车况信息，计算出下一时刻车辆应该采取的恰当行为。从环境感知模块主要获得的信息为车辆本身的参数，以及车辆周围的环境信息，这些信息包括交通信号、行人、障碍物等。从定位与导航模块可以获得的信息有车辆当前的定位信息、地图路径信息、当前路况信息等。决策模块将这些信息进行处理得出指令并发送至车辆控制模块，这些指令包括起步、换道、转向、倒车、跟车行驶等。

决策模块在基础信息采集的基础上要实现行为预测、路径规划、避障三个重要功能。

1. 行为预测

传统的汽车在路上行驶时，对于一个驾驶员来讲，主要的挑战是应对周围汽车或者行人可能做出的动作，这些行为直接影响本人的驾驶策略。当在城市中的复杂的路口、复杂地形的道路或者在恶劣天气下行驶时，这个挑战将更加明显。为确定车辆可以在复杂环境中安全地行驶，决策模块需要对汽车周围的环境做出预测，并基于这些预测生成一个合理的行为规划。

2. 路径规划

在动态环境中，自动驾驶的车辆规划是一个非常复杂的问题，特别是在要求车辆能以最快速度到达为条件时。最简单的办法是根据地图信息搜索所有可行的路径，根据智能算法来确定最佳的路径。然而这种方法存在很大的问题，首先这种方法的实现需要很大的计算资源，其次所计算得出的最佳路径是基于原有的地图信息而不包含实时的导航信息。为避免复杂的计算，通常使用概率类模型来提供有效的实时路径规划。

3. 避障

由于安全性是自动驾驶汽车首要考虑的因素，因此在避障功能中通常采用两个及以上的避障机制，以确保车辆不会与障碍物发生碰撞。避障通常包括主动避障和被动避障。主动避障是第一级避障，它基于交通预测。车辆在行驶的过程中交通预测机制会产生很多信息来估计将要和障碍物发生碰撞的时间，基于这些信息来触发避障机制来重新进行路径规划。如果主动避障失败，那么被动避障将会启动，它通过雷达检测前方的障碍物，然后将控制指令迅速传入控制系统以避开障碍物。

4. 控制模块

控制模块是自动驾驶技术的底层模块，也是自动驾驶汽车的执行操作模块。

控制模块接收来自决策模块的指令,并将指令转化为实际的车辆动作。该模块涉及许多复杂的自动控制技术和动作控制系统装置的操作。其动作能否正确及时实现是自动驾驶技术完成整个过程的关键。

5. 人机交互模块

目前自动驾驶技术的研发处于 L3 阶段,对于在自动驾驶汽车行驶的过程中遇到特殊情况时需要驾驶员参与驾驶,用户可以随时对自动驾驶系统发送指令,以完善当前的驾驶计划,更合理地完成决策方案。人机交互系统的参与提高了自动驾驶汽车的安全性,也基于用户满意度为用户在无人驾驶过程中带来更佳的体验。

汽车人机交互设计研究主要分为两类:一类是基于人机工程学对汽车内部结构布局的研究设计,包括内饰、座椅、造型等;另一类是对于车载系统的研究开发,包括车载信息系统、娱乐系统、语音系统、智能系统等,这些统称人机交互系统。目前普遍提及的汽车人机交互系统主要指第二类,本书所讨论的人机交互系统特指车载人机交互系统,它是信息技术发展的产物,是实现人车交互的媒介。

综上所述,自动驾驶技术不是单一的技术,而是许多新技术的集成,而且各种技术也正在不断地创新。上述 5 大模块紧密联系、相互依赖,共同组成了自动驾驶汽车的整体。每个模块又可以单独看成一个整体,具备一套完整的技术体系,在下一章中将针对每个模块详述其技术实现。

3.1.3 自动驾驶的等级划分

自动驾驶技术分为多个等级,其标准由美国汽车工程师协会(SAE)和美国高速公路安全管理局(NHTSA)推出。它不但被美国交通运输部采纳为联邦标准,同时成为全球汽车业界评定自动驾驶汽车等级的通用标准。按照 SAE 的标准,自动驾驶汽车视智能化、自动化程度水平分为 6 个等级:无自动化(L0)、驾驶支援(L1)、部分自动化(L2)、有条件自动化(L3)、高度自动化(L4)和完全自动化(L5)。两种不同分类标准的主要区别在于完全自动驾驶场景下,SAE 更加细分了自动驾驶系统作用范围,参考表 3-1。

从系统角色上分,L0~L2 主要是人在起监控驾驶环境的作用,L3~L5 则是自动驾驶系统主要起监控驾驶环境作用。在驾驶模式上,L1~L4 均指在部分特定的场景中适用,而 L5 全自动驾驶适用于所有的工况。

L0 无自动驾驶,但可以提供部分的告警功能。

L1 定义为辅助驾驶。此时,驾驶员监控驾驶环境,驾驶员和系统共同执行车辆的加减速和转向的动作,对于动态驾驶任务的反馈,也主要是由驾驶员来完成的。

表 3-1 自动驾驶等级定义

自动驾驶分级		名称	定义	驾驶操作	周边监控	接管	应用场景
NHTSA	SAE						
L0	L0	人工驾驶	由人类驾驶者全权驾驶汽车	人类驾驶员	人类驾驶员	无	
L1	L1	辅助驾驶	车辆对方向盘和加减速中的一项操作提供驾驶,人类驾驶员负责其余的驾驶动作	人类驾驶员	人类驾驶员		限定场景
L2	L2	部分自动驾驶	车辆对方向盘和加减速中的多项操作提供驾驶,人类驾驶员负责其余的驾驶动作	车辆	人类驾驶员	人类驾驶员	
L3	L3	条件自动驾驶	由车辆完成绝大部分驾驶操作,人类驾驶员保持注意力集中以备不时之需	车辆	车辆	人类驾驶员	
L4	L4	高度自动驾驶	由车辆完成所有驾驶操作,人类驾驶员无需保持注意力,但限定道路和环境条件	车辆	车辆	车辆	
L5	L5	完全自动驾驶	由车辆完成所有驾驶操作,人类驾驶员无需保持注意力	车辆	车辆	车辆	

L2 定义为部分自动驾驶。此时主要还是由驾驶员监控驾驶环境,系统通过驾驶环境信息的判断来执行加减速和转向动作。但对于动态驾驶任务的反馈,也主要是由驾驶员来完成的。

L3 定义为有条件自动驾驶。此时监控驾驶环境的主体改为自动驾驶系统,同时系统完成加减速及转向等驾驶操作,但对于动态驾驶任务的反馈,也主要是由驾驶员来完成的,根据系统请求,驾驶员需要进行适当的干预。

从 L3 开始,由于自动驾驶系统起到了主要的作用,这就对自动驾驶系统的安全性提出了很高的要求,在系统架构、底层系统冗余设计及鲁棒性上的要求很高,对制动、转向、电源及控制系统均要求冗余设计。

L4 定义为高度自动驾驶,由自动驾驶系统监控驾驶环境,并完成驾驶操作,在特定环境下系统会向驾驶员提出响应请求,驾驶员可以对系统请求不进行响应。

L5 定义为完全自动驾驶。此时,在所有的驾驶模式下,包括监控驾驶环境、执行驾驶操作、对动态驾驶任务进行反应等均由自动驾驶系统负责。

目前对于自动驾驶汽车的研究有两条不同的技术路线:一条是以特斯拉公司提出的次时代自动驾驶汽车,逐步提高汽车的自动化驾驶水平,即使汽车已达到比较高的自动化水平,但要求驾驶员仍能随时准备接替计算机进行人工驾驶;

另一条是由谷歌公司提出的次次时代自动驾驶汽车:"一步到位"的自动驾驶技术,汽车从出发到行驶结束只需要驾驶员发出一次启动命令,整个驾驶过程完全由计算机操控。可以看出业界经常讨论的自动驾驶汽车应该对应标准的 L4 等级和 L5 等级,它是自动驾驶汽车的高级阶段,其整个驾驶过程不需要驾驶员进行操作。

3.1.4 L4 级无人驾驶技术在"三合一"电子公路中的应用

"三合一"电子公路技术是多种相关高新技术的融合。汽车智能化、网联化以及自动驾驶业已成为下一个改变人类生活方式的技术蓝海,被认为是人工智能技术可以最先落地的产业化领域,其技术涉及认知科学、人工智能、控制工程、机械工程、信息工程、无线传感等多个学科,是各种新兴技术的最佳验证平台。"三合一"作为一种面向未来、智能生活的新技术当然更需要无人驾驶技术作为支撑。智能驾驶技术不仅能够提供更安全、更舒适、更节能、更环保的驾驶方式,有效缓解交通拥堵,同时能够将驾驶员从紧张的驾驶工作中解脱出来,是智慧城市建设和智能交通系统建设的重要环节,是构建绿色汽车社会的核心要素,其意义不仅在于汽车产品与技术的升级,更有可能带来汽车及相关产业的全业态和价值链体系的重塑,目前已经成为美国、日本、欧洲等国家和地区的未来发展战略。

L4 级高度自动驾驶是目前国内外自动驾驶技术发展的最高阶段,它主要依赖于无人驾驶智能综合协调控制系统完成车辆的所有驾驶操作,其中感知定位系统可以实现对多目标的跟踪算法,对无线充电道路路面、交通标志和动静态目标可以进行自动检测和语义理解,属于高度可扩展的多传感器融合框架;决策控制系统则是基于专家系统、模仿学习和深度学习定制高可靠性无线充电控制算法;自动驾驶控制技术是通过信息融合将需要解决的全局控制问题分配给不同的智能体子系统,然后设计子系统自主控制策略,从而实现电动化底盘执行部件的相互协作和全局优化;人机交互系统主要是针对驾驶员和车辆驾驶信息的交互,它进一步提高了智能汽车的可靠性和安全性,增强了智能汽车的灵活性和机动性,同时增强了更为出色的用户体验。"三合一"电子公路融合技术的目的是能够在各种的条件下能够给用户带来更加舒适、智能的驾驶体验,所以需要更加高级的自动驾驶技术。2017 年 7 月,我国国务院印发《新一代人工智能发展规划》,强调人工智能是引领未来的战略性技术,其中指出基于人工智能的自主智能无人系统的协同控制与优化决策方法是有待重点突破的研究内容。本书中"高度自动驾驶(L4 级)电动汽车关键技术研发"旨在利用新兴人工智能技术,突破高度自动驾驶(L4 级)电动汽车实时、鲁棒、高效环境感知与定位、智能决策与协同控制等关键技术。对于提高低速的半封闭式园区、高速路等行驶环境下电动汽车的智能化水平，提高车辆安全性等方面具有重要理论和应用价值。针对目前无人驾驶技术的发展，"三合一"电子公路采用 L4 级高度自动驾驶技术是必要的，同时具有更高智能的 L4 无人驾驶技术在感知、决策、控制层面能够与动态无线充电技术和光伏路面技术更好地融合，从而突出"三合一"电子公路技术在面向未来、舒适智能目标中的优越性。

3.2 自动驾驶涉及的关键技术

3.2.1 环境感知技术

在自动驾驶中，环境感知模块的功能是感知车辆周围的动态环境，并基于传感器采集的数据为周围环境建立起可靠而详尽的描述。环境感知模块在自动驾驶系统中充当着驾驶员"眼睛"的角色，该模块根据获取的已有信息进行处理然后传输到系统中的决策和控制模块，因此环境感知模块在自动驾驶中起着举足轻重的作用。本书先介绍传统的环境感知技术，并在此基础上介绍环境感知的发展趋势：基于深度学习的环境感知技术。"三合一"电子公路与传统的公路相比在环境信息层面上有着很大的差异。要想 L4 高度自动驾驶技术能够在"三合一"电子公路上有着良好的应用，更需要对环境感知技术的研究和发展，尤其是对感知系统的智能算法部分有着更高的要求。本章中先介绍环境感知技术中的硬件模块，介绍不同的传感器在"三合一"电子公路技术中的功能，然后着重介绍其智能算法的实现。

3.2.1.1 传统的环境感知技术

能够实时而又准确地感知自动驾驶汽车周围的环境因素是汽车能够安全地行驶的必要前提，而能够有效地做到这一点必须依赖多种传感器的配合。环境感知系统可以使用包括红外线传感器、毫米波雷达、激光雷达、摄像头、超声波传感器及其他各种感应元件等设备来获取汽车周围的数据。

本书以最具代表性的谷歌公司研发的无人驾驶汽车为例，介绍环境感知技术的工作原理。

谷歌无人驾驶汽车的环境感知系统由多种类型的摄像机和雷达组成，如图 3-2 所示。包括 3 个相机（包括 2 个可见光相机和 1 个红外摄像机），1 个三维激光雷达，2 个二维激光雷达、2 个毫米波雷达和一套惯性导航系统组成。

图 3-2　Google 无人驾驶汽车环境感知系统装配图

Google 无人驾驶汽车车顶上安装有 64 线激光雷达 Velodyne,用于检测周围环境目标物体的距离和三维环境建图。毫米波雷达系统用来跟踪附近的物体,当它在无人驾驶汽车的盲点内检测到物体时便会发出警报。可见光相机安装在挡风玻璃上,可以用来检测车道线,用于车道保持。一旦无人驾驶汽车不小心偏离了车道,方向盘会轻微震动来发出预警。红外相机装在挡风玻璃上用于夜视辅助功能,无人驾驶汽车两个前灯用来发红外光线到前方的路面,红外相机用来检测红外标记,并且在仪表盘的显示器上显示图像,对其中存在的危险因素突出显示。此外,还有装载的轮速传感器可以在无人驾驶汽车穿梭于车流中时测量它的速度。两个可见光摄像机组成立体视觉系统,以用来实时生成前方路面的三维图像,用于检测行人并对其做出预判。

安装在无人驾驶汽车底部的惯性导航系统可以测量出无人驾驶汽车在三个方向上的加速度及角速度等数据,结合同步 GPS 信息可以给无人驾驶汽车精确定位,通过将这些传感器数据输入计算机,然后再利用 Google 自己设计的环境感知系统软件以极高的速度对这些传感器数据进行处理。这样,Google 无人驾驶汽车就可对道路环境的各种状况做出非常迅速的判断。

Google 无人驾驶汽车通过相机和雷达组成的环境感知系统来感知周围环境,并使用 Google 自己通过手动驾驶车辆采集的详细地图来进行导航。手动驾驶车辆收集来的信息非常巨大,需要将这些信息进行处理转换,谷歌有专门的数据库用来处理这项工作,它的数据处理能力非常强大。Google 无人驾驶汽车环境感知系统目前所面临的主要困难是无法处理道路环境中所有的不可预测的情况而不出现任何误检和漏检,难以做到无人驾驶汽车和人工驾驶的汽车共处而绝对不引起交通事故。

3.2.1.2 关键传感器的功能

1. 视觉传感器

无人驾驶汽车视觉传感器相当于无人驾驶汽车的眼睛,主要用于识别道路标线、红绿灯、标识牌等。无人驾驶汽车视觉传感器是无人驾驶技术非常重要的组成部分,是未来无人驾驶技术的发展重点,它具有其他传感器所不能比拟的优点,如价格低易于产业化、体积小便于安装、能获得颜色信息等。

视觉传感器在无人驾驶汽车系统中的应用需要满足无人驾驶汽车行驶的道路环境及无人驾驶汽车自身行驶状况的特点。一般影响无人驾驶汽车视觉传感器性能的因素有如下几点:

(1) 天气变化导致的光线因素。天气的变化会影响场景的光照强度发生变化,从而影响相机的曝光,在道路环境中,逆光和背光的情况是不可避免的,且会交替出现。在逆光条件下,阳光的直射及场景物体反光可能会导致相机过度曝光。在背光条件或场景光线过暗时,又会导致相机曝光不足。这种过度曝光及曝光不足的情况都会影响相机采集图像的质量以及采集图像的速度,从而影响最终的识别检测结果。

(2) 相机安装位置影响。在无人驾驶汽车系统设计中,相机的安装分为车内安装和车外安装两种。如果相机安装在车外,需根据室外道路环境中的光照强度对相机进行曝光调节,且需要做好防雨防灰尘的工作。如果相机安装在车内,需要考虑相机可能受到车内环境导致的阴影及车窗反光等问题。无论相机安装在车内还是车外,都要避免采集图像时因为外部环境的变化导致的过度曝光及曝光不足情况,还有要尽量避免环境中出现的光照强度不均匀导致出现光斑等明显的高光区域及低光区现象。

(3) 无人驾驶汽车运动状态产生的影响。视觉传感器采集的图像质量与无人驾驶汽车运动的情况存在一定联系。因为视觉传感器的拍摄帧频是有限制的,所以无人驾驶汽车在静止情况下采集的图像质量要高于其在运动时的情况。

2. 二维激光雷达

二维激光雷达传感器的作用主要用于检测无人驾驶汽车周围存在的障碍物,它往往同三维激光雷达配合起来以准确感知无人驾驶汽车行驶道路环境中障碍物的分布情况。三维激光雷达由于安装的高度及其特殊的扫描工作情况,会使得在无人驾驶汽车周围一小片区域存在感知的盲区,这个问题可以搭配二维激光雷达辅助检测来解决。

3. 三维激光雷达

三维激光是由多个单线激光组成,如图 3-3 所示。除具有单线激光的优点外,还能精确地获得周围环境的三维信息,因此,利用三维激光雷达检测道路能获得更全面的信息数据。

三维激光雷达传感器 Velodyne HDL-64E 是目前无人驾驶汽车系统中使用最广泛的传感器之一,它被 Google 研发的无人驾驶汽车广泛采用。

Velodyne HDL-64E 三维激光雷达由上下两组各 32 条扫描线组成,每条扫描线有一个固定的俯仰角,通过旋转扫描的方式来获取数据,感知无人驾驶汽车周围的道路环境。在激光雷达上下各有一个激光接收器镜面,Velodyne HDL-64E 三维激光雷达结构图如图 3-4 所示。

图 3-3　Velodyne HDL-64E 激光雷达

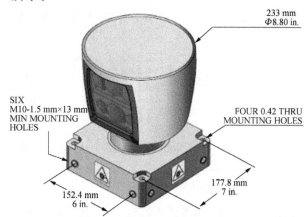

图 3-4　Velodyne HDL-64E 结构图

Velodyne HDL-64E 三维激光雷达由于激光发射装置与激光接收装置被安排在一个旋转电机上,所以水平方向的可视范围可以达到 360°。除了恶劣天气,如雨天和雾天等,其他条件的环境下都可以正常使用。因为三维激光雷达的安装位置会影响其实现的功能和感知的范围,所以如图 3-2 所示,它经常被安装在车辆的顶部。

3.2.1.3　环境感知功能的算法实现

1. 目标识别

目标识别是无人驾驶车辆最基本的功能,目标识别的功能能否快速准确地实现决定着无人驾驶的安全性,所以目标识别算法的识别和优化就显得至关重要。无人驾驶车辆在道路上行驶中需要及时识别车道线、周围的车辆、行人、障碍物等。目标识别属于计算机视觉识别功能中的一个基本问题,基于多年的发展已经提出了许多算法来解决这个问题。

传统上,识别流程开始于输入图像的预处理,然后是对关键区域的检测器识别,最后是输出识别目标的分类器。由于位置、大小、纵横比、方向和外观上的巨大差异,目标检测器一方面必须提取可区分不同目标类别的独特特征,另一方面需提供使识别目标结构不变性的可靠描述[3]。无人驾驶中目标识别的另一个重要的参数是速度,这就要求检测器在汽车行驶的过程中实时运行。

一个好的目标识别检测算法需要在各种情况下对目标的外观和形状进行建模。Dalal 和 Teiggs 提出了一种基于方向梯度直方图(Histogram of Oriented Gradient,HOG)和支持向量机(Support Vector Machine,SVM)的算法[4]。该算法流程如图 3-5 所示,它通过对输入图像进行预处理,在滑动检测窗口上计算 HOG 特征,并使用线性 SVM 分类器进行识别。该算法通过有针对性的设计 HOG 特征来获取对象的外观,并依赖线性支持向量机来处理高度非线性的目标检测。

图 3-5 SVM 算法流程

无人驾驶汽车要求能在行人密集的交通场所安全地行驶,因此对行人的识别至关重要。此外,由于路上的行人行为具有随机性而且通常带有建筑设施的遮挡,这将使得对行人的识别更加困难。

在识别目标中,人类因为在运动中形体发生变化,属于非刚性模型,所以对行人的识别极具难度。Felzenszwalb[5]等人提供的可变型部件模型(Deformable Part Model,DPM)将目标分成更简单的部分,以便 DPM 可以通过合成简单部分来表示非刚性模型。这样就减少了整个对象的外观模型所需的训练样本数量。

目标识别的其他算法也可以基于其他类型的传感器,如激光雷达[6]。尽管激光雷达的算法与基于摄像头的算法同样可以实现目标识别的功能,但其在行人识别中遇到了更大的困难。总而言之,该项技术尚有发展的余地,最好同时使用多种类型的传感器共同参与识别,通过传感器融合的方法获得更好的目标识别效果。

2. 3D 场景视觉

无人驾驶车辆在三维环境中行驶,加之行驶的场景是动态的、流动的,因此诸如深度的 3D 空间信息的感知是不可缺少的。激光雷达虽然能够产生高精度的数据,但只是产生稀疏的 3D 点云。单一图像提供不了深度信息,但可以给出空间密集的颜色、纹理信息。同样我们也可以使用立体摄像头以不同的角度同时拍摄图像来获取 3D 场景信息。

考虑到来自立体摄像头给定的图像对 (I_l, I_r),立体视觉本质上是图像对应性的问题,其中左端像 I_l 中的像素基于代价函数与右端像 I_r 中的像素匹配。

假设：相应的像素映射到相同的物理点，因此具有相同的外观：
$$I_1(p)=I_r(p+d) \tag{3-1}$$
式中，p 是左图中的位置，d 是视差。

基于特征的方法取代了像素值，该方法具有从简单的边缘和角点特征到复杂的手动设计特征。这产生更可靠的匹配，也与更稀疏的空间对应。利用空间的平滑性提出基于区域的方法，其中指出：
$$d(x,y) \approx d(x+\alpha, y+\beta) \tag{3-2}$$
对于非常小的 (α, β)，因此求解 d 成为最小化问题：
$$\min D(p,d) = \min \sum [I_r(q+d) - I_1(q)] \tag{3-3}$$
这可以产生具有较高计算成本的密集输出。

另一种求解图像对应性问题的方法是最优化法。基于特征和基于区域的方法都认为是局部的，因为 d 是基于局部信息计算的。另外，全局方法将匹配作为能量最小化问题，与原来固定外观假设和空间平滑度约束的方法匹配。各种技术都可以用来寻找全局的选择方案，包括变分法、动态规划和置信传播。

在距离为 B 的两个焦距为 f 的摄像头采集的立体图像对之间建立对应关系（假设摄像头光轴对齐，这样视差 d 就被看作是标量），视差 d 的图像中点的深度如下：
$$z = \frac{B}{d} f \tag{3-4}$$

3. 场景流

光流，是另一个计算机的视觉问题。光流（Optical Flow）被定义为两个图像之间强度的二维运动[7]。它与物理世界中的三维运动相关但不同，它依赖于相同的外观假设：
$$I_1(p) = I_r(p+d) \tag{3-5}$$

但是光流实际上比立体视觉更复杂。在立体视觉中，图像对是同时拍摄的，几何是造成视差的主要原因，外观恒定性更容易满足（图3-6）。在光流中，图像对是在相邻时刻拍摄的，运动只是影响因素之一，其他因素还包括照明、反射、透明度等，如图3-7所示。

在无人驾驶汽车实际行驶过程中，所应用的不是二维平面的光流，而是目标真实的三维运动。对障碍物的识别需要从二维表示转变到三维表示。

在KITTL2015的基准测试中，场景流的估计是基于两个连续的立体图像对，其中不仅产生点的三维位置，而且产生在时间间隔内的三维运动[8]。

为了估计场景流，Menze使用超像素为运动物体建立三维参数参考平面。

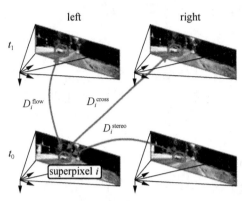

图 3-6 场景流两个图像对[8]   图 3-7 运动目标、光流和场景流

4. 目标跟踪

跟踪的目的是估计目标状态(目标的位置、速度、加速度等参数)。无人驾驶车辆在行驶过程中必须跟踪周围的车辆以保持安全距离并预测其运动轨迹。跟踪的算法实现常具有很大的难题,原因如下:

①目标通常部分或者完全被遮挡,这给实时跟踪带来困难。

②同一类别的目标在外观上高度相似,这给识别带来了困难。

③在跟踪的过程中,由于非刚性发生变形和照明条件的变化,目标的外形可能发生很大的变化,这需要处理器具有很高的智能性。

传统意义上,跟踪被定义为序贯贝叶斯滤波(Sequence Bayesian Filtering)问题:

①预测步骤:给定前一时间步长的目标状态,使用描述目标状态时间演变的运动模型来预测当前时间步的目标状态。

②校正步骤:给定当前时间步的预测目标状态以及来自传感器的当前观察,利用观察模型计算当前时间内目标状态的后验概率分布,表示观测是由目标状态决定的。

③重复前两个步骤直至达到收敛要求。

跟踪问题通常是使用粒子滤波器。然而贝叶斯滤波公式的递归性使得很难从暂时检测失败中得以恢复。如果以非递归方式进行跟踪,可以将其视为最小化包含运动平滑度约束和外观恒定性假设的全局能量函数问题。但是这个方法的缺点是目标假设的数量和每个目标的可能轨迹的数量都可能很大,使得得到最优解需要付出巨大的成本。解决该问题的一个方法是使用启发式来促进能量最小化[9]。

目标跟踪的另一个新兴的方法是通过检测进行跟踪。目标检测器使用连续的帧,并且对检测到的目标进行跨帧关联。这两个步骤都会面临一些不确定性:漏检和

误检问题;解决可能的轨迹组合爆炸的数据关联问题。

在参考文献[10]中,目标跟踪被定义为MDP,跟踪过程如图3-8所示:

跟踪目标有四种类型的状态:有效、无效、已跟踪、丢失。

①检测到目标时,该目标处于"有效"状态。

②如果检测目标被认为是有效的,相应的目标进入"已跟踪"状态。

③如果检测被认为无效,相应的目标进入"无效"状态。

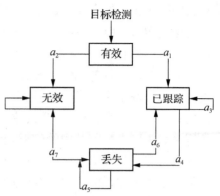

图3-8 MDP跟踪过程

④"已跟踪"的目标可能会"丢失"。

⑤"丢失"的目标可能重新被判定为"已跟踪"。

⑥如果目标"丢失"的时间超过一定的阈值,则判定为"无效"。

⑦"无效"的目标保持"无效"的状态。

(1) 所有操作 $a \in A$。

(2) 转移函数 $T:S \times A \rightarrow A$ 是确定性的。

(3) 奖励函数 $R:S \times A \rightarrow R$ 是从数据学习中得到的。

(4) 策略 $\pi:S \rightarrow A$ 也是从数据学习中学到的。

该算法运行如下:

(1) 在"有效"的状态下,检测器提出的目标候选框通过离线 SVM 训练来决定其有效性。SVM 训练目标特征,候选框的位置,并执行动作 a_1 或 a_2。

(2) 在"已跟踪"的状态下,基于跟踪-学习-检测的算法使用在线外观模型来确定目标是处于"已跟踪"状态还是进入"丢失"状态。此外观模型使用目标边框边界作为模板。如果目标处于"已跟踪"状态,则其他外观模型会不断更新。

(3) "丢失"状态下,在目标的"已跟踪"状态期间收集的所有模板被用于确定它是否回到"已跟踪"状态。如果一个目标在一段时间内保持"丢失"状态,则被判定进入"无效"状态。

3.2.1.4 "三合一"电子公路中基于深度学习的环境感知技术

在前一小节中,本书介绍了传统的环境感知系统、功能和算法实现。但传统的功能算法在应对复杂的交通路面有着其局限性。"三合一"电子公路融合多种技术,考虑到未来的发展,将会有更多新的因素引进。在环境感知模块中,进行智能算法的改进将更加重要。近年来，随着人工智能的发展尤其是深度神经网络（也被称为深度学习，Deep Learning）的出现极大地提高了计算机在视觉处理上的能力，在解决目标检测，图像分类问题等方面取得了重大的进展[2]。它可以对随机的数千个数码图像进行准确识别和分类，并且达到人类水平的精度。目前大多数的先进算法都是基于快速发展的卷积神经网络。该神经网络具有足够的复杂性，与传统的算法不同，深度学习不会去建立一个现实世界的模型，再用程序员已经设计好的逻辑和规则来处理其中的问题，相反深度学习是通过大量的训练数据"喂养"出来的。程序员每天都会用大量的原始视觉素材来"喂养"机器去学习，所有的视觉素材都是基于在车辆真实行驶的过程中拍摄的。深度学习软件通过观察世界来学习，能自发地完善自己的功能，这一点赋予它另一个巨大的优点——不依赖规则（Not Rule-found）。所以深度学习在视觉处理上相较传统法有着无可比拟的优点，这也成为"三合一"高度自动驾驶技术的发展趋势。

1. 卷积神经网络

卷积神经网络（Convolutional Neural Networks，CNN）是一种将卷积运算作为主要算子的深度神经网络，它在 1988 年由 LeCun 等人首次提出[11]。CNN 早期的研究可以追溯到 1968 年 Hubel 等人研究的视觉皮层研究上，这项研究获得了诺贝尔奖。他们发现在视觉皮层区域 V1 的神经元具有方向选择性和平移不变性。这些特征和生物视觉中的神经元接收局部的收入的概念一起形成了神经认知机（Neocognitron），最终出现了 LeCun 的神经网络[12]。因此，CNN 是具有以下特点的深度前馈神经网络。

（1）在两层隐含神经元之间，网络连接不是在每层中的任何两个神经元都存在，而是保持局部连接。换句话说高层网络通常将相邻的低层网络中一块矩形区域内的神经元作为输入，这块区域被称为神经元的感受野。

（2）相同层不同的神经元的输入权重共享。这利用了视觉输入中的平移不变性，显著减少了 CNN 模型中的参数数量。

上述的特点被认为是"隐含先验"的视觉知识，从而使得 CNN 成为解决计算机视觉问题的强大模型。当今，许多先进的视觉识别算法都是基于 CNN 的，所以 CNN 也成为无人驾驶环境感知的关键技术。

2. 目标识别

传统的对象检测算法使用手工特征从图像和结构化分类器中获取相关的信息来处理空间结构。这种方法不能充分利用增加的数据量来处理物体的外观和形状的变化。而基于深度学习的算法可以有效避免上述的问题。

主要通过像素深度信息稠密但相对不精确的相机与点云深度信息准确但相对

稀疏的激光雷达进行优势互补,得到深度信息稠密且相对准确的 RGBD 点云信息。现有的激光雷达与相机信息融合技术应用在多组高清摄像头和多线激光雷达中,且采用图像分割的方法,对控制器的运算能力要求较高,所需时间较长。

采用对相机获取的图像信息与激光雷达获取的点云图进行匹配取点,并以匹配的点为中心,利用图像信息中部分像素点的同一扫描线上的临近激光点的点云深度信息和图像信息之间的相对关系及特征融合结果。例如,激光点云深度信息和图像信息的插值或比例关系,通过分布式拟合插值的方式对激光点云图进行模拟空位填充,从而获得稠密并准确的 RGBD 点云信息。

在环境感知方面,主要的任务是道路分割、行人车辆识别、多目标跟踪等。基于视觉和激光雷达的方法都各有其优缺点,基于视觉的感知技术无法直接获得物体的深度,但可以获得非常高分辨率的感知结果;而激光雷达的在探测物体深度方面精度很高,但点云方面比较稀疏。因此,感知模块可以融合激光雷达、毫米波雷达和车载相机的数据,使得系统可以对整个场景进行高分辨率的语义感知和高准确度的深度探测。

在本书中基于视觉的道路分割和行人车辆识别主要采用深度学习来实现。而基于激光雷达的道路分割和行人车辆识别采用模式识别方式、机器学习和深度学习相结合的方式,在检测得到的目标层做高级语义级的融合,此处利用贝叶斯方法对目标进行融合,并根据融合结果进行限定、关联、跟踪和滤波。对于每一个运动目标,会持续更新其运动模型以提高检测和跟踪的效果。

除了运动目标的跟踪之外,障碍物的感知方面可以输入 2D 占据网格,通过基于贝叶斯的融合方法输出为统一的 2D 占据网格。框架设计支持多种融合策略和融合算法,可以依据传感器的配置情况和场景来自适应选择(图 3-9)。

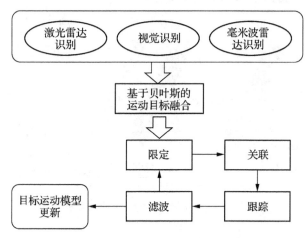

图 3-9　多目标跟踪融合框架示意图

考虑到点云数据的无序性、关联性和刚体变换不变形,利用欧氏距离作为度量建立图模型,并得到点云的距离矩阵,通过设计不同大小的卷积核函数,对距离邻近的点进行卷积操作,从而自主提取到点云数据的局部特征。基于所提出的图卷积操作,设计处理点云数据的深度图卷积网络结构图如图3-10所示,通过点之间的欧氏距离计算点与点之间的距离矩阵,计算卷积时,通过索引该矩阵实现对应点的抽取,从而完成卷积操作,该卷积操作考虑了局部点云数据,因此可以提取点云的局部特征。

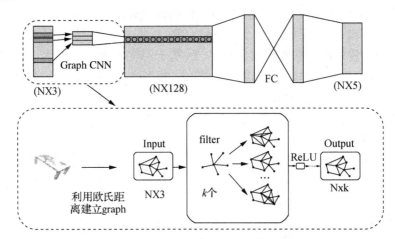

图3-10　处理点云数据的深度图卷积网络结构图

深度强化学习的目标检测算法是本项目的关键技术之一,可用于提取相机数据的特征信息,包含评价网络和动作网络,分别如图3-11和图3-12所示。评价网络目的是为了获得当前状态下的奖赏值。

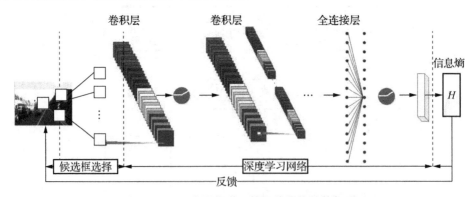

图3-11　深度强化学习的评价网络结构框图

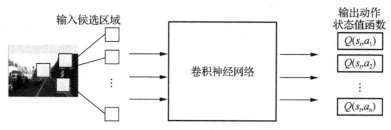

图 3-12　深度强化学习动作网络结构图

动作网络输入是状态(候选区域),输出的是动作状态值函数 $Q(s_t,a_t)$,$t=1$,$2,\cdots,n$。表示 $Q(s_t,a_t)$ 在当前状态 s_t 下采取动作 a_t 的值函数,即通过执行最优动作 a^* 从当前候选区域移动到新的候选区域,得到对应于执行动作 a^* 的奖赏值。深度强化学习目标检测算法具体描述为,通过强化学习的动作网络选择候选区域,候选区域通过基于深度卷积神经网络的评价网络判断候选区域是否是感兴趣的目标,网络输出是感兴趣目标的概率值,计算信息熵和奖惩值,指导下一个候选区域的选择,直到找到所有的感兴趣目标,从而提取到目标区域的深层特征。

通过激光雷达和相机之间的相对位姿,建立图像和激光之间的几何关系,从而对从激光雷达中提取的特征和从图像中提取的特征进行进一步深度融合,并且利用神经网络将融合后的特征用于下一步的多模态多维度融合。

3. 3D 场景视觉

要将深度学习应用到端到端的光流模型,需要实现特征提取、局部匹配和卷积层的全局优化。FlowNet 通过编码器—解码器架构实现了这一点,该框架首先"收缩"然后"扩展"卷积层[13]。在网络的"收缩"部分,网络结构有两种选择,如图 3-13 所示:

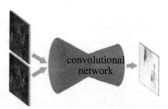

图 3-13　Flow Net 的架构

①FlowNetSimple:该结构分别从两幅图像作为输入进行叠加,并将其传递给一系列卷积层。这很简单,但在计算成本上要求很高。

②FlowNetCorr:该结构分别从两幅图像中提取特征,然后将它们的特征图用一个相关层合并,然后连接到卷积层。其本质上是计算来自两幅输入图像特征之间的卷积。

Flow Net 的"缩小"部分不仅减少了计算量,而且促进了上下文信息的空间融合。但这也降低了输出分辨率,Flow Net 通过使用来自先层的特征映射和来自 Flow Net "收缩"部分相同尺寸的相应层,阻止其在"膨胀"层的"向上卷积"发生。

立体视觉和光流都要解决两个输入图像之间的一致性问题。将 CNN 应用于匹配的一种简单而有效的方法是孪生(Siamese)架构。由 Luo 提出的 Content-CNN 就是一个例子,它由两个卷积层分支共享权重并排组成,以一个左图像为输入,另一个右图像也为输入[14](图 3-14)。它们的输出通过内部生成层连接。

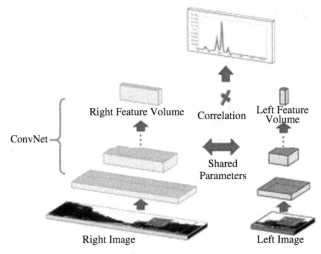

图 3-14 Content-CNN[14]

在每个像素处的视差向量的估计被定义为一个分类问题。这个分类问题有 128 或者 256 个可能值。输入已知的视差 γ_{gt} 的一对图像,通过最小化交叉熵函数来学习网络参数 ω:

$$\min \{- \sum P[\gamma_{gt}(i)]_\omega \lg P[\gamma_{(i)}, \omega]\} \quad (3-6)$$

式中:i——像素索引;

$\gamma_{(i)}$——像素的 i 视差;

$P[\gamma_{gt}(i)]$——以 γ_{gt} 为中心的平滑分布,所以估计误差也不是 0;

$P[\gamma_{(i)}, \omega]$——在像素 i 处预测的视觉误差。

作为无人驾驶的核心组成部分之一,环境感知模块主要是依赖于计算机视觉技术。深度学习的发展为计算机在视觉领域在完成无人驾驶的任务中取得了关键突破,并且环境感知模块的硬件系统——传感器对三维周围环境及时、全面、可靠的感知也在进行当中。目前,这些卷积神经网络是使用监督学习和大数据,为特定目的设计和训练的。这些网络内部结构非常相似的感知模块可能实现为统一的模型架构。这种架构可以同时执行多个感知任务,这样不仅减少了冗余计算,而且提高了整体的准确性和鲁棒性。目前需要解决的一个关键问题是,用于不同任务的多个 CNN 如何协作以及如何共享带有传感器噪声的信息和 CNN 的输出数据。我们还需要更深入地了解 CNN 内部工作原理来调试和修复错误。

3.2.2 自动驾驶定位技术

同环境感知模块一样,自动驾驶定位技术也是重要的基础技术之一。自动驾驶汽车能否实时而又准确地进行定位是路径规划的先决条件。定位技术有多种,包括全球导航卫星系统(Global Navigation Satellite System,GNSS)、激光雷达(Light Detection And Ranging,LIDAR)、高精度地图和其他航位推测传感器。除此之外,新兴的多传感器融合组合技术使用多个传感器进行更精确的定位是自动驾驶汽车定位技术的发展方向。

3.2.2.1 全球导航卫星系统的定位

GNSS 定位是目前最为成熟、普及范围最广的定位技术,其最具代表性的卫星导航系统——GPS 为人所熟知。本书将以 GNSS 开始探讨自动驾驶汽车的定位技术。

GNSS 由四种卫星系统组成:全球定位系统(Global Positioning System,GPS)、格洛纳斯卫星导航定位系统(GLONASS)、伽利略卫星导航系统(Galileo)、北斗卫星导航系统(BeiDou Navigation Satellite System,BDS)。

导航接收机天线接收到可见卫星的信号,通过捕获和跟踪模块,对卫星信号进行实时精确的跟踪,从而可以获取不同可见卫星的发射时间。通过将本地时间减去该卫星发射时间即可以求出卫星在传播过程中所耗费的时间,将该时间乘以光速,则得到卫星距离用户接收机的直线距离。通过对卫星信号进行同步与提取,可以得到卫星播发的星历参数,该参数代表卫星运行的轨道信息,由此可以计算出卫星的精确位置。根据三维坐标中两点之间的距离公式,我们可以列出汽车所处位置的方程。

图 3-15 中 (X_n,Y_n,Z_n) 代表了卫星的位置,ρ_n 代表卫星到用户的距离,(X,Y,Z) 为用户的位置,根据距离公式:

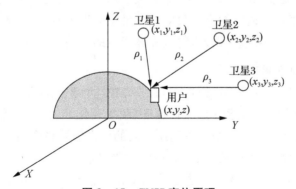

图 3-15 GNSS 定位原理

$$\sqrt{(X_n-X)^2+(Y_n-Y)^2+(Z_n-Z)^2}=\rho_n \qquad (3-7)$$

式中有 X,Y,Z 三个参数,我们只需要列出三个方程即可以解出车辆的精确位置。如图 3-15 所示,车辆所处的位置就是三个球的交点,即点 u。这样,只需要三颗卫星,我们就可以通过计算,得到用户的位置。在实际中,由于导航接收机的本地时间采用的是普通晶振,与导航系统的时钟并不同步,这样就多了一个时钟的不确定度。四个未知数,四个方程,所以需要四颗卫星用于求解。这就是卫星导航的基本原理,也称作绝对定位和单点定位。

实际中单纯采用 GNSS 系统定位会带来一定的误差,误差的来源主要有轨道误差、卫星钟差、电离层误差、对流层误差、多路径误差、接收机钟差和接收机噪声。其中,电离层误差对 GNSS 定位的影响最大,由此引起的测距误差最大有 150 m,其次是多路径误差和对流层误差。

1. 电离层误差

电离层是距离地面 80～600 km 的大气层,这层大气含有被称为离子的带电粒子,这些离子会使卫星信号延迟,并可能导致大量的卫星出现位置误差(一般为 ±5 m)。电离层延迟随太阳活动、年份、季节、时间、地点而变化,这使得很难预测电离层会给计算位置带来多大的误差。同时,电离层的信号射频变化也会导致电离层延迟变化。

2. 多路径误差

当一个 GNSS 信号从一个物体反射回来时会产生多路径,例如建筑物的墙壁到 GNSS 天线。由于反射信号穿越很远才能到达天线,因此反射信号到达接收信号就会有轻微延迟,这个延迟可能导致接收计算机计算出一个不正确的位置。

3. 对流层误差

对流层是最接近地面的大气层,对流层带来得误差主要是因为对流层中湿度、温度、大气压力变化所造成的。一般对流层带来的误差有 ±0.5 m。

其他几个方面也会带来误差,但其总体产生的误差较小,本书不再详细阐述。

3.2.2.2 激光雷达定位

与传统无线电雷达的工作原理相同,激光雷达首先向被测目标发射激光脉冲,而后通过测量反射信号的到达时间、强度、频率变化等参数,确定目标的距离、方位、仰角、运动状态等属性。激光雷达所发射的激光信号亮度高、单色性好、射束狭窄,所以激光雷达具有测量精度高、分辨能力强、抗干扰能力强、作用距离远、天线口径小和质量轻等优点。基于这些优点,激光雷达被广泛地应用于距离、速度、角度等参数的精确测量。在实际应用中,对于用户来说使用激光雷达的一个主要问题是校准,激光雷达的表现好坏严重依赖于校准,如果有好的校准,来自环境的 3D 数据能够被简便地提取为线性或者平面特征。相反,如果校准不好,这些特征会提取得比较困难、不可靠或者无法实现。校准的过程是一个涉及多个参数的优化过程,可以分为三个步骤。

(1) 参数选择:至少需要五个参数来定义三维坐标系中的一个激光束,包括两个角度参数来定义相关线的方向以及另外三个参数来定义激光束的点源。如果需要距离修正系数来校正激光束的测量值,则需要校准参数的数量为六个或者七个。

(2) 目标函数的选择:一个目标函数是构成整个优化过程的基础,并用于定量比较获取的三维点云数据和真实环境之间的差异,如果获取的三维数据与地面真实环境之间存在较大的差异,则函数应当提供更高的成本,并且随着所获取的三维数据与真实环境之间的匹配改善,逐步降低成本。

(3) 数据分割:该步骤包括从获取的数据中提取对应于已知地面实况的校准对象的数据,校准过程中所选择的环境应该被设计和制造,以允许适当的数据分段。

3.2.2.3 高精度地图定位

传统电子地图是将路网抽象为道路级的拓扑关系,即以道路为基本单元、交叉路口作为连接点连接不同道路,通过层层关联形成整个路网。由于人类驾驶员具有很强的环境感知和逻辑处理能力,因此人类驾驶员能够借助传统电子地图提供的导航功能,依靠自身的感知、逻辑处理能力确定具体驾驶行为。智能车的"驾驶员"是搭载的软件系统和各类传感器,环境感知能力和逻辑处理能力都很弱,智能车完全靠自身处理能力实现自动驾驶非常困难,即使实现也只能局限在部分特定场景。若要实现高水平、大范围的自动驾驶,必定离不开较电子地图而言精度更高、信息更全的高精度地图。高精度地图为自动驾驶提供高精度定位、车道级导航、扩展静态环境感知等功能,实现静态环境的预处理以降低实时环境数据处理量并提高处理准确率,辅助自动驾驶汽车达到甚至超过人类驾驶员的"驾驶水平"。

高精度地图是一种精度高、定义细的地图,精度高是指误差精度可达厘米级以精确区分不同车道;定义细则是包含各种交通元素,如车道线数据、交通标志数据、交通信号灯数据等。自动驾驶所需要的交通信息主要分为静态内容和动态内容两部分,其中静态信息主要包括:

(1) 车道及道路网,即以车道中心线为基本单元构成的拓扑网络,记录车道类型、宽度、坡度、曲率、转向类型等信息。

(2) 路面标线和交通标志。路面标线是指各种路面标线、箭头、文字和道路边线轮廓标示等信息;交通标志主要指各种交通标志牌。路面标志和交通标志指示智能车执行特定的驾驶动作,如转向、限速等。

（3）交通信号灯,高精度地图包含真实路口中信号灯的位置、个数、作用车道,引导智能车在特定区域执行特定动作(如开启检测、接收车联网信号)。

目前,由于技术发展制约,高精度地图只包含静态元素。将来,高精度地图通过云端实时提供前方道路是否中断、是否拥堵、路口红绿灯信号等动态信息,动态和静态内容结合的高精度地图扩展车载传感器的视野和为车辆提供实时性道路状况,在减少感知数据处理量的同时提高准确性和可靠性,为自动驾驶汽车合理决策规划奠定基础,为乘客带来更加舒适、平稳的乘坐体验。

3.2.2.4 "三合一"电子公路技术中多传感器融合高精度定位方法

1. 高度自动驾驶(L4级)智能网联电动汽车的协同感知与定位框架

定位平台在整个自动驾驶系统中处于非常关键的地位,如图3-16所示。综合利用本车设备源和V2X设备源,利用模式识别、机器学习与深度学习进行环境的协同感知与定位;其中本车设备源包含各种传感器如摄像头(包括单目和双目)、激光雷达(包括单线和多线)、毫米波雷达、超声波雷达、差分GPS、惯性导航单元、里程计等。所有本机设备源产生的数据通过总线(如CAN、LAN)传输,以及通过V2X系统得到的其他车辆和环境数据传输到车载计算机系统中进行处理。定位模块融合差分GPS、视觉SLAM、激光雷达SLAM、车道线定位、里程计等技术,得到L4级自动驾驶车辆的时间、速度和位置信息;感知模块包括道路分割、行人车辆检测、盲区检测、多目标跟踪等技术,获得高精度、全方位的环境信息。然后利用高精度地图,通过多源定位与感知融合框架,基于多模时空滤波的多传感数据融合得到最终的定位和感知信息,并提供给下一步的决策和控制模块使用。

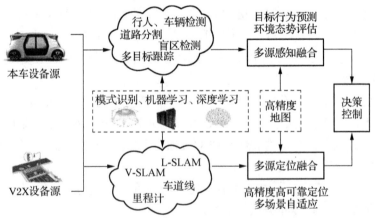

图3-16 高度自动驾驶(L4级)智能网联电动汽车的协同感知与定位框架

2. 融合高精度地图和V2X的协同定位与感知

如图3-17所示,本项目利用高精度地图协助感知和定位提供基础服务,通过其提供的各种先验信息,协同定位可以选择最佳的策略,从而获得更高的精确度和可靠性;感知方面也可以利用高精度地图来减少计算量、降低功耗、提升精确度和可靠性等,比如可以减小感知模块的感兴趣区域,从而提升精度和降低计算量。反之,感知得到的一些语义信息,可以传给定位模块,来帮助定位模块得到更准确的特征、更高的精度和更可靠的定位结果。另外,定位和感知模块可以通过在线的方式持续更新高精度地图,从而保证地图和实际场景的持续高度匹配。基于深度CNN进行极端环境下的道路感知/车道线与可行驶路面检测,并通过与高精地图进行深度融合,基于深度学习进行多模态自主导航、行为意图预测、障碍物检测与识别,并通过特征比对辅助本车进行高精准定位,提高自动驾驶汽车的环境感知和认知能力,提高检测和识别的准确度和可靠度。

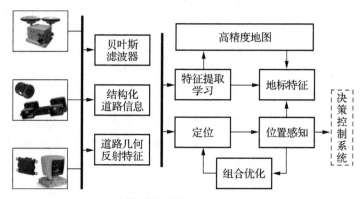

图3-17 高精度地图协助感知与定位示意图

如图3-18所示,V2X技术通过自动驾驶车辆和环境以及其他车辆之间的通信端,能够有效传播各种车辆自身的状态信息、定位信息、环境感知信息等。通过智能路侧传感系统与智能车载系统之间的无线数据交换,达到预防交通事故的目的。本项目研究基于路侧传感和车路协同感知的车辆、行人和路面状况识别、突发事件快速识别与定位。通过各种传感器检测气象、车辆、道路和行人的信息,在提取正常交通流和突发事件的基础上,进行特征分析,然后和历史数据进行匹配,利用概率神经网络实现突发事件的辨识定位。在行人识别方面,利用摄像机获取原始图像后,经过匹配确定目标区域,根据隐性马尔科夫模型,实现行人的识别。在车辆识别方面,主要通过高清相机、地埋线圈和微波测距仪等路侧设备获取车辆信息,通过特征提取后,和车辆传来的信息进行特征融合,实现车辆识别。同时,通过特征提取和信息融合,实现本车与道路之间、本车与基础设置之间、本车和行人及其他非机动车辆之间的精准定位。

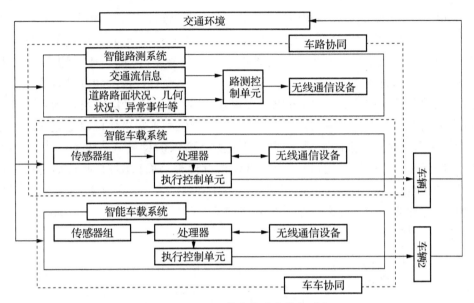

图 3-18　V2X 技术协助定位与感知

3. 高精度的多源定位融合技术

在定位子系统中广泛使用的一种定位方法是差分 GPS 定位，可以达到厘米级精度。但在一些 GPS 信号不好或完全不可用的场景下，需要使用其他定位技术如视觉 SLAM 和激光雷达 SLAM 等。如图 3-19 所示，在多源定位融合模块

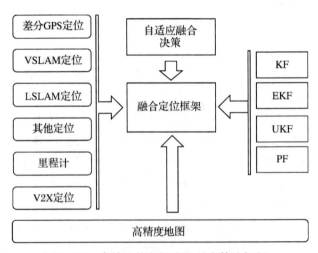

图 3-19　高精度的多源定位融合算法框架

中,首先单个定位测量会按照各自的频率发送其定位信息,所有的定位信息都统一到同一个坐标系下面,定位融合模块会根据一组异构或同构的定位数据源和里程计等信息,使用多种融合算法(如卡尔曼滤波、粒子滤波等)进行融合,输出统一的、更高精度、更可靠的定位结果。框架本身支持多种融合算法,自适应定位融合决策子模块可以根据定位源、场景、高精度地图等信息选择最佳的融合算法。

如图 3-20 所示,视觉 SLAM 的处理过程主要包括跟踪定位、局部地图生成和全局地图生成三个子模块,跟踪定位通过图像特征提取、帧间匹配,并得到关键帧。得到关键帧插入到局部地图中,并基于图优化算法生成局部地图,消除部分累积误差。最终利用闭环检测,并基于图优化算法再次消除累积误差,生成全局最优的地图。生成的地图中包含关键帧和地图点信息,并保存在文件中以便后续的定位使用。此外还有重定位子模块可以在定位丢失的情况下快速重新定位,地图自适应更新子模块可以在多次定位过程检测到环境中的一些变化并对地图做部分更新,从而提高定位的精确度和可靠性。"三合一"电子公路方案在建图和定位阶段融合了 IMU 或里程计信息,从而能够使得累积误差减小,能够进一步提升精确度和可靠性。

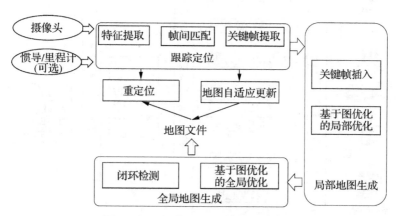

图 3-20　视觉 SLAM 框架示意图

激光雷达 SLAM 的框架如图 3-21 所示。激光雷达输出单帧点云,通过连续多帧点云之间进行姿态估计,并利用 IMU/里程计信息对姿态估计进行优化。选择最佳的位姿插入到一个子图中,通过控制子图的尺寸来保证每个子图中的累积误差很小(子图尺寸可以根据场景进行自适应调节)。随着时间推移,构建的子图越来越多,累积误差也越来越大,当闭环检测发现闭环时会进行基于图优化的全局优化,最终生成全局地图。

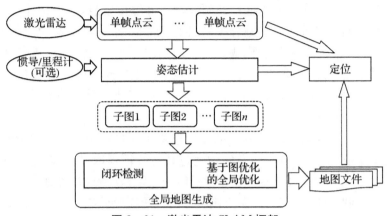

图 3-21　激光雷达 SLAM 框架

本书的协同感知与定位平台如图 3-22 所示,最终得到的高精度感知信息(包括行为预测、环境态势等)和定位信息(包括时间、速度、位置等)将作为后续检测与控制系统的输入。

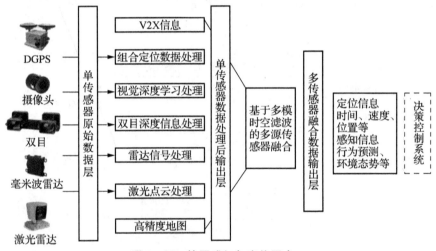

图 3-22　协同感知与定位平台

3.2.3　路径规划和行为预测技术

本节我们将介绍自动驾驶车辆的路径规划和预测技术。预测模块负责对感知模块检测到的车辆周围物体的未来行为进行预测。它输出的预测轨迹是下层控制模块的输入,本书所说的路径规划模块是基于高精度地图道路划分的道路级别的路径规划。路径规划仅仅给出了到达终点所要经过的一系列道路在高精度地图上的位置。它的输出将为下层的控制模块的输入。

3.2.3.1 车道级别的路径规划

在规划和控制模块的上层是车道级别的路径规划,简称路径规划。这里的路径规划与谷歌地图的导航服务有着很大的不同。传统的导航地图解决的是一系列道路由 A 点最终到达 B 点的问题,这种导航服务的最小元素可能是特定道路上的特定车道,这些车道和道路是由真实的路标和分割线自然定义的。虽然无人驾驶车辆的路径规划问题也是解决从 A 点到 B 点的问题,但它的输出不是给驾驶员而是为行为决策和控制等下层模块的输入。因此,车道级别路径规

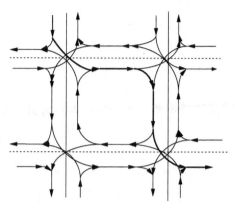

图 3-23　高精度地图的路径规划示意图

划的道路等级必须达到高精度地图定义的车道水平。这些高精度定义的车道与自然分割的车道或道路是不一样的。如图 3-23 所示,箭头代表高精度地图等级道路的车道分割与车道方向。

图 3-23 中显示的是典型的四个十字路口(虚线交叉处),实线表示各个道路,粗实线表示实际规划的路径。从示意图中可以看出高精度地图定义的车道不一定是与实际车道表示相对应的,例如每个路口转弯处的车道,这些车道在实际车道中并没有显示,而是高精度地图的虚拟转弯车道。

路径规划作为控制模块的上层输入,其输入信号的可靠度很大程度上依赖于高精度地图的创建。根据给出的高精度地图中定义的道路图和车道分割,在驾驶员原先设置的条件下,路径规划所要解决的问题是自动驾驶车辆从起点到终点所要经过最佳车道序列的问题。在实际算法中,一条路径规划段由车道、起点、终点三个因素的位置唯一确定。

但是在上述的路径规划中,存在着一个显著的问题:路径规划模块必须考虑车辆在执行最优路径时执行某些动作的困难性,例如由于运动规划模块需要将更多的空间和时间来完成最短路径的切换,此时自动驾驶路径规划将避免切换到平行车道,为了安全考虑,在路径规划中将要尽量避免生成这种需要在短路程里完成换道的路径规划。因此在路径规划算法中需要创建有权重的有向路径,基于上述的某些路径给予更高的代价。简而言之,自动驾驶车辆在操作行驶过程中执行某些行为的困难点与人类驾驶是有所不同的,这也意味着无人驾驶汽车在行驶过程中要尽量避开这些困难点,所以无人驾驶车辆所采取的最优路径不一定和人工驾驶采取的路径相同。

在高精度地图的路径规划中引入路径加权,在此基础上实现最短路径的规划

问题。路径规划模块首先会在车辆行驶的前方附近采集几个采样点,这些点被称为车道点(Lane Points),它代表了无人驾驶车辆在车道上行驶时可能出现在车道上的位置,相邻的车道点通过有向的直线连接。连接车道点的线的权重代表着无人驾驶车辆从出发车道点到目标车道点的执行动作的潜在代价。车道点的空间采样频率必须保证车道得到充分的采样。连接车道点的车道线具有明显的局部特征以方便加权。相邻的车道点通过和车道方向相同的有向线自然地连接起来。此外,不同车道上的车道点也是可以相连的。如图3-24所示,两个相邻的车道组后一个车道点和第一个车道点是相连的。在平行车道上,如果换道是符合交通规则的,那么平行车道的车道点也是可以连接的。图中不同的动作设置的代价不一,例如直行代价一般设置较小,而左右变道代价就很高,对于我国现行交通规则来说左转变道代价比右转变道代价要高。代价的设置根据不同的场景设置可能有所差异,根据不同动作设置代价而进行加权,就可以计算加权下的最优路线搜索。

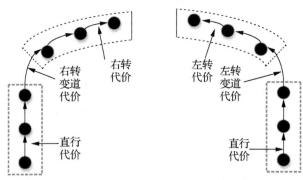

图3-24 左、右转向代价

3.2.3.2 典型的路径规划算法

路径规划的核心就是算法的设计,从传统的算法到智能算法,路径规划技术得到了极大的发展。目前,路径规划的方法有很多,根据其不同的特点,分为传统算法、图形学算法以及智能仿生算法。目前在自动驾驶汽车领域应用较多的有图形学算法和智能仿生算法,本节将重点介绍这两种算法。

1. 图形学算法

Dijksrtra是图论中很常见的最短路径算法,该算法解决了在加权图上从源节点(Source Node)到最终节点的最短路径问题。下面介绍该算法的具体流程:

(1) 构造加权图。从高精度地图接口,读取设置半径内的"连接道路图",对车道点进行采样,并构造如图3-25所示的连接图,并根据所处的区域特点赋予各个动作的加权代价。离自动驾驶汽车最近的车道点为源节点,离目的地最近的节点为最终节点。

(2) 设置当前节点为源节点,将其他节点设置为未访问节点,并将其放入未访问集合内。

(3) 计算距离。从当前节点出发,考虑所有未访问节点,并计算这些车道点可能的距离。选取加权值中最小的代价作为首先参考点。

(4) 移除已访问点。在到达下一节点时,重复步骤三,同时将已访问的节点从未访问点集合中移除,不再纳入计算范围之内。

(5) 从未访问集合中提取相应的点作为源节点,重复步骤(3)和步骤(4)直至所有未访问点被移除只剩下最终节点结束。若存在某个点的最小距离为无穷大,这说明最短的路径寻求失败,没有办法找到从源节点到最终节点的路径,也就是当前的数据所提供的规划为无解。在这样的情况下,需要增大搜索半径,再重复上述步骤,直至得到可行解为止。

2. 智能仿生算法

群智能算法是一种结合了启发搜索的新型仿生群落算法,具有良好的自组织性和鲁棒性,并且对复杂问题的求解能力强,已受到越来越多学者们的重视。潘鲁彬提出的粒子群算法对路径规划问题有较好的解决,用于路径规划的智能水滴算法属于群落智能算法的范畴,已被成功应用于旅行商问题、背包问题以及路线规划等问题中。本章将以此为例,介绍智能算法在路径规划中的应用。

粒子群优化算法(Particle Swarm Optimization)是由 Kennedy 和 Eberhart 在 1995 年提出的一种群体智能进化算法,来源于对鸟类觅食行为的模拟,通过鸟类之间的集体协作使群体达到目的。PSO 算法先生成初始种群,即在可行解空间中随机初始化一群粒子,每个粒子都是优化问题的一个可行解,并由目标函数为之确定一个适应值(Fitnessvalue)。每个粒子在解空间中运动,并由速度决定其方向和距离。粒子将追随当前的最优粒子而动,并经逐代搜索,最后得到最优解。在每一代中,粒子将跟踪两个极值,一个是粒子本身迄今找到的最优解 pbest,另一个是全种群迄今找到的最优解 gbest。

无人驾驶汽车在进行路径规划时要满足以下条件:

(1) 该路径应尽可能短;

(2) 该路径所用时间应尽可能少;

(3) 该路径过程中应与周围车辆保持一定的安全距离;

(4) 该路径应尽可能减少转向变道等复杂操作。

粒子群优化算法的程序流程为(图 3-25):

(1) 初始化粒子群体,在解空间范围内随机设定每个粒子的初始位置,随机生成第一个粒子的速度,并将初始起点的位置赋值给第一个粒子,初始终点的位置赋值给最后一个粒子。

（2）计算每个粒子的适应度函数，选取适应值最小的粒子位置为 gbest。

（3）根据迭代公式对第一个粒子的速度和位置进行迭代。

（4）将迭代后的粒子位置作为新的起始点，在起始点和动态变换后的终点范围内重新随机初始化粒子群体，将更新后起始点的位置和速度赋值给第一个粒子，将变换后的终点位置赋值给最后一个粒子。

（5）如未达到结束条件（通常为足够好的适应值），则返回（2），否则停止。

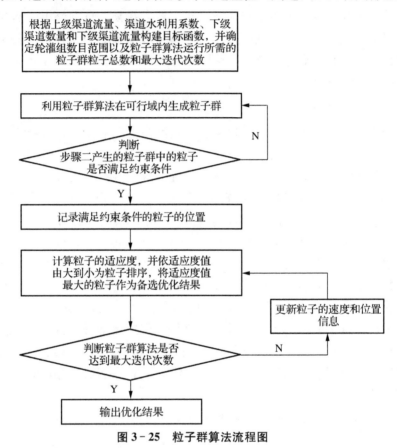

图 3-25　粒子群算法流程图

3.2.3.3　交通预测

交通预测模块作为规划和控制模块的直接上层模块，其任务是预测检测的对象在短时间内的行为，提供带时空轨迹点预测结果的细节，并将其传递给下层模块。

通常检测到的障碍物具有位置、速度、航向、加速度等属性，这样的信息包含运动学多方面的信息。考虑到简单的物理规则及属性，可以做出合理的即时预测。

然而,交通预测的任务不仅是物理属性的即时预测,更重要的是通常跨越几秒钟的行为预测,这样的预测必然考虑多个因素,包括交通信号、地图特性等。这些行为预测大多是可分类的,可以转化为分类问题并用机器学习的方法解决[16]。但是仅仅是行为级的预测是不够的,因为我们提到的交通预测的实际输出是包含时间、速度、航向信息的轨迹点组成的预测轨迹。因此,交通预测通常分为两个子问题。

(1) 道路对象行为的分类问题:例如,车辆是将改变车道还是保持当前车道,或者行人是否会通过交叉路口等。

(2) 用于生成带速度和时间信息的预测路径的回归问题:例如,过十字路口时,行人的速度不会发生太大的变化,但是当车辆转弯时,通常是先减速后加速。

对于车辆行为的预测,我们可以考虑三种可能的特征:车辆历史特征、车道序列特征和周围障碍物特征。

(1) 车辆历史特征:我们可以考虑一个 W 帧宽的历史窗口。对于每一帧,我们要预测车辆的绝对位置,以及它相对于车道的相对位置。这一类特征可以说明在历史上车辆时如何沿着当前车道或者以前的车道行驶的。

(2) 车道序列特征:对于每个抽样点的"车道点",我们可以计算它的表示扩展车道序列形状的属性。例如,每个车道点先后对于它所属的车道的航向、曲率、边界距离,这些信息可以被提取为车道序列特征。这类特征可以表示指定车道序列的形状。

(3) 周围障碍物特征:这类特征很难计算,它以检测识别车辆周围的物体来进行预测。这是因为有时不仅是车道形状或车辆的历史姿势,而且周围的物体也会决定其未来行为。

车辆行为预测模型的选择:

在机器学习中,特征与模型相关联。在本书中,我们将利用两种类型的模型进行预测。

(1) 无记忆模型:如支持向量机(Support Vector Machine,SVM)或者深度神经网络(DNN)。这些模型是没有记忆的,一旦训练完成后模型将保持不变,而且输出不依赖于以前的输入实例。对于这种类型的模型,如果我们想要捕获历史信息,就需要显式地将它们编码为特征。例如我们可以获取车辆信息的多个历史帧,从这些帧中提取特征,然后利用这些特征来训练或者预测。

(2) 记忆模型:如递归神经网络(Recursive Neural Network,RNN)结构的长短时记忆模型(Long Short Term Memory,LSTM),这些模型具有记忆,因为输入和历史相关,所以这种模型更加难以训练。

选择哪种模型取决于具体场景。在地图和周围环境不是很复杂的情况下,使用无记忆模型可以解决预测问题,而且计算速度快、成本低。如果交通条件非常复杂,我们就需要 RNN 这样的记忆模型来充分处理历史信息。在工程实践中,尽管记忆模型的训练和调整参数更加困难,但是记忆模型往往更容易在线实现,因为它们只以当前的信息作为输入而模型本身就能储存历史信息。对于无记忆模型,它们的在线实现通常非常复杂,原因是历史信息通常需要作为特征输入到模型中,而在线系统必须在线储存历史信息以进行特征提取。

3.2.4 自动驾驶决策系统

3.2.4.1 决策的概念

决策模块的功能主要是依据环境感知模块和任务规划与导航模块获得的路况和车况信息,计算出下一时刻应采取的恰当的车辆行为。从环境感知模块获取的信息主要包括环境信息、车辆当前的状态等,从任务规划与导航模块获得的信息包括位置信息、地图数据信息、路况信息等。影响无人驾驶汽车决策的信息包括道路交通信息、行人、交通标志物、任务目标等。无人驾驶汽车在进行决策的过程中,实质上是在进行行为状态之间的转换,无人驾驶汽车的行为可以细分为停车、换道、左转、右转、倒车、起步、躲避障碍、跟车行驶等,如图3-26所示。

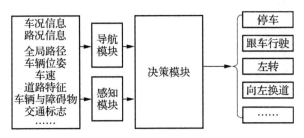

图3-26 决策系统功能

在一般的无人驾驶决策模块中,行为决策扮演了"副驾驶人"的角色。这是大部分原始数据被消耗和处理的模块。被送到决策模块的原始数据包括但不限于位置、速度、加速度、航向在内的车辆自身信息,还包括当前车道信息以及在特定半径内的任何感知得到的物体信息。行为决策模块的任务是利用所有输入的原始数据计算得出行为层面的决策。这些输入的原始数据还包括以下内容:

(1) 路径规划模块的输出:一系列车道以及它们期望的起始和结束位置(进入车道和离开车道的位置)。

(2) 无人驾驶车辆自身的属性:当前GPS的位置、当前车道、当前相对于车道的位置、车速、航向以及无人驾驶车辆定位情况下当前目标车道。

(3) 无人驾驶车辆的历史信息:在上一个决策循环中,决策输出是什么?车辆要跟随、停车、转弯还是换道路?

(4) 无人驾驶车辆周围的障碍物信息:在无人驾驶车辆一定半径内所有的物

体。每个被感知到的物体包括许多属性,像所处的车道、速度、朝向、潜在意向和据此预测到的轨迹。物体及其属性来自感知和预测模块的输出。

(5) 交通和地图信息:由高精度地图定义的车道以及它们之间的关系。例如,车辆完成了直线车道的行驶,需要进入一个左转的车道,那么在车辆转弯时是否有禁止左转的交通灯或者标志。这种信息来自地图模块,也来自感知得到的动态交通标志。当地的交通规则:例如,某些特殊车道的限速,红灯时右转是否合法?

行为决策模块的目标是权衡所有的输入信息,做出合理的和安全的决策。决策系统就好像"神经中枢",是所有原始数据被综合考虑的地方,由于这些数据的类型各不同,同时每个地方有不同的交通规则,用公式描述行为决策问题并使用统一的数学模型进行求解是非常困难的。而采用先进的软件工程思想,设计一个基于交通规则的系统来解决这个问题是比较合适的。事实上,基于先进规则的行为决策系统已经被用于许多成功的无人驾驶系统中。随着无人驾驶决策规划系统的研究越来越多,贝叶斯模型在无人驾驶车辆行为建模中应用广泛,具有很好的发展前景。在贝叶斯模型中,马尔可夫决策过程(Markov Decision Process,MDP)和部分可观马尔可夫决策过程(Partially Observable MDP,POMDP)在无人驾驶行为建模中为广泛应用。所以,在下一节中本书将详细介绍一个基于规则的决策模块的实现方案。

3.2.4.2 马尔可夫决策过程方法

马尔可夫决策过程方法(MDP)由以下五元组(S,A,P_a,R_a,γ)定义,具体含义如下:

(1) S 表示无人驾驶车辆的状态空间。状态域的划分应考虑无人驾驶车辆的位置和地图要素。在位置维度人们可以将无人驾驶车辆的周围空间划分为固定长度和宽度的网格。考虑到不同的道路地图对象,也可以创建包含不同地图对象组合的状态空间,例如包含车辆所处位置当前和相邻的车道。

(2) A 表示行为决策输出空间,它是固定的,是一组所有可能的行为运动:决策状态可以是跟随当前车道的车辆,切换车道到相邻的平行车道、左转、右转、让路、在交叉路口超车和因交通信号灯或行人停车。

(3) $P_a(S,S')=P(S'|S,a)$ 是状态转移频率,表示无人驾驶汽车辆当前处于状态 S 并采取行动 a 时,到达状态 S' 的概率。

(4) $R_a(S,S')$ 是回报函数,表示通过采取行动 a 从状态 S 转换到状态 S' 的回报。回报是我们如何评估这种状态转换的综合度量。回报中应考虑和体现的因素包括:安全性、舒适性、是否有利于到达目的地以及执行下层动作规划模块的执行难度。

(5) γ 是回报的折扣因子。下一个时刻的回报按照折扣因子进行衰减。当前的回报是 1,下一个时刻的回报将会是 γ。因此未来的时间帧 t 的回报暂时被认为是γ^i。折扣因子保证了相同量的回报在当前总比未来更有价值。

在正式的 MDP 设定下,行为决策需要解决的问题是找到一个最优策略,表示为 $\pi: S \rightarrow A$。根据给定任何状态,相应的策略需要计算一个行为决策输出 $a = \pi(s)$。当策略确定后,整个 MDP 可以被看作是一个马尔可夫链。行为决策 π 是针对从当前时间点开始到未来的累积回报进行优化的。如果回报不是确定性的,而是一个随机变量,那么策略将针对累积回报的期望进行优化。在数学上,要最大化的累积回报写为

$$\sum_{t=0}^{\infty} \gamma^t R_{at}(S_t, S_{t+1}) \qquad (3-8)$$

其中行动 a 是策略的输出 $a = \pi(s)$。寻找这种策略的方法通常基于动态规划(Dynamic Programming)。假设状态转移概率矩阵 P 和回报分布矩阵 R 是已知的,则策略优化方法可以通过迭代计算获得,并存储为下面两个状态数组:

$$\pi(S_t) \leftarrow \frac{\text{argmax}}{a} \Big\{ \sum_{S_{t+1}} P_a(S_t, S_{t+1}) [R_a(S_t, S_{t+1}) + \gamma V(S_{t+1})] \Big\} \qquad (3-9)$$

$$V(S_t) \leftarrow \sum_{S_{t+1}} P_\pi(S_t, S_{t+1}) [R_{\pi(S_t)}(S_t, S_{t+1}) + \gamma V(S_{t+1})] \qquad (3-10)$$

$V(S_t)$ 表示当前时刻有未来折扣叠加的累积回报,$\pi(S_t)$ 表示我们要寻找的策略。具体方法是在所有可能的状态对 (S, S') 间进行重复迭代计算,直到上述两个状态数组收敛[17]。更进一步,在 Bellman 价值迭代算法中,不需要明确地计算 $\pi(S_t)$,而是将 $\pi(S_t)$ 相关的计算可以并入到 $V(S_t)$ 的计算中,可以得到如下的单步"价值迭代"计算:

$$V_{i+1}(S) \leftarrow \max \Big\{ \sum_{S'} P_a(S, S')(R_a(S, S') + \gamma V_i(S')) \Big\} \qquad (3-11)$$

其中,i 是迭代步数,当步数 $i = 0$ 时,我们从 $V_0(S)$ 的初始猜测开始迭代。每步的 $V(S)$ 都进行更新,直到收敛。在无人驾驶车辆上应用 MDP 有多种方法,感兴趣的读者可以参考文献[17]来了解如何设计状态域、运动域、状态转换以及回报函数的实现。这里设计回报函数 $R_a(S, S')$ 要考虑几个因素,因为它们是在建立一个工作 MDP 决策系统中的关键要素。在基于 MDP 的决策模块中,一个好的回报函数包括以下几个方面:

(1) 抵达目的地:鼓励无人驾驶车辆遵循路由寻径模块输出的路线到达目的地。如果策略选择的运动即 $a = \pi(s)$ 使得无人驾驶汽车偏离路线,则应该给予惩罚;反之,跟随规划路径的运动应当给予回报。

(2) 安全无碰撞:如果状态是基于以无人驾驶车辆为中心的 $N \times N$ 个相等的方格,则移动到可能发生碰撞的网格的任何决策应当受到惩罚,移动到具有较低碰撞可能性或较大碰撞距离的网格的行为将被奖励。

(3) 舒适性和平顺性：这两个要素是一致的。舒适的乘坐体验往往没有剧烈的操作行为。对于突然操纵的次数进行限制将有利于下层模块平顺地执行大部分决策。例如，速度不变的运动应当比急加速或急减速的运动在此项评分中获得更高的回报。

3.2.4.3 个体决策

个体决策是指无人驾驶车辆在行驶的过程中针对周围环境的一个小元素做出的决策。个体决策的对象可以是道路上实际感知到的障碍物或者仅仅是逻辑地图上的物体（例如：交通灯、停车线或十字路口的人行道）。事实上，在我们的设计中，如图 3-27 所示，首先进行场景划分，随后计算得到针对对象的个体决策，并将它们与所有场景中的对象相关联。只有在针对所有的对象的个体决策都被计算后，才进行最终的综合决策（下一节将详述）。个体决策不仅是计算最终决策的综合决策的前提条件，也会被传输到下层运动规划模块，以便于轨迹规划。

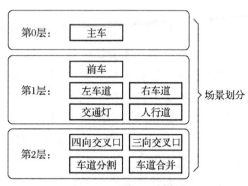

图 3-27　决策系统场景划分

发送综合最终决策和支持它的个体决策对下层运动规划任务十分有利。由于这些个体决策作为综合决策连续的映射，运动规划会有更多合理而明确的约束。因此，运动规划的优化问题可以通过提供个体决策来更好地进行优化。此外，通过个体决策，调试的效率可以大大提高。表 3-2 列出了很多个体决策和它们的参数。例如，

表 3-2　个体决策及其参数

个体决策	参考数据
跟随	·跟随车代号 ·进入跟随状态的车速
停车	·停止车辆的代号 ·停车时与前车的距离
注意	·停止车辆的代号 ·对注意车辆需要保持的距离
超车	·超越车辆的代号 ·超车时要保持的最小距离 ·超车时保持的最小间隔
让车	·退让车辆代号 ·让车时保持的最小距离

如果针对对象 X 的个体决策是超车,那么与这个超车决策关联的参数可能包括超车时应当保证的时间和距离。距离参数表示了与对象 X 前部的最小距离,时间参数是在给定的无人驾驶车辆与目标 X 速度下完成超车应有的最小时间。典型的让车、超车例子包括在交叉路口的场景,下节中将介绍如何确切地将周围事物划分有层次的场景,应用特定规则来获取个体决策,并且最终将它们结合为综合决策输出。

3.2.4.4 综合决策

综合决策与个体决策相对,是自动驾驶车辆在做出各个个体决策基础上,在自身考虑了包含所有道路对象的所有信息后做出的综合的、统一的决策。综合决策的概念是关于无人驾驶车辆本身应该如何表现,这是最高层次的行为决策。综合决策的例子包括保持当前车道跟随车辆、将车道切换到相邻的平行车道或按照交通标志指定的停车线停车。最高级的决策行为,其可能的输出域及其定义必须与下层运动规划模块一致并共享。此外,为了帮助运动规划模块输出规划好的轨迹,综合决策总是伴随着参数的。表 3-3 列出了综合决策的定义及可能的参数。当前时间帧的综合决策是跟随。输出到运动规划模块的指令不仅要跟随行为命令,还包括下面的参数:车辆在当前车道上跟随车辆的代号、建议的跟随速度和建议的跟随车距(通常设定值为 3 m 左右)。这样,下层的运动规划可以利用这些参数作为约束条件,从而可以计算出平滑和无碰撞的轨迹。

表 3-3 综合决策及其参数

综合决策	参考数据
跟随	• 当前车道 • 当前车道的速度限制
巡航	• 当前车道 • 跟随车道代号 • 当前车道的最低速度和跟随车辆的速度 • 与前车的距离
转弯	• 当前车道 • 目标车道 • 左转弯/右转弯 • 转弯的速度限制
换道	• 当前车道 • 目标车道 • 超车换道,速度提升到合理值 • 让车换道,速度降低到合理值

续表

综合决策	参考数据
停车	• 当前车道 • 停车对象代号 • 与停车对象的距离 • 与停车线的距离

3.2.4.5 场景构建

个体决策的计算取决于场景的构建,在无人驾驶决策中将场景简单地划分为一系列相对独立的环境,在系统中划分周围环境的方式是一种分层结构化的方法。这种场景体系有以下几个特点:场景属于不同的层次,每层的场景是独立的;一个深层的场景可以利用任何浅层的计算结果或信息;绝大多数对象通常只属于一个场景。这种分层结构化的场景划分背后的思想就是分层而治法。我们的首要目标在于聚焦于独立的小世界,例如场景,并且解决这个小世界中决策的计算问题。当计算同一层次每个独立场景的个体决策时,路径规划和之前层的计算结果是共享的。在获得了个体决策之后,综合决策被整合为一系列的规则,图3-28展示了划分场景并进行行为决策的两个例子。

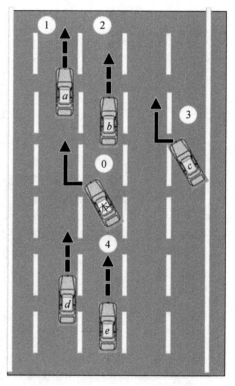

图3-28 车辆换道的层析场景

图中场景划分和个体决策:

0 为本车

1 为左侧车道:超过车辆 d,让过车辆 a

2 前车:注意车辆 b

3 右侧车道:忽略车辆 c

4 后车:忽略车辆 e

综合决策:从当前车道换至左侧车道:让过车辆 a,超过车辆 d,并对当前车道的车辆 b 给予注意。

在图3-28中,在左侧车道场景中有两辆车 a 和 d,无人驾驶车辆的意图是从当前车道向它的左侧相邻车道换道,有路由寻径模块输出。考虑到无人驾驶车辆

相对于车辆 a 和 d 的相对位置和速度,左侧车道场景的计算结果是让过车辆 a 并超过车辆 d,这意味着在这两个车辆之间切换车道;同时,前车场景描述了无人驾驶车辆自身前方的一个小层次场景,并且是独立于左侧车道场景的。应当注意的是,尽管自动驾驶车辆的意图是换至左侧车道,但是也不能忽略当前车道前方的任何事物。因此,在前车场景中针对车辆 b 的个体决策是注意车辆 b 并与它保持一定的距离。同样的场景建立规则还适用于后车场景和右侧车道场景,但是如果在这些场景中预测的对象轨迹不会与我们规划的轨迹正交,我们就可以忽略它们。在图 3-28 中的场景不会过分依赖于任意其他场景,除了本车的信息状态,它是共享于所有场景的。

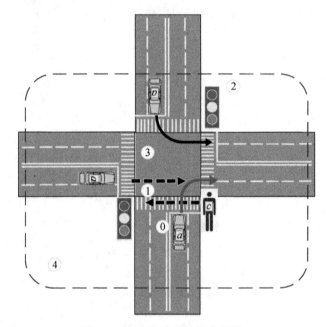

图 3-29 交叉路口的层次场景

图 3-29 中场景划分和个体决策:

第一层场景:

0 本车

1 人行横道:因行人 c 停车

2 交通灯:红灯右转,让直行和转弯的车辆

3 保持忽略空白空间

第二层场景

4 交叉路口场景:基于场景 1,2,3

综合决策:在人行横道处停车等待行人 c 过马路。

在图 3-29 中,列出了基于人行横道场景、交通灯场景和本车场景的十字路口场景,这是一个更加复杂的场景,有更多的场景层次被展示出来。

在这个场景中,它的信息会被其他场景分享和利用。第一层场景包括前/后车、左/右车和交通标志路段相关的场景(例如交通灯和斑马线),更复杂的场景建立在第一层场景之上,这样就可以使用第一层场景作为分析要素。除了上述的所有场景,车辆 a 和车辆 b 也是属于十字路口场景的,因为它们位于交叉路口概念所覆盖的车道上。假设路径意图是右转,我们现在看到了红灯和路上的斑马线,交通规则允许在红灯时右转,但是无人驾驶车辆必须先避让和等待行人。针对横穿道路行人的个体决策将是停车,同时针对车辆 a 和车辆 b 的个体决策都是避让。整合了这些个体决策后,自动驾驶车辆的综合决策将是在人行横道前停车。

如上所述,每个个体场景专注于自己的事物逻辑,为包括其自身在内的基本对象计算个体决策。然后,行为决策模块在考虑了针对所有对象的所有个体决策,并通过整合这些个体决策为无人驾驶车辆自身生成了一个最终的综合决策。这样的规划也是存在问题的,如果对同一对象的个体决策是不同的,甚至是相冲突的该怎么办?例如:一辆车在两个相互分离的场景中得到了两个不同的个体决策,一个决策是让车而另一个决策是超车。总的来说,我们划分场景的方式自然会将对象(实际感知对象和概念逻辑对象)分配到它们所属的独特场景中。一般来说,一个对象不可能出现在多个场景中,但是也存在特殊情况。为了考虑系统的鲁棒性,一些场景确实覆盖了不大的地图重叠区域,当这样的低概率事件发生时,出于安全和一致性检查的考虑,在行为决策系统中有一层来处理合并个体决策。例如,在车辆后面同一车道上的车辆正在从当前车道改变到左侧车道,导致其在后车场景和左侧车道场景中同时存在。假设我们的自动驾驶车辆也有意切换到左侧车道,后车场景给出注意决策,而左侧车道场景做出让车决策,个体决策合并层将针对每个对象审查出这些存在矛盾的个体决策,并且考虑到安全性和我们的无人驾驶车意图,重新计算合并的最终个体决策。在这种情况下,由于我们的自动驾驶车辆也在尝试切换到左侧车道,如果我们已经开始了换道动作,就会得到"让车"决策;如果我们还未开始换道,就会得到"保持注意"决策。

自动驾驶决策模块总的系统框架和逻辑流程如图 3-26 所示。顶层专注于分层场景的构建,在这里自动驾驶汽车意图、地图、定位、感知的信息全部都用来构建独立场景。在每层的独立场景中,其自身的事物逻辑和共享的自动驾驶车辆路径意图将决定各场景中针对所有对象的个体决策的计算。当所有场景都完成了个体决策计算,合并层将复查所有个体决策并解决任何对象可能的冲突和矛盾。最后,在深层通过合并过的、一致的个体决策,计算出自动驾驶车辆自身的最终综合决策。这个综合决策和合并过的个体决策将会被发送到下层的运动控制模块,在该模块中将规划出自动驾驶车辆用来执行的时空轨迹和动作。

3.2.5 自动驾驶控制技术

车辆控制技术是无人驾驶车辆的核心,主要包括方向控制、速度控制等。无人驾驶其实就是用电子技术控制汽车进行的仿人驾驶。通过对驾驶员的驾驶行为进行分析可知,车辆的控制是一个典型的预瞄控制行为,驾驶员找到当前道路环境下的预瞄点,根据预瞄点控制车辆的行为[12]。无人驾驶控制的实现方式和配合有多种,主要分为软件实现和硬件配合,本章将重点介绍软件的实现基础和 L4 级无人驾驶的硬件搭配系统。

3.2.5.1 无人驾驶控制软件模型

1. 自行车模型

自行车模型是无人驾驶反馈控制中最常用的车辆模型之一[17]。自行车模型代表的姿态处于二维平面内。车辆姿态可以通过车辆的中心位置(x,y)和车辆二维平面的 x 轴间的方位角 θ 来充分描述。在这个模块下,车辆被认为是一个刚体,前轮和后轮由一个刚性轴连接。前轮可以在一个确定的角度范围内转动方向,后轮与车身保持平行,不能转动。前轮转向的角度大小对应于转向盘的角度位置。自行车模型的一个重要特征是车辆在不进行纵向运动时不能进行横向运动,这种特征也被称为非完整约束。在这种车辆模型下,非完整约束通常表示为微分方程或不等式。在构建自行车模型时可以忽略轮胎和地面接触点的惯性和滑动效应,因为这两者在汽车正常行驶的速度下尤其是城市中的低速行驶不会带来很大的误差。然而,在高速运动的状态下惯性对反馈控制的影响是显著的,如果忽略会带来安全隐患。考虑惯性效应的高速物理车辆模型更加复杂,感兴趣的读者可以参考文献[17]中的高速车辆模型。

车辆的自行车模型所代表的车辆姿态如图 3-30 所示。这里我们使用一个基于 x-y 的二维平面,其中 x 和 y 分别代表其 x 和 y 方向的单元向量。向量 p_r 和向量 p_f 分别代表车辆后轮和前轮与地面的接触点。车辆的朝向角 θ 代表车辆和 x 轴的夹角(即向量 p_r 和单元向量 x 的夹角)。方向盘转角 δ 定义为前轮朝向和车辆朝向角的夹角。其中前后轮与地面接触点的向量 p_f 和 p_r 之间满足:

$$\dot{P}_r \hat{e}_y \cos(\theta) - \dot{P}_r \hat{e}_y = 0 \tag{3-12}$$

$$\dot{P}_f \hat{e}_y \cos(\theta+\delta) - \dot{P}_f \hat{e}_y \sin(\theta+\delta) = 0 \tag{3-13}$$

式中,$\dot{P}_r$ 和 $\dot{P}_f$ 是车辆前后轮在和地面接触点处的瞬时速度向量。考虑车辆的后轮速度在 x-y 轴的投影标量 $x_r := \dot{P}_r \hat{e}_x$ 和 $x_y := \dot{P}_r \hat{e}_y$,以及后轮的切向速度 $v_r := \dot{P}_r$

$(P_f-P_r)/\|P_f-P_r\|$，那么上面的P_f和P_r之间的约束也可以写成：

$$\dot{x}_r = v_r\cos\theta \tag{3-14}$$

$$\dot{y}_r = v_r\sin\theta \tag{3-15}$$

$$\dot{\theta} = v_r\tan\delta/l \tag{3-16}$$

式中，l代表轴距（前轴中心和后轴中心之间的距离）。同样，前轮相关分量之间的关系可以写成：

$$\dot{x}_f = v_r\cos(\theta+\delta) \tag{3-17}$$

$$\dot{y}_f = v_r\sin(\theta+\delta) \tag{3-18}$$

$$\dot{\theta} = v_f\tan\delta/l \tag{3-19}$$

这里前轮和后轮切向速度标量大小满足：$v_r = v_f\cos\delta$。

有了上述的自行车模型（图3-30），控制的目标就是找到满足车身姿势约束的转向角$\delta\in[\delta_{min},\delta_{max}]$和前进速度$v_r\in[v_{min},v_{max}]$。实际上，为了简化模型，控制的输出是转向角变化率$\omega$和加速/制动百分比，而不是实际的转向角或前进速度的转向角变化率δ。上述的简化模型被称为独轮车模型，其特征在于前进速度被简化为仅取决于车辆轴距和转向角变化率。

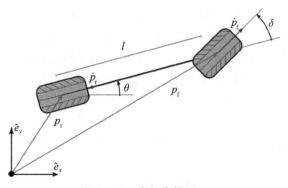

图3-30　自行车模型

2. PID控制模型

在无人驾驶车辆反馈控制中最典型且应用最广泛的算法是如图3-32所示的PID反馈控制系统，其中$e(t)$表示当前期望姿态变量和实际姿态变量之间的跟踪误差。要跟踪的变量可以是沿着轨迹的纵向、横向差值，各个轨迹点处的角度、曲率差值，或者甚至是这些车辆姿态变量的综合组合。在图3-31中，P控制器表示当前跟踪误差的反馈，其系数由K_p控制；I和D控制器代表积分项和微分项，其系数分别由K_I和K_D控制。

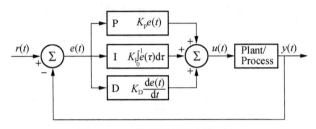

图 3-31　基于反馈控制的 PID

无人驾驶车辆中反馈控制模块的任务是控制车辆尽可能地遵循上层运动规划模块输出的轨迹。Zakaria 等人提出了利用两个 PIC 控制器分别控制转向盘转角 δ 和前进速度 V_s。在给定时间帧 n，转向盘角度的 PID 控制器如下：

$$\delta_n = K_1 \theta_e + \frac{K_2 \, l_e}{V_s} + K_3 \, l_e + K_4 \sum_{i=1}^{n} l_e \Delta t \qquad (3-20)$$

式中，变量 θ_e 和 l_e 都是在时间帧 n 的运动规划输出的轨迹点上实际姿态与期望姿态的跟踪误差项。对于每个时间帧，运动规划输出轨迹上的相应姿态被作为位姿参考点。θ_e 表示车辆姿态航向与参考点航向之间的角度差，l_e 为车辆实际横向位置与参考点横向位置之间的横向误差。V_s 是前进速度。从图中可以看到系数 K_1 和 K_2 都被提供给 P 控制器，而 K_3 则控制微分部分（D 控制器），K_4 则是积分部分（I 控制器）。转向角度 PID 控制器为方向服务，另一个 PID 控制器更多地关注纵向（s 方向）的前进速度 V_s，并且控制加速或制动输出。这个控制器考虑实际车辆位置的曲率 k_{veh} 与动作规划模块输出的参考点曲率 k_{ref} 间的不同。从这些曲率出发，可以设计一个函数 $f(k_{veh}, k_{ref})$ 去跟踪前进速度误差。那么纵向速度目标就变成：

$$V_{desired} = V_s - f(k_{veh}, k_{ref}) \qquad (3-21)$$

根据要跟踪的期望前进速度和实际前进速度，前进速度的 PID 控制器可以写成：

$$V_e = V_{desired} - V_s \qquad (3-22)$$

$$U_v = K_P V_e + K_I \sum V_e \Delta t + K_D \Delta V_e / \Delta t \qquad (3-23)$$

式中，K_P、K_I 和 K_D 分别表示比例、积分和微分部分的增益，而 U_v 表示该给定时间帧 n 的加速/制动输出。

3.2.5.2 "三合一"电子公路的无人驾驶控制集成技术

1. 底盘电动一体化系统控制技术

引入多智能体（Multi-agent）模糊关系网原理，构建智能网联电动汽车先进底盘关键电动化执行部件的协同机制与整车一体化控制策略，实现底盘子系统的动力学解耦，将复杂的电动化底盘全局控制问题分解为小规模、分层的、彼此相互通信及协调的电动化执行部件局部控制问题。通过信息融合将需要解决的全局控制问题分配给不同的智能体子系统,然后设计子系统自主控制策略,从而实现电动化底盘执行部件的相互协作和全局优化,提高高度自动驾驶(L4级)智能网联电动汽车底盘控制系统的智能化水平(图3-32)。

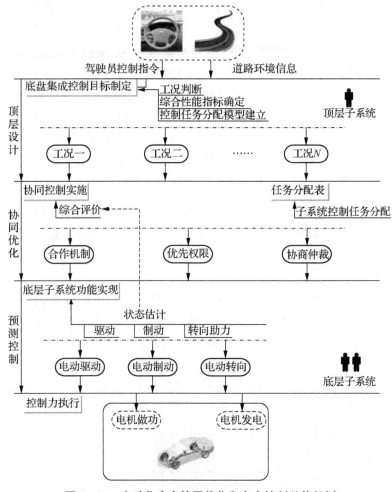

图3-32 电动化底盘协同优化和自主控制总体规划

高度自动驾驶(L4级)电动汽车先进底盘的综合性能指标主要包括:反映动力性的加速时间和车轮滑移率;反映经济性的续驶里程及电池荷电状态SOC;反映舒适性的车身垂直加速度;反映操稳性的横摆角速度、质心侧偏角、侧向加速度以及反映制动安全的制动距离和制动减速度等。采取的系统综合性能指标确定原则为:针对传统动力学性能,基于轮胎力最优分配原则,通过转向、制动以及驱动一体化控制共同实现动力学性能最优,其分配原则包括舒适导向的协调控制策略、安全导向的协调控制策略以及操稳导向的协调控制策略;针对能量回收,根据电池荷电状态,确定制动能量回收系统的制动力分配比例以及振动能量回收系统的隔振性能与能量回收分配权值。

融合集中控制和分散控制特点,设计高度自动驾驶(L4级)智能网联电动汽车先进底盘电动一体化分散协调控制策略,并进行约束条件分析和稳定性分析。协作层内部知识结构采用规则控制,协调控制规则为:根据前轮转角(表征转向程度)、制动踏板位置(表征制动强度),实时地确定智能网联电动汽车先进底盘综合性能指标的权值比重,实时地调整底盘期望控制目标;根据电池荷电状态(表征电池电量),实时地确定底盘动力学性能指标与能量回收之间的综合权衡,当电池电量不足时,以牺牲部分动力学性能为代价,最大限度地回收制动能量和振动能量,而当电池电量充足时,则将底盘动力学性能作为控制的主要目标。

2. 高度自动驾驶(L4级)智能网联电动汽车底层执行系统集成

智能网联电动汽车底层执行系统集成如图3-33所示,先明确分析电动转向系统、ISO26262以及智能网联电动汽车对于系统软硬件的整体要求,综合考虑性能、可靠性、成本等诸多要素确定系统整体软硬件方案。随后在整体方案框架下进行系统集成。

整个系统集成流程可以分为子模块调试、模块集成、整车匹配调试三个阶段。其中子模块调试分为三个方面,包括方向盘模块调试、转向执行模块调试、通信模块调试;完成三个子模块调试后,在电动转向试验台上进行模块集成与调试,并依据调试过程中出现的问题对子模块进行修改。试验台上调试效果符合要求后,进行电动转向系统的样品试制及试验,试验包括转向系统级试验和整车级试验,通过反复地试验和调试、改进,使电动转向系统不仅实现预期的功能,而且达到ISO26262中关于系统级、整车级功能的安全性、鲁棒性要求。

首先,配合可控溢流阀的方案,实现稳定高压源。同时,由于泵油电机的工作特性发生变化,为了提高零部件的使用寿命,采用无刷泵油电机的物理结构。为了保证制动一致性和制动舒适性,采用踏板模拟器对制动主缸和轮缸进行物理解耦。同时,为了实现ABS、ESC、TCS、AEB等功能的一体化集成设计,采用四个轮缸制动力能够独立调节的系统方案。由于四个轮缸压力的独立可控,提出的系统方案将适用于包括集中及分布式驱动等多种形式的智能网联电动汽车。此外,为了保证系统的可靠运行,也将重点考虑故障诊断和失效保护等冗余运行能力的设计。

在控制算法方面,在保证车辆安全的前提下,研究制动与制动能量回收的耦合控制算法。充分考虑电机制动能力极限和电池回收效率,保证踏板感觉和优化整车制

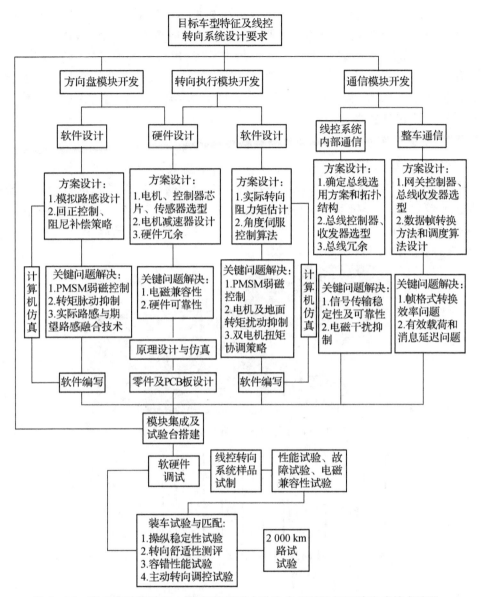

图 3-33 高度自动驾驶（L4级）智能网联电动汽车底层执行系统集成技术路线

动冲击前提下，最大化能量回收效率；同时优化前后轴制动力分配算法，泵油电机控制算法及液压力调节算法，实现液压力的精确控制和复合制动力的良好耦合。

3. 高度自动驾驶（L4级）智能网联电动汽车执行机构自主故障诊断与容错控制技术

在正常控制律的基础上，增加实时故障检测诊断和容错控制算法，根据故障诊断结果,实时进行执行机构控制量的再分配和重构。在不改变决策与控制系统的前提下,采用基于智能检测和专家系统的执行器实时故障诊断技术,智能检测主要是定位实时故障信息,然后通过专家系统对故障进行评估,确定故障的危险等级,将信息传递给容错控制系统,采用在线分配的方法,完成对各个执行机构控制量的重构控制,实现系统容错,确保故障下的高度自动驾驶(L4)级智能网联电动汽车的行驶稳定性和安全性。

4. 快速仿真平台及实车验证平台搭建与测试

基于dSPACE平台建立硬件在环的汽车仿真系统和虚拟交通环境,如图3-34所示。目前已设计了如图3-35所示6个包含车辆的场景进行测试。还需要设计包含行人、非机动车、障碍物等包含各种复杂测试情况的半封闭园区仿真场景以及多工况的高速路场景,对基于深度强化学习技术的智能决策方法进行验证,并与目前已有的控制方法进行比较。

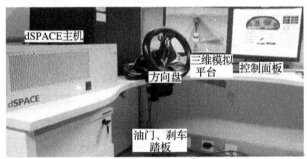

图3-34 硬件在环的汽车仿真平台示意图

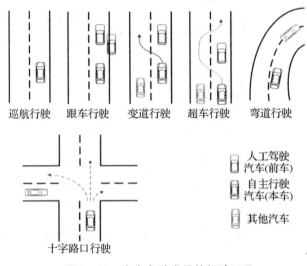

图3-35 汽车各种常见的行驶工况

5. 多工况场景下的实车道路测试

为了验证该智能网联电动汽车实车验证的可靠性和稳定性,对实车进行大量道路测试。构建不同的道路交通环境,主要包括高速公路自动驾驶、高速公路车辆队列以及特定区域中多种驾驶工况,进行多种功能需求的实车道路测试,包括车道保持、超车换道、紧急避撞、自适应巡航、自主泊车、自动启停等功能(图3-36)。

图3-36 实车道路测试场地及环境

近年来,随着物联网、大数据、"互联网+"等新技术的兴起,智能交通系统(ITS,Intelligent Transport System)在智能网联、车联网方面也有了长足发展。作为ITS的重要载体,智能驾驶汽车不再是孤立的个体。仅关注车辆与周边道路环境已无法满足安全、高效、节能行驶的更高要求,需要进一步实现车辆与外部节点间的信息共享和控制协同,V2X网联通信技术将成为未来智能驾驶发展的重要技术支撑。

V2X网联是基于物联网,运用D2D(Device to Device,终端直通)以及信息通信等技术实现车辆与外界互联的无线通信技术。欧美和日本较早展开V2X网联技术研究,美国在2010年颁布了以IEEE 802.11P作为底层通信协议和IEEE 1609系列规范作为高层通信协议的V2X网联通信标准。与之相比,V2X在我国发展相对较晚,2015年才开始相应研究;2016年国家无线电委员会确定了我国的V2X专用频谱;同年6月,V2X技术测试作为第一家"国家智能网联汽车试点示范区"及封闭测试区的重点布置场景之一;2017年9月19日,我国首部V2X应用层团体标准《合作式智能交通系统 车用通信系统应用层及应用数据交互标准》正式发布。

智能驾驶对V2X网联通信提出了以下几点技术要求:网络接入时间短、传输时延低、传输可靠性高、干扰性低、信息安全性高、频谱可再利用。另外,还需要对海量数据进行分析与处理,这就要求V2X技术可以合理借助各类感知传感器,并从获取的数据中探索规律进行有效表示。

整个无人驾驶汽车广义决策规划控制(Decision, Planning & Control)范畴下的路由寻径(Routing)、行为决策(Behavior Decision)、动作规划(Motion Planning)以及反馈控制(Feedback Control)等几大模块,在当前的学术和工业界都有一些较为成熟的解决方案可以借鉴。这些解决方案有些有着牢固的理论基础和数学推导,还有的在实际的无人驾驶汽车相关比赛中有着出色的发挥。事实上,我们认为单独看每个层面需要解决的问题,都不是非常困难。如何将整个无人驾驶汽车决策规划控制的问题有效清晰地划分到不同的模块,并且将各个上下游模块的解决方案配合起来达到整体的协调效果,才是无人驾驶汽车广义决策规划控制的难点和挑战所在。因此我们并不着力于以调研的形式介绍所有的各个模块层面的现存解决方案,而是着眼于清晰地提供一套有效划分自动驾驶汽车决策控制规划这一复杂问题到不同层面子问题的方法。我们试图向读者展示,如何有效地将自动驾驶汽车决策控制规划这样一个复杂问题自上而下地进行分割,并且明确每个层面需要解决的具体问题的范围和限制。我们希望通过展示这样的"分而治之"的决策控制规划解决思路,能有益于读者对整个无人驾驶汽车软件系统运作的了解。

3.2.6 自动驾驶人机交互技术

3.2.6.1 人机交互系统

1. 人机交互系统的作用和意义

人机交互系统作为智能驾驶的关键技术之一,对于智能汽车发展和应用有着十分重要的作用和意义,包括:

(1) 进一步提高智能汽车的可靠性和安全性。发展智能驾驶技术的一个主要目的就是提高了交通系统的效率和安全性。绝大多数情况下,智能汽车对于问题的反应和处理速度都要比人快得多,其安全性要比人为控制高很多。但智能汽车毕竟不是人脑,其算法的复杂程度更无法与人的思维相比,在一些比较复杂、特殊的情况,例如在通过一些无路、施工或恶劣道路地域时,人们可以方便快速地对智能汽车进行接管控制。

(2) 拥有更强的实用性和更加出色的用户体验。智能汽车的设计最终是要让其能够为人所用,更好地为用户服务,最大限度地满足人们的需求,人永远都是控制和享受服务的主体。优秀的用户体验对于智能汽车来说自然是必不可少的。

(3) 增强智能汽车的灵活性和机动性。优秀的人机交互系统可以使人们随时随地对智能汽车的行为进行干预,使其在处理问题时,能够根据实际情况的不同,按照人们的要求,采取更加合理的实施方案。

提高智能汽车的任务执行力。人们可以通过交互系统,方便地给智能汽车下达任务命令,进行远程控制,实时监控其任务完成情况,并可以随时对目标进行变更和修正，使智能汽车能够更好地应用于智能交通及国防科技领域。

2. 智能汽车人机交互系统发展现状

目前世界上比较主流的人车交互系统主要有以下几种：

(1) 奥迪 MMI

奥迪多媒体交互系统 MMI(Multi Media Interface)，它包含两个部分：终端操作装置和显示区域。终端操作装置位于换挡杆和中央扶手之间；显示区域包括多媒体交互系统显示屏（位于中控台顶部）和驾驶员信息系统显示屏。在设计方面，两个部分都具有用户友好性和清晰易读性。

多媒体交互系统的终端操作装置具有最佳的操作便利性和清晰的布局，是一个依照人体工程学设计非常出色的控制装置。与仪表盘中的驾驶员信息系统显示屏一样，多媒体交互系统的显示屏不仅易于读取，而且安装于驾驶员的直接视线范围之内。显示屏和控制区域分别处于驾驶员能够直接读取和便于操作的位置，确保了道路始终在驾驶员的直接视野之中。

多媒体交互系统概念包含两个部分：终端操作装置和显示区域。终端操作装置位于换挡杆和中央扶手之间；显示区域包括多媒体交互系统显示屏（位于中控台顶部）和驾驶员信息系统显示屏。在设计方面，两个部分都具有用户友好性和清晰易读性。

在行驶时，驾驶员信息系统显示屏显示车辆的最新数据以及电话和导航系统的状态信息（视设备而定），也可以读取基本的信息娱乐功能（例如选择无线电台或 CD 曲目）。这意味着大部分的重要信息始终处于驾驶员的直接视野之中。仪表盘显示屏与多媒体交互系统显示屏具有同样的外形风格，通过多功能方向盘上的菜单滚动键也可对其进行操作。

由于两个装置的操作原理一致，驾驶员从一个装置转向另一个装置时无需转换思维模式。驾驶员可以继续同样的操作逻辑。空调系统也是如此。鉴于温度调节对于驾驶员的重要性，空调系统采用了单独的控制装置，这个控制装置具备与多媒体交互系统相同的用户友好型操作逻辑。

(2) 奔驰 COMMAND

COMMAND 包括显示屏、控制器、功能按钮和电话键区，COMMAND 可操作车内的以下功能：音响功能、导航系统、电话和通信功能、DVD 视频和电视以及各种车辆设置。COMMAND 控制器正前方是四个功能按钮，可以直接控制光盘播放器/收音机、HOME(回家功能)、多方向可调座椅和导航功能。

COMMAND 的聪明之处在于其可以区分该功能是每日使用的（举例来说如电台的选择和交通信息的播放）还仅仅是单次的设置（举例来说如系统的设置和低

音的设置)。这样做的结果是,会根据功能使用的频繁性来决定操作的先后顺序。菜单是根据项目的相互关联性和使用的频率来进行安排的。当在菜单上进行项选择时,系统会表明需要执行的操作路径。下一次当你再次选择这个菜单时,系统会直接显示该备选项目。这会减少操作的步骤。

而在竞争者的同类系统中,日常使用的功能通常位于子菜单中,这就会增加所需操作的步骤。

(3) 宝马 iDrive

智能驾驶控制系统 iDrive(Intelligent Drive System),它是一种全新、简单、安全、方便的未来驾驶概念,属于自动化信息化驾驶系统的范畴。某些高级轿车和概念车上配备了这项最新的科技新技术。iDrive 的使用节约了设置传统控制装置大量空间,使设计人员可以发挥他们的才智,进行车内创新设计,使之更加符合人体工程学,使操纵更加便捷,同时使仪表板更加简洁。iDrive 使用起来非常简便。8 个主菜单分别为车内气候、通信(车载电话等)、娱乐(CD、电视等)、导航、信息、宝马服务支持、功能设置和帮助菜单。其中经常使用的前 4 个主菜单可通过圆形旋钮向上下左右四个方向推拉控制器进入。以车内气候调节为例,3 次简单操作就可以调节车内不同位置的温度和气流分布,比如可以设定某个座椅的加热从腰部位置开始(当然,这也归功于宝马的舒适性座椅),而气流是以某种流量按设定的方向吹出。

iDrive 具备记忆功能,驾驶者可以把某种设置储存起来,信息就自动储存在汽车"钥匙"中。宝马 7 系列的车钥匙是一个智能卡片,进入汽车后将之放入插座内,然后简单地按"启动/熄火"键发动/关闭发动机。另外,该电子钥匙还可以自动储存汽车所需维修保养服务的信息数据,使客户可以获得更便捷的服务。

但是,宝马在新 7 系上推出 iDrive 系统时,由于操作相对较为复杂,曾引起巨大争议。在开车之前需要阅读详细的说明书,一些人对此功能并不认同。在后推出的新 5 系上,宝马的 iDrive 系统已被大大简化,这也使 iDrive 系统的优势充分发挥出来。

(4) 丰田 G-BOOK

丰田 G-BOOK 智能副驾系统于 2002 年在日本正式发布,是由无线网络、数据中心以及车载智能通信技术组成,其最基本的功能可以看作是导航系统功能的延伸和扩展。在功能逐渐扩展后,可为车主提供资讯、救援以及话务员直接服务等多种功能。

丰田 G-BOOK 有如下 7 项主要功能:话务员服务、G 路径检索、资讯提供、紧急救援、道路救援、防盗追踪、保养通知。

丰田 G-BOOK 在功能上主要是辅助设定导航、安全保障和资讯服务,没有太多的应用和扩展功能,与安吉星相比显得比较单薄。在安全保障方面,提供了最重要的事故自动报警和防盗追踪,但缺乏远程控制闪灯、解锁车门这些比较实用的功能。同时 G-BOOK 没有电话拨号和语音控制功能,行车中操作也比较烦琐。

(5) 苹果 CarPlay

CarPlay 是苹果公司发布的车载系统,即将用户的 iOS 设备,以及 iOS 使用体验,与仪表盘系统无缝结合。CarPlay,可以将 iPhone 手机的绝大部分基础功能,通过汽车的控制面板来使用。其中的部分功能包括 Siri 语音助理工具,iTunes 音乐播放,苹果地图以及短信服务。通过 CarPlay,驾车人可以双手不离开方向盘就能够接电话,另外可以听到语音邮件的内容,如图 3-37 所示。

图 3-37 　CarPlay

绝大多数汽车厂对 CarPlay 绝对是又爱又恨的。毕竟原本的车载 CD 机、硬盘、导航仪和车载电话都是可以当作配置作为卖点,现在全部都被一个集成的 CarPlay 取代了。所以这点在很大程度上限制了自主品牌加入 CarPlay 联盟,配置受到冲击。

支持苹果完整 CarPlay 的具体车型还很少,只有法拉利 FF、梅赛德斯奔驰 C-Class 以及沃尔沃 XCS90 SUV 三种车型。而且现在将 CarPlay 移植于汽车上的技术并不成熟,日内瓦车展上展出的法拉利样车,CarPlay 基本操作也会出现这样或那样的问题。CarPlay 并非苹果迈出的一大步,而更像是一个轻量级的 App,作用是把 iPhone 映射到车载中控屏幕上,而非真正的车载系统。就如苹果自己所说,"It's a smarter, safer way to use your iPhone in the car",所以 CarPlay 只是一种辅助方式。

此外,从 CarPlay 的发布节奏来看,苹果试水的成分很大。作为全球最具影响力的 IT 公司,CarPlay 的发布几乎是用新闻通稿的形式传播,而且所有的展现形式都是通过合作伙伴来展示,这显得过于平常了。可以说,对于 CarPlay,我们无需给予太高的期望。但业界也有分析人士说,CarPlay 只是苹果公司进军车载系统的一个跳板,因此,对于 CarPlay 我们要给予足够的关注度,说不定某天,CarPlay 在苹果公司的演变下就变成行业颠覆性产品了。

3.2.6.2　人机交互系统的核心技术

1. 人机界面技术

人机界面技术的研究主要针对驾驶员和车辆驾驶信息的交互。从 20 世纪 90

年代开始,美国、日本、欧洲等开始立项研究如何利用信息和通信技术来加强车辆的安全性和操纵性。如美国从 20 世纪 60 年代晚期就开始研发的电子路径导航系统(Electronic Route Guidance System);日本政府推出了复杂车辆交通控制系统(Comprehensive Automobile Traffic Control System)等研究项目;欧洲实施的交通和安全先导计划(ROMETHEUS)等。这些项目的研究推动了智能交通技术的发展。各大汽车厂商,如 Honda,Toyota,Nissan,Bosch,BMW 等相继推出了自主的电子导航系统。而开放给用户的导航界面正是最早的人机交互界面。

  随着车辆控制功能的持续增多,越来越多的研究开始关注于人机界面的设计,如 Toyota 的集成操纵按钮,BMW 的 iDrive 系统,Nissan 的人机交互界面等,如图 3-38 所示。一直到 20 世纪 90 年代末期,中控台的主流设计风格依然是屏幕加按钮的形式。

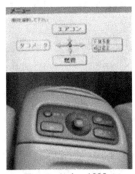
Toyota Ardeo 1998

Nissan Primera 2001

BMW iDrive 2001

图 3-38　早期人机交互界面

  一直到 1990 年,驾驶员在人车系统中和车辆的交互仅仅是通过转向盘、操纵杆和踏板等机构。但是导航系统的出现,使得驾驶员在操纵汽车的同时还需要分散一部分精力到 HMI 上。这势必将增加驾驶员的操纵负担,影响正常驾驶行为。因此,针对驾驶员在使用 HMI 中造成的精力分散的问题,人们开展了对 HMI 的改进设计研究,并提出了很多 HMI 的设计准则。如 UMTRI 设计准则、HARDIE 设计准则。ISO 也提出了车内 HMI 的相关设计准则。由于画面交互系统会分散驾驶员的目光,从而增加驾驶员的驾驶负担,为了解决这一问题,声音交互系统逐渐发展起来。

  驾驶员信息交互的研究开始于 20 世纪 70 年代,但直到 20 世纪 90 年代车辆导航系统的出现才真正应用到商业产品中。在这一发展过程中,研究人员开始认识到驾驶员在车辆行驶过程中的重要性。和传统汽车相比,驾驶员可以通过 HMI 实时地获得大量的车辆信息,在帮助驾驶员做出操纵判断的同时,也增加了驾驶员的精神负荷。在过去10年间,人们通过驾驶员负荷测量技术研究了驾驶员在利用HMI信息时的精神负担,这方面的研究结果对HMI的设计起到了十分重要的作用,并且进一步推动了相关标准和设计准则的制定。

2. 人机共驾技术

人机共驾技术的研究主要面向先进驾驶辅助系统。进入21世纪以后,人们对于车辆安全的研究已经从原先的被动安全转变为主动安全。1970年,制动防抱死系统(ABS)第一次市场化应用标志着主动安全系统的开始。随后,电子稳定性控制系统(ESC)、自适应巡航系统(ACC)等在20世纪90年代相继研发出来。除此之外,嵌入在HMI界面中的后视系统、车道保持系统(LK)、车道偏离预警系统(LKW)、盲点监测系统、辅助换道系统等也都相继展开了研究。

为了发展辅助驾驶过程中的人机交互系统研究,欧洲、德国、日本等相继启动了相关方面的研究项目。作为先进辅助驾驶系统中的一部分,驾驶员行为特性也得到了广泛的研究,如跟车行为、车道保持行为和制动行为等。

随着具有不同功能的ADAS系统的发展,多个ADAS系统和驾驶员之间的协调问题日益凸显出来。如果车辆上安装有多个ADAS系统,那么驾驶员将会收到多个预警信号和其他信息,尤其是在复杂工况下。这会使驾驶员感到困惑并无法对预警信号做出回应。对于辅助驾驶系统,人机交互是其中很重要的一环。随着越来越多的辅助驾驶系统进入产品化的阶段,系统对于车辆的控制权变得越来越大,越来越复杂。如果不能很好地协调好各个辅助驾驶系统,驾驶员就不能正确分析出车辆的运动状态,进而无法做出正确的操纵判断。因此,如何将多个辅助驾驶系统和驾驶员之间进行集成已经成为当前的一个研究热点。ADAS系统本身就被定义为辅助驾驶系统,这就不可避免地需要考虑到和驾驶员行为之间的交互关系。如果辅助驾驶系统不考虑驾驶员的操纵行为反而会增加车辆行驶过程中的危险性。

3. 驾驶行为特性研究

驾驶员在真实道路中的驾驶行为研究是人机共驾技术中十分重要的一部分,也是智能辅助系统研究的基础。尽管真实道路试验具有成本高、数据量大、试验采集复杂等缺点,但是各国依然在这一方面做了大量的工作。美国国家高速公路交通安全局(NHTSA)投入100辆汽车进行了驾驶员行为研究。他们采集了车辆状态信息、道路交通信息和在事故工况下以及濒临事故工况下的驾驶员行为信息。最终研究结果表明,注意力分散是事故发生的根源。日本新能源和工业技术发展组织(NEDO)利用三年的时间收集了正常工况下真实环境下驾驶员行为数据。欧洲 EURO-FOT 和 PROLPGUE 项目收集了数量十分可观的驾驶员信息。其中,

EURO-FOT 主要关注于驾驶员信息在 ADAS 系统中的应用部分。

计算机图形学和计算性能的发展使得道路结构和交通车行为的虚拟建模成为可能,这就使得驾驶模拟器可以模拟更为广泛的道路和交通状况。再加上处理器处理能力的发展和成本的下降,驾驶模拟器再次成为驾驶员行为特性研究的有力工具。和真实道路试验相比,驾驶模拟器具有可重复性好、工况设定更为灵活、耗时少、效率高、风险低等优点。尽管驾驶模拟器现在被广泛地应用于驾驶员特性研究中,但是对于通过驾驶模拟器获得的驾驶员特性数据和真实道路试验获得的驾驶员特性数据相比,其可靠性仍然需要进一步的验证。一个高质量的研究项目仍然需要平衡好驾驶模拟器实验数据和真实道路试验数据之间的关系。

3.2.6.3 人机交互系统的发展趋势

通过对目前人机交互系统的研究现状的分析,未来有关人机界面、人机交互和人机共驾技术可能的发展趋势包括:

(1) 在人机交互设计过程中,需要考虑不同人群的需求,这也是未来 HMI 设计标准和准则的制定方向。

(2) 车辆中和驾驶员操纵输入密切相关的部分,如转向盘力感、踏板脚杆、座椅舒适度、体感等,依然会是未来的研究方向之一。

(3) 更适合驾驶员的操纵输入和身体感知将是一个需要持续努力的研究方向。

对于 ADAS 系统,驾驶员在获得辅助驾驶的同时,也会因分散注意力而增加驾驶负担,这是 ADAS 系统面临的一个重要问题。如何协调好驾驶员基本操纵行为和辅助驾驶系统之间的关系需进一步进行研究。

未来车辆以及交通领域不仅仅是驾驶员和车之间关系的研究,这一领域所面临的问题可能会是更为广泛的社会问题,需要更多领域的研究人员参与进来,如城市规划师、社会学家、人类学家等。目前各国虽然都获得大量的驾驶员行为信息的数据库,但是如何将这些数据应用于工程系统中仍有待研究。

3.3 应用探索

3.3.1 自动驾驶技术面临的挑战

自动驾驶汽车是多学科相互有机融合的新生事物,它的发展是一个不断探索与循序渐进的过程,真正批量上路运行面临的挑战还有很多,不仅仅是技术是否成熟的问题,还有伦理道德、责任判定等社会问题。此外自动驾驶汽车由于计算机云平台技术还存在一定的网络安全风险,自无人驾驶汽车问世以来,不管是以特斯拉提出的自动驾驶汽车路线,还是以谷歌提出的无人驾驶汽车路线,其在实际应用当中都暴露出很多问题。解决问题的第一步是承认问题的存在,而不是讳疾忌医。目前自动驾驶汽车技术面临的困难与挑战主要有以下几个方面:

(1) 安全性与可靠性的问题。安全与可靠永远是自动驾驶汽车推广道路上无法绕过的门槛。无人驾驶汽车自身的安全性主要包括硬件安全、软件安全和网络安全。如果从主动安全和被动安全的概念来认知,自动驾驶汽车的安全更多地涉及主动安全。首先,自动驾驶汽车的周围环境感知传感器存在失效风险。例如基于可见光反射原理的车载高清摄像头容易受到强光干扰导致无法获取真实清晰的图像;基于超声波反射原理的超声波探头容易受到噪声及超声波吸附材料的影响而无法准确测量障碍物距离;基于电磁波反射原理的毫米波雷达在特定设备的支持下也可能遭受噪声及欺骗攻击;精度最高的 64 线激光测距器在大雨、大雾等恶劣天气下衰减剧烈,严重影响三维地图的生成精度。其次,无人驾驶的算法不允许出现安全漏洞,这需要大量的测试数据支持。目前,仅谷歌进行了长达 7 年的封闭测试,其他厂家的测试时间则逊色许多。没有经过长时间实际验证的无人驾驶算法,若仓促推广应用,会引发极大的安全问题。最后,自动驾驶汽车要接入互联网就必定面临网络安全问题。缺少足够可靠的防火墙策略,网络黑客可以通过互联网入侵无人驾驶汽车的核心大脑,篡改代码远程控制无人驾驶汽车,恶意操纵转向或制动系统,制造有针对性的安全事故。

(2) 技术测评标准体系不完善的问题。如何评价智能网联汽车的技术指标,需要制定相应的技术标准来进行衡量,技术标准的提出必须建立在大量的实验数据基础之上。国际上明确将智能网联汽车按照自动化的程度分为五级,不同阶段的技术要求不同,技术参数指标也不同。目前,我国的智能网联汽车技术标准体系还不完善,无法为不同阶段的智能网联汽车提供测评依据,特别是高级别无人驾驶技术成熟度无法界定与判断。

(3) 成本问题。谷歌无人驾驶汽车最贵的元器件是激光测距器 Li DAR,位于汽车顶部,主要作用是实时生成汽车周围环境的高清数字地图。由激光雷达的鼻祖 Velodyne 公司开发,单个成本在 7 万美元左右,约占整个无人驾驶汽车成本的 50%。尽管 Velodyne 公司后续发布了成本更低的 32 线、16 线的 Li DAR,但是出于安全考虑,目前没有公司愿意将其装在无人驾驶汽车上面,百度无人驾驶汽车使用的设备也是精度最高的 64 线 Li DAR。这么高的成本显然无法让用户接受。特斯拉则采用了成本相对低廉的环境感知传感器,这也是其快速批量应用的一个重要条件。但是,随着无人驾驶模式下致人死亡交通事故的发生,特斯拉的环境感知与识别传感器的配置被质疑过于简陋,在判断危险境况方面存在安全漏洞。

(4) 无上路运行牌照的问题。无人驾驶汽车上路运行的牌照由政府管控。2012 年 5 月 8 日,谷歌获得美国内华达州机动车辆管理局颁发的首张无人驾驶车辆牌照，这辆带有未来色彩的汽车挂牌上路时，也吸引了众人的目光。针对自动汽车公开试驾的申请，内华达州要求申请者必须证明车辆已经在自动模式下行驶了至少1万mile(约1.6万km)，且必须配备2名驾驶员随时接管无人驾驶汽车。申请者必须向内华达州机动车辆管理局证明，他们有一个合适的安全计划，有安全协议，以及他们的驾驶员接受过操作自动驾驶汽车的专门训练。我国尚没有发布类似牌照，无人驾驶汽车公开上路测试在现有法律环境下是不被允许的。这似乎成了一个怪圈，无法上路测试就不能验证无人驾驶技术的各项性能，性能得不到验证就无法上路测试。

(5) 人工智能困境的问题。智能网联汽车的最终形态是替代人类操作的新一代汽车，具备典型的人工智能特征，同样面临人工智能学科发展道路上的所有问题。

人工智能跨域自然科学与社会科学两大学科，超越了单纯技术层面的范畴，融入了人类对社会现象的认知与思考。人工智能对某种现象做出的行为反应，有时候难以简单地用对或错来评价。在某些极端情况下，比如一辆无人驾驶汽车在中间车道行驶，前方车辆突然刹车，无人驾驶汽车来不及制动，而左右车道分别有一辆摩托车和SUV，这个时候无人驾驶汽车的人工智能该如何抉择？是以无人驾驶汽车的安全角度出发，撞上那个摩托车？还是以最小人员伤害为原则，直接撞上去，牺牲掉无人驾驶汽车自己？还是折中，撞上SUV？也许不同的算法会有不同的应对反应，这种算法反应结果是否正确也无法下定论。但问题的关键是事故责任划分的问题，客观上是程序员的算法主导了本次事故的结果，假如算法的行为导致了更为严重的后果，编写算法的程序员要不要承担责任？如果换了驾驶员驾驶车辆，99%的反应是向副驾驶方向打方向盘。在伦理层面上，驾驶员的行为不会受到道德上的谴责，因为这是一种本能的自我保护反应行为。但是如果换作是无人驾驶汽车行驶，这样的行为会引发社会广泛的关注和讨论。

(6) 保险制度不完善的问题。无人驾驶汽车从理论上讲可以大大减少人为因素引发的交通事故的概率，比如疲劳驾驶、酒后驾驶、开车斗气等。当事故无法避免时，给车辆买一份保险或许是最后一个将损失减少到最小的保障措施。但是目前的保险条例不适用于无人驾驶汽车。保险公司需要紧密跟踪无人驾驶汽车的发展，研究制定适用于无人驾驶汽车的保险条例，这种险种的推出要与政府颁发无人驾驶汽车允许上路运行牌照的时间保持一致。

3.3.2 未来新技术

为满足市场要求，"三合一"电子公路在未来进行推广中将会出现一段路多用户的应用场景。简单来说，"三合一"电子公路上将会出现多个自动驾驶汽车共同行驶的情况，电子公路需要对多台自动驾驶汽车提供动态无线充电、光伏路面信号指示的服务。基于这样的应用场景，如何能让公路上车与车之间更好地交互，让每个用户拥有更好的体验成为"三合一"自动驾驶技术未来的发展趋势（图3-39）。

物联网（Internet of Things，IOT）自1999年被首次提出后，在世界范围内得到迅猛发展，被称为继计算机、互联网之后世界信息产业发展的第三次浪潮，而2005年提出的车联网（IOV）将是其非常重要的应用领域与发展方向。车联网是汽车技术与互联网技术的高度融合，是实现智能交通的重要途径，也是未来智慧城市的重要环节。无人驾驶汽车替代传统汽车，这是必然的趋势。在未来，公

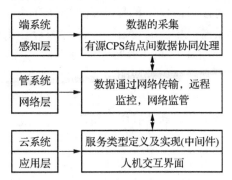

图3-39 包括云平台的无人驾驶车辆技术模块

路上将会是无人驾驶车辆的交互，为了能够降低无人驾驶汽车辆的成本同时提高无人驾驶汽车的安全性，基于互联网云平台技术的自动驾驶车联网系统将会发挥重大的作用。无人驾驶云平台为无人驾驶车辆提供基础服务，它通过先进的信息、通信、传感、控制以及计算机技术等的有机高效融合，实现人、车、路的密切配合，从而提高交通运输效率，缓解交通拥堵，降低能源消耗，减少交通事故。无人驾驶云平台实际上就是将无人驾驶车辆获取的信息不再由自身封闭的决策系统进行处理，云平台借助传感技术感知车辆、道路和环境的信息，对多源信息进行加工、计算、共享和安全发布，实现无人驾驶车辆信息的共享。根据需求对车辆进行有效的引导与监管，同时提供多样的多媒体与移动互联网应用。这样的模式会降低无人驾驶车辆的单独加载决策系统的成本而且能够提高无人驾驶车辆的安全性。同时能够提供更多的信息和需求，让"三合一"电子公路上的用户得到更好的资源配置和服务体验。

无人驾驶车辆是移动设备，无人驾驶云平台提供的服务包括用于新算法开发的分布式仿真测试、离线深度学习训练模型、高精度地图的生成等。这些服务包括分布式计算、分布式储存以及异构计算的基础架构支持[18]。在基础架构之上，我们可以实施必要的服务来支持无人驾驶车辆。比如当无人驾驶车辆行驶在城市周围时，每秒能产生2GB的原始传感器数据，因此需要创建一个高效的基础架构来储存、处理和理解大量的原始数据。利用本章所介绍的云平台基础架构，我们可以有效地利用原始数据进行新算法的开发、分布式仿真测试、离线深度学习模型训练和生成持续的高精度地图。

分布式计算框架可以选择低延迟和高吞吐量的内存分布式计算框架Apache

Spark[17]。Apache Spark 为程序员提供了一个应用程序编程接口,该接口集中在一个称为弹性分布式数据集的数据结构上,这是一个只读的多组数据项,分布在以容错方式维护的机器集群上。在分布式计算引擎后需要构建分布式储存引擎。目前可以考虑使用具有可靠共享储存速率、跨集群框架的以内存为中心的分布式储存系统 Alluxio。Alluxio 使用内存作为默认存储介质,并提供存储速率的读写性能。Alluxio 可以管理多个储存层,包括内存、固态硬盘和硬盘驱动器。

基础架构支持的第二个应用是离线模型训练。为了实现离线模型训练的高性能,云端基础架构需要提供无缝衔接的 GPU 加速性能以及参数服务器的内存存储支持。在自动驾驶中使用不同的深度学习模式时,模型必须持续更新以不断提高有效性和效率。

图 3-40 展示了训练平台的架构。首先,使用一个 Spark 来管理所有的 Spark 节点,并且每个节点都有一个 Spark 执行者和一个 Paddle 培训器,这允许我们利用 Spark 框架来进行分布式计算和资源分配[19]。通过这种架构,我们可以利用数据并行性将所有的训练数据分割成碎片,以便每个节点独立地处理原始数据的一个或多个碎片。为了使节点同步,每个训练迭代结束时,我们需要将每个节点的所有参数更新,这样它们就可以开始下一个迭代的训练。

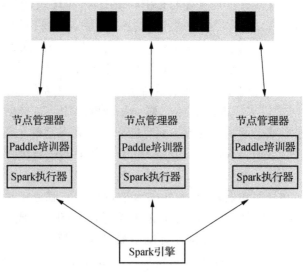

图 3-40 无人驾驶训练平台

高精度地图生成是基础架构需要支持的第三个应用。这是一个多阶段线程,类似离线训练模型。高精度地图的制作也是一个复杂的过程,包括原始数据读取、滤波和预处理、姿态恢复和优化校准。虽然在前文提到过激光雷达数据在高精度地图生成中的重要性,但它不是唯一的传感器数据。如图3-41所示,高精度地图生成过程实际上是融合多个传感器的原始数据,从而获取准确位置信息的过程。首先,轮式里程计数据和IMU数据可以用来进行传播,或在固定的时间内推算出车辆的位移。然后利用GPS数据和激光雷达数据对传播结果进行校正,以减少误差。

从过程方面考虑,地图生成的计算可以分为三个阶段:第一,进行即时定位与地图构建(SLAM)来获得每个激光雷达扫描的位置。在此阶段,Spark作业将加载所有原始数据,包括IMU记录、车轮里程计记录、GPS记录和来自HDFS的LiDAR原始数据。第二,执行地图生成点云对齐的操作,其中独立的激光雷达扫描数据被连接在一起形成连续的地图。第三,将标签和语义信息添加到栅格地图中(图3-41)。

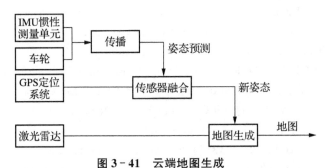

图3-41 云端地图生成

无人驾驶云平台是无人驾驶技术未来的发展趋势。在统一的基础架构下,云平台可以支持许多应用程序,包括但不限于用于新算法开发的分布式模拟仿真、离线深度学习模型训练和高精度地图的生成。本章已经深入探讨了这些应用程序以解释如何利用基础架构来支持其特定性,并提供性能改进以及可扩展性。

目前,无人驾驶技术正在积极发展,尽管该技术还处于开发无人驾驶云平台的早期阶段。但是在未来无人驾驶车辆大量上路的情况下,无人驾驶云平台技术将会得到极大的发展,为无人驾驶汽车上路问题提供良好的解决方案。

本章参考文献

[1] 王金强,黄航,郅朋,等. 自动驾驶发展与关键技术综述[J]. 电子技术应用,2019,45(6):28-36.

[2] 王科俊,赵彦东,邢向磊. 深度学习在无人驾驶汽车领域应用的研究进展[J]. 智能系统学报,2018,13(1):55-69.

[3] 王俊. 无人驾驶车辆环境感知系统关键技术研究[D]. 合肥:中国科学技术大学,2016.

[4] DALAL N, TRIGGS B. Histograms of oriented gradients for human detection[C]// 2005 IEEE Computer Society Conference on Computer Vision and Pattern Recognition，June 20-25,2005. San Diego：IEEE,2005. DOI：10. 1109/CVPR. 2005. 177.

[5] FELZENSZWALB P, MCALLESTER D, RAMANAN D. A discriminatively trained, multiscale, deformable part model[C]//2008 IEEE Conference on Computer Vision and Pattern Recognition, June 23-28, 2008. Anchorage：IEEE, 2008. DOI：10. 1109/CVPR. 2008. 4587597.

[6] BENENSON R, OMRAN M, HOSANG J, et al. Ten years of pedestrian detection, what have we learned?[M]//Computer Vision-ECCV 2014 Workshops. Cham：Springer International Publishing, 2015：613-627. DOI：10. 1007/978-3-319-16181-5_47.

[7] NEGAHDARIPOUR S, HORN B K P. A direct method for locating the focus of expansion [J]. Computer Vision, Graphics, and Image Processing, 1989, 46(3)：303-326.

[8] MENZE M, GEIGER A. Object scene flow for autonomous vehicles[C]//2015 IEEE Conference on Computer Vision and Pattern Recognition (CVPR), June 7-12, 2015. Boston：IEEE, 2015. DOI：10. 1109/CVPR. 2015. 7298925.

[9] ANDRIYENKO A, ROTH S, SCHINDLER K. An analytical formulation of global occlusion reasoning for multi-target tracking[C]//2011 IEEE International Conference on Computer Vision Workshops (ICCV Workshops), November 6-13, 2011. Barcelona：IEEE, 2011. DOI：10. 1109/ICCVW. 2011. 6130472.

[10] XIANG Y, ALAHI A, SAVARESE S. Learning to track：online multi-object tracking by decision making[C]//2015 IEEE International Conference on Computer Vision (ICCV), December 7-13,2015. Santiago：IEEE, 2015. DOI：10. 1109/ICCV. 2015. 534.

[11] 邱钊鹏. 无人驾驶车辆控制方式研究[D]. 北京：北京工业大学, 2009.

[12] ZAHARIA M, CHOWDHURY M, FRANKLIN M J, et al. Spark：Cluster computing with working sets[C]. HotClould'10：Proceedings of the 2nd USENIX conference on Hot topics in cloud computing, Boston：ResearchGate,2010. DOI：10. 1016/j. na. 2007. 01. 001.

[13] FISCHER P, DOSOVITSKIY A, ILG E, et al. FlowNet：learning optical flow with convolutional networks[EB/OL]. 2015：arXiv：1504. 06852[cs. CV]. https：//arxiv. org/abs/1504. 06852.

[14] LUO W J, SCHWING A G, URTASUN R. Efficient deep learning for stereo matching [C]// 2016 IEEE Conference on Computer Vision and Pattern Recognition (CVPR). IEEE Computer Society, 2016：5695-5703.

[15] ZAKARIA M A, ZAMZURI H, MAZLAN S A. Dynamic curvature steering control for autonomous vehicle：Performance analysis[J]. IOP Conference Series：Materials Science and Engineering, 2016, 114：012149.

[16] BONNIN S, WEISSWANGE T H, KUMMERT F, et al. General behavior prediction by a combination of scenario-specific models [J]. IEEE Transactions on Intelligent

Transportation Systems,2014,15(4):1478-1488.

[17] ULBRICH S, MAURER M. Probabilistic online POMDP decision making for lane changes in fully automated driving [C]// International·IEEE Conference on Intelligent Transportation Systems,2013:2063-2067.

[18] LIU S S, PENG J, GAUDIOT J L. Computer, drive my car! [J]. Computer, 2017, 50 (1):8.

[19] YU J, WU J, SARWAT M. GeoSpark: a cluster computing framework for processing large-scale spatial data[C]//The 23rd SIGSPATIAL International Conference, Seattle: Association for Computing Machinery, 2015. DOI:10.1145/2820783.2820860.

第四章 光伏路面技术

光能智慧路面,又称光伏路面,是一种新型的具备能源收集与转换功能的路面结构,可以将太阳能转化成电能。最上面一层是类似毛玻璃的半透明新型材料,其摩擦系数高于传统沥青路面,在保证轮胎不打滑的同时,还拥有较高的透光率,可以让阳光穿透它;下面有一层太阳能电池板把光能转换成电能,实时输送至电网,就好像一个巨大的充电宝。这种新型路面既能满足道路上的电能需求,又能保障道路安全。光伏路面是一项挑战性很强的技术探索,旨在将光伏发电工程与道路工程相结合,实现路面承载与发电的功能融合,进而以此为平台实现车路之间能量与信息的交互。"三合一"电子公路在国际上首创光伏发电、无线充电和无人驾驶三项技术的融合应用,建成了世界最长的动态无线充电道路,实现了电力流、交通流、信息流的智慧交融,为建设新能源利用综合体和新型智慧城市进行了前瞻研究和有益探索。

由于我国道路交通特殊情况,对光能智慧道路结构的稳定性、耐磨性、耐候性和承重能力等要求较高,我国幅员辽阔、气候差异大、日照分布差异以及新能源汽车充电续航对光能智慧路面的发展提出了新的要求。

围绕这些关键问题,本章节将从光能发电技术、光能组件材料研发、光电转化效率以及融雪化冰功能、路面 LED 技术研发、无线充电线圈封装技术、光伏路面结构优化等方面对光能智慧路面技术进行解读和阐释,帮助读者进一步了解光能智慧路面技术和其带来的优势。

4.1 光能发电技术

随着全球工业化的进程,人类对能源需求在不断增长。由于化石能源等一次能源的短缺,面对全球范围内的能源危机和环境压力,可再生能源在能源结构中的地位越来越重要,太阳能作为可再生能源的重要组成部分,也被世界各国所重视。随着"低碳、绿色、环保"生活概念的提出,国家对新能源如风能、生物质能、太阳能光伏发电等新能源发展的大力支持,太阳能的大规模应用前景光明。光伏发电与常规能源相比有着清洁、高效、可再生的优点,而且光伏发电系统具有节能、环保、不消耗常规能源、不需敷设电缆等特点[1-2],这些特点使得光伏发电成为新能源和可再生能源的重要组成部分,是符合低碳发电的理想发电技术。

光能智慧道路(图 4-1)也是太阳能光伏发电技术的一种创新性应用,有别于传统的建筑类光伏发电,它利用特殊光能、光热、压电等换能材料和其他新型材料制作成路面铺设预制件,对道路表面进行综合升级,从而将高速公路、城际公路、城市街道、步行街、人行道等路面,改造为一个巨大的清洁电力生产、分配和消费系统,并同步实现道路基础设施电气化、信息化、智能

图 4-1 光能智慧路面技术应用于同里综合能源项目

化升级改造。将普通道路由单一的交通运输功能改造为集智慧管理、信息处理、能源转换、交通运输,并兼容动态无线充电技术的智能道路。光能智慧道路的建设还将大大加速电动汽车产业的发展,是一个正蓄势待发的全球性超大型战略工程。

光能智慧路面发电的原理主要是利用半导体的光生伏特效应,将太阳光辐射能直接转换成电能的一种新型发电系统。发电系统由光伏电池板组件、控制器、逆变器、电能储存及变换环节构成的发电与电能变换系统。太阳光辐射能量经由光伏电池板直接转换为电能,并通过电缆、控制器、储能等环节予以储存和转换,提供负载使用。其结构示意图如图 4-2 所示。

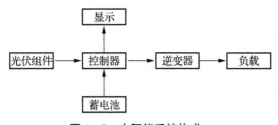

图 4-2 太阳能系统构成

4.1.1 光伏效应

很多情况下,物质吸收入射光后,光子的能量会使电子激发到高能级,处于高能态的受激电子通常会很快地回到基态。但是有两种情况例外:一种情况是光照射金属时,波长足够短的光会激发金属中的电子,电子获得足够的能量后从金属表面逸出,这种物理现象称为光电效应。爱因斯坦用量子论提出爱因斯坦公式 $E=h\nu$,成功解释了光电效应现象从而获得 1921 年的诺贝尔物理学奖。利用光电效应做成的光电管如图 4-3(a)所示,接通外部电源,光照射后负载上就会有电流流过。另一种情况是在具有 P-N 结的半导体中,电子受激后形成电空穴对,在内建电场作用下,电子在返回基态之前会与空穴分离,进入导带,在半导体中 P-N 结的两端形

成电势差,这种现象称为光伏效应,如图 4-3(b)所示。

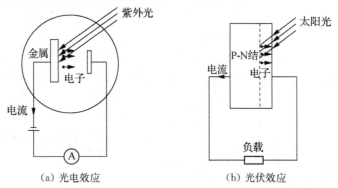

(a) 光电效应　　　　　　　(b) 光伏效应

图 4-3　光电效应和光伏效应

太阳能电池板(图 4-4)是光伏发电系统的核心部分,其作用是将太阳能直接转换成电能,供负载使用或存储于蓄电池内备用。太阳能电池实际上是由若干个 P-N 结构成。当太阳光照射到 P-N 结时,一部分被反射,其余部分被 P-N 结吸收,被吸收的辐射能有一部分变成热,另一部分以光子的形式与组成 P-N 结的原子价电子碰撞,产生电子空穴对,在 P-N 结势垒区内建电场的作用下,将

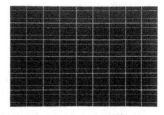

图 4-4　太阳能电池板

电子驱向 N 区,空穴驱向 P 区,从而使得 N 区有过剩的电子,P 区有过剩的空穴。这样在 P-N 结附近就形成与内建电场方向相反的光生电场。光生电场除一部分抵消内建电场外,还 P 型层带正电,N 型层带负电,在 N 区和 P 区之间的薄层产生光生电动势,这种现象称为光生伏打效应(Photovoltaic Effect)。若分别在 P 型层和 N 型层焊上金属引线,接通负载,在持续光照下,外电路就有电流通过,如此形成一个电池元件,经过串并联,就能产生一定的电压和电流,输出电能,从而实现光电转换。

4.1.2　太阳能电池板

1. 光伏电池等效数学模型

光照恒定时,在光伏电池中,光照电流 I_{ph} 可以等效为一个恒流源。连接负载 R 两端后,电流流过负载,负载的两端就会出现端电压 V。在负载电压作用到 P-N 结时,会产生和光电电流方向相反的电流 I_d。由于制作光伏电池板的材料本身就带有电阻率,便会导致电池板内部产生能量损耗,因此,我们引入串联电阻 R_s,电阻越大,损耗越大,相应效率也会变低。考虑到制造时出现的一些原因,此时还要加一个并联电阻 R_{sh},并联电阻一般大约在 1 kΩ 以上[3],具体如图 4-5 所示。

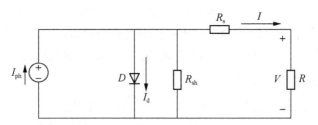

图 4-5 太阳能光伏电池等效电路

根据等效电路得：

$$I = I_{ph} - I_d - I_{sh} \tag{4-1}$$

其中 I_d 为流过二极管的电流，I_{ph} 为光电电流，I 为负载电流，I_{sh} 为漏电流。

$$I_d = I_o \left\{ \exp\left[\frac{q(V+IR_s)}{AKT}\right] - 1 \right\} \tag{4-2}$$

其中 A 表示 P-N 结理想因子，K 表示玻尔兹曼常数，q 表示电荷，T 表示绝对温度，R_{sh} 表示并联电阻，R_s 表示串联电阻，I_o 表示反向饱和电流，$I_{sh} = (V+IR_s)/R_{sh}$，据此可得：

$$I = I_{ph} - I_o \left\{ \exp\left[\frac{q(V+IR_s)}{AKT}\right] - 1 \right\} - \frac{V+IR}{R_{sh}} \tag{4-3}$$

2. 输出特性分析

由于光伏电池工作时会不可避免地受到很多外界影响，所以其输出特性具有非线性关系，如图 4-6 所示。

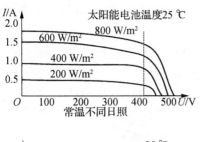

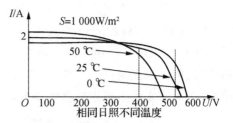

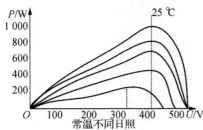

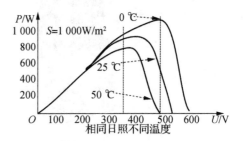

图 4-6 太阳能光伏阵列特性关系

根据图 4-6 所示,可以看出在相同温度时,随着日照强度的增加,短路电流也会逐渐增加,但开路电流则不会变,输出功率逐渐变大;在相同日照时,随着温度的升高,短路电流会相应增大,但开路电压则会下降,输出功率会减小,但是最大输出功率相同[3]。

3. 太阳能电池组件的结构

太阳能电池组件结构如图 4-7 所示,由玻璃、太阳能电池串、乙烯-醋酸乙烯酯共聚物(Ethylene-vinyl Acetate Copolymer,EVA)和背板等部分组成。玻璃面板是太阳能电池的正面保护层,因为位于正面必须是透明玻璃。TPT(聚氟乙烯复合膜)背板是背面保护层,EVA 胶膜是太阳电池与玻璃面板和 TPT 背板之间的黏结胶膜,也必须是透明材料。此外,还有互连条、汇流条和接线盒等。互连条和汇流条都是焊在电极之间起电连接作用的金属连接件。

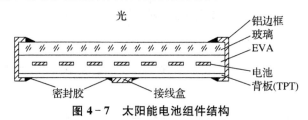

图 4-7 太阳能电池组件结构

由于"三合一"电子公路的太阳能电池板被铺在透明沥青之下,为考虑行车安全,光伏板的反光不能太多,太阳能电池板应使用特种太阳能电池组件。特种太阳能电池组件是针对特种用途和使用环境而设计制造的太阳能电池组件,它的面板玻璃采用表面上具有深纹理的超透玻璃,能有效地改变入射太阳光的反射光方向,从向一个方向反射变成向多个方向散射,将常规组件的防眩光指数从大于 22 降到小于 15,显示了较好的防眩光效果。

如图 4-8(a)、(b)所示是常规光伏组件和中利腾晖光伏公司生产的防眩光组件对光反射的情况对比[4]。图 4-9 显示了这种具有深纹理表面的玻璃的防眩光原理。在对防光污染要求较高的场合,特种太阳能电池组件可以发挥巨大的作用。

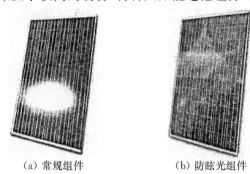

(a) 常规组件　　　　(b) 防眩光组件

图 4-8 常规组件表面和防眩光组件表面的防眩光效果比较

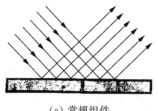
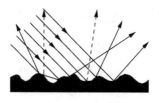

(a) 常规组件　　　　　　　　　(b) 防眩光组件

图 4-9　常规组件表面和防眩光组件玻璃表面的光反射示意图

4.1.3　太阳能控制器

太阳能控制器的基本作用是为蓄电池提供最佳的充电电流和电压,快速、平稳、高效地为蓄电池充电,并在充电过程中减少损耗、尽量延长蓄电池的使用寿命,同时保护蓄电池,避免过充电和过放电现象的发生。如果用户使用的是直流负载,通过太阳能控制器可以为负载提供稳定的直流电(由于天气的原因,光伏电池方阵发出的直流电的电压和电流不是很稳定)。光伏充电控制器基本上可分为五种类型:并联型光伏控制器、串联型光伏控制器、脉宽调制型光伏控制器、智慧型光伏控制器和最大功率跟踪型光伏控制器。

并联型光伏控制器:当蓄电池充满时,利用电子部件把光伏阵列的输出分流到内部并联电阻器或功率模组上去,然后以热的形式消耗掉。

串联型光伏控制器:利用机械继电器控制充电过程,并在夜间切断光伏阵列。它一般用于较高的功率系统,继电器的容量决定充电控制器的功率等级。比较容易制造连续通电电流在 45 A 以上的串联型光伏控制器。

脉宽调制型光伏控制器:它以 PWM 脉冲方式控制光伏阵列的输入。当蓄电池趋向充满时,脉冲的频率和时间缩短。按照美国桑地亚国家实验室的研究,这种充电过程形成较完整的充电状态,它能增加光伏系统中蓄电池的总循环寿命。

智慧型光伏控制器:基于 MCU(如 Intel 公司的 MCS 51 系列或 Microchip 公司 PIC 系列)对光伏电源系统的运行参数进行高速即时采集,并按照一定的控制规律由软件程序对单路或多路光伏阵列进行切离和接通控制。

最大功率跟踪型控制器:将太阳能电池电压 U 和电流 I 检测后相乘得到功率 P,然后判断太阳能电池此时的输出功率是否达到最大,若不在最大功率点运行,则调整脉宽,调制输出占空比 D,改变充电电流,再次进行实时采样,并做出是否改变占空比的判断,通过这样的寻优过程可以保证太阳能电池始终运行在最大功率点,以充分利用太阳能电池方阵的输出能量。同时采用 PWM 调制方式,使充电电流成为脉冲电流,以减少蓄电池的极化,提高充电效率。

4.1.4 蓄电池(组)

光伏发电系统中的储能装置用于负荷调节、电能质量调节和系统暂态补偿,分化学储能和物理储能两类。在独立光伏发电系统中,通常使用化学储能的蓄电池(组)。蓄电池是系统中必备的部件,主要用于储存光照下系统转换的电能。当日照量大时,光伏发电系统除了供给负载用电,还对蓄电池充电,将多余的电量储存起来;当日照量小时,蓄电池中这部分储存的能量将逐步放出,供给无光照(晚间或阴雨天)情况下的电能使用。对这类蓄电池的基本要求是在深放电条件下,其使用循环寿命长、工作温度范围宽、充电效率高、少维护或免维护和价格低廉等,而且使用时必须配置控制器对蓄电池的充放电进行控制,延长蓄电池的使用寿命。对光伏电站来说,硫钠电池等新兴电池的性能更优于传统的铅酸电池。新近开发的铅碳电池性能也优于通常的铅酸电池。超级电容器等由于其响应速度快,瞬时输出功率较大,更适合作为暂态补偿和短时间的备用电源。

1. 常用蓄电池原理

蓄电池是一种可逆的直流电源,是提供和存储电能的电化学装置。所谓可逆即放电后经过充电能复原续用。蓄电池的电能是由浸在电解液中的两种不同极板之间发生化学反应产生的。蓄电池放电(流出电流)是化学能转化为电能的过程;蓄电池充电(流入电流)是电能转化为化学能的过程。以铅酸蓄电池为例,它由负极板、电解液和电解槽组成。正极板的活性物质是二氧化铅(PbO_2),负极板的活性物质是灰色海绵状金属铅(Pb),电解液是硫酸水溶液。

在充电过程中,在外加电场的作用之下,通过正负离子各向两极迁移,并在电极溶液界面处发生化学反应。在蓄电池充电时,正极板的 $PbSO_4$ 恢复为 PbO_2,负极板的 $PbSO_4$ 恢复为 Pb,电解液中的 H_2SO_4 增加,密度上升。充电一直进行到极板上的活性物质完全恢复到放电前的状态为止。蓄电池的正、负极板浸入电解液中后,由于少量的活性物质溶解于电解质溶液,产生电极电位,正、负极板不同的电极电位形成蓄电池的电动势。

在蓄电池放电时,在电池内部,电解质发生电解,正极板的 PbO_2 和负极板的 Pb 变为 $PbSO_4$,电解液中的 H_2SO_4 减少,密度下降。在电池外部,负极上的负电荷在蓄电池电动势作用之下源源不断地流向正极。整个系统形成了一个回路:在电池负极发生氧化反应,在电池正极发生还原反应。由于正极上的还原反应使得正极板电极电位逐渐降低,同时负极板上的氧化反应又促使电极电位升高,整个过程将引起蓄电池电动势的下降。蓄电池的放电过程(图 4-10)是其充电过程的逆转。

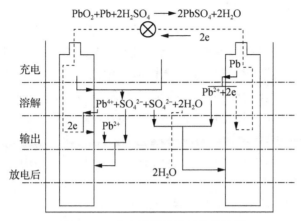

图 4-10 蓄电池的放电过程示意图

2. 几种常用的蓄电池

(1) 铅酸密封蓄电池

铅酸密封蓄电池由正负极板、隔板和电解液、电池槽及连接条(或铅零件)、接线端子和排气阀等组成。用在独立光伏系统中的电池应是深度循环大负载类型的。阀控式密封铅酸蓄电池具有不需补加酸水、无酸雾析出、可任意放置、搬运方便、使用清洁等优点,近几年在光伏发电系统中得到了广泛应用。但是,蓄电池组的价格相对昂贵,寿命较短,一般免维护的工作寿命为5年,而光伏电池板的稳定工作寿命为25~30年,蓄电池的存在势必会影响光伏系统的寿命,因此,通过采用合适的充放电方法,尽量延长蓄电池的寿命,可以在很大程度上降低光伏系统维护费用。铅酸密封蓄电池结构如图4-11所示。

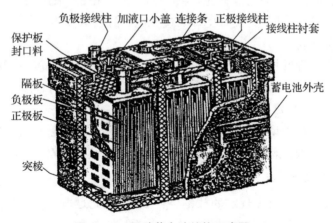

图 4-11 铅酸蓄电池结构示意图

(2) 铅-锑电池

铅-锑电池可承受深度放电,但因为水耗散大,需要定期维护。安装时,正负极板相互嵌合,之间插入隔板,用极板连接条将所有的正极和所有的负极分别连接,如此组装起来,便形成单格蓄电池。单格电池中负极板的数目比正极板多一块。极板的数量越多,蓄电池能提供电压的时间越长。极板厚度越薄,活性物质的利用率就越高,容量就越高。极板面积越大,同时参与反应的物质就越多,容量就越大。同性极板中心距越小,蓄电池内阻越小,容量越大。为减少尺寸、降低内阻,正负极板应该尽量靠近,但为了避免相互接触而短路,正负极板之间用绝缘的隔板隔开。

(3) 碱性蓄电池

碱性蓄电池的基本结构与铅酸蓄电池相同,包含极板、隔离物、外壳和电解液。碱性蓄电池按其极板材料可分为镉镍蓄电池、铁镍蓄电池等。其工作原理与铅酸蓄电池相同,只是具体的化学反应不同。碱性蓄电池与铅蓄电池相比,具有体积小、可深度放电、耐过充和过放电以及使用寿命长、维护简单等优点。

(4) 镍镉电池

镍镉电池以氢氧化镍作为正极的活性物质,以镉和铁的混合物作为负极的活性物质,电解液为氢氧化钾水溶液。相比铅酸电池镍镉电池的优点:能量高、耐全放电、无须超容量设计、力学性能好、低温性能良好、内阻低、允许大电流输出、允许快速充电、放电过程中电压稳定易于维护。其缺点是价格比铅酸电池贵、电池效率低,若电池没有完全放电,则会出现"记忆效应",除此之外,镉有毒,使用后需回收。

(5) 镍氢电池

与镍镉电池结构及原理均相似,不同的是将镉替换为储氢合金电极。它的主要优点是:与同体积镍镉电池相比,容量更高,与镉相比,采用储氢合金电极,没有重金属镉带来的污染问题,具有良好的过充电和过放电性能。

(6) 铁镍蓄电池

正极采用活性铁材料的钢丝棉,负极采用带活性镍材料的钢丝棉。它的主要优点是价格低、使用寿命长。它的主要缺点是电池效率低、水耗高、内阻大、适用温度受限(为 0~40 ℃)。

除了以上六种类型的电池外,还有电解液呈胶态的电池——胶体电池,用液体低碳钢硅盐化成液体替代硫酸作为电解质的硅能蓄电池、锌银电池和锂电池等。

3. 蓄电池容量和容量设计

蓄电池的容量是指在规定的放电条件下,完全充足电的蓄电池所能放出的电量。用"C"表示。蓄电池的容量是标志蓄电池对外放电能力、衡量蓄电池质量的优劣以及选用蓄电池的最重要指标。蓄电池的容量采用 A·h(安·时)来计量,即容量等于放电电流与持续放电时间的乘积。电解液密度增大,电池电动势增大,参加反应的活性物质增多,电池容量增大。但是,电解液密度过高,黏度增大,内阻增强,极板硫化趋势增大,电池容量减小,所以,要选取一个合适的密度。温度对电池也有很大影响,温度下降,黏度增加,电解液渗入极板困难,活性物质利用率降低,内阻增加,容量下降。

蓄电池容量设计计算的基本步骤如下:

第一步,将每天负载需要的用电量乘以根据客户实际情况确定的自给天数就可以得到初步的蓄电池容量。

第二步,将第一步得到的蓄电池容量除以蓄电池的允许最大放电深度。因为不能让蓄电池在自给天数中完全放电,所以需要除以最大放电深度,得到所需要的蓄电池容量。最大放电深度的选择需要参考光伏系统中选择使用的蓄电池的性能参数。通常情况下,如果使用的是深循环型蓄电池,推荐使用80%放电深度(DOD);如果使用的是浅循环型蓄电池,推荐使用50%的DOD。设计蓄电池的基本公式为:

$$蓄电池容量=(自给天数×日平均负载)/最大放电深度$$

如果蓄电池的电压达不到要求,可以用串联的方法;如果蓄电池的电流达不到要求,可以用并联的方法。串联蓄电池数=负载标称电压/蓄电池标称电压,其中,蓄电池标称电压指蓄电池的供电电压,负载的标称电压指工作电压。

4.1.5 电压变换器

逆变器的作用就是将光伏电池阵列和蓄电池提供的低压直流电斩波成更高的电压或逆变成交流电,供给交流负载使用。

太阳能并网逆变器是并网发电系统的核心部分,其主要功能是将太阳能电池板发出的直流电逆变成单相交流电,并送入电网。同时实现对中间电压的稳定,便于前级升压斩波器对最大功率点的跟踪。并且具有完善的并网保护功能,保证系统能够安全可靠地运行。

1. DC-DC 变换器

DC-DC 变换器又称为直流斩波器。它的基本原理是在太阳能电池板与负载之间加上 DC-DC 变换器,通过对电路中电力电子器件的通断控制,将直流电压断续地加到负载上,通过调节 DC-DC 变换电路中功率开关器件的占空比来改变输出电压的平均值,从而使外接负载能够获得最大功率。将 DC-DC 变换器接入光伏发电控制系统中,并与最大功率控制电路相连,从而构成一套完整的光伏电池最大功率跟踪控制系统。

太阳能电池板由于受太阳光照强度和环境温度变化的影响,输出电压和输出电流都在不断地变化,因此在光伏发电系统中对电能的调控和MPPT控制的实现都依赖于DC-DC变换器,直流变换器在整个光伏系统设计中是非常重要的一个环节。

2. 逆变器

逆变器由半导体功率器件和逆变器驱动、控制电路两大部分构成,由于微电子技术和电力电子技术的发展促进了新型大功率半导体器件和驱动控制电路的出现,现在逆变器多采用绝缘栅极晶体管、功率场效应管、MOS控制器晶闸管以及智能型功率模块等各式先进和易于控制的大功率器件。控制电路也从原有的模拟集成电路发展到了由单片机控制或者是数字信号处理器控制,使逆变器向着系统化、全控化、节能化和多功能化方向发展。

逆变器结构由输入电路、主逆变电路、输出电路、辅助电路、控制电路和保护电路等构成,如图4-12所示。

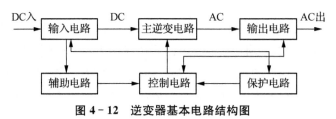

图4-12 逆变器基本电路结构图

输入电路负责提供直流输入电压;主逆变电路通过半导体开关器件的作用完成逆变程序;输出电路主要对主逆变电路输出交流电的频率,相位和电压、电流的幅值进行补偿和修正,以达到一定标准;控制电路为主逆变电路提供脉冲信号,控制半导体器件的开通与关断;辅助电路将输入电路的直流电压换成适合控制电路工作的直流电压,同时也包括了一系列的检测电路。

3. 光伏系统中的直流变换器和逆变器

"三合一"电子公路融合了无线电能传输、光伏公路和自动驾驶。而作为连接光伏公路和电动汽车无线充电的桥梁,直流变换器和光伏逆变器起着至关重要的作用。

太阳能光能板吸收太阳光将光能转化为电能,再通过DC-DC直流变换器将电压转换为700 V或±350 V,存储进蓄电池(组)或配网中。而逆变器则需要将存储起来的或配网中的直流电转换为高频交流电,从而供无线电能传输系统使用。

4.1.6 太阳能光伏发电系统结构及设计

太阳能光伏发电系统的运行方式主要分为离网运行和联网运行两大类。

离网运行系统(图4-13):未与公共电网相连接,又称为独立太阳能光伏发电系统。主要应用于远离公共电网的无电地区和一些特殊场所,如为公共电网难以覆盖的边远农村、海岛、通信中继站、边防哨所等场合提供电源。

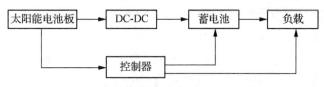

图4-13 离网光伏发电系统结构框图

联网运行系统(图4-14):与公共电网相连接,共同承担供电任务。它是太阳能光伏发电进入大规模商业化发电阶段,成为电力工业组成部分之一的重要方向,也是当今世界太阳能光伏发电技术发展的主流趋势。

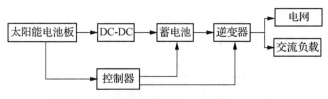

图4-14 联网光伏发电系统结构框图

太阳能光伏发电系统的设计分为软件设计和硬件设计,且软件设计优先于硬件设计。软件设计包括:负载用电量的计算,太阳能电池方阵面辐射量的计算,太阳能电池、蓄电池用电量的计算和二者之间相互匹配的优化设计,太阳能方阵安装倾角的计算,系统运行情况的预测和系统经济效益的分析等。硬件设计包括:负载的选型及必要的设计,太阳能电池支架的设计,逆变器的选型和设计,太阳能电池和蓄电池的选型以及控制,测量系统的选型和设计。对于大型太阳能光伏发电系统,还要有光伏电池方阵场的设计、防雷接地的设计、配电系统的设计以及辅助或备用电源的选型和设计。由于软件设计牵涉到复杂的太阳辐射量以及系统优化的计算,一般是由计算机来完成的;在气象等资料很少的情况下,也可以采取估算的办法。

太阳能电池发电系统设计的总原则,是在保证满足负载供电需要的前提下,确定使用最少的太阳能电池组件功率和蓄电池容量,以降低所设计系统的费效比。在光伏发电系统设计过程中做出的每个决定都会影响造价。在决定要建立一个独立的太阳能光伏发电系统之后,可按下述步骤进行设计:计算负载、确定蓄电池容量、确定太阳能电池方阵容量、选择控制器和逆变器的问题等。

1. 负载计算

对于负载的计算,是独立光伏发电系统设计和定价的关键因素之一。根据拟设系统所在场地的具体气象资料,确定合理的融雪目标,再根据计算软件进行计算,确定太阳能融雪光伏系统的负载。通常的步骤是:

(1) 列出所有负载的名称、功率要求、额定工作电压和每天用电时间,对于交流和直流负载都要同样列出;

(2) 将负载分类并按工作电压分组,计算每一组的总的功率要求;

(3) 选定系统工作电压,计算整个系统在该电压下所要求的平均安培·小时数($A \cdot h$),就是算出所有负载的每天平均耗电量之和。

通常,独立运行的太阳能光伏发电系统,其交流负载工作在 220 V,直流负载工作在 12 V 或 12 V 的倍数的电压等级下。

2. 蓄电池的计算设计

系统中蓄电池容量最佳值的确定,必须综合考虑太阳能电池方阵电量、负荷容量及逆变器的效率等。蓄电池容量的计算方法有多种,一般可通过式(4-4)算出:

$$C = \frac{DFP_0}{LUK_a} \tag{4-4}$$

式中,C 为蓄电池容量($kW \cdot h$);D 为最长无日照期间用电时数;F 为蓄电池放电效率的修正系数(通常取 1.05);P_0 为平均负荷容量(kW);L 为蓄电池的维修保养率(通常取 0.8);U 为蓄电池放电深度(通常取 0.5);K_a 为逆变器等交流回路的损耗率(通常取 0.7~0.8)。蓄电池放电深度按 0.75 计算,其他系数按通常取值可得简化公式(4-5)。

$$C = 2.1875DP_0 \tag{4-5}$$

3. 太阳能电池方阵的设计

设计太阳能光伏发电系统时,必须掌握当地的太阳能资源情况。太阳电池发电的全部能量来自太阳,也就是说,太阳电池方阵面上所获得的辐射量决定了它的发电量。太阳电池方阵面上所获得辐射量的多少与很多因素有关:当地的纬度、海拔、大气的污染程度或透明程度、一年当中四季的变化、一天当中时间的变化、到达地面的太阳辐射值、散分量的比例、地表面的反射系数、太阳电池方阵的运行方式或固定方阵的倾角变化以及太阳电池方阵表面的清洁程度等。

4. 直流控制系统

直流控制系统的主要功能是控制储能蓄电池组的充电、放电,进行有关参数的检测、处理,以及执行对光伏系统运行的控制和管理。除采用常规手动控制、电子线路模拟控制之外,还可采用计算机控制技术,用于对系统进行数字化的监测、控制和管理。这种设计指导思想,不仅可以提高光伏系统的运行管理水平,也是为以后更大容量的光伏系统进行全面的计算机控制和管理做必要的技术准备。三种控制集于一身,完善地体现先进技术和高可靠性的一致性[5]。

4.2 光能智慧路面发电材料

4.2.1 无机太阳能光伏发电材料

1. 单晶硅

单晶硅(Monocrystalline Silicon)是目前普遍使用的光伏发电材料,它被用作人造卫星、太阳能汽车的电源以及城市路灯或街头时钟的电源(图4-15)。高效单晶硅电池的生产建立在高质量单晶硅材料和成熟的加工工艺基础上。目前,单晶硅电池工艺已接近成熟,提高其光电转换效率主要靠单晶硅表面微结构处理和分区掺杂工艺。在光照充足的最佳角度,单晶硅电池的光电总转换效率可以达到20%~24%,并有可能提高到25%[6]。尽管单晶硅电池具有光电转换性能良好、运行可靠的特点,且单晶硅电池性能稳定、使用寿命长,但由于单晶硅生产工艺复杂,加工工艺烦琐,致使单晶硅电池成本居高不下,因此依靠单晶硅大规模推广太阳能电池是很难的[7]。

图4-15 单晶硅电池实物图

2. 多晶硅

多晶硅(Polycrystalline Silicon)有灰色金属光泽,密度为2.32~2.34 g/cm^3,熔点为1 418 ℃,沸点为2 355 ℃;高温熔融状态下,具有较强的化学活泼性,几乎能与任何材料作用;具有半导体性质,是极为重要的优良半导体材料,但微量的杂质会大大影响其导电性(图4-16)。

多晶硅与单晶硅的差异主要表现在物理性质方面。例如,在力学性质、光学性质

图4-16 多晶硅太阳能电池实物图

和热学性质的各向异性方面,多晶硅远不如单晶硅明显;在电学性质方面,多晶硅

晶体的导电性也远不如单晶硅显著,甚至几乎没有导电性;在化学活性方面,两者的差异极小。

多晶硅光电池的转换效率最高达 18.6%,与单晶硅电池的光电转换效率相比,多晶硅光电池的转换效率显然不算高。虽然直接使用传统氯化提纯工艺生产太阳能级硅的技术成熟,但成本过高,且降低成本的潜力不大,因此不能满足太阳能电池工业发展的需求[8],原材料短缺问题严重阻碍了太阳能产业的发展。但由于多晶硅太阳能电池生产要求低、生产制备相对容易,现在几乎所有制备单晶硅高效电池的技术都适用于制备多晶硅薄膜电池工艺,多晶硅电池将有可能最终取代单晶硅电池成为光伏市场的主导产品。

3. 非晶硅

非晶硅(Amorphous Silicon)太阳能电池是 1974 年才出现的新型太阳能电池,具有广阔的发展前景,尽管目前它的转换效率没有晶体硅高,非晶硅光电池小面积的转换效率已提高到 14.6%,大面积生产的转换效率为 8%～10%[7],但非晶硅材料对可见光的吸收系数高,厚度约 1 μm 的非晶硅就能吸收 90% 的太阳光能,因而电池可以做得很薄,制备工艺简单,能耗少,约 100 $kW \cdot h/m^2$,能耗的回收年数比单晶硅电池短得多,可实现大规模生产,极具市场潜力。

非晶硅光电池一般是采用高频辉光放电技术使硅烷气体分解沉积而制成,可在玻璃、不锈钢板、陶瓷板、柔性塑料上沉积约 1 μm 厚的薄膜。单结非晶硅太阳能电池一般不采用 P-N 结构而采用 pin 结构,这是因为非晶硅太阳电池的开路电压是由 p 层和 n 层材料的费米能级之差决定的。衬底透明的非晶硅太阳能电池一般采用 pin 结构,衬底不透明的采用 nip 结构。非晶硅一般采用高频辉光使硅烷分解沉积而成,该材料可以与氢融合反应形成氢化非晶硅,进而大大降低缺陷率,是一种极为实用的半导体应用材料。

目前,德国 RWE Schottsolar 公司的非晶硅年生产能力达 30 MW/年,初始效率高于 9%;日本 Kaneka 公司的 910 mm×910 mm 的单结非晶硅太阳电池组件年生产能力达 25 MW,将适用于叠层电池的中间层尝试用于非晶硅顶电池与微晶底电池之间,增加了短波在顶电池中的反射,从而增大了顶电池的电流密度,提高了电池的转换效率,其非晶/微晶叠层电池转换效率为 13.4%。2010 年由南开大学和天津津能公司合作的非晶硅微晶硅叠层太阳电池生产线已正式投产。

非晶硅电池尽管具有许多单晶和多晶硅电池无可比拟的优点,但其存在光致衰退 S-W 效应,稳定性差,目前最高转换效率为 13.4%。因此对于单结太阳能电池,即使是由晶体材料制成的,其转换效率的理论极限一般也只有 25% 左右(AM1.5)。而制作叠层太阳电池是一个很好的方法,叠层电池可以把不同的禁带宽度材料组合在一起，拓宽了光谱的响应范围，同时通过调节不同本征薄膜的禁带宽度可增加不同光谱范围的有效光吸收。叠层太阳能电池的不同光伏材料膜层对应于不同太阳光谱部分，虽然也有衰退现象，但 a-Si 光伏系统在经过一年或两年的 15％初始功率衰减后可望获得可靠和恒定的功率输出[9]。

4.2.2　Ⅲ～Ⅴ族化合物半导体光伏发电材料

Ⅲ～Ⅴ族化合物半导体光伏电池以其高效率、耐高温、抗辐射等优越的性能主要占据空间应用市场。据报道，Ⅲ～Ⅴ族化合物半导体多结级联光伏电池转换效率已超过 30％。但由于其发电成本较高，地面应用市场仍然由 Si 光伏电池主宰。为了进一步降低发电成本，实现Ⅲ～Ⅴ族化合物半导体光伏电池地面应用，近几年来，超高效Ⅲ～Ⅴ族化合物半导体聚光光伏电池的研发取得较大进展。InGaP/GaAs 聚光电池在 500 倍聚光条件下转换效率已实现 34％，发电成本低于 10 美元/cm^2。为Ⅲ～Ⅴ族化合物半导体光伏电池地面应用展示出广阔的前景[10]。

Ⅲ～Ⅴ族化合物半导体多结聚光电池的研发始于 20 世纪 80 年代早期，基本主要技术途径为：

（1）在单晶 Si 底电池上单片生长带隙能量为 1.7 eV 的化合物 GaAsP 顶层电池。

（2）在带隙 1.4 eV 的 GaAs 底电池上单片生长带隙能量 1.9 eV 的化合物 AlGaAs 顶层电池。尽管当时在转换效率方面取得一定进展，但由于 Si 与大多数Ⅲ～Ⅴ族化合物半导体存在晶格常数和热膨胀系数失配的情况，对进一步提高效率带来困难。1984 年，美国可再生能源实验室的研究人员发明了 InGaP/GaAs 级联电池，为开发Ⅲ～Ⅴ族高效光伏电池开辟了新的道路。

1. Ge 基多结级联聚光电池

InGaP/InGaAs/Ge 和 InGaP(1.8 eV)/GaAs(1.4 eV)/Ge(0.7 eV)三结级联电池效率均实现 36％。而用与 GaAs 晶格常数相同带隙为 1.25 eV 的材料替代三结电池中的 GaAs，其效率预测可达 38％[11-12]。晶格常数相配带隙能量 1.0 eV 的半导体材料是实现超高效电池的关键因素之一，由这种材料构成的 InGaP(1.8 eV)/GaAs(1.4 eV)/X(1.0)/Ge(0.7 eV)四结级联电池预计其效率将超过 40％[11]。目前，四元合金 GaInAsN 和全光谱材料 $In_xGa_{1-x}N$ 合金最有希望成为实现超高效电池的关键材料[11,13,15]，但具体工艺技术和许多现象的物理机理还需进一步进行实验研究。

2. Si 基多结级联聚光电池

AlGaAs/Si 级联电池效率实现 16.3％(AM1.5)，最高效率 17.1％(AM1.5)。

理想的双结级联电池为顶层电池材料带隙 1.7 eV,底电池材料带隙 1.1 eV。虽然 Si 是理想的底电池材料,但目前尚无合适的顶电池材料[14]。

3. GaAs/GaSb 级联聚光电池

GaAs/GaSb 级联电池实验室最高效率达 31.1%,室外实地测试效率为 23%,近期有望突破 25%。这种电池采用机械叠层级联与单片集成级联电池相比具有不需电流匹配的优点。

4.2.3 有机太阳能光伏发电材料

有机太阳能光伏发电材料有两种:有机小分子光伏材料和 C_{60} 材料(图 4-17)。有机小分子类型的光伏材料来源广泛、重量较轻且费用较低、稳定性高且制备便捷,更由于其环保的优点得到世界各国的青睐,是未来最有希望取代硅系电池的电池技术之一。但是其缺点仍然明显,转换效率低、寿命短等问题依然没有得到很好的解决。提升该种材料的转化率是探索与分析的重点,研究人员设计且制备了结构是 D-π-A-π-D 的有机小分子太阳能光伏材料[16],涵盖了把苯并噻二唑(dFBT)为吸电子单元 BT 系列,以及以苯骈三氮唑(dFBTA)为吸电子单元 BTAO 与 BTAH 系列,这些均是将三苯胺(TPA)当成供电子单元的。而 π 键是由 CN,T,E,S 所组成,即氰基乙烯基、碳碳三键、双键、单键,得到了很高的光电转化率。

另一种 C_{60} 材料结构让其具备了 14 nm 电子扩散距离,这种电学特性让电荷传输更加便捷,并且还能提升电荷收集率。因此和别的有机光伏材料相比,这种材料的电荷引出效率是很高的。和硅系以及无机化合物材料比较,聚合物太阳能电池由于其重量轻且工艺设备尤其简单、费用低等优势,被科学研究人员以及工业生产所注意到。近期,富勒烯类聚合物电池光电转换率达到了 10% 的突破,特别是以 PCBM 为代表的富勒烯类电子材料。一部分研究人士采用溶剂挥发方式制备了各种纳米线,探索结果显示,在太阳光照情况下,这部分 C_{60} 衍生物纳米材料有着非常好的转化率,稳定性以及延展性均很好[17]。

图 4-17 有机太阳能电池实物图

我们所认识的无机半导体太阳能电池,是基于无机异质半导体相接触形成的 P-N 异质结基础上的。P 型半导体中空穴为多数载流子,N 型半导体中电子为多数载流子,在两种半导体的接触面形成 P-N 结,形成一个内建电场。当半导体吸收适当波长的光子之后,产生可以移动的电子空穴对,然后移动到 P-N 结的内建电场之中,解离成单独的电子和空穴,然后被两端电极所收集,接上闭合回路,产生光生电流。

而在有机薄膜太阳能电池之中,活性层是由给体材料(P 型材料)和受体材料(N 型材料)组合形成的,给体和受体形成的异质结,类似于无机半导体中所形成的 P-N 结。有机太阳能电池的激子解离成电子空穴的基本过程可以分为以下几点:

(1) 吸收光子,产生电子空穴对(激子);

(2) 激子通过扩散,向 D-A 界面移动;

(3) 激子达到 D-A 界面,在界面解离成电子和空穴;

(4) 电子转移到受体 LUMO 能级,空穴转移到给体 HOMO 能级,向两电极传输,在电极处被收集[18]。

4.2.4 新一代太阳能光伏发电材料

1. 石墨烯光伏发电材料

2004 年,Manchester 大学的 Geim 和 Novoselov 等人发现了由单层碳原子组成的石墨烯[19]。石墨烯是由单层碳原子按正六边形组成的二维晶体,是碳纳米管、富勒烯、石墨等碳的同素异形的基本组成单元。

石墨烯具有良好的导电性,电极材料一般要求材料本身具有一定的导电性,而独特的二维共轭结构赋予了石墨烯良好的导电性,石墨烯是室温下导电率最小的材料。即使利用氧化还原法制备的石墨烯仍保持较高的电导率,远高于活性炭等。石墨烯具有廉价宏量制备方法,我们将以石墨及其他碳材料为起始材料制备的石墨烯及其衍生物定义为化学转化石墨烯(Chemically Converted Graphene,CCG)。CCG 多是通过还原氧化石墨烯(Graphite Oxide,GO)得到的,虽然其缺陷较多,但仍具有较好的导电性等。这种方法以天然鳞片状石墨为原料,通过简单的化学氧化还原等过程即可得到还原氧化石墨烯。这种方法可以低成本地宏量制备石墨烯,为工业应用提供了基础。

另外,石墨烯具有丰富的活性位点,CCG 的前驱体多是氧化石墨烯。而氧化石墨烯的制备过程中利用大量的强氧化剂以强酸对天然石墨进行氧化,因此氧化石墨烯含有大量的含氧官能团,包括羧基、羟基和环氧官能团等。这些官能团可以通过各种有机反应,如环氧开环、酯化、酰胺化等化学反应进行修饰[20—23],对石墨烯进行功能化。GO 中的碳氧原子的比例高达 3∶1,因此 GO 的活性位点远大于其他碳材料,修饰后可以得到比活性炭、碳纳米管、碳纤维等更高的修饰密度。同时 GO 片层与其他材料存在着多重作用的可能,其可以通过共价键、π-π 作用、静电作用以及氢键作用与其他材料进行复合,从而丰富石墨烯材料的应用。

巨大的比表面积:石墨烯由于是单原子层二维结构,因此其具有极大的比表面积,理论比表面积达到 2 630 m^2/g,远高于碳纳米管。石墨烯理论比表面积虽然低于活性炭(大于 3 000 m^2/g),但多孔碳存在很多微孔结构,不易被利用。

虽然石墨烯具有上述突出的优点,但化学氧化还原法制备的石墨烯由于氧化过程破坏了共轭区域,即使还原后也不能完全恢复共轭结构,因此电导率远小于完美石墨烯。同时石墨烯的理论比表面积虽然很大,但由于 π-π 相互作用,CCG 很容易发生紧密堆叠,丧失比表面积。除此之外,尽管石墨烯具有很多优异的性能,但单一的材料很难满足电极材料各方面性能的需求。因此针对不同电极材料的需求,需要对石墨烯及衍生物的尺寸、结构、组成进行精细调控[24]。

2. 钙钛矿型光伏发电材料

钙钛矿太阳能电池(Perovskite Solar Cells)因其兼具低成本溶液加工和优异光电转换性能的优势在国际上备受关注。短短几年的时间,其光电转换效率已经从最早的 3.81% 提升到了近年的 21.6%[25-26]。钙钛矿材料具有可见光吸收强、载流子寿命长、迁移率高、带隙可调以及可采用多种方式加工等优点,与其他太阳能电池相比,采用钙钛矿材料的太阳能电池在成本、材料、制备、性能等诸多方面具有潜在的竞争优势[27-28]。与有机太阳能电池相比,钙钛矿材料的太阳能电池的光转换效率已十分出色[29]。

4.2.5 各类型光伏发电材料优缺点对比

1. 无机太阳能光伏发电材料

单晶硅优点:运行可靠、光电转化性良好、性能稳定和使用寿命长。
单晶硅缺点:生产设备要求极高、生产加工工艺复杂、生产成本高。
多晶硅优点:生产要求低、生产加工容易。
多晶硅缺点:使用寿命短、光电转换效率不稳定。
非晶硅薄膜优点:弱光效应且吸光系数高。
非晶硅薄膜缺点:运行稳定性差、光致衰减、光电转化效率低。

2. 无机太阳能光伏发电材料

Ⅲ~Ⅴ族化合物半导体光伏材料优点:直接带隙太阳光吸收波段宽,具有良好吸光性、较高载流子收集率、较高光电转换率。
Ⅲ~Ⅴ族化合物半导体光伏材料缺点:此类材料大多有毒。

3. 有机太阳能光伏发电材料

有机小分子型光伏材料优点：重量轻、成本低、化学稳定性好且制备方便。

有机小分子型光伏材料缺点：迁移率较低。

C_{60}材料优点：重量轻且工艺设备尤其简单、费用低。

C_{60}材料缺点：光电转换效率比较低。

4. 新一代太阳能光伏发电材料

石墨烯光伏发电材料优点：优异的导电性、较高的热导率、极高的载流子迁移率、极佳的柔韧性、巨大的比表面积。

石墨烯光伏发电材料缺点：完整状态下的石墨烯组织表面化学性能较稳定，同时与常用介质亲和性较低，且石墨烯片间范德华力的存在会引起石墨烯片团聚。

钙钛矿型光伏发电材料优点：良好的吸光性和电荷传输速率，光电转化效率高。

钙钛矿型光伏发电材料缺点：制备难度较大、生产成本过高、稳定性不高，不利于大范围生产使用。

由于光能道路改造需要稳定性高、能规模化生产、光电转换率高的光伏发电材料，对比以上光伏发电材料优缺点，单晶硅这种光伏发电材料最适合于光能智慧道路选用的光伏发电材料。

4.3 透明沥青

从公元前2世纪采用天然火山灰、石灰、碎石拌制天然混凝土开始，混凝土材料便开始用于一般的民用建筑。1824年，英国人杰斯汀(Jaspdin)发明了波特兰水泥。1849年，法国花匠约翰·莫尼尔(J. Monier)发明了制造钢筋混凝土结构的方法。1867年出现钢筋混凝土结构构建。1940年开始采用了预应力混凝土技术。从此，混凝土技术有了突飞猛进的发展。混凝土技术发展至今，已有170多年的历史。

在混凝土发展的170多年历史进程中，一直因其强韧、耐久同时却又粗犷、笨重的特性，被多种装饰材料粉饰，包裹起来，在很长一段时间内只作为结构材料，而不以真面目示人。而如今，在许多先锋建筑师和工程师的眼中，混凝土除了具有良好的强度、韧性以及可塑性外，随着对混凝土要求的逐渐提高，其加工处理的方法也随之发展进步。

2001年，匈牙利建筑师Aron Losonczi在布达佩斯看到一件由玻璃和混凝土做成的艺术品，突发奇想，把玻璃纤维植入水泥中，从而创造出一种新型的混凝土——透明沥青[30]。Aron Losonczi在2002年申请了透明沥青的专利，而后于

2004年成立了LiTraCon公司,从事研究、生产以及销售透明沥青产品。自2008年开始,意大利水泥集团也致力于透明沥青的开发,其产品被用于建造2010年上海世博会意大利馆[22]。意大利馆开馆后,被全球350多家报纸杂志争相报道,让大众直观感受到了透明沥青的独特魅力。上海世博会之后,国内掀起了透明沥青的研究热潮[31]。

而光伏路面的诞生对透明沥青在透光性、抗碾压程度和强度等方面提出了更高的要求,这使得透明沥青的研究引来了一波新的浪潮。

4.3.1 制作透明透明沥青的材料

1. 导光材料玻璃纤维

一般在透明沥青中加入的导光材料是一种导光的纤维,简称光纤(Optic Fiber)。光纤分为有机光纤和无机光纤:无机光纤是由高纯度石英(或光学)玻璃制成的;有机光纤就是塑料光纤。无机光纤的透光率高,光传输距离长,是重要的光学元件,被广泛应用于光计算机、激光通信、微光夜视仪等。有机光纤价格便宜,但透光率低。

若是按照传输光的能力划分,玻璃纤维一般分为通信用石英玻璃纤维、普通玻璃纤维、光学玻璃纤维。普通玻璃纤维是一种常见的工业产品,一般作为增强复合材料或是电气绝缘结构保温材料。

各种玻璃纤维传输光的能力差异很大。光在普通玻璃纤维中传输15 cm光能就衰减一半,如果达到1 m长,光透过率只能保留90%,但是1 km长的超纯石英光纤,它的传输光的损耗只有0.2 dB,除了在光的入射和出射端处略有损耗外,光的透过率接近100%。

制作LiTraCon透明沥青采用的是拉制光纤用的光学玻璃纤维预制棒,简称光纤棒,而意大利馆中透明沥青采用的是塑料树脂,它是制造合成纤维的基础原料。塑料树脂的价格没有光纤电缆那么昂贵,且它的视角比光纤更为宽广,对光线的捕捉能力更强。棒径1~7 mm,长度按照需要裁切,光入射端与出射端,即光线棒两端需要磨平和磨光(图4-18)。

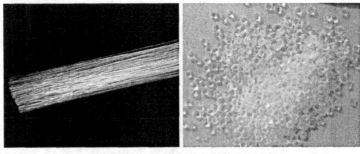

图4-18 光纤(左)和树脂(右)

2. 导光材料

除了耐碱的玻璃纤维（AR 玻璃纤维）外，一般的玻璃纤维在碱性环境中的抗腐蚀性很弱。而普通的硅酸盐水泥的 pH 约为 12.5~13.0，属于高碱性水泥，对玻璃纤维的腐蚀性很大。因此，根据透明沥青的制作工艺，在用先植入导光纤维时，选用的是低碱度的 42.5 级的硫铝酸盐快硬水泥。这种水泥具有快凝、早强的优良特点，用它配制的混凝土对导光玻璃纤维的腐蚀性很小[32]。

4.3.2 制备工艺

透明沥青经过多年的发展，其制备技艺也经历了多次的创新与发展，本节将介绍目前常用的制备方法：

1. 平铺法

LiTraCon 公司作为最早生产透明沥青的企业，所采用的制备工艺就是平铺法。根据该公司公布的技术资料显示，其透明沥青制备工艺大致有以下几个步骤：

(1) 在加长模具中平铺一层砂浆；
(2) 沿模具的纵向铺上层透光纤维材料，使透光纤维之间保持平行；
(3) 振捣砂浆或是给模具施加机械力，让透光纤维材料沉入砂浆中；
(4) 重复上述 3 个步骤直到砂浆和透光纤维充满模具；
(5) 待砂浆固化后，取出水泥条，将其沿横向切割，制成多块透明沥青砌块[33]。

此方法最大的特点是铺一层砂浆后，紧接着再铺一层透光纤维，纤维层和砂浆层交替出现。这种制备工艺不需要复杂的模具，但不足的地方在于水泥浆体厚度不易控制，制得的透明沥青的透光层厚度不均匀，透光单元的分布毫无规律。

2. 原位浇注法

文献[34]提供了一种透明沥青的制备方法，先在半固化水泥砂浆上打孔，然后在孔中浇注透明树脂，待树脂与砂浆一起固化后脱模，形成透明沥青。此种制备工艺可依靠不同的钻孔位置，精确制得不同透光样式的透明沥青。另外，此种制备工艺所用透光材料为树脂，其价格远低于目前透明沥青普遍使用的透光纤维材料。

3. 模具定位法

文献[35]提供了一种透明沥青构件及其制造工艺方法。此种制备工艺采用 3 块光纤固定模板，在 3 块光纤固定模板上钻出大量直径略大于光纤的光纤圆孔。并在 3 块光纤固定模板上的两边中部钻取用于穿过固定螺杆的螺杆圆孔，使其上下两块光纤固定模板的螺杆圆孔位置一致，而且中间这块的螺杆圆孔位置相对于上下两块的螺杆圆孔位置错开一定距离。将光纤穿过 3 块光纤固定板的光纤圆孔,而后移动中间一块光纤固定模板,使 3 块光纤固定模板的螺杆圆孔对齐,并用螺杆固定,其后浇注砂浆固化成型。此方法能制备出透光材料分布较为均匀的透明沥青,但只适用于对较粗的透光纤维丝的定位,对于较细的透光纤维丝不具备良好的定位效果。

另外,文献[36]还提供了一种透明沥青生产模组及其快速生产方法,可依照不同设计要求制得不同尺寸、不同透光率的透明沥青块。该方法所用模具见图 4-19。由图可知,模具的顶模和底模上有规则的孔洞,透光纤维丝依次穿过顶模和底模上的孔洞,从而实现对透光材料的规则定位。用此种方法生产出来的透明沥青,不仅透光层厚度均匀,而且透光单元在水泥块端面的分布也是规则的。但此方法存在两点不足,一是将透光纤维丝穿过顶模和底模孔洞这一过程,工作量较大,操作缓慢;二是相邻底模间有大量透光

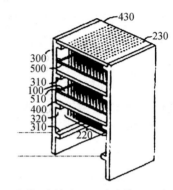

100:透明沥青单元;220:出光端;230:卡止部;300:侧模;310:定位部;320:内表面;400:底模;430:顶模;500:边模;510:定位栓

图 4-19 专利模具示意图

纤维未被制备在透明沥青中,导致透光纤维材料利用率低,提高了成本。

还有一种更为方便快捷的透明沥青生产方法[37],此制备工艺也是通过带有规则孔洞的隔板实现对透光纤维丝的定位,所用模具见图 4-20。由图可知,在布置好透光纤维丝后,浇注水泥砂浆,待砂浆固化后再切割成需要的长度,制得多块透明沥青砌块。相比文献[36]所用模具,其带孔隔板数目较少,缩短了穿插纤维所消耗的时间,提高了生产效率。另外,此制备工艺对透光纤维材料的浪费较少,降低了成本。

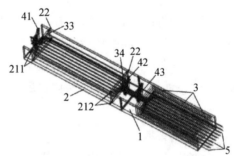

1:预备槽;2:成型槽;3:隔板;5:光纤;22:固定销;
33:第一隔板;34:第二隔板;41:第一固定夹;42:第二固定夹;
43:第三固定夹;211:左成型槽固定孔;212:右成型槽固定孔

图 4-20 专利模具示意图

4. 纺织法

文献[38]提供了一种水泥基透光材料及其制备工艺。此方法所用模具见图4-21。由图可知，将透光纤维束置于铝合金压条间并进行锚固，通过梭子牵引，将透光纤维丝束压入梳子状侧板的底部，在定位孔排8中插入一根定位铁杆。将光纤拉直，用梭子牵引着透光纤维丝束继续前进，将透光纤维丝束压入另一侧梳子状侧板的底部，再插入一根定位铁杆。拉远后再在转向孔排9中插入第一根转向铁杆，用梭子牵引透光纤维丝束绕着转向铁杆回转180°，而后再插入一根定位铁杆。重复上述步骤直到纤维铺满整个模具。用此方法制备的透明沥青端面上透光纤维布置非常均匀，排列规整有序，但是同样有很多透光纤维没被制备在透明沥青中，提高了生产成本。

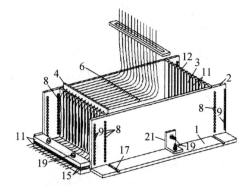

1：底板；2：竖排孔侧板；3：梳子状侧板；4：梭子；6：光纤束；
8：定位孔；9：转弯孔；11：开口缝；12：V形口；15：弹性橡皮胶；
17：定位槽；19：螺栓；21：角铝合金

图4-21 专利模具示意图

5. 静电分散

文献[39]提供了一种独特的透明沥青制备方法。用静电发射器对透光纤维束两端头释放静电，将两个已分散开的透光纤维束端头分别插入两个光纤固定槽的速凝浆体内，静置至速凝浆体终凝。将已固化的速凝浆体从两个光纤固定槽中脱离并固定在待浇注混凝土的模板内侧，然后再浇注混凝土，待混凝土硬化后脱模。此工艺最大的优点是不需要人工去穿插透光纤维丝，实现了透光纤维的快速分散，工艺较简单，但是制品端面上透光单元分布不均匀。

6. 机械排纤

文献[40]提供了一种透明沥青制品坯料的制作设备及方法。该发明的核心是一台回转绕丝机。先将透光纤维丝缠绕在绕丝架上制成光纤栅板，然后将若干个光纤栅板层叠固定安装在一起，组成具有稳定形状和位置关系的透光纤维阵架。

最后浇注水泥砂浆,固化成型。此方法用机械方法代替了人工排纤,操作简单,生产效率高。但不足之处同样在于有不少透光纤维没被制备在透明沥青中,这部分纤维也被浪费了。

4.3.3 各种功能的透明沥青

透明沥青作为一种新型的建筑材料,由于价格、性能等方面存在诸多问题,一直未能得到大规模应用。最近几年有不少研究团队致力于功能型透明沥青的开发,力求拓展透明沥青的应用范围。经过大量研究人员的努力,功能型透明沥青的形式也渐渐丰富起来。

1. 保温透明沥青

保温材料的应用对于建筑节能有着重要的意义。文献[41]报道了一种保温透明沥青砌块。不同于一般透明沥青的地方在于该保温透明沥青砌块内部设有空腔,并在空腔内填充了保温材料,如聚氨酯、聚苯颗粒或是废弃岩棉等物质。此种透明沥青兼具透光和保暖两种效果,能满足建筑节能的要求,也能够满足现代建筑墙体的多元化需求。

2. 承重透明沥青

传统的透明沥青不能作为承重墙,大多用来制备非承重结构件,这极大局限了透明沥青的应用。针对这一不足,文献[42]提供了一种现场浇注透明沥青的施工办法。该方法所用模具见图4-22。

由图可知,将透光纤维两端分别插入左右两个光纤固定板,并用胶水粘接。再将透光纤维束固定在钢筋上,然后浇注砂浆固化成型。这种现场浇注施工方法在透明沥青中引入了钢筋结构,提高了透明沥青的抗压性能,为透明沥青作为承重提供了可能性,拓展了透明沥青的应用范围。

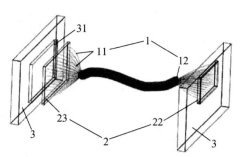

1:光纤束;2:光纤固定板;3:混凝土模板;11:光导纤维;12:塑料保护层;22:第一光纤固定板;23:第二光纤固定板;31:槽

图4-22 专利模具示意图

3. 轻质透明沥青

透明沥青的基体材料是混凝土,混凝土大多特别笨重,故使得透明沥青制品显得沉重。文献[43]提供了一种轻质透明沥青的制作方法,该透明沥青的砂浆配方中加入了大量软木颗粒,所制得的透明沥青产品的密度约为 $200\ kg/m^3$。这种透明沥青制品的密度较低,可用来制备以往不可能制备的轻细部件。另外,此种透明沥青的热导率低,具有较好冻融条件下的耐受性。

4. 高透光率透明沥青

依靠透光纤维传导光线的光纤透明沥青,由于纤维状的透光材料对光的捕捉能力不强,直接导致其理论透光率不高。树脂透明沥青用片状的树脂取代透光纤维丝作为透光材料,增大了透明沥青的透光面积和理论透光率。树脂透明沥青在生产成本、产品外观、透光率和制造工艺等诸多方面区别于光纤透明沥青。

文献[44]提供了一种树脂透明沥青的制备方法。通过把块状树脂规则地埋入水泥砂浆中,或是通过在半固化水泥砂浆中开孔再浇注液体树脂的方法,制得了光捕捉能力更强、透光性能更好的树脂透明沥青。

文献[45]先将树脂倒入树脂成型模具中,以预制透光树脂单元,待其硬化后拆模,制得透光树脂单元。然后将预制的透光树脂单元放入混凝土成型模具中,倒入砂浆固化成型后开模,也同样制得了此类树脂透明沥青。树脂透明沥青具有更好的透光性能,不仅如此,还具有生产工艺简单、制造成本低廉等优点。树脂透明沥青能起到采光、节能、装饰等多重作用,是透明沥青产品形式的一次重大创新。

而由于光伏公路在路面抗碾压能力、摩擦系数等方面提出了较高的要求,"三合一"电子公路的透光路面部分采用 E 型环氧树脂、钢化玻璃颗粒、聚氨酯改性环氧树脂、固化剂混合而成,在保证混凝土的承重能力的同时,使光伏路面具有80%~90%的透光率,从而使光伏路面发电成为现实。

4.3.4 透明沥青基 LED 阵列技术

交通标线在维持道路使用秩序、提升交通安全水平、提高车辆通行效率等方面具有十分重要的作用。普通的柏油路或水泥路上的分道线、斑马线等交通标线用画线漆也称道路标志漆进行标识。画线漆经受日晒雨淋、风雪冰冻,遭受车辆的冲击磨耗,这就导致这些路面标识每过一段时间就需要重新进行划设。而在实施过程中,一是要涉及增加道路交通标志,以提醒机动车交通参与者按照交通行驶方案行驶;二是要增加临时交通设施辅助交通管理;三是要派交通民警或交通协管员主动疏导交通。这样增加了交通设施硬件投入成本,道路上交通标志过多,也显得拥挤;另一方面也增加了人力成本。

改变车道导向需要借助交通指示设施,常用的设施有以下几种:一种是悬挂在道路上方的可变道路指示标志,若干个标志画在不同的翻转面上,通过翻转机构实现可变指示,其缺点是容易被驾驶者疏忽,造成走错车道,且夜间难以清晰识别;另一种是路面可变车道标线,驾驶者只能识别该车道是可变车道,却不能知道当前车道导向,需要配合可变道路指示标志才能使用;还有一种是移动式路面可变车道导向标志,采用耐磨塑胶制作可变车道导向标志,通过人工手段按需更换,其优点是廉价,但进行人工更换标志工作量大。这种因交通方案改变而做的交通标志、标线、标识的修改、更换工作适用于交通流规律性变化不大的路段。而变化性大的,反复修补,对道路的损害也是明显的。

由于光伏智慧公路的路面由透明沥青构成,其拥有的高透光率不仅可以让外界的光线穿过混凝土照射在光能板上,也可以使混凝土下的光被人眼看到。因此,采用路面LED交通引导功能的路面技术,这样根据交通规律或特殊情况需要采取交通临时管制时,便可以通过路面LED显示屏调整道路路面的分道结构、交通标线、交通标志,以达到对参与交通的机动车、非机动车、行人的交通引导作用。基于透明沥青

图4-23　路面LED技术应用于图面交通引导

的路面LED阵列技术是一种前期投入改造,后期维护方便,交通管理灵活、及时、快捷的智慧交通系统(图4-23)。

根据发光方式,交通标线可分为被动发光型和主动发光型。被动发光型标线利用光线的逆反射原理实现被动发光,该类标线在我国使用广泛,占路面标线总量的99%以上[46]。但该类标线在夜间、雨雪、雾霾等环境条件下的视认性能大幅降低,显著增加了交通安全风险。主动发光型标线包括蓄光发光型和发光二极管(Light Emitting Diode,LED)自发光型两种。蓄光发光型标线的主要成分是长余辉材料,它以"吸收光—储存光—发射光"的模式循环工作。蓄光发光型标线在农村公路交通安全标识、隧道应急、逃生系统、城市慢行步道装饰等方面已有应用。但由于其有效发光时间短、引导效果过度依赖外界光照强度、亮度和色温不可调控等缺陷,蓄光发光型标线尚未大规模应用。LED自发光型标线起步较晚,主要应用于城市潮汐车道和交叉口[47]。

1. 路面LED原理

路面LED的原理及有益效果为:路面LED由多个灯光板构成,便于路面铺设使用,并且在更换时,仅需更换破损的灯光板即可,工程改造量小。

路面LED使用时是铺设在路面上的,顶板由透明沥青胶浇筑而成,保证了路面LED的整体稳固性,达到承重要求并增加了抗冲击能力,也实现了用路面灯光系统起到交通引导的功能。同时透明颗粒也增加了行驶车辆与该路面LED

的顶面之间的摩擦力,避免了车辆打滑,有利于车辆行驶和路面安全交通(图4-24)。

路面LED能够接收到外界服务器的图案、文字信息,从而变换各种图案及显示各种文字信息,从而达到随着车辆行驶情况的不同,路面LED能够根据外界服务所改变的图案信息设计,改变不同的灯珠明灭情况,改变整个路面显示图案,达到灵活指引车辆行驶的效果。

图4-24 可根据交通实时需要显示不同交通标志标线,达到交通引导目的

灯光板上的LED灯板能够发出各种颜色的光。多色LED灯板的使用,保证了相关部门可使用本方案中的路面LED代替现有技术中的红绿灯,作为车辆行走时路面的指向引导,减少占地空间。

灯光板的底部设有网状纹路。利用网状纹路与路面地基接触,增强了灯光板与地面之间摩擦力,避免灯光板滑动。

2. 路面LED实现方案

具体实现方案为:一种路面LED,包括若干组铺设在路面上的灯光板,每组灯光板包括底板、顶板、控制器、处理器和信号接收器;底板顶部开有盲孔,盲孔底部铺设有灯珠以矩形整列排布的LED灯板,顶板盖合在底板上且能够遮挡盲孔,顶板透明且顶面嵌有透明颗粒;信号接收器用于接收外界服务器发送的综合图案信息,处理器根据自身位置对综合图案信息进行切割选择,得到对应该本地图案信息的灯珠控制信息,并通过控制器控制灯光板上灯珠的明灭。路面LED指示灯代替传统悬挂式交通指示灯。

4.4 融雪化冰技术

改革开放40多年来,我国现代化建设快速发展,作为主要运输方式之一的公路交通的基础建设,也取得了令人瞩目的巨大成就。据相关统计,我国公路总里程已达458万km。

影响道路交通事故的重要因素之一就是路面状况。在北方的冬季,常出现路面积雪结冰,致使通行车辆的附着系数大幅降低,进而导致车辆动力不足甚至发生侧滑等安全事故。此外,路面积雪经车辆碾压后,易形成坚硬的实雪层或冻冰层,使车辆运行速度下降约2/3,大大降低了车辆使用效率。经调查统计,在冬季世界范围内大中城市中,因道路积雪结冰引起的交通事故约占交通事故总量的35%。近年来,在我国几乎每年都会发生因道路严重积雪导致的交通事故、堵塞甚至造成人员伤亡和重大经济损失。

在高海拔及恶劣的气候条件下,高寒地区公路养护能力与内地相比严重不足,道路上一旦堆积冰雪,更加不易甚至无力清理,往往造成交通中断或事故,严重制约经济建设的步伐。

与此同时,全球气候变暖给人类生存和发展带来严峻挑战,极端气象灾害越来越频繁,造成的损失越来越严重。随着全球人口和经济规模的不断增长,能源使用带来的环境问题及其诱因逐渐为人们所认识,太阳能作为零能耗、零排放、经济环保的能源,在"低碳经济"中的重要地位逐渐显现出来。

综上所述,研究如何利用丰富的太阳能等可再生能源,构建高效、环保的公路融雪热力系统,对解决冬季道路积雪和发展地区低碳经济具有十分重要的现实意义。

4.4.1 路面融雪方法分类

目前,常用的融雪化冰方法按照实施阶段不同可分为主动融雪法和被动融雪法两大类;按照采用技术类别可分为清除法和融化法。融化法包括化学融化法和物理融化法(图4-25)。

1. 清除法

清除法包括人工清除法和机械清除法。人工清除法需要大量的人力,劳动强度较大,效率低。机械清除法比人工清除法效率高,较适合大面积作业。常用的除雪机械包括犁式除雪机、旋切式除雪机、扫滚式除雪机和吹雪机等。但当气温较低时,因冰与路面之间的黏结力较大,单独使用机械并不易彻底清除冰面,不能从根本上解决路面的抗滑能力,行车安全得不到有效保障。机械吹雪方式虽然除雪安全环保,但仅适用于机场等便于管理、较小范围内未碾压的路面积雪,通常情况下是边下雪边作业,费用较高。由于积雪被碾压或结冰后,机械吹雪法无能为力,故该方式不适合在交通量较大的公路和城市道路上除雪。总之,机械清除法不仅除雪滞后,需要大量的人力、物力和设备,而且除雪机械设备的利用率较低,维修保养费用较高,经济效益较差。

2. 撒布融雪剂

撒布融雪剂法是目前较常见的一种路面除冰雪方法。融雪剂属于一种化学药剂,通过撒布到路面的冰雪中来降低冰雪的熔点,进而达到除冰化雪的目的。

国内外常用的融雪剂主要包括盐类融雪剂和醇类融雪剂。大多数的盐类融雪

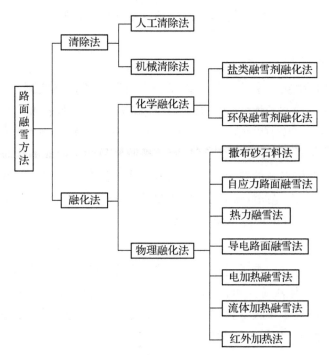

图 4-25 路面融雪方法分类

剂都有腐蚀性,不仅腐蚀破坏道路和车辆,而且还会污染土壤、水体等周围环境,对生态环境造成一定程度的不可恢复的破坏。2003 年,北京地区因融雪剂的使用,导致 3 万多平方米的草地受害,4 000 多棵大树和 4 万多株灌木死亡,造成 1 500 多万元的直接经济损失。另外,融雪剂的除冰化雪效果受环境温度影响较大,一旦环境温度下降,被融化的积雪会再次结冰,使路面更滑,更易发生交通事故。因此,融雪剂还需借助车辆的碾压作用,才能有效地发挥其融雪化冰的作用。

最近几年来,人们不断研发出新型的融雪剂,即环保型融雪剂,如生物降解型融雪剂等。环保型融雪剂既无毒性也无腐蚀性,却一样可以起到较理想的融雪化冰效果,这种方法对冰雪清除较为彻底,但费用较高,且作业时占用道路,影响车辆通行速度,适用于雪量较小或者清除冰雪范围较小的路段。

3. 撒布砂石材料法

撒布砂石材料法是在冰雪覆盖的路面上撒布一定粒径的砂石材料,如石屑、炉灰、砂、煤渣以及砂盐混合料等,提高冰雪路面的摩擦系数,进而增加通行车辆的附着系数。在冰雪中撒布砂石材料不仅可使冰雪层冻结不均匀,还用于车辆碾压砂石在冰雪层的运动使得雪不易压实,增加路面的摩擦系数。该方法费用较低,但影响交通通行及行车安全,清除积雪效率低,且无法长时间作业,主要适用于小雪及重点、难点路段的积雪清除,是西部地区及其他经济相对落后地区目前常用的清除路面积雪的方法之一。

4. 自应力路面融雪方法

自应力路面融雪方法给人们提供了一种全新的路面融雪思路,即通过在路面结构内添加一定比例的弹性颗粒材料,改变路面的变形模量和路面与轮胎的接触条件,利用路面在车辆荷载的作用下产生的自应力抑制路面的积雪和结冰现象,达到路面除冰化雪的目的。由废弃轮胎等橡胶制品加工而成的橡胶颗粒完全可以满足这种弹性颗粒材料的要求。这种融雪方法不仅为废旧弹性材料的回收利用提供一种新途径,可以保护环境,响应发展低碳经济的号召,而且也能提高路面的融雪化冰能力,是一种值得深入研究的方法。

5. 热力融冰雪方法

热力融冰雪方法就是通过多种途径产生的热量使冰雪融化,如喷洒热水法和汽车加热-机械融化法等。可以利用的产生热量的方法有热水、燃气、电等。这种方法融雪化冰虽然效果较好,但往往耗能较大,且雪水融化流出路面的过程中,部分雪水会流入路面,加快对路面的破坏。

6. 导电路面融冰雪技术

该方法是通过给路面中的导电掺合料通电发热,热量通过路面结构传到路表的冰雪上进行融雪化冰。目前在路面中使用的导电掺合料有聚合物类、碳类或金属类导电掺合料。该方法属于电加热融雪方法,耗能较大,消除了盐类融雪剂给道路及环境所带来的负面效应,但钢纤维的电阻值随时间增加而增大以及碳纤维混凝土造价较高等弱点制约着该种融雪技术的应用和推广。

7. 能量转化型融雪化冰技术

能量转化型融雪化冰技术是将其他形式的能量转化为热能,进行路面的融雪化冰。主要包括电加热法、流体加热法和红外加热法。通常是根据计算结果在道路下面一定深度处铺设一定数量的导电装置或加热管道,将导电装置或者加热管道中的热量通过热传导传至路面来进行融雪化冰。可以利用的能量主要有工业电能、太阳能和地热等多种能源。对于流体加热方法,可采用锅炉或热泵机组等方式,热源主要有燃煤、燃油、天然气以及可再生能源等。该项技术不仅可以提高能源利用率,而且清洁环保,适合于公路的长大纵坡等局部路段、机场以及桥面的融雪化冰。因能量来源有限,目前太阳能热管和土壤源热管的融雪化冰技术正逐渐发展成为研究热点。

土壤源热管融雪化冰技术就是通过地下换热器从地下提取热土壤中的低位

热能,经热管提升后,再通过水泵把温度较高的流体输送到路面内埋设的热管里面。热管设计成回路,流体在热管中流动的过程中,通过管壁将热量传导到路面结构再传至路表的冰雪中,从而达到除雪化冰的目的,而太阳能融雪化冰路面技术,是通过太阳能储存转换系统给埋设在路面中的热管加热,热管中的热量通过热传导传至路面堆积的冰雪中,使之迅速融化,从而达到路面除冰雪的目的[48—50]。

光能智慧路面最适合电加热消除路面积雪的方案。将特殊的发热材料耦合进入了组件底板,可以将光伏组件温度智能地控制在 0 ℃以上,可以在最优的耗能指标下实现融雪化冰功能。

4.4.2 太阳能光伏融雪系统

太阳能光伏系统包括太阳能发电系统、路面加热系统和控制系统等三大子系统。其中,太阳能发电系统将太阳能转化为电能;路面加热系统将电能转化为热能,给路面加热提高路面温度进行融雪;控制系统对光伏发电系统和路面加热系统进行控制,使融雪系统更加有效。

1. 太阳能光伏融雪路面系统的设计

太阳能光伏融雪路面系统是在路面内按照一定的深度和间距埋设电加热管,先将太阳能光伏板产生的电能储存到太阳能蓄电池中,再通过逆变器将直流电转换为交流电,通过给加热管通电,使之发热升温,从而达到路面融雪化冰的目的。电加热管的埋深和间距根据设计融雪功率进行计算,并应进行强度校核,以保证路面的路用性能满足使用要求。加热管电压一般设计为 110 V 或 220 V,可采用调压器调节为逆变器输出电压,其长度主要根据路面的宽度进行设计。太阳能光伏融雪路面系统如图 4-26 所示。

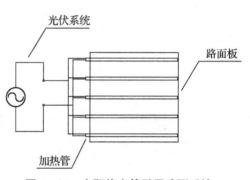

图 4-26　太阳能光伏融雪路面系统

2. 太阳能光伏融雪控制系统设计

室内试验和现场试验发现路面温度必须达到某定值时系统才开始化雪,这一温度值可以作为系统的控制值。在没有下雪时将路面加热到 2 ℃后,继续加热,当路面温度达到 6 ℃时停止加热,当路面温度低于 2 ℃时又开始加热,保持路面温度在 2 ℃以上,充分发挥预热融雪,使路面保持在不能积雪的温度以上,这样有雪即化,可以节约能量和及时化雪,保证路面常年不积雪,达到实时化雪的效果。

设置温度控制开关,在路面上埋设热电偶,热电偶与控制器相连,加热管电源与控制器输出电源相连,这样就可以由路面温度控制加热管的加热时间,达到节约能量的作用(图4-27)。

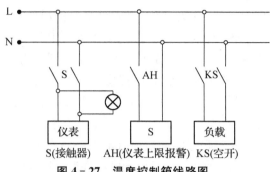

图4-27 温度控制箱线路图

4.4.3 融雪化冰路面结构及运行方式

1. 融雪化冰路面结构

光能路面的融雪化冰系统包括采集模块、存储模块、比较模块、控制模块和用于对路面进行加热的升温模块(图4-28)。

(1) 采集模块用于采集路面温度得到现场温度信息,并将现场温度信息发送给存储模块。

(2) 存储模块用于存储采集模块发送的现场温度信息和预设的标准温度信息。

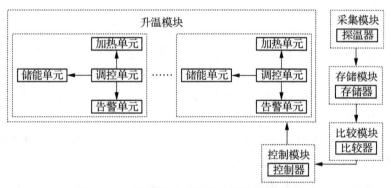

图4-28 融雪化冰功能的光能路面结构图

(3) 比较模块用于对现场温度信息和标准温度信息进行对比,当现场温度信息小于标准温度信息时,比较模块向控制模块发送升温信号;当现场温度大于或等于标准温度信息时,比较模块向控制模块发送关闭信号。

(4) 控制模块用于接收比较模块发送的升温信号,并控制升温模块启动进行升温;控制模块还用于接收比较模块发送的关闭信号,并控制升温模块停止工作。

2. 融雪化冰路面系统运行步骤

S1,探温器采集路面的温度,将当前的现场温度信息 c 发送给存储器,而后比较器将存储器中预设的标准温度信息 C 与现场温度信息 c 进行对比;若 $c<C$,则执行 S2 和 S4;若 $c \geqslant C$,则执行 S3 和 S5。

S2,比较器向控制器发送升温信号,控制器接收到升温信号后控制升温模块启动,升温模块启动的方法如下:

S2-1,升温模块被启动后,调控单元对储能单元进行电能检测,当储能单元的电能 v 小于预设的标准值 V 时,执行 S2-2;当储能单元的电能 v 大于或等于预设的标准值 V 时,执行 S2-4。

S2-2,调控单元控制加热单元与储能单元的连接断开,将加热单元与调制好的市电连接,这里市电的调制是采用逆变器的,调制好的市电为直流电,直接为加热单元供电,保证加热单元能够正常工作,并执行 S2-3。

S2-3,调控单元控制告警单元向外界服务器发送告警信号,通知工作人员该区供电不足,临时使用市电作为融雪化冰的能源,并执行 S1。

S2-4,调控单元将加热单元与调制好的市电之间的连接断开,并将加热单元与储能单元连接,而后执行 S1。

S3,比较器向控制器发送关闭信号,控制器控制升温模块停止工作,调控单元将加热单元所处电路断开,停止升温。

S4,比较器向计时器发送计时启动信号,计时器接收到计时启动信号后开始计时。

S5,比较器向计时器发送计时关闭信号,结合 S4,从而得出加热时间信息,计时器从存储器中调出标准时间表,并根据计时启动时的现场温度信息与标准温度信息之间对比出的温度差,查找出对应该温差的标准时间信息,将加热时间信息与标准时间信息进行对比,当加热时间信息大于标准时间信息时,计时单元向维护单元发送维护信号,并执行 S6。

S6,维护单元在接收到计时单元发送的维护信号后,维护单元从存储模块中调出对应该光能路面的编号信息,并向外界服务器发送维护请求信息,维护请求信息包括编号信息、位置信息和维护信息。

注:调制好的市电是经过逆变器进行调制的;升温模块中的储能单元是采用了太阳能电池片,用于吸取高速公路上的太阳能,并将这些能量转化为电能进行储存,实现了对能源的充分利用;调控单元近似一个 MCU 和继电器/触电器,从而对信息进行简单处理和对加热电源的能源选择切换。

此外,告警模块向外界服务器发送的告警信息也包括编号信息和位置信息。

4.4.4 路面板融雪化冰过程简述

依据雪的状态将雪分为三种:饱和雪叫做"雪浆",液态融雪叫做"雪水",没有开始融化的雪叫做"干雪"。

融雪化冰路面板的传热热流主要包括多个方面热量:太阳辐射的热量、与路面板周围空气对流换热、路面板与高空之间长波辐射、雪融化过程中所需热量、雪水蒸发所需热量、传入雪层显热以及通过路面板热传导传向雪层的热量等。

根据路面板上覆雪的不同情况,将路面板的融雪过程分为以下六个阶段。

第一阶段是路面板上只有干雪层。当降雪开始时,由于融雪化冰系统还没有开启,路面板被积雪所覆盖,称为干雪层。

第二阶段是指路面板上的雪层由干雪层和雪浆层两部分组成。随着降雪的进行,路面融雪化冰系统开启,路面温度逐渐升高,路面雪层开始融化,当路面的底层积雪开始融化时,部分路面板上的雪逐渐呈饱和态。一般而言,虽然液态的水使路面板底层的雪变为饱和,但上层的干雪仍可能存在。

第三阶段是指路面板的雪层由干雪、雪浆和雪水组成。随着路面板的继续加热,路面板雪层底层首先变成雪水,雪水的一部分可以通过路面横坡流走,此时雪层包括雪水层、雪浆层和干雪层三部分。

第四阶段是指随着融雪的继续进行,干雪层逐渐消失,最后只剩下雪水层和雪浆层。

第五阶段是指路面上的雪层全部融化为雪水,雪水通过流失、蒸发和渗透,路面逐渐趋于干燥状态。

第六阶段是指路面处于干燥状态。

融雪过程中温度动态变化的规律主要分为初期非稳态过程和近似稳态融雪过程。路面温度主要受加热功率影响,同时还受环境温度以及表面积雪量的影响。当加热功率或加热流体温度较低时,路面整体温度较低,融雪速率较慢,能量利用率较高。当加热功率或加热流体温度较高时,路面整体温度提高,融雪速率升高,能量利用率下降。

光能智慧道路融雪化冰技术是一种光能路面的融雪化冰系统与光能路面发电系统融为一体的实用技术,解决了现有技术中光能路面在冬季时,容易被积雪覆盖,光能路面中的光能电池板无法收集太阳能,不能有效持续稳定为动态无线充电系统供电的问题。针对高海拔高寒地区或冬季路面积雪地区,实现非人工自动除雪的功能,恢复交通,避免了更大的经济损失[5]。

4.4.5 光伏路面融雪优缺点

太阳能光伏路面融雪系统,主要是基于太阳能光伏发电系统而衍生出来的一项路面融雪技术[51-52],其主要特点与太阳能光伏系统一致。与常用的火力发电系统相比,太阳能光伏系统的优点主要体现在以下几个方面。

(1) 不像石油和天然气等能源,无枯竭耗尽的危险,安全可靠,无噪声,为绿色能源。

(2) 有太阳的地方都可以进行发电,并且不需要消耗燃料和架设线路。

(3) 结构简单,体积小且轻,易安装,易运输。

(4) 能源质量高。

(5) 可以与蓄电池相配组成独立电源,也可以并网发电。如果能够实现并网,可以实现夏季并网发电,冬季自发电进行路面融雪,如能量不足,可利用外电网进行补充,此方案可充分利用国家电网实现无限蓄能的目的。

(6) 使用方便,维护简单,在-50 ℃~65 ℃的温度范围均可正常工作。

(7) 可靠性高,寿命长,降价速度快,能量偿还时间有可能缩短。

其缺点主要有:

(1) 照射的能量分布密度小,设备要占用巨大面积。

(2) 光伏发电具有间歇性和随机性,获得的能源同四季、昼夜及阴晴等气象条件有关。

(3) 相对成本较高,虽然随着多晶硅技术的推广,成本已经进一步得以下降,但仍较高[5]。

(4) 各地区太阳能资源情况存在较大差异,光伏发电受天气的制约。

太阳能光伏融雪系统在"三合一"电子公路中更适合其他融雪系统,虽然其一次投资成本较大,但考虑到其对安装位置、使用环境条件等的要求,无论在炎热夏季还是在寒冷冬季,都可以实现太阳能发电,并且有利于定点路段的融雪,如果能够实现并网发电,将更加有助于缩短路面融雪系统的投资回收期,有助于进一步降低投资相对成本。虽然蓄能设备也采用蓄电池蓄电技术,但蓄电池的蓄电密度要远远大于其他系统的蓄能密度,其体积远小于后者。

相反,如果采用其他路面融雪方案,其实行会受到道路两侧地形地貌的影响,安装成本会成为一个比较大的问题,并需要相对较大的蓄能装置,对于较长路段,该蓄能装置的投资和体积会相当庞大,而对于道路两侧的地理环境可能无法满足该安装体积的要求。综上所述,对于"三合一"电子公路融雪系统,光伏融雪系统更加适合。

4.5 光伏路面结构

光能智慧路面作为具有承载交通运输和发电功能为一体的技术应用,通过改造后,道路不仅作为交通功能的载体,还是发电系统的载体。其本身需要在保证车辆在其上面行驶的安全前提下,尽可能高地提高面层的高透光性,保证光电转换率。

图4-29 法国西北部图鲁夫尔欧佩尔什镇的光伏路面

图4-30 采用透明细小颗粒作为面层填料

国内外普遍采用的是有机玻璃或透明细小颗粒作为面层填料,混合一定比例的透明沥青胶,按各自的浇筑工艺完成面层铺装。采用有机玻璃或透明细小颗粒作为面层填料都有相当的承重能力和透光性,但采用细小颗粒其透光性略差(图4-29、图4-30)。

光能智慧路面技术所采用的是经过特殊预处理的有机玻璃加按比例配制的透明沥青混合胶,保证高强度、高透光、高摩擦系数、抗碾压能力强的性能。它是目前所采用的技术中综合性能最可靠、最稳定、最适合我国道路使用情况的一种选择,在下一节中将会详细介绍(图4-31、图4-32)。

4.5.1 光伏路面材料结构

图4-31 光能智慧道路面层

光伏智慧路面是一种光能路面,解决了现有技术中光能路面供电不足和应用时对基础路面改装困难的问题,其结构包括各种规格的光能板,通过光能板的组装达到光能路面的适应路况铺设。光能板包括抓地可靠的底板、有效防止漏电的保护机构、进行光电转化的电池片、透光性高的高透光透明面板。在保证光照产能的同时也保证了高速公路的汽车行驶安全等。

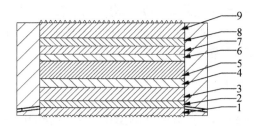

1—底板;2—第一模板;3—绝缘板;4—第一EVA板;5—电池片;
6—第二EVA板;7—第二模板;8—塑胶板;9—面板

图 4-32　光能智慧路面结构图

　　光能路面的搭建由多组光能板拼接而成,根据路面情况,施工人员可以选择不同的光能板铺设在路面上,以保证光能板的合理铺设。每个光能板都是独立的,在进行光能路面的维修时,维修人员仅需将对应的故障光能板取出,并进行更换即可。相比原先要更换大块路面甚至损坏地基重新铺设而言,此结构的光能路面后续维护成本更低。在对基础公路进行改造时,也无需翻开地基,仅需在现有路面上铺设光能路面即可。相比现有技术中,先要翻开地基,然后再将地面整平,最后再铺设光能路面而言,在公路改造方面更加快速高效。

　　光能板中底板的底部设有凸起,这些凸起呈经脉网状分布,增强光能路面在铺设时的抓地能力,保证底板铺设在平坦路面时不会打滑,且在车辆经过时,减少光能路面翘起的概率;同时这些网状分布的凸起也会增加底板与路面之间粘接时的表面积,提高黏合能力;并且凸起采用经脉网状的方式形成一定的细纹,这些经脉状的细纹也会提高底板的刚性,提高底板的抗压能力。

　　进行光电转化的电池片上方为包括透明胶体和透明颗粒的面板,面板整体是透明的,保证了面板的透光性;电池片能够充分接收到面板上方的太阳能,从而将其转化为电能;面板上的透明颗粒,也是为了在车辆行驶时增大车轮与光能板之间的摩擦力,避免打滑。

　　光能路面组件其中一层特殊结构具有一定的防震缓冲性能和隔音性能,提供受力缓冲和隔绝声音,减少声音共振概率,有效保护光能板的整体结构;透光性和透气性均优于现有技术,电池片能够接收到更多的太阳能,提高了整体光能板的光电转化率,也加大了光能板工作时的散热效率;此外,在进行整个光能板的压制时,该层材料能够受热融化提高黏着性。

　　光能路面组件中的透明胶体为不溶于水、不与水发生反应、耐酸碱、硬度在85 A 以上,是一种柔性透明材料,且断裂伸长率在 25% 以上,具有一定的自我恢复能力,并且能够在 $-20\ ℃\sim 80\ ℃$ 的环境下正常工作的柔性透明胶,且能够在常温下固化,且不容易变形,因此保证由光能板构成的光能路面的平整性。

光能板包括绝缘板和漏电自动保护机构。漏电自动保护机构在对电池片的能量进行监控,避免漏电事件的发生,同时位于电池片和底板/面板之间的绝缘板也保证了电池片周围的用电安全。

4.5.2 光伏矩阵设计

在光伏矩阵设计要素中,光伏组件的组串数和组件的间距直接影响太阳能辐射接收量,进而影响发电量,同时也影响着光伏系统的布置方式、占地面积和经济投资。因此,为优化光伏发电项目的发电量和经济性,应对每项要素进行科学的设计和优化。

光伏矩阵的基本电路构成是由太阳能电池组件集合体的太阳能电池组件串、防止逆流元件、旁路元件和接线箱等构成的。太阳能电池组件串,是指由太阳能电池组件串联连接构成的太阳能电池阵列满足所需输出电压的电路。在电路中,各太阳能电池组件串通过防止逆流元件相互并联连接(图4-33)。

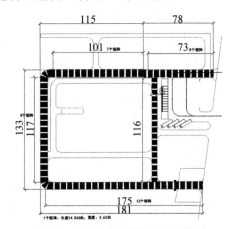

图4-33 光伏矩阵排列示意图

光伏矩阵的任何部分都不能被遮蔽,如果有几个电池被遮蔽,则它们便不会产生电流且会发生反向偏压,这就意味着被遮电池消耗功率发热,久而久之,形成故障。但是有些偶然的遮挡是不可避免的,所以需要用旁路二极管来起保护作用。如果所有的组件是并联的,就不需要旁路二极管,即如果要求阵列输出电压为12 V,而每个组件的输出恰为12 V,则不需要对每个组件加旁路二极管,如果要求24 V阵列(或者更高),那么必须有2个(或者更多的)组件串联,这时就需要加上旁路二极管,如图4-34所示。

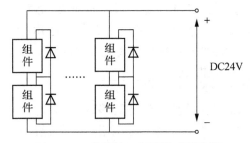
图4-34 带旁路二极管的串联电池

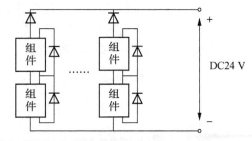
图4-35 对于24 V阵列阻塞二极管的接法

阻塞二极管是用来控制光伏系统中电流的,任何一个独立光伏系统都必须有防止从蓄电池流向阵列的反向电流的方法或有保护或失效的单元的方法。如果控制器没有这项功能的话,就要用到阻塞二极管,如图4-35所示阻塞二极管既可在每一并联支路上,又可在阵列与控制器之间的干路上,但是当多条支路并联成一个大系统,则应在每条支路上用阻塞二极管,以防止由于支路故障或遮蔽引起的电流由强电流支路流向弱电流支路的现象。在小系统中,在干路上用一个阻塞二极管就够了,不要两种都用,因为每个二极管会降压0.4~0.7 V,是一个12 V系统的6%,这也是一个不小的比例。

光伏矩阵的设计,一般来说,就是按照用户的要求和负载的用电量及技术条件,计算太阳能电池组件的串联、并联数。串联数由太阳能电池方阵的工作电压决定,应考虑蓄电池的浮充电压、线路损耗以及温度变化对太阳能电池的影响等因素。在太阳能电池组件串联数确定之后,即可按照气象台提供的太阳能年总辐射量或年日照时数的10年平均值计算,确定太阳能电池组件的并联数。太阳能电池矩阵的输出功率与组件的串联、并联数量有关。组件的串联是为了获得所需要的电压,组件的并联是为了获得所需要的电流。

太阳电池阵列设计的基本思想就是要满足年平均日负载的用电需求。将系统的标称电压除以太阳电池组件的标称电压,就可以得到太阳电池组件所需要串联的太阳电池组件数,使用这些太阳电池组件串联就可以产生系统负载所需要的电压:

$$串联组件数量 = \frac{系统电压(V)}{组件电压(V)} \quad (4-6)$$

用负载平均每天所需要的能量(安时数)除以一块太阳电池组件在一天中可以产生的能量(安时数),这样就可以算出系统需要并联的太阳电池组件数,使用这些组件并联就可以产生系统负载所需要的电流。

$$并联的组件数量 = \frac{日平均负载(A \cdot h)}{组件日输出(A \cdot h)} \quad (4-7)$$

在实际情况工作下,太阳电池组件的输出会受到外在环境的影响而降低。根据上述基本公式计算出的太阳电池组件,在实际情况下通常不能满足光伏系统的用电需求,为了得到更加正确的结果,有必要对上述并联的组件数量公式进行修正。

$$并联的组件数量 = \frac{日平均负载(A \cdot h)}{库仑效率 \times 衰减因子 \times 组件日输出(A \cdot h)} \quad (4-8)$$

衰减因子是考虑泥土、灰尘的覆盖和组件性能的缓慢衰变都会降低太阳电池组件的输出,通常的做法就是在计算的时候减少太阳电池组件的输出10%来解决上述的不可预知和不可量化的因素。可以将这看成是光伏系统设计时需要考虑的工程上的安全系数。

库仑效率是指在蓄电池的充放电过程中,铅酸蓄电池会电解水,产生气体逸出,这也就是说太阳能电池组件产生的电流中将有一部分不能转化储存起来而是耗散掉。所以可以认为必须有一小部分电流用来补偿损失,用蓄电池的库仑效率来评估这种电流损失。不同的蓄电池其库仑效率不同,通常可以认为有5%~10%的损失,所以保守设计中有必要将太阳电池组件的功率增加10%以抵消蓄电池的耗散损失。

4.6 路面封装技术及融合影响分析

4.6.1 路面封装技术

随着全球环境和能源问题的日渐凸显,发展和普及电动汽车等新能源汽车变得越来越重要。国内外对于纯电动汽车和插电式混合动力汽车的研究、产量和销售也已逐步升温。尽管电动汽车的发展得到了很多国家和政府政策的大力支持和鼓励,其推广仍然面临着诸多问题。其中,车载电池有限的能量密度和高成本是制约其发展的主要瓶颈之一。电池的能量密度远远不及汽油,必须经常进行充电作业,每次充满电都需数小时。目前只有三种解决方案:更换电池、有线充电和无线充电。其中,更换电池的方案存在不同汽车品牌的电池不能互用、换电站需要储备大量电池、建设成本和维护费用高等问题。

对于有线充电,频繁插拔易造成插座磨损、老化,产生电火花;线路破损会带来漏电等安全隐患,对风暴霜冻天气的适应性也较差。相比以上两种方案,无线充电方案将发射线圈埋入地下,不占据地上空间且无外漏接口,具有运行安全、便捷灵活、维护成本低、用户体验好等优点,受到了越来越多的关注。

按传输距离,无线电能传输可以分为短距离、中距离和远距离三种。迄今为止能够实现电能无线传输的方式主要有微波、激光、超声波、电场耦合和磁场耦合等。前文对以上五种方式进行了详细的介绍和对比。微波和激光传输距离较远,但效率很低,适用于诸如军事、航天及空间太阳能电站等特殊场合。超声波和电场耦合传输方式的传输功率较小。传统磁耦合传输方式是基于电磁感应原理,传输功率大,近距离传输效率较高,但对于距离较为敏感,适用于短距离传输。

无线充电线圈封装技术的重要意义在于能够把无线充电线圈埋入道路并固定,保证线圈工作环境达到要求,且与原路面结构整合为一体,不对原有道路造成结构性破坏,不降低公路性能。

电动汽车不用刻意充电,每天开在路上就能充电,带来的好处明显(图4-36、图4-37)。首先可以给电池"减负",因为可以随时随地给车充电,所以大容量的电池不那么必要了,车辆的载重也会随之下降。其次充电再也无需等待,现在电动汽车充电始终无法做到像汽油车加油一样方便,而无线充电可以边开边充,减少时间成本。最后解决了续航里程问题,电动汽车的续航里程被无限拉长,里程焦虑问题也就不存在了。

图4-36 边行驶边充电

图4-37 电动汽车正通过无线充电系统边行驶边充电

动态无线充电线圈的封装技术是一种汽车无线充电线圈的封装结构,克服了现有的封装结构无法同时满足汽车和线圈均能在其上正常工作的问题,可用于架设能使新能源汽车在行驶过程中进行无线充电的路面。包括顶部设有开口的框架,框架内设置有支撑板,支撑板与框架围合成线圈槽,支撑板的顶部设有用于将开口密封的盖板,框架、支撑板和盖板均由TPU制成,框架内还设有用于在盖板发生破损后保持线圈槽密封的密封机构。

基础方案的原理及效果:通过由承重胶制成的封装结构,能为线圈提供良好的工作环境,并且承重胶自身的强度能满足汽车在上面正常行驶的需要。而在汽车反复碾压的过程中,这种结构的盖板上仅会出现凹坑,不会因为汽车的碾压或是其他物品的撞击而发生断裂或是碎裂,提高了本结构的稳定性。在盖板上的凹坑将盖板击穿后,框架内的密封机构会将线圈槽密封,确保线圈工作的稳定性和连续性,提高了本装置的安全性。

4.6.2 光能路面受动态无线供电技术影响的关联关系

光能智慧路面技术是将光能转换为电能,路面综合性能达到二级公路水平,同时具备融雪化冰及路面交通引导功能的技术。通过对原有道路路面改造,将道路由交通运输单纯的能源消耗功能转变为能源供给资源。无线充电技术解决了传统有线充电所带来的安全性低、可靠性差、接入不灵活等问题,具有便捷、安全、可靠特点。动态无线供电实现了电动汽车"边走边充",可以大幅提高电动汽车充电的灵活性,节约时间,减少车载电池容量。光能智慧路面技术与动态无线充电技术的融合发展,是对现有道路功能向能源化多元化发展的关键。

通过光能智慧路面与动态无线充电系统融合试验段的测试,同时启动两个系统,检测光能组件发电量、电压、电流和无线充电线圈发热量及充电效率。

单独开启其中一套系统,在稳定运行后,分别在1 h、2 h、3 h测试光能组件的发电量、电压、电流和无线充电线圈发热量及充电效率,并做好记录。同时开启两套系统,在稳定运行后,分别在1 h、2 h、3 h测试光能组件的发电量、电压、电流和无线充电线圈发热量及充电效率,并做好记录。

对比单系统和双系统开启状态下两套系统相关性能数值的关系,经过数日连续测试,证明两套系统无相互干扰,能正常运行并保持各自效能(图4-38)。

图4-38 无线充电线圈封装技术的应用试验

4.7 本章小结

综上所述,通过研发试验和工程应用,证明光能智慧路面技术是一种摩擦系数高、抗碾压能力强、透光率高、具备融雪化冰及路面交通引导功能且兼容动态无线充电的智慧路面光能技术。该技术能够通过自动升温加热消除路面积雪;通过路面LED阵列实现智能路面交通引导功能;通过高强度透明面层浇筑技术有效提升路面摩擦系数,提高路面耐磨性,增强抗滑能力,保证车辆行驶安全性;通过对发射线圈与光伏组件优化配置,实现光能发电与无线充电功能互不影响。光能路面综合性能达到二级公路水平。其应用场景广、功能融合全、已达规模化生产、铺装容易、建设工期短等诸多优势,在新能源变革的时代背景下,具有巨大的发展前景,是新能源发展的一大推动力。

本章参考文献

[1] 边森,张瑜,金磊,等. 太阳能控制器相关技术研究[C]//中国通信学会信息通信网络技术委员会2009年年会论文集. 西安:中国通信学会,2009:604-609.
[2] 王斯成. 国内外光伏发电现状及发展趋势[J]. 中国电力发展与改革研究,2009(12):22-25.
[3] 赵鑫鑫. 一种太阳能光伏电池的研究[C]//第十六届沈阳科学学术年会论文集(理工农医). 沈阳:沈阳市科学技术协会,2019:832-836.
[4] 徐建礼,陈杰,王怀松,等. 一种防眩光光伏组件:CN202721158U[P]. 2012-11-14.
[5] 尉学勇. 西藏高寒地区水泥混凝土路面太阳能融雪(冰)技术研究[D]. 西安:长安大学,2011.
[6] 马文会,戴永年,杨斌,等. 加快太阳级硅制备新技术研发 促进硅资源可持续发展[J]. 中国工程科学,2005,7(S1):91-94.
[7] 殷志刚. 太阳能光伏发电材料的发展现状[J]. 可再生能源,2008,26(5):17-20.
[8] 吕东,马文会,伍继君,等. 冶金法制备太阳能级多晶硅新工艺原理及研究进展[J]. 材料导报,2009,23(5):30-33.
[9] 王英连. 晶硅太阳电池的研究现状与发展前景[J]. 科技创新与应用,2018(25):62-63.
[10] 苑进社. 超高效Ⅲ-Ⅴ化合物半导体光伏电池研究进展[C]//中国太阳能学会光伏专业委员会,广东省太阳能协会. 第八届全国光伏会议暨中日光伏论坛论文集. 深圳:中国太阳能学会,2004:4.
[11] YAMAGUCHI M. III-V compound multi-junction solar cells: Present and future[J]. Solar Energy Materials and Solar Cells,2003,75(1/2):261-269.
[12] BROWN A S, GREEN M A, CORKISH R P. Limiting efficiency for a multi-band solar cell containing three and four bands[J]. Physica E: Low-Dimensional Systems and Nanostructures,2002,14(1/2):121-125.
[13] RANNELS J E. The case for a 40% efficiency goal for photovoltaic cells in 2005[J]. Solar Energy Materials and Solar Cells,2001,65(1/2/3/4):3-8.
[14] BETT A W, DIMROTH F, STOLLWERCK G, et al. III-V compounds for solar cell applications[J]. Applied Physics A: Materials Science & Processing,1999,69(2):119-129.
[15] WU J, WALUKIEWICZ W, YU K M, et al. Superior radiation resistance of In1-xGaxN alloys: Full-solar-spectrum photovoltaic material system[J]. Journal of Applied Physics,2003,94(10):6477-6482.
[16] 张昱. 基于氟取代BT和BTA有机光伏材料合成与表征[D]. 大连:大连理工大学,2015.
[17] 何恒礼. 太阳能光伏发电材料发展现状及前景展望[J]. 现代盐化工,2018(4):31-32.
[18] 邓鸣. 混合给体有机小分子光伏器件性能的研究[D]. 成都:电子科技大学,2015.
[19] NOVOSELOV K S, GEIM A K, MOROZOV S V, et al. Electric field effect in atomically

thin carbon films[J]. 2004, 306(5696):666 - 669.

[20] NIYOGI S, BEKYAROVA E, ITKIS M E, et al. Solution properties of graphite and graphene[J]. Journal of the American Chemical Society, 2006, 128(24):7720 - 7721.

[21] WANG S, CHIA P J, CHUA L L, et al. Band-like transport in surface-functionalized highly solution-processable graphene nanosheets[J]. Advanced Materials, 2008, 20(18): 3440 - 3446.

[22] YANG H F, SHAN C S, LI F H, et al. Covalent functionalization of polydisperse chemically-converted graphene sheets with amine-terminated ionic liquid[J]. Chemical Communications, 2009(26):3880.

[23] YANG H F, LI F H, SHAN C S, et al. Covalent functionalization of chemically converted graphene sheets via silane and its reinforcement[J]. Journal of Materials Chemistry, 2009, 19(26):4632.

[24] 孙漪清. 石墨烯材料的可控制备及其电化学应用研究[D]. 北京：清华大学, 2014.

[25] KOJIMA A, TESHIMA K, SHIRAI Y, et al. Organometal halide perovskites as visible-light sensitizers for photovoltaic cells[J]. Journal of the American Chemical Society, 2009, 131(17):6050 - 6051.

[26] BI D Q, YI C Y, LUO J S, et al. Polymer-templated nucleation and crystal growth of perovskite films for solar cells with efficiency greater than 21%[J]. Nature Energy, 2016, 1(10):16142.

[27] GAO P, GRÄTZEL M, NAZEERUDDIN M K. Organohalide lead perovskites for photovoltaic applications[J]. Energy Environ Sci, 2014, 7(8):2448 - 2463.

[28] STRANKS S D, EPERON G E, GRANCINI G, et al. Electron-hole diffusion lengths exceeding 1 micrometer in an organometal trihalide perovskite absorber[J]. Science, 2013, 342(6156):341 - 344.

[29] 王俊, 禹豪, 王红航, 等. 石墨烯材料在钙钛矿太阳能电池中的研究进展[J]. 电子元件与材料, 2017, 36(6):14 - 19.

[30] 陈瑶. 透明沥青材料在建筑设计中的应用研究[D]. 南京：南京大学, 2011.

[31] 透明沥青在建筑中应用以10年世博会意大利馆为例[EB/OL]. (2017 - 08 - 07)[2019 - 12 - 28]. http://www.sohu.com/a/162837989 - 633342.

[32] 姜志国, 于丰, 张均, 等. 透明沥青研究进展[J]. 化工新型材料, 2018, 46(9):238 - 241.

[33] LOSONCZI A. Building block comprising light transmitting fibres and a method for producing the same：US8091315[P]. 2012 - 01 - 10.

[34] 陈苏里, 朱俊虹. 一种透明沥青的制备方法及透明沥青：CN103085154A[P]. 2013 - 05 - 08.

[35] 刘锡军, 刘凌翔. 一种透明沥青构件及其制造工艺方法：CN101906836A[P]. 2010 - 12 - 08.

[36] 尹衍樑. 透明沥青生产模组及其快速生产方法：CN101234510A[P]. 2008 - 08 - 06.

[37] 杨文,王军,赵日煦,等. 一种透明沥青块的制备方法及其制备装置:CN102601845A[P]. 2012-07-25.

[38] 王信刚,陈方斌,章未琴. 水泥基透光材料及其制备方法:CN102503261A[P]. 2012-06-20.

[39] 杨文,王军,吴静,等. 一种透明沥青的制备方法:CN102758496A[P]. 2012-10-31.

[40] 刘林. 透明沥青排纤机:CN204331116U[P]. 2015-05-13.

[41] 石从黎,董恒瑞,杨再富,等. 透光保温混凝土砌块:CN205502361U[P]. 2016-08-24.

[42] 杨文,王军,赵日煦,等. 一种现场浇注透明沥青的施工方法:中国,102605954A[P]. 2012-07-25.

[43] PINTO M,MANUEL G J. Translucent Lightweight Concrete:US,13/811166[P]. 2013-05-16.

[44] CANGIANO S,CARMINATI A. Composite panel made from cementitious mortar with properties of transparency:US9297160[P]. 2016-03-29.

[45] 王信刚,叶栩娜,宋固全,等. 一种树脂导光混凝土及其制备方法:CN103086660A[P]. 2013-05-08.

[46] 李大茂,张国辉,冯志秀,等. 道路交通标线雨夜可视性测试方法国内外研究进展[J]. 公路交通科技(应用技术版),2017,13(2):241-244.

[47] 朱本成,郭忠印,宋灿灿. 透明沥青基LED主动发光交通标线的光纤设置[J]. 同济大学学报(自然科学版),2019,47(6):802-809.

[48] 靳长征,白晨. 浅谈道路结冰的清除[J]. 河南交通科技,1996(5):45-46.

[49] 张炳臣,刘淑敏. 冬季道路除雪方式的探讨[J]. 山东交通科技,2004(1):76-77.

[50] 邓洪超,马文星,荆宝德. 道路冰雪清除技术及发展趋势[J]. 工程机械,2005,36(12):41-44.

[51] 李安定,吕全亚. 太阳能光伏发电系统工程[M]. 北京:化学工业出版社,2012.

[52] 日本太阳光发电协会. 太阳能光伏发电系统的设计与施工[M]. 刘树民,宏伟,译. 北京:科学出版社. 2006.

第五章 "三合一"电子公路示范应用

5.1 整体系统架构

"三合一"电子公路是指在公路上铺设光伏组件和无线专用充电模块,利用路面光伏发电为无线充电装置提供电源,并采用磁场共振原理进行能量转移,使得电源能够为行驶中的电动汽车提供即时无线充电服务。

"三合一"电子公路在苏州同里得到示范应用,公路总长约500 m,宽3.5 m,应用新型透明沥青柔性路面材料,承压和耐磨能力不低于二级公路水平。路面光伏发电容量为178 kW,采取磁场谐振耦合传输技术实现电能无线传输,动态无线充电效率达到85%。引入智慧交通理念,集成LED路面标识、电子斑马线、多功能路灯等智能路面、路侧设施,建有融雪化冰功能示范路段。无人驾驶车智能程度达到目前国际最高级别——L4级,具备自动泊车、APP叫车等功能。车辆经改装后配置有车载线圈等设备,通过高精度定位行驶,实现动态高效无线电能传输。采用充电线圈无缝切换和电磁屏蔽等技术,车内外电磁辐射量远低于国际标准限值。

"三合一"电子公路项目建设配置光伏路面、动态无线充电、静态无线充电、电子公路智能管控及调度系统和配电等系统。各系统间的能量、信息传输如图5-1所示。同里"三合一"电子公路在国际上首创光伏发电、无线充电和无人驾驶三项技术的融合应用,实现了电力流、交通流、信息流的智慧交融,为建设新能源利用综合体和新型智慧城市做了前瞻研究和有益探索。

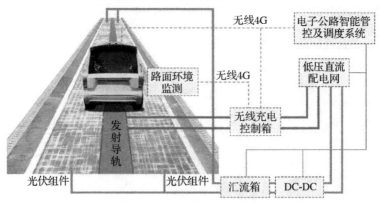

图5-1 总体架构示意图

5.2 工程建设方案

5.2.1 配电方案设计

(1) 电气主接线设计

"三合一"电子公路直流系统母线采用单母线接线形式,如图 5-2 所示。电子公路路面光伏并网变流器两路分别接入直流母线;动态线圈功率控制箱经分流箱接入直流母线,光伏组件融雪化冰装置经分流箱接入直流母线。两个静态无线充电车位的充电柜分别接入直流母线。

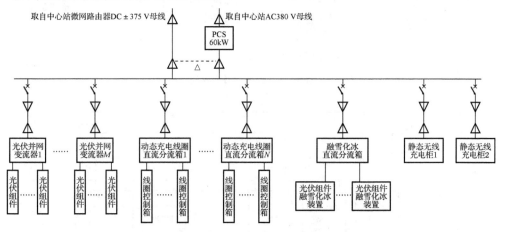

图 5-2 "三合一"电子公路直流系统电气主接线图

"三合一"电子公路建设配电间交流系统母线采用单母线接线形式,如图 5-3 所示。电子公路通信箱、无线充电控制模块电源箱、静态无线充电柜控制箱均接入该交流母线。

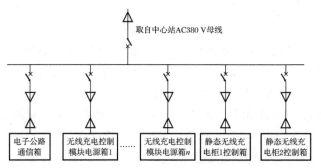

图 5-3 "三合一"电子公路交流系统电气主接线图

(2) 配电方案设计与实施

"三合一"电子公路主回路供电为 750 V 直流母线供电,在母线上引出出线至各终端设备进线端,各回路配备进线断路器,以便单套设备的检修及维护,配电方案示意图如图 5-4 所示。主回路电气拓扑图如图 5-5 所示。

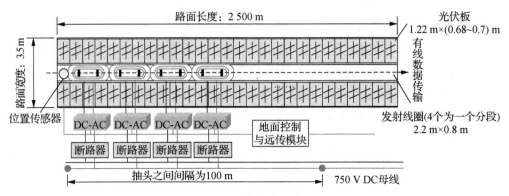

图 5-4 配电方案示意图

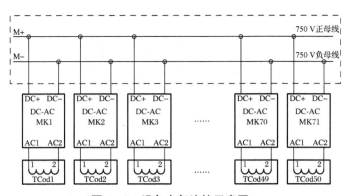

图 5-5 设备电气连接示意图

5.2.2 土建施工方案设计

本次设计主要内容为一条单车道的电子公路、两个静态无线充电车位。

(1) 结构设计

本项目除对道路进行单独特殊施工外,还需新建设备基础,沿电子公路一侧分散,用于放置并网变流器和直流分流箱设备,并利用路边绿化带做美化布置。

结合现有场地条件、业主要求的工期及示范效应,室外设备基础采用现浇混凝土结构。室外电缆沟井亦同此做法。

根据场地内地基土的工程特性、分布规律、埋藏条件等,并结合本工程各建

(构)筑物的特点,本工程的主要构筑物推荐采用天然地基,超挖部分采用 3∶7 灰土或砂石回填。

(2) 路基设计

按设计规范要求路槽底面土基设计回弹模量值宜大于或等于 20 MPa,当小于 15 MPa 时应采取工程措施提高土基强度。

本工程因现状地势较低,土质较差,且北侧同周公路高出基地 1.2~1.5 m,因此全线道路路基施工前,需先做地基处理,采用 1∶1 砂石回填,然后压实,压实度满足设计要求。路基施工中若路堤基底范围内地表或地下水影响路基稳定时,应当采取拦截、引排等措施,并在路堤底部填筑不易风化的石或砂砾等透水材料。

局部路段如遇河塘、暗塘的清淤及特殊地质的地基处理,应根据现场的实际情况进行处理。清淤后,河塘陡坎挖成大于 1 m 宽、内倾 3% 的台阶,清淤部分应回填碎石土,其碎石含量应大于 80%(重量百分比),并在其上回填 6% 石灰土至路槽底面。要求塘与塘之间狭窄堤挖除,预防沉降不均。并在沟、塘新老土每隔 1 m 铺一层土工格栅宽 2 m。道路全线均应放坡处理,填方边坡为 1∶1.5,挖方边坡土质为 1∶1,风化岩为 1∶0.75,岩石边坡为 1∶(0.1~0.5)。

深挖、高填、沿河等路段的路基边坡,必须根据其工程特性进行路基防护设计。路基支挡结构设计应满足各种设计荷载组合下支挡结构的稳定、坚固和耐久。

(3) 路面设计

本项目于同里综合能源服务中心内新建道路,本道路与站区部分主干道并行使用,转弯半径不得小于 6 m。路面采用沥青混凝土路面,包括上面层、黏层、下面层和下封层。道路中心敷设线圈,车道边缘线位置集中排布光伏汇流线槽,所有线缆均采用埋管方式集中至新建电缆沟。最终待道路面层成型后,整体路面上敷设模块化光伏路面板,安装调试完毕即可。

光伏+无线充电电子公路的断面图如图 5-6 所示,充电线圈区域位于道路中心线,需在沥青层铺设完成后方设置。无线充电线圈槽盒、光伏走线槽均需要埋管与路边电缆沟相连,无线充电线圈预埋管线至电缆沟处周围 30 cm 范围内不允许存在金属构件。线圈靠电缆沟一侧距边缘 15 cm 范围内直接开孔洞(直径约 15 cm、深度为 30 cm)至水稳层横埋管处,待电缆敷设完成后,横管管口需用防火泥封堵,最后采取中粗砂填实孔洞。所有的预埋管线待水稳层施工完成后开槽预埋,所有埋管统一深度(横向埋管埋深均为 30 cm),预埋完成后采取混凝土浇筑与水稳层相平。

光伏电子公路相比于光伏+无线充电电子公路,无需开槽埋设充电线圈,埋管数量也相应减少。所有光伏(包括光伏充电公路及其两个道路拐角、T 型纯光伏路)的 100 mm×100 mm 的走线槽均需连通。

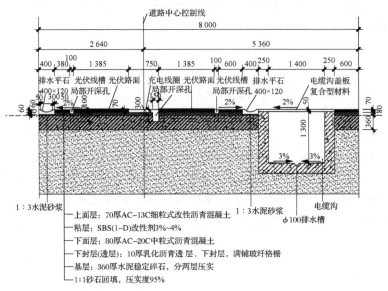

图 5-6 电子公路断面图(单位:mm)

(4) 电缆沟设计

本工程电缆沟需特殊设计,如图 5-7 所示,电缆沟沟底放置无线充电用的控制器,采用金属支架,高度 400 mm,支架宽度 400 mm。电缆沟左侧 2 根 500 mm 电缆支架,右侧 5 根 300 mm 电缆支架,用于放置电缆。电缆支架需等控制器安装

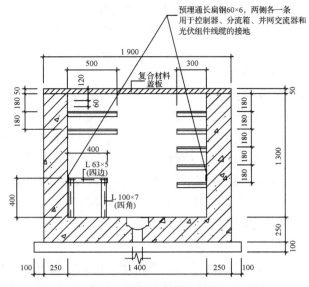

图 5-7 电子公路电缆沟断面图(单位:mm)

完毕后,再进行施工。考虑到无线充电电缆高频电流的影响,所有电缆支架采用复合材料,由膨胀螺栓固定。为便于控制器检修,支架间距及位置需完全错开下部控制器外轮廓。

5.2.3 通信方案设计

(1) 信息需求规划

"三合一"电子公路智能管控及调度系统设置在"三合一"电子公路配电间内。智能管控及调度系统采集"三合一"电子公路的相关状态监测信息,上送至园区展示中心、源网荷储协调控制系统以及主站。智能管控及调度系统接入园区信息内网,再经过综合数据网接入相应主站,如表5-1所示为信息需求统计表。

表5-1 信息需求统计表

序号	设备	业务类型	起点	终点
1	光伏发电信息采集终端	光伏发电信息	串口服务器	智能管控及调度系统
2	无线充电控制终端	监测无线充电运行状态及故障报警	串口服务器	智能管控及调度系统
3	路面环境监测终端	温湿度、水浸、光照、能见度、辐射量	串口服务器	智能管控及调度系统
4	无人驾驶车载信息终端	电池量信息、车速等	车载终端	智能管控及调度系统
5	智能管控及调度系统	监测光伏发电状态、车辆运行状态、无线充电运行状态及故障报警、电网相关运行数据监测	"三合一"电子公路配电间	园区展示大厅
6	智能管控及调度系统	监测控制	"三合一"电子公路配电间	源网荷储协调控制大厅
7	智能管控及调度系统	监测控制	"三合一"电子公路配电间	主站

(2) 运行监控建设方案设计

①硬件构架

采用Web网页模式、大屏展示应用等方式对分散设备随时进行监控、运维和管理。

高级应用服务器:该组服务器主要运行电子公路智能管控及调度系统的高级应用功能,如光伏路面管控、无线充电管控、无人驾驶系统监测、电网运行数据监测等,主备冗余。

②软件架构

电子公路智能管控及调度系统高级应用包含四大子系统,分别是光伏路面管控、无线充电管控、无人驾驶系统监测以及电网运行数据监测系统,如图5-8所示。

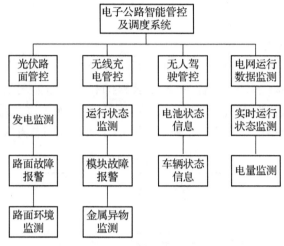

图5-8 电子公路智能管控及调度系统构架示意图

a. 光伏路面管控包括:发电监测(包括实时电压、电流、发电功率、日/月/年/历史最高发电功率、日/月/年/累计发电量等);路面故障报警(包括路面材料破损、电路故障等);路面环境监测(水浸、温度、微气象等)。

b. 无线充电管控包括:无线充电运行状态监测(包括实时充电功率、充电电流、充电电压、相位、日/月/年/累计充电量、充电时长、充电效率等);无线充电模块故障报警;金属异物检测(用于充放电控制)。

c. 无人驾驶运行状态监测包括:电池信息、车辆状态(剩余电量、车速)等。

d. 电网运行数据监测包括:电网关键节点的实时运行状态监测(电压、电流、实时功率);电量监测(累计用电量)。

(3) 通信方案

本期工程"三合一"电子公路采集终端与智能管控及调度系统采用无线+有线通信方式,保证通信的可靠性与灵活性。服务中心区域无线专网覆盖在深化试点工程中考虑,本工程仅在部分需要通过无线专网方式采集信息的终端侧配置无线采集终端设备。

终端数据采集内容包括:光伏发电数据、电子公路用电数据、无线充电数据、无人驾驶车辆数据及环境监测数据,其中无线充电发送端数据通过网络直连方式直接和无线充电管理后台服务器对接,无线充电接收端数据是通过网络直连方式直接和无人驾驶后台服务器对接;无人驾驶车辆数据通过无线4G网络可将自身状态信息实时汇报给无人驾驶服务器端,"三合一"电子公路智能管控及调度系统再通过网络直连方式直接和无人驾驶后台服务器对接获取数据;光伏发电、用电数据、环境监测数据主要通过 4G 网络进行数据采集,其中环境监测视频监控需通过网络直连方式接入到"三合一"电子公路智能管控及调度系统,微气象数据来源于源网荷系统。

采集数据量主要有光伏发电、用电数据、无人驾驶和环境监测四种。

光伏发电数据通过光伏变流箱进行采集,采集数据包括发电实时监测数据和变流箱状态信息。发电实时监测数据包括实时输入电压、输入电流、输入功率、输出功率、输出电量、运行时间等信息,共计 33 个数据点位。变流箱状态信息包括故障停机状态、运行状态、故障状态等,共计 28 个数据点位。光伏发电数据主要以监测为主,数据采集实时性要求不高,数据采集频次可以达到分钟级。

用电数据主要采集关口的电压、电流、功率及电量数据,数据点位不超过 10 个。同时用电数据主要以监测为主,数据采集实时性要求不高,数据采集频次可以达到分钟级。

无人驾驶基于 CAN 网关与车身线控单元通信,然后通过 4G 模块将数据接入无人驾驶管理后台。无人驾驶采集数据包括车辆位置坐标、车辆状态信息及无线充电接收端数据。由于涉及车辆实时位置展示及对车辆的实时控制、调控,对数据实时性要求较高,数据采集频次至少 1 s 采集一次。

表 5-2 "三合一"电子公路相关无线业务统计表

序号	业务名称	单位	数量	备注
1	电子公路动态无线充电信息检测	个	9	
2	路面光伏信息检测	个	5	
3	"三合一"电子公路环境监测	个	5	
4	无人驾驶车载信息监测	个	2	
5	"三合一"电子公路辐射监测终端	个	1	
	合计		22	

环境监测包括路面温度监测、电缆沟水浸监测、路面(车内)辐射监测。路面温度监测采集温度数据,包括实时温度、最高温度、最低温度等。电缆沟水浸监测采集电缆沟实时水位信息,水位超标告警信息等,整体采集数据点位都不超过 10 个。路面(车内)辐射监测采集辐射监测电场强度、磁场强度、功率密度数据等,采集数据点位不超过 20 个。路面温度和电缆沟水浸数据采集实时性要求不高,15 min 采集一次频次可满足要求。路面(车内)辐射监测由于需采集动态无线充电工作瞬间

数据,采集频次可到秒级。如表 5-2 所示,为"三合一"电子公路相关无线业务统计表。

光伏发电数据采集和用电数据采用实时性要求不高,数据采集频次为分钟级,数据采集量不大,对网络宽带要求不高,但是考虑后期数据规模扩展,实时要求提升,无线带宽可到兆级。环境监测部分路面温度监测、电缆沟水浸监测对宽带要求不高,路面(车内)辐射监测采集频次较高,但是数据量不大,兆级无线网络完全满足需求。

无人驾驶模块数据实时性要求高,需要每秒采集一次数据,同时涉及数量相对较大,考虑后期无人驾驶数据的扩展性,需要兆级网络带宽支撑,综合建议无线网络带宽可设计在 5～10 MB。

无人驾驶的 4G 模块配置的 SIM 卡单月流量建议配置 2 GB 以上,其他区域 SIM 卡单月流量建议配置 200 MB 以上。

根据"三合一"电子公路土建建设方案,沿服务中心内部电缆沟及"三合一"电子公路沿线沟道敷设一根 24 芯普通光缆,沟通"三合一"电子公路沿线动态无线充电控制箱与"三合一"电子公路配电间,在分流箱内配置工业以太网交换机,在"三合一"电子公路配电间配置交换机,将各类采集信息上传至智能管控及调度系统。

5.2.4 保护配置方案设计

(1) 交流输入浪涌保护功能

通过安装浪涌保护装置对交流输入系统可能遭受的雷击进行保护,并输出故障遥信至集中控制器,保护跳掉交流输入断路器,并进行故障灯指示。

(2) 交流输入异常故障

通过安装交流输入检测模块对交流输入的过压、欠压、缺相、逆相、三相不平衡进行检测并输出故障遥信至集中控制器,保护跳掉交流输入断路器,并对相应的故障进行故障灯指示。

(3) AC-DC 模块保护功能

①交流输入过欠压保护功能,进行停机处理,此保护具有自恢复功能。

②直流输出过压保护功能,进行停机处理,需人工干预才能恢复正常功能。

③过温保护功能,进行停机处理,并具有自恢复功能,并进行故障灯指示。

④内部母线故障保护功能,进行停机处理,并进行故障灯指示。

⑤直流输出限流保护功能,进行停机处理。

⑥短路保护功能,进行停机处理,并进行故障灯指示。

⑦通信中断保护功能,进行停机处理,并进行故障灯指示,此保护具有自恢复功能。

⑧风扇故障保护功能,进行停机处理,并进行故障灯指示,此保护具有自恢复

功能。

(4) DC-AC 模块保护功能

①短路保护功能,进行停机处理。

②过温保护功能,进行停机处理。

③过流保护功能,进行停机处理。

(5)水冷系统保护功能

①过温保护功能,并把故障信号上送至集中控制器。

②液位保护功能,并把故障信号上送至集中控制器。

(6) 无线充电系统具有急停功能。

(7) 无线充电系统具有泊车偏移定位功能,保护系统功率传输效率最优化功能。

(8) 无线充电系统具有功率发射接收端异物检测功能,防止系统伤害功能。

(9) 光伏发电系统保护:配置过电流保护、欠压保护、过压保护、频率保护及防孤岛保护等。

5.2.5 水工及消防设计

(1) 给排水部分

本项目新建"三合一"电子公路道路,包括光伏路面、电缆沟及配套设施。电子公路外侧雨水排水由站区整体规划考虑,内部雨水包括路面雨水及电缆沟内雨水采取有组织排水方式,通过设置排水沟道自流汇至雨水提升井,集中排放至站区雨水排水管网。

(2) 消防部分

本项目电子公路配电间室内灭火器根据《建筑灭火器配置设计规范》(GB 50140—2005)配置。

5.3 融合无线充电的智慧光能路面实施方案

(1) 电动汽车无线充电影响因素分析

电能注入原级电能变换装置后,经过整流、调压、高频逆变等环节,将输入的电能变换为高频交流电,注入地埋部分的能量发射线圈以激发出高频磁场,处于该磁场中的车载拾取线圈将感应出电压,车载电能变换装置将感应到的电压经过整流、均流均压、调压等环节后输出给电动汽车,实现了电动汽车的无线充电。

无线充电的传输距离对传输功率、效率等关键指标具有重要影响。同时发射线圈与拾取线圈之间的强磁场区域会对周围金属及生物体产生干扰。因此需要在发射导轨路面铺设过程中严格设计预埋深度以保证无线充电系统的正常工作。

(2) 光伏路面与无线充电模块组合安装

沿电子公路路面中心线纵向预留沟道用来铺设无线充电发射线圈,埋设于路面之下,地埋线圈顶部以光伏板(不含光伏组件)封装;无线充电发射线圈顶部两侧整体铺设光伏板,两侧光伏板与路边预留走线槽。

通过试验研究表明,光伏组件距离发射线圈10 cm以上时,光伏组件对耦合机构的影响很小,同时充电过程的交变磁场不会引起光伏组件的性能发生变化。设计施工工艺如下:

①采用在道路中间设置U形槽放置发射线圈。U形槽深7.5 cm,U形槽宽度为75 cm。同时对发射线圈设置了抗压结构件。

②在U形槽底部右侧位置设置下穿孔,孔径为15 cm,下穿孔深度为30 cm,并通过预埋的直径90 mm的横管将发射线圈的线缆引出至电缆沟侧。

③光伏组件铺设于线圈两侧,能够最大限度地利用路面面积进行发电。施工如图5-9、图5-10所示。

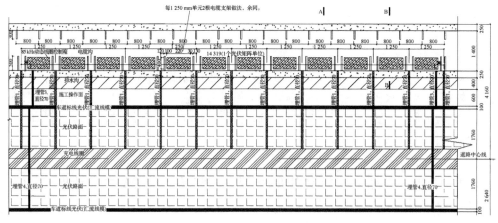

图5-9 "三合一"电子公路施工设计图

图5-10 项目实施效果图

5.4 融合无线充电的无人驾驶车辆设计

(1) 无人驾驶车辆

本项目采用的无人驾驶车如图 5-11 所示。

(a) 1 号无人驾驶车辆

(b) 2 号无人驾驶车辆

图 5-11 无人驾驶车辆外观

1号无人驾驶车型原型于 2017 年 1 月首发于美国拉斯维加斯的 CES 大展,并于 2019 年底量化生产,无人驾驶等级为 Level 4,内部座椅呈环形排列,4 座位。该车并未搭载常见的方向盘和仪表盘,去除了突兀的传感器布局,将所有传感器融入车的流线型外形中,车内外设有多个屏幕,能与乘客和行人自然地进行智能交互。2号车无人驾驶级别为 Level 4,8 座位,车辆搭载了展示屏,满足车辆与乘客、安全员、车外环境交互,该车于 2018 年 7 月量化生产。两种车型参数如表 5-3 所示。

表 5-3 车辆参数

参数	1号无人驾驶车	2号无人驾驶车
无人驾驶级别(SAE)	Level 4	Level 4
智能避障系统	●	●
智能换道	●	●
远程调度系统	●	●
远程监控系统	●	●
智能交互系统	●	●
自动泊车系统	●	●

续表

参数	1号无人驾驶车	2号无人驾驶车
无线充电系统	需后期改装	需后期改装
整车参数		
长×宽×高(mm×mm×mm)	4 386×1 773×1 900	4 330×2 000×2 670
座椅数量	4座	8座
整备质量(kg)	1 400	2 100
总质量(kg)	1 925	3 000
动力总成		
动力类型	纯电动	纯电动
电机功率(kW)	13.5	30
驱动电机型式	交流异步电机	交流异步电机
最大续航里程(km)	150	100
最高车速(km/h)	40	40
电池参数		
电池类型	锂离子电池	锂离子电池
电池容量(kW·h)	25	40
电池电压(V)	144	360
电池充电时间(h)	慢充4~5	快充2~3

（2）无线充电拾取模块安装方案

如图5-12所示，无线充电拾取端及车载变换器需要加装到无人巴士底盘下部。本设计采用支架方式将拾取端加装到车辆底盘。通过合理设计支架高度，使其原副边的传输距离保持在设计范围内。

如图5-13所示为车载端电气连接及控制模块设计图，拾取线圈经过整流和DC-DC环节后给电池充电。同时车载IVU(通信控制单元)通过CAN总线与车载VCU(车辆控制器)和无人驾驶系统的DCU(无人驾驶控制系统)进行通信，实现充电状态的有效控制。

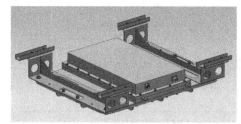

图5-12 车载拾取机构及数模图

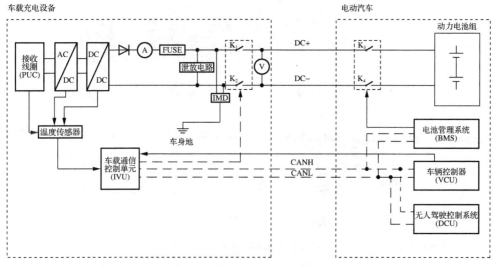

图 5-13 电气连接及控制模块设计图

动态无线充电流程如图 5-14 所示,当车辆驶入动态无线充电区域时,通过地面端位置检测技术实现对车辆的准确定位,同时开启对应控制箱,通过发射导轨模块将能量耦合到车载端,实现能量的无线传输。由于实现了导轨的分段开启,具有以下显著优点:

①发射线圈分段开启,提高了动态充电整体效率;

②自动驾驶精度高、偏移度小,提高充电效率;

③线圈紧密排列,减小了充电过程的功率跌落;

④满足行驶过程的耗电需求,实现电池浮充,提高电池寿命。

（3）无人驾驶系统

无人驾驶系统由三大部分组成,包括服务器端、无人驾驶车辆以及用户端。用户可通过手机终端或其他网络设施与服务器端交互,能够查看指定车辆的状态,并可发出约车之类的调度请求;无人驾驶车辆则通过无线 4G 网络可将自身状态信息实时汇报给园区服务器端,并能响应服务器端下发的调度请求。无人驾驶系统架构如图 5-15 所示。

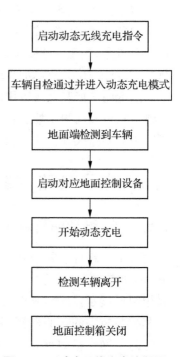

图 5-14 动态无线充电流程图

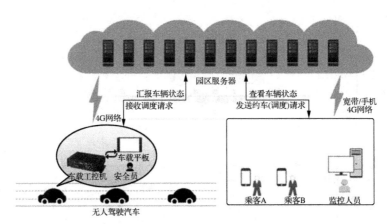

图 5-15　无人驾驶系统架构图

无人驾驶车辆系统以无人驾驶系统域控制单元（Driverless Domain Control Unit，DCU）为核心，通过传感器网关与多类高精传感器相连，基于 CAN 网关与车身线控单元通信，实现车辆的无人驾驶功能。无人驾驶系统的两个主要应用包括代客泊车和园区内的接驳摆渡。代客泊车可由用户在手机 APP 上给相应车辆下达泊车指令，该无人驾驶车辆收到指令后，可根据用户需求，自主实现从当前位置行驶靠近停车位并自动泊车或车辆自主出库并自动行驶到达叫车地点。

园区内的接驳摆渡应用同样可由用户通过手机 APP 下达约车指令，无人驾驶车辆自主行驶到叫车地点，并停车等待用户上车。用户可指定目的地，无人驾驶车辆自主规划路线并自动行驶到达目的地。

5.5　电子公路智能管控及调度系统

5.5.1　智能管控及调度系统概述

电子公路智能管控及调度系统实现对"三合一"电子公路光伏发电、无线充电、电动汽车无人驾驶、环境数据的实时监测，实时掌握工程各环节的关键信息；利用图形展示技术对整个工程项目进行模拟，充分直观地展示工程项目整体情况和相关技术的核心数据；将电子公路发电数据与公路用电数据、电子公路发电电量与上网电量数据、无线充电电源侧与负载侧的数据进行全面对比分析，分析电子公路的各环节的性能指标，为提高电子公路的经济价值评估提供数据支撑。

5.5.2 技术方案

(1) 总体架构

本系统的总体架构分为感知层、设备平台层、网络层、数据层、接口层、应用层、标准规范体系和信息安全体系,如图 5-16 所示。

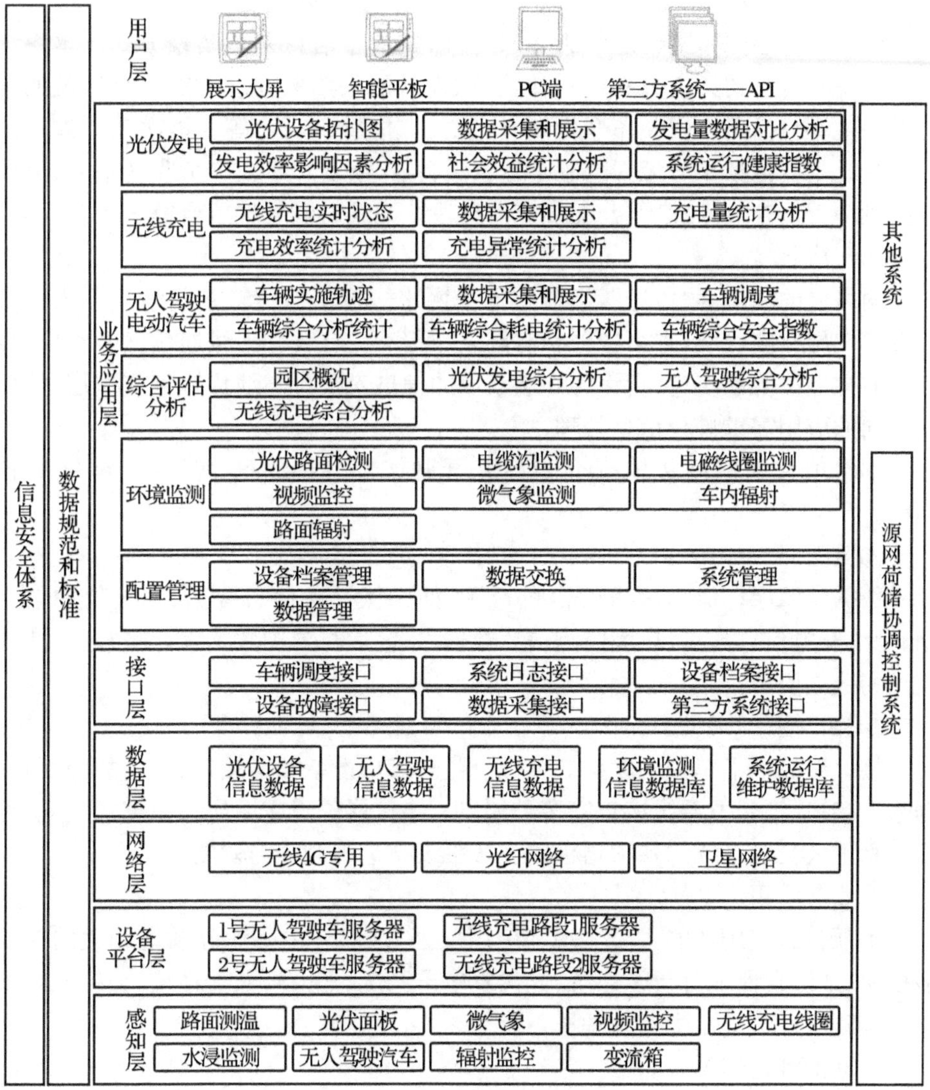

用户层	展示大屏	智能平板	PC端	第三方系统——API	
业务应用层	光伏发电	光伏设备拓扑图	数据采集和展示	发电量数据对比分析	其他系统
		发电效率影响因素分析	社会效益统计分析	系统运行健康指数	
	无线充电	无线充电实时状态	数据采集和展示	充电量统计分析	
		充电效率统计分析	充电异常统计分析		
	无人驾驶电动汽车	车辆实施轨迹	数据采集和展示	车辆调度	
		车辆综合分析统计	车辆综合耗电统计分析	车辆综合安全指数	
	综合评估分析	园区概况	光伏发电综合分析	无人驾驶综合分析	
		无线充电综合分析			
	环境监测	光伏路面检测	电缆沟监测	电磁线圈监测	源网荷储协调控制系统
		视频监控	微气象监测	车内辐射	
		路面辐射			
	配置管理	设备档案管理	数据交换	系统管理	
		数据管理			
接口层		车辆调度接口	系统日志接口	设备档案接口	
		设备故障接口	数据采集接口	第三方系统接口	
数据层		光伏设备信息数据	无人驾驶信息数据	无线充电信息数据	环境监测信息数据库	系统运行维护数据库
网络层		无线4G专用	光纤网络	卫星网络	
设备平台层		1号无人驾驶车服务器	无线充电路段1服务器		
		2号无人驾驶车服务器	无线充电路段2服务器		
感知层		路面测温	光伏面板	微气象	视频监控	无线充电线圈
		水浸监测	无人驾驶汽车	辐射监控	变流箱	

(信息安全体系 / 数据规范和标准)

图 5-16 系统总体架构

①感知层

感知层的作用就像人的视觉、触觉、味觉、听觉一样，它是获取识别物体、采集信息的来源，主要功能是识别物体、采集信息。通过识别本次项目使用到的光伏发电设备、无线充电设备、无人驾驶电动车车载设备以及环境监测设备等，达到采集设备数据的目的。感知层是信息采集的关键部分。

②设备平台层

设备平台层介于网络层与感知层之间，集成了信息采集实现方式。本系统通过与设备平台层的第三方平台对接，获取设备的采集数据。本次项目涉及的第三方系统主要包括无人驾驶车联网平台、无线充电管理后台等。本次项目涉及的第三方系统主要包括1号无人驾驶车运营平台、2号无人驾驶车车联网平台、无线充电路段1无线充电管理后台、无线充电路段2无线充电管理后台等。

③网络层

网络层的功能为"传送"，即通过通信网络进行信息传输。网络层作为纽带连接着感知层和应用层，它由各种私有网络、互联网、有线和无线通信网等组成，相当于人的神经中枢系统，负责将感知层获取的信息安全可靠地传输到应用层，然后根据不同的应用需求进行信息处理。

本次项目的网络传输媒介包括光纤网络、无线4G专网、卫星网络等各类网络。

④数据层

数据资源层存储本项目的信息资源，如光伏设备信息数据、无人驾驶信息数据、无线充电信息数据、环境监测信息数据、系统运行维护数据等，还包括一些支撑应用的数据资源。

⑤接口层

接口层提供了车辆调度接口、系统日志接口、设备档案接口、设备故障接口、数据采集接口、第三方系统接口等多种接口。接口层位于应用层与数据层之间，可以便于管理人员对系统的各项指标以及各种设备进行监控与调度。

⑥业务应用层

本项目的应用功能主要体现在应用层上，这部分主要业务系统相关的应用功能模块，如综合评估分析子系统、光伏发电子系统、无人驾驶子系统、无线充电子系统、环境监测子系统、配置管理子系统等。

⑦标准规范体系

标准规范体系是依托国家已有的信息资源标准，建立统一的数据标准、交换标准、系统维护规范、更新维护机制、共享管理机制等，保障本项目运行的实时性与正确性，促进系统间的信息共享。

⑧信息安全体系

信息安全体系包括对网络安全、主机安全和数据安全等安全防范对象系统安全等级的确定,以及应采取的措施和策略。

(2) 技术架构(图 5-17)

软件技术架构综合考虑了多层级架构、多终端展示、多数据类型、多接入规约等特征,分为数据采集应用和业务系统两个部分。数据采集应用的实时数据通过 Socket 协议传输给业务系统,并存储到资源库。

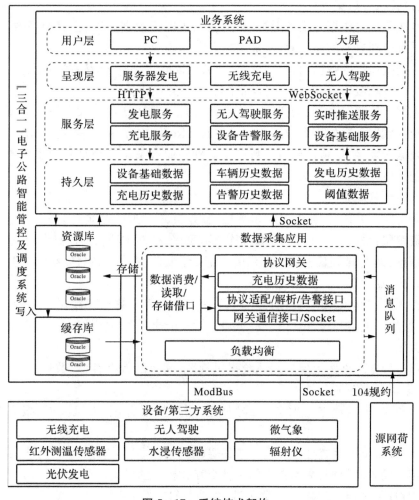

图 5-17 系统技术架构

①数据采集应用

数据采集应用由负载均衡、协议网关、消息队列、缓存库、数据接口五部分组成。

本次项目接入的设备多,第三方平台多,数据采集和上报频率高,为了保证系统稳定、可靠、高效地运行,遂引入负载均衡机制。

协议网关是与设备进行数据交互的接口,从消息队列系统消费数据发送到设备和把设备上报的数据发送到消息队列系统。网关包括 ModBus、TCP/IP、UDP、Socket、WebSocket、WebService 和 HTTP/HTTPS 等协议。

消息队列存储参数和数据指令原始数据、协议解析后的数据(设备数据、告警数据、设备状态数据等)。

本次项目的数据采集和上报频率高,为了保证数据读取、存储的高效,以及不影响系统前端界面的展示效果,采用缓存库。

数据接口包括数据消费、协议适配、数据读取、数据存储和数据转发。

协议适配接口:标准协议与设备协议之间的互转。

数据存储接口:把数据存储到关系型数据库或 Redis 中,关系型数据库中存储参数指令数据和数据指令数据的初始数据。Redis 中存储设备状态数据。

数据转发接口:将过滤后的数据发送到各业务系统的消息队列系统或回调业务系统接口。

②后台管理系统

后台管理系统分为用户层、呈现层、服务层、持久层和资源库。

资源层:采用 Oracle RAC 数据库集群部署,存储本项目的信息资源,包括光伏设备信息、无人驾驶信息、无线充电信息、环境监测信息、系统运行维护数据等资源。

持久层:持久层是负责向(或者从)一个或者多个数据存储器中存储(或者获取)数据的一组类和组件。这个层必须包括一个业务领域实体的模型(即使只是一个元数据模型)。

通过数据组件为上层应用系统提供规范、高效的数据存储、数据封装、数据映射、数据缓存等服务。

服务层:提供数据库服务、告警服务、用户权限管理、人机界面、报表等共性服务。

呈现层:位于系统技术架构的最外层(最上层),最接近用户。用于显示数据和接收用户输入的数据,为用户提供一种交互式操作的界面。

用户层:包括 PC 端、大屏展示端、移动 PAD 端的用户。

(3) 开发技术

①Spring Boot

Spring Boot 致力于简洁,让开发者写更少的配置,程序能够更快地运行和启动。它是下一代JavaWeb框架,并且它是Spring Cloud(微服务架构)的基础。使用Spring框架开发,随着功能以及业务逻辑的日益复杂,应用伴随着大量的XML配置文件以及复杂的Bean依赖关系。随着Spring 3.0的发布,Spring IO团队逐渐开始摆脱XML配置文件,并且在开发过程中大量使用"约定优先配置"(Convention over Configuration)的思想来摆脱Spring框架中各类繁复纷杂的配置(即使是Java Config)。

Spring Boot正是在这样的一个背景下被抽象出来的开发框架,它本身并不提供Spring框架的核心特性以及扩展功能,只是用于快速、敏捷地开发新一代基于Spring框架的应用程序。也就是说,它并不是用来替代Spring的解决方案,而是和Spring框架紧密结合用于提升Spring开发者体验的工具。同时它集成了大量常用的第三方库配置(例如Jackson,JDBC,Mongo,Redis,Mail等),Spring Boot应用中这些第三方库几乎可以零配置地开箱即用(out-of-the-box),大部分的Spring Boot应用都只需要非常少量地配置代码,开发者能够更加专注于业务逻辑。

②RabbitMQ

RabbitMQ是一个由Erlang语言开发的AMQP的开源实现。

AMQP:Advanced Message Queue,高级消息队列协议。它是应用层协议的一个开放标准,为面向消息的中间件设计,基于此协议的客户端与消息中间件可传递消息,并不受产品、开发语言等条件的限制。

RabbitMQ最初起源于金融系统,用于在分布式系统中存储转发消息,在易用性、扩展性、高可用性等方面表现不俗。

③Netty

Netty是基于Java NIO的网络应用框架。

Netty是一个NIO Client-Server(客户端-服务器)框架,使用Netty可以快速开发网络应用,例如服务器和客户端协议。Netty提供一种新的方式来开发网络应用程序,这种新的方式使得它很容易使用并有很强的扩展性。

Netty的内部实现较复杂,但是Netty提供了简单易用的API从网络处理代码中解耦业务逻辑。Netty是完全基于NIO实现的,所以整个Netty都是非阻塞的。

网络应用程序通常需要较高的可扩展性,无论是Netty还是其他基于JAVA NIO的框架,都会提供可扩展性的解决方案。Netty中一个关键组成部分是它的异步特性。

④WebSocket

WebSocket用于在Web浏览器和服务器之间进行任意的双向数据传输的一

种技术。WebSocket 协议基于 TCP 协议实现,包含初始的握手过程,以及后续的多次数据帧双向传输过程。其目的是在 WebSocket 应用和 WebSocket 服务器进行频繁双向通信时,可以使服务器避免打开多个 HTTP 连接进行工作来节约资源,提高了工作效率和资源利用率。

⑤Spring Cloud Stream

Spring Cloud Stream 是构建消息驱动的微服务应用程序的框架。它构建在 Spring Boot 之上用以创建工业级的应用程序,并且通过 Spring Integration 提供了和消息代理的连接。Spring Cloud Stream 为一些供应商的消息中间件产品提供了个性化的自动化配置实现(目前仅支持 RabbitMQ 和 Kafka),同时引入了发布订阅、消费组和分区的语义概念。应用程序通过 inputs 或者 outputs 来与 Spring Cloud Stream 中 binder 交互,通过我们配置来 binding,而 Spring Cloud Stream 的 binder 负责与中间件交互。所以,我们只需要搞清楚如何与 Spring Cloud Stream 交互就可以方便使用消息驱动的方式。

⑥Oracle

Oracle 数据库包括 Oracle 数据库服务器和客户端。

Oracle 数据库服务器:Oracle Server 是一个对象—关系数据库管理系统。它提供开放的、全面的和集成的信息管理方法。每个 Server 由一个 Oracle DB 和一个 Oracle Server 实例组成。它们具有场地自治性(Site Autonomy)和提供数据透明机制,以此可以实现数据存储透明性。每一个 Oracle 数据库对应一个实例名 SID。

⑦Redis

Redis 是一个 key-value 存储系统。和 Memcached 类似,它支持存储的 value 类型相对更多,包括 string(字符串)、list(链表)、set(集合)、zset(sorted set——有序集合)和 hash(哈希类型)。这些数据类型都支持 push/pop、add/remove 及取交集并集和差集及更丰富的操作,而且这些操作都是原子性的。在此基础上,Redis 支持各种不同方式的排序。与 Memcached 一样,为了保证效率,数据都是缓存在内存中。其区别是 Redis 会周期性地把更新的数据写入磁盘或者把修改操作写入追加的记录文件,并且在此基础上实现了 master-slave(主从)同步。

Redis 是一个高性能的 key-value 数据库。Redis 的出现,在很大程度上补偿了 Memcached 这类 key/value 存储的不足,在部分场合可以对关系数据库起到很好的补充作用。它提供了 Java,C/C++,C♯,PHP,JavaScript,Perl,Object-C,Python,Ruby,Erlang 等客户端,使用很方便。

Redis 支持主从同步。数据可以从主服务器向任意数量的从服务器上同步,从服务器可以是关联其他从服务器的主服务器。这使得 Redis 可执行单层树复制。存盘可以有意或无意地对数据进行写操作。由于完全实现了发布/订阅机制,使得从数据库在任何地方同步树时,可订阅一个频道并接收主服务器完整的消息发布记录。同步对读取操作的可扩展性和数据冗余很有帮助。

(4) 数据库方案

采用 Oracle 数据库能很好地满足系统需求,Oracle 数据库也具有成熟的双机热备解决方案。

数据库双机热备基于高可用系统中的两台数据库服务器的热备(或高可用),双机高可用按工作中的切换方式分为:主-备方式(Active-Standby 方式)和双主机方式(Active-Active 方式),主-备方式即指的是一台数据库服务器处于某种业务的激活状态(即 Active 状态),另一台数据库服务器处于该业务的备用状态(即 Standby 状态)。而双主机方式即指两种不同业务分别在两台服务器上互为主备状态(即 Active-Standby 和 Standby-Active 状态)。数据库双机集群采用双机热备方式,可以保障数据库系统的高可靠性和高可用性。

(5) 数据流向

如图 5-18 所示,为各大子系统进行交互的数据流向。

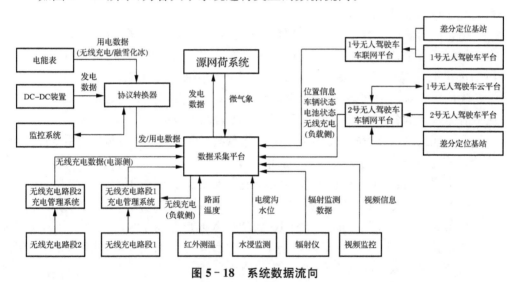

图 5-18 系统数据流向

① 数据采集平台向协议转换器发起请求,协议转换器回复光伏 DC-DC 变流器、直流电度表的数据。

② 数据采集平台向源网荷储系统发起请求,源网荷储系统回复微气象数据;源网荷储系统向数据采集平台发起请求,数据采集平台返回光伏发电数据。

③ 无线充电路段 1 管理系统主动向数据采集平台上报无线充电(电源侧)数据,数据采集平台主动向无线充电路段 1 管理系统上报无线充电(车载侧)数据。

④无线充电路段 2 管理系统主动向数据采集平台上报无线充电(电源侧)数据。

⑤数据采集平台向红外测温设备发起请求,红外测温设备回复测温数据。

⑥数据采集平台向水浸监测设备发起请求,水浸监测设备回复水浸数据。

⑦数据采集平台接入视频监控。

⑧1 号无人驾驶车平台主动向数据采集平台上报车辆位置信息、车辆状态、电池状态、无线充电(车载侧)数据。

⑨2 号无人驾驶车联网平台主动向数据采集平台上报车辆位置信息、车辆状态、电池状态、无线充电(车载侧)数据。

5.5.3 系统网络方案

"三合一"电子公路智能管控及调度系统(以下简称"电子公路管控调度系统")实现对电子公路的智能管控和调度控制,同时具有与源网荷储协调控制系统(以下简称"源网荷储系统")、各设备管理平台等系统进行信息交互的功能,需组织上述系统、设备之间的通信通道。

结合同里能源综合服务中心整体网络建设方案,以及电子公路的设备通信需求和数据采集需求。网络划分为电子公路内部网络、卫星网络、苏州无线专网、Internet 网、无线运营商网络,如图 5-19 所示为系统网络架构。

①电子公路内部网络:电子公路内部网络分为服务器区和现场装置区,服务器区放置本项目的各服务器,现场装置区接入项目的各设备。

②大四区网络:电子公路网络与同里能源示范区中心网络在同一个网络,源网荷储系统与电子公路的交换机建立通信信道。

③卫星网络:差分定位基站通过无线接收定位服务卫星的信号。

④苏州无线专网:苏州无线专网与电子公路内部网络使用防火墙做边界防护,车载设备和其他移动设备通过专网 4G 模块接入苏州无线专网。

⑤运营商专网(APN):车内移动 PAD 利用运营商无线专网,使用 APN 专网接入省公司国网安全接入平台,接入电子公路内部网络。

⑥Internet 网:无人驾驶域控制器通过车载 4G 无线路由访问无人驾驶云服务。车载无人驾驶域控制器连接车辆 CAN 总线和车载终端通信,通过 USB 与车载差分定位接收机通信。

(1) 电子公路内部网络

①服务器区网络

服务器区部署电子公路的采集服务器、应用服务器、数据库服务器和工作站,以及差分站定位服务器、继电保护服务器、无线充电路段 1 服务器、无线充电路段 2

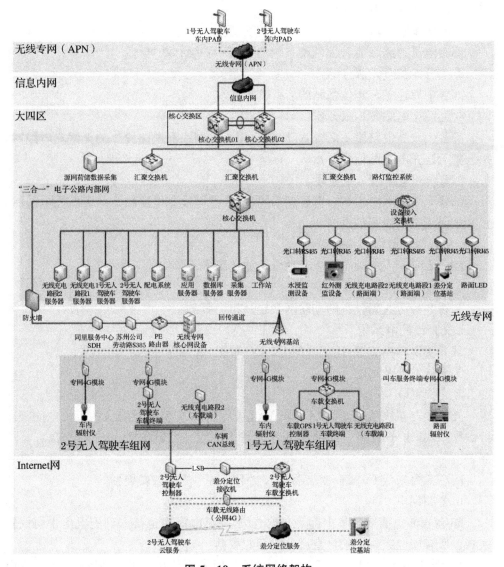

图 5-19 系统网络架构

服务器、1号无人驾驶车服务器、2号无人驾驶车服务器和交直流配电系统服务器等设备管理系统的服务器。

a. 采集服务器

部署与设备、设备管理系统通信的采集前置服务、数据应急服务等应用。

b. 应用服务器

部署后台配置管理系统、移动APP后台管理系统、大屏展示后台管理系统、3D

应用及应用组件等业务应用。

  c. 数据库服务器

部署电子公路智能管控调度系统的数据库和缓存数据库。

  d. 差分定位基站服务器

部署中海达差分定位基站的后台管理系统。

  e. 无线充电路段 1 服务器

部署无线充电路段 1 后台管理系统,用于控制线充电路段 1 的无线充电线圈,并采集无线充电线圈信息。

  f. 无线充电路段 2 服务器

部署无线充电路段 2 后台管理系统,用于控制线充电路段 2 的无线充电线圈,并采集无线充电线圈信息。

  g. 1 号无人驾驶车服务器

部署 1 号无人驾驶车的运营平台及相关服务。

  h. 2 号无人驾驶车服务器

部署 2 号无人驾驶车的车联网平台及相关服务。

  i. 交直流配电系统

部署协议转换装置,用于采集 DC-DC 装置、直流电能表的信息。

  ② 光伏发电及用电

  a. 光伏发电

光伏发电模块通过光伏 DC-DC 变流器及 DC-DC 变流器对应的直流电能表进行数据采集,电子公路一共部署 6 台光伏 DC-DC 变流器,及相应的 6 台直流电能表。

所有 6 台光伏 DC-DC 变流器接入到配电房中的协议转换器。

  b. 公路用电

26 台直流电能表都集中部署在配电房,直流电能表也接入到配电房中协议转换器。所有用电数据均来自直流电能表的数据。

1 台来自中心站 DC±375 V 直流开关柜的直流电源进线配置 1 台直流电能表;

1 台来自电子公路配电间 PCS1 的直流电源进线配置 1 台直流电能表;

6 台光伏 DC-DC 变流器配置 6 台直流电能表;

4 台 85 kHz 交直流分流箱配置 4 台直流电能表;

2 台 40 kHz 交直流分流箱配置 2 台直流电能表;

2 台 750 V 直流分流柜配置 2 台直流电能表;

1 台交直流通信一体分流箱配置 1 台直流电能表;

2台静态无线充电柜配置2台直流电能表；
7根直流电源出线配置7台备用直流电能表。

c. 数据流向

所有DC-DC装置和直流电能表的数据首先统一接入到协议转换器，协议转换器将DC-DC装置和直流电能表数据进行汇总，然后统一通过104协议将数据传给电子公路调度管控系统。

③无线充电路段1

无线充电线圈包含电源侧和车载侧两大部分，电源侧部署于电子公路路面下方，车载侧部署于1号无人驾驶车辆底部，车载侧数据是通过车载终端统一采集，本节仅描述电源侧无线充电线圈通信方式及采集数据流向。

无线充电路段1预设71个动态无线充电线圈，每5个动态无线充电线圈控制器使用RS485线接入到1个串口服务器，共需15个串口服务器。其中串口服务器1~7通过光纤接入配电房的380 V交流分电柜中的24光口交换机，然后再通过光纤接入配电房的核心交换机；剩余串口服务器8~15通过光纤接入40 kHz交直流分流柜1的交换机，然后再通过光纤接入到配电房的核心交换机。

此外，设立1个静态无线充电线圈，通过RJ45接入到光电转换器，然后通过光纤接入到配电房的核心交换机。

后台管理系统采集无线充电线圈的状态信息，然后将状态信息实时上报给电子公路管控调度系统。

④无线充电路段2

无线充电路段2预设107个动态无线充电线圈，每1个充电线圈通过RJ45接入到1个光电转换器，然后每8个光电转换器通过光纤接入1台8光2电交换机，然后交换机通过网线接入交直流通信一体分流柜的交换机，最后再通过光纤接入配电房的核心交换机。

此外，设立1个静态无线充电线圈，通过RJ45接入到光电转换器，然后通过光纤接入到配电房的核心交换机。

后台管理系统采集无线充电线圈的状态信息，然后将状态信息实时上报给电子公路管控调度系统。

⑤水浸监测

电子公路的电缆沟中部署3台水浸监测设备。

水浸监测设备使用RS485口接入光纤转换器，然后通过光纤就近接入最近的分流柜中的交换机，通过交换机后利用光纤接入到配电房的核心交换机。

水浸监测设备采集水位信息，通过modbus协议与电子公路调度管控系统对接，实现数据的上传。

⑥红外测温

电子公路的路面部署 3 台红外测温设备。

电子公路路面部署的红外测温设备将 RJ45 口接入光纤转换器,然后通过光纤就近接入最近的分流柜中的交换机,再通过光纤接入到配电房的核心交换机。

静态充电位的红外测温设备将 RJ45 口接入光纤转换器,然后通过光纤接入配电房的核心交换机。

红外测温设备采集路面温度数据,通过指定的协议和电子公路调度管控系统对接,实现路面温度数据的上传。

⑦差分定位基站

在配电房二楼楼顶建设 1 台差分定位基站,为无人驾驶车辆定位提供精确的坐标位置。

差分定位基站通过 RJ45 接口接入光纤转换器,光纤转换器通过光纤接入到配电房的核心交换机。

差分定位基站接入卫星定位信息,然后传输给差分站定位服务器;车载 GPS 接收机连接无线专网 4G 通信模块,接入电子公路内部网络,获取差分基站高精度定位信息。

(2) 大四区网络

电子公路网络与同里能源示范区中心网络在同一个网络,使用光纤建立通信信道。

源网荷储系统部署在同里能源示范中心的网络中。

源网荷储系统与电子公路管控调度系统之间通过电力 104 规约通信,双方互为主站和子站。电子公路管控调度系统向源网荷系统请求微气象信息,源网荷系统向电子公路管控调度系统请求光伏发电信息。

(3) 苏州无线专网

①辐射仪

路面和车内辐射仪均是利用 RJ45 接口通过网线连接到无线专网 4G 模块,无线模块接入苏州无线专网,然后再通过光纤经九里变接入到交直流配电房的内部网络。

辐射仪通过实时监测电场和磁场信息,通过指定的协议和电子公路管控调度系统对接,实现辐射数据的上传。

②叫车移动终端

叫车移动终端为定制移动终端,配置专网移动 SIM 卡,通过苏州无线专网接入电子公路网络。

叫车移动终端安装叫车 APP,与车联网平台进行交互。

③1号无人驾驶车

无线充电路段1充电线圈车载侧使用RJ45口通过网线连接到1号无人驾驶车车载终端，车载终端使用RJ45口通过网线连接到无线专网4G模块，然后通过无线4G模块连接无线专网，无线专网接入到苏州无线专网，然后再通过光纤经九里变接入到交直流配电房。

差分定位服务器接收差分定位基站的差分定位信息。车载GPS控制器使用RJ45口通过网线连接到车载终端，再连接到差分定位服务器，获取差分定位信息。

1号无人驾驶车运营平台与电子公路管控调度系统均部署在配电房内。

电动车车载终端采集无人驾驶状态信息、无线充电线圈负载端信息。车载终端将无人驾驶状态信息、无线充电线圈负载端的信息实时上报给1号无人驾驶车运营平台，运营平台将信息实时上报给电子公路管控调度系统。

④2号无人驾驶车

无线充电路段2充电线圈车载侧接入2号无人驾驶车CAN总线，车载终端也接入CAN总线，车载终端使用RJ45口通过网线连接到无线专网4G模块，然后通过无线4G模块连接无线专网，无线专网接入到苏州无线专网，然后再通过光纤经九里变接到交直流配电房。

差分定位接收机使用RJ45口通过网线连接到无线专网4G模块，然后接入苏州无线专网；另一方面，差分定位接收机通过USB连接2号无人驾驶车控制器，2号无人驾驶车控制器通过无线连接车载公网4G无线Wi-Fi，然后连接到2号无人驾驶车云平台；另一方面，差分定位接收机通过网线连接到车载交换机，车载交换机通过网线连接到车载公网4G无线Wi-Fi，与2号无人驾驶车云平台建立通信。

2号无人驾驶平台部署于公网。2号无人驾驶车联网平台与电子公路管控调度系统均部署在配电房内。

电动车车载终端采集无人驾驶状态信息、无线充电线圈负载端信息。车载终端将无人驾驶状态信息、无线充电线圈负载端的信息实时上报给2号无人驾驶车联网平台，运营平台将信息实时上报给电子公路管控调度系统。

（4）无线运营商网络

为增加用户体验，在1号无人驾驶车和2号无人驾驶车的车内每个座位放置移动PAD，车内移动PAD利用无线运营商，使用APN专网接入国网安全接入平台，接入电子公路内部网络。

车内移动PAD以信息展示为主，通过网络协议获取电子公路智能管控调度系统业务信息并进行展示。

（5）Internet网

2号无人驾驶车联网平台通过2号无人驾驶云平台实现无人驾驶车信息采集

和车辆控制。而 2 号无人驾驶车联网平台部署在配电房的内网,无人驾驶云平台部署在公网,因此需建立内网与公网通信信道。

2 号无人驾驶车的无人驾驶控制器通过车载 4G 无线路由访问 2 号无人驾驶云服务。

(6) 配电房

① 机柜网络

在交直流配电房中配置 1 个通信柜、1 个服务器柜、1 个 380 V 交流分电柜。各机柜中的服务器、网络设备等部署情况如图 5-20 所示。

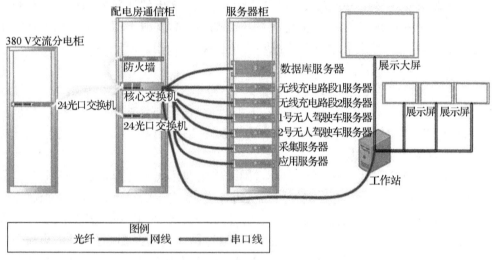

图 5-20 配电房网络架构图

a. 网络走向

380 V 交流分电柜通过光纤接入通信柜的核心交换机,服务器柜中的各服务器通过网线接入通信柜的核心交换机,通信柜中的防火墙、24 光口交换机通过光纤接入核心交换机。

b. 服务器柜

服务器柜部署数据库服务器、应用服务器、采集服务器、无线充电路段 1 服务器、无线充电路段 2 服务器、1 号无人驾驶车服务器、2 号无人驾驶车服务器。

c. 通信柜

通信柜部署防火墙、核心交换机、24 光口交换机。其中 24 光口交换机用于接入无线充电系统 1。

d. 380 V 交流分电柜

380 V 交流分电柜中部署 1 台 24 光口交换机,用于接入无线充电系统 1。

②工作站

配电房中的工作站主要功能是对电子公路智能管控调度系统进行后台配置、设备运行时状态监控、各种运行数据分析、3D 虚拟展示和综合展示。

工作站配置 3 个相同参数的 23 寸显示屏,显示屏通过高清 DP 或 HDMI 线连接到工作站。

工作站通过网线连接到配电房的核心交换机,建立与电子公路管控调度系统应用服务器的通信信道。

③展示大屏

配电房中的展示大屏主要承载本系统的全面介绍重任。

配电房配置 1 个 75 寸显示屏,显示屏通过高清 DP 或 HDMI 线连接到工作站。

5.5.4 系统建设方案

本系统主要建设内容如下:

①基础数据的建设

建立平台的数据中心,收集光伏发电设备信息数据、无人驾驶信息数据、无线充电信息数据与环境监测信息等数据,为平台提供统一的数据中心。

②数据采集平台的建设

平台中的数据种类多,来源广,需要建立数据采集统一平台,实现多种传感器设备、多种通信协议、多个设备厂家不同数据的自动化采集,同时由采集平台统一与外部系统进行数据交换。

③数据分析模型的建设

建立光伏发电效率模型、无线充电效率等数据模型,为后期分析光伏路面发电和无线动态充电的可行性提供理论依据。

④数据分析展示平台的建设

建立数据分析展示平台,通过图形化全方位展示并分析"三合一"电子公路中实时状态数据,并建立异常告警机制;收集示范工程关键数据进行分析汇总,对示范工程进行全面评估总结,为后续的应用提供数据及分析依据。

(1)大屏展示系统

光伏路面发电监测页面显示光伏总览数据、微气象和 DC-DC 的实时监测数据、节能环保数据,以及发电用电的统计数据。无人驾驶、无线充电监测显示车辆的实时数据,实时更新展示每辆车充电数据,包括充电状态、充电功率、充电效率、剩余电量、实时车速等信息。

①光伏发电信息展示

实时监测光伏路面发电信息,展示光伏发电设备结构图,实现发电异常告警;

同时根据发电数据对光伏进行全面分析评估,分析路面光伏发电效率,将理论发电量和实时发电量进行对比分析,实现对路面光伏发电的全面监控和统一管理,如图5-21所示,为光伏路面发电监测展示平台。

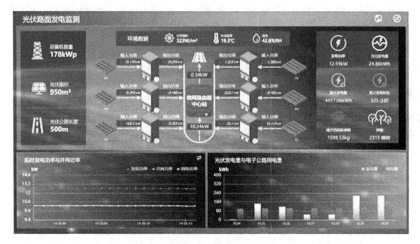

图5-21 光伏路面发电监测

该平台可显示光伏总览数据、微气象和DC-DC的实时监测数据、节能环保数据,以及发电用电的统计数据。

②无线充电和无人驾驶信息展示

实时监测无线充电发送端、接收端的运行数据,包括电压、电流、功率数据,对无线充电异常进行告警,根据实时数据对无线充电效率进行分析评估,如图5-22所示,为无人驾驶无线充电监测展示平台。

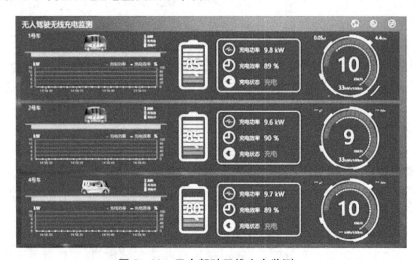

图5-22 无人驾驶无线充电监测

该平台可实时监测无人驾驶车辆的运行轨迹、实时位置信息,协助车辆的调度管理;对无人驾驶车辆的车辆状态、电池状态信息进行监测,对异常、故障信息进行告警提醒;实现无人驾驶电动车的统一调控管理,实现自动叫车、自动泊车、无线充电功能。

(2) 3D虚拟场景展示系统

该系统可展示园区全景、园区介绍、智慧交通、电子公路、电气连接等场景。

根据"三合一"电子公路场景信息,采用虚拟3D场景还原园区现实场景,同时展现实时运行状态、异常告警状态信息,利用3D虚拟场景全面、动态、实时展现全场景信息,通过3D虚拟场景实时动态结合实际综合汇总信息全面展示"三合一"电子公路全景信息,如图5-23所示,为3D虚拟场景展示平台。

图5-23 3D虚拟场景展示

(3) 移动应用系统

通过车载PAD展示车辆运行信息,便于乘客随时了解无人驾驶车辆运行状态。用户通过移动终端APP叫车远程调度无人驾驶车,派遣车辆,提供服务,展示了未来城市交通的运行模式。车内配有无人驾驶中控,用于管理行车,包括选择目的地、路线规划、行程管理以及行驶状态等,车内移动终端系统如图5-24所示。

移动终端应用于乘客乘车过程的浏览,车内PAD展示系统主要展示园区最新状态及所乘无人驾驶汽车的实时状态,包括日光伏发电量、光伏发电功率、日照辐射、路面磁场辐射、车辆的实时位置、充电状态、接收端功率、发射端功率、充电效率、实时车速、车内磁场辐射等。

图 5-24 车内移动终端展示

（4）应用系统建设

①综合监测分析

对光伏发电信息数据、无人驾驶信息数据、电动汽车信息数据进行全面综合分析对比，通过图表形式展示"三合一"电子公路中宏观指标数据，为管理人员监控与调度系统提供依据。

a. 电子公路概况

展示光伏发电、无线充电、无人驾驶的实时监测数据，使维护人员可以实时查看光伏道路、电动汽车、无线充电等信息。

实时监测电子公路相关设备状态信息、相关设备故障、异常告警，同时可查看设备显示详细的故障、异常告警信息。

便于管理人员及时发现问题，追踪问题，解决问题。

b. 光伏发电采集监测

通过监测展示装机容量、光伏面积、当日发电量、累计发电量、当日上网电量、累计上网电量等信息，便于管理人员从整体上了解光伏发电设施的规模以及光伏设备的产能信息。

展示光伏发电的上网电量曲线，通过分析影响上网电量的关键因素，对上网电量进行预测，为电网调度系统制订调度计划提供数据支撑。

光伏发电效率（系统效率）是光伏电站质量评估中最重要的指标，根据相应时段内的光伏上网电量等数据，自动计算相应时段的光伏发电效率，同时建立月度光伏发电效率曲线、当日光伏发电效率曲线数据,并可实现和历史数据的对比分析。

c. 无线充电监测

将无线充电电源端和负载端的实时充电电压、接收电压、充电电流、接收电流、充电功率、接收功率数据进行对比。

通过分析无线充电的充电效率曲线,为管理人员优化行车路线提供依据。

d. 无人驾驶监测

展示无人驾驶电动汽车实时状态,包括车速、剩余电量、充电状态、车辆状态。电动汽车状态是影响车辆行驶调度策略的关键因素,通过对电动汽车实时状态监控,为管理人员进行调度提供依据。

展示无人驾驶电动汽车统计数据,包括总行驶里程、总用电量、总叫车次数、总载客人数,便于管理人员从整体上了解无人驾驶电动汽车的能耗情况以及光伏公路充电承载能力状况。

② 光伏发电监测

全方位监测光伏发电信息,展示光伏发电设备结构图、发电量、光伏发电效率、光伏故障记录等信息。

a. 数据采集和展示

建立系统与设备的网络通信信道,采集并展示以下设备的数据:

变流箱:电压、电流、功率、电能示值。

并网口:电压、电流、功率、电能示值。

环境监测数据:微气象、路面温度、电缆沟水浸。

故障告警:各设备故障告警及提示,告警内容包括运行状态告警、设备状态告警、运行环境告警,根据相关告警信息,可以建立不同告警级别,进行分级告警。

运行状态告警:根据光伏发电各环节的参数控制目标建立告警阈值,实现运行状态实时告警。

设备状态告警:根据设备状态信息,进行异常告警或故障告警。

运行环境告警:根据光伏面板温度等信息,进行环境告警。

b. 发电量数据对比分析

根据实际光伏面板发电数据,进行统计分析,形成光伏发电量数据统计结果,可进行分年度、月度、日统计数据;同时根据实际光照强度等环境数据,结合光伏面板相关参数,对光伏发电量数据进行计算,生成年度、月度等理论发电量数据;根据光伏发电上网关口计量,进行统计分析,形成光伏上网电量数据统计结果,可进行分年度、月度、日统计数据。

将光伏理论发电量、光伏实际发电量数据进行对比,可以按照年度、月底、每日数据进行对比。

c. 发电效率分析

影响光伏发电效率的关键因素包括光照强度、路面温度、车流量等，通过分析关键因素与光伏发电效率（系统效率）的关系，建立影响光伏发电效率的分析模型，分析相关因素对路面光伏发电效率的影响程度，为发电效率提升提供分析依据。

③ 无线充电监测

无线充电即通过电磁转换，将通过电缆传输之前的电源取消物理连接，给了电动车更多的自由。系统主要根据无线充电实时电压、电流、功率等数据进行展示和分析。

a. 无线充电实时状态

根据路面无线充电线圈的档案数据和位置数据，以图形化展示路面无线充电线圈，并动态展示线圈的实时状态，便于管理人员对所有无线充电线圈设备的整体监控，并且可以快速定位故障设施，保证无线充电设备正常运行。

展示电源端、负载端实时数据，便于管理人员直观感受无线充电电源端和负载端的实时数据变化。

b. 数据采集和展示

建立系统与设备的网络通信信道，采集并展示以下设备的数据：

无线充电电源端：电压、电流、功率、电量、充电状态。

车载负载端：电压、电流、功率、电量、充电状态、剩余电量、剩余充电时长。

故障告警：各设备故障告警及提示，告警内容包括运行状态告警、设备状态告警，可以根据相关告警信息建立不同的告警级别，进行分级告警。

运行状态告警：根据无线充电各环节的参数控制目标建立告警阈值，实现运行状态实时告警。

设备状态告警：根据设备状态信息，进行异常告警或故障告警。

c. 充电量统计分析

展示无线充电的总充电量、总充电时长数据，展示无线充电的单位时间充电量数据。根据充电量、总充电时长、单位时间充电量进行汇总分析，按年度、月度进行充电电量对比分析。

d. 充电效率统计分析

根据电源端数据、负载端（电动汽车）数据比对，分析在无线充电环节的损耗数据。细化分析损耗组成，挖掘无线充电主要损耗情况。

以曲线图方式展示无线充电效率，然后根据不同时段充电效率数据，结合对应时段电动汽车行驶车速、行驶轨迹等信息进行关联分析，分析对无线充电效率的影响因素。

将无线充电效率曲线数据和电动汽车车速数据进行对比，分析汽车车速对充电效率的影响。从最佳充电效率角度出发,给出电动汽车最佳行驶车速建议。

根据电动汽车的历史行驶轨迹,分析电动汽车距离无线充电线圈之间位置关系,从最佳充电效率角度出发,给出电动车行驶最佳路线,为无线充电线圈的布点策略提供决策依据。

e. 充电异常统计分析

对各类故障信息、异常告警信息进行分类汇总统计,可根据年度、月度进行分类统计,分析充电电源各类异常、故障所占比例以及故障原因分布。

④无人驾驶监测

a. 数据采集和展示

建立系统与设备的网络通信信道,采集并展示以下设备的数据:

车辆状态信息:车辆位置、车速、前进方向。

电磁辐射:路面辐射强度、车内辐射强度。

故障告警:各设备故障告警及提示,告警内容包括运行状态告警、设备状态告警,根据相关告警信息建立不同的告警级别,进行分级告警。

运行环境告警:根据路面以及车内辐射强度等信息进行环境告警。

b. 车辆综合统计分析

统计总行驶里程、总用电量、总叫车次数、总载客人数、百公里耗电量。

分析各电动汽车的总用电量,以及一定时间区间内的用电总量。

分析各电动汽车的百公里耗电量,作为分析电动汽车能耗提供依据。

百公里耗电量是考核电动汽车经济效益的一个重要指标,同时也是评估光伏路面充电承载能力的一个关键因素。根据汽车的耗电量和汽车的行驶里程,核算出电动无人驾驶汽车在一定时间范围内的平均百公里耗电量以及实时的百公里耗电量。

⑤环境监测

通过对光伏路面、电缆沟、无线线圈、摄像头、微气象、电磁辐射等信息的监测,全方位展示环境监测结果。

a. 光伏路面监测

通过对光伏路面进行温度和光照强度的监测,综合光伏发电量数据,分析影响光伏路面发电效率的关键因素。

b. 电缆沟监测

主要是水浸监测,电缆沟与电磁线圈安装空间相连,当电缆沟中的积水深度过深时,积水可能会浸入电磁线圈工作空间。系统中会对电缆沟中的积水深度进行监测,当积水深度超过警戒值时,系统会发出告警,通知工作人员进行针对性处理。

c. 电磁线圈监测

主要是针对电磁线圈的温度监测,当温度超出警戒值,系统将发出告警,通知用户采取措施,避免损坏电磁线圈。

d. 视频监测

视频监测将所有监控摄像头接入系统,并在页面上显示播放。用户可选择摄像头,对监控画面进行放大或缩小,并可以旋转摄像头调整监测角度,清晰地获取摄像头监测信息。

视频监测同时具有视频识别功能,可判断出光伏路面上情况,如路面上的车辆密度、交通状况、是否有事故发生、路面是否有障碍物。系统如监测到相应情况,将发出告警信息,并通知用户采取相应措施。

e. 微气象监测

气象监测将把路面周边的微气象监测站中的各类型气象数据接入系统。系统将统计不同气象条件下光伏路面及无线充电系统的工作情况,分析各类气象条件对光伏路面发电的影响,结合气象监测数据,对光伏路面发电进行准确预测。

f. 路面辐射监测

路面辐射监测主要监测路面的电磁辐射强度。正常情况下无线充电装置产生的电磁辐射对人体不会造成危害,但一旦发生故障,电磁辐射强度可能会超标,此时路面辐射监测装置会立即报警,提醒乘客及工作人员远离辐射区域,保障人员健康。

g. 车内辐射监测

车内辐射监测主要监测车内的电磁辐射强度。正常情况下电动汽车内部产生的电磁辐射对人体不会造成危害,但一旦发生故障,电磁辐射强度可能会超标,此时车内辐射监测装置会立即报警,提醒乘客及工作人员远离辐射区域,保障人员健康。